Die ertragsteuerlichen Auswirkungen
der grenzüberschreitenden Produktionsverlagerung

T0316953

Europäische Hochschulschriften
Publications Universitaires Européennes
European University Studies

Reihe V
Volks- und Betriebswirtschaft

Série V   Series V
Sciences économiques, gestion d'entreprise
Economics and Management

Bd./Vol. 3340

PETER LANG
Frankfurt am Main · Berlin · Bern · Bruxelles · New York · Oxford · Wien

Joachim Kühn

Die ertragsteuerlichen Auswirkungen der grenzüberschreitenden Produktionsverlagerung

PETER LANG
Internationaler Verlag der Wissenschaften

Bibliografische Information der Deutschen Nationalbibliothek
Die Deutsche Nationalbibliothek verzeichnet diese Publikation
in der Deutschen Nationalbibliografie; detaillierte bibliografische
Daten sind im Internet über <http://www.d-nb.de> abrufbar.

Zugl.: Würzburg, Univ., Diss., 2007

Gedruckt auf alterungsbeständigem,
säurefreiem Papier.

D 20
ISSN 0531-7339
ISBN 978-3-631-59307-3

© Peter Lang GmbH
Internationaler Verlag der Wissenschaften
Frankfurt am Main 2009
Alle Rechte vorbehalten.

www.peterlang.de

Vorwort

Die vorliegende Arbeit wurde im Jahr 2007 von der Wirtschaftswissenschaftlichen Fakultät der Julius-Maximilians-Universität Würzburg als Dissertation angenommen.

Mein herzlicher Dank gilt Herrn Prof. Dr. Wolfgang Freericks für die wissenschaftliche Betreuung meiner Promotion. Insbesondere danke ich ihm dafür, dass er mir ungeachtet seiner bevorstehenden Emeritierung die Möglichkeit gegeben hat, mein Promotionsvorhaben bei ihm im Fach Betriebswirtschaftliche Steuerlehre zu realisieren, und hierbei an seinem Lehrstuhl als nebenberuflicher wissenschaftlicher Mitarbeiter tätig zu sein. Gleichermaßen danke ich Herrn Prof. Dr. Hansrudi Lenz für die Erstellung des Zweitgutachtens.

Meinem gegenwärtigen Arbeitgeber Ernst & Young AG, bei dem ich seit dem Jahr 2005 in der Abteilung International Tax Services angestellt bin, danke ich dafür, dass es mir möglich war, die Dissertation zusätzlich zu meiner regulären beruflichen Tätigkeit zu finalisieren. Hierbei möchte ich insbesondere auch Herrn Dr. Felix Klinger und Herrn Prof. Dr. Stefan Köhler meinen Dank dafür aussprechen, dass sie mich nach Abschluss meines Studiums der Betriebswirtschaftslehre zur Promotion im Bereich des Internationalen Steuerrechts ermutigt haben.

Abschließend möchte ich mich bei meinen Eltern bedanken, die mich während meiner Promotion, wie auch bei allen Vorhaben auf meinem Lebensweg, stets unterstützt und motiviert haben. Ihnen widme ich diese Arbeit.

Würzburg, im April 2009   Joachim Kühn

Inhaltsübersicht

Inhaltsverzeichnis

Abkürzungsverzeichnis

A

a.a.O.	am angegebenen Ort
a.F.	alte Fassung
AB	Anfangsbestand
ABl.	Amtsblatt
Abs.	Absatz
AfA	Absetzung für Abnutzung
AG	Aktiengesellschaft
AIG	Auslandsinvestitionsgesetz
AktG	Aktiengesetz
Alt.	Alternative
AO	Abgabenordnung
Art.	Artikel
AStG	Außensteuergesetz
Aufl.	Auflage
AZ	Aktenzeichen

B

B	Beschluss
BB	Betriebs-Berater (Zeitschrift)
Bd.	Band
BDI	Bundesverband der Deutschen Industrie e.V.
BFH	Bundesfinanzhof
BFH/NV	Sammlung amtlich nicht veröffentlichter Entscheidungen des Bundesfinanzhofs (Zeitschrift)
BGBl.	Bundesgesetzblatt
BKR	Zeitschrift für Bank- und Kapitalmarktrecht (Zeitschrift)
BMF	Bundesministerium der Finanzen
BStBl.	Bundessteuerblatt
BT-Drucksache	Bundestags-Drucksache
BVerfG	Bundesverfassungsgericht
bzw.	beziehungsweise

D

d.h.	das heißt
D	Deutschland
DB	Der Betrieb (Zeitschrift)
DBA	Doppelbesteuerungsabkommen
DIHK	Deutscher Industrie- und Handelskammertag
Dok.-Nr.	Dokumentnummer
DStI	Deutsches Steuerberaterinstitut
DStR	Deutsches Steuerrecht (Zeitschrift)
DStRE	Deutsches Steuerrecht Entscheidungsdienst (Zeitschrift)
DStZ	Deutsche Steuer-Zeitung (Zeitschrift)

E

e.V.	eingetragener Verein
EFG	Entscheidungen der Finanzgerichte (Zeitschrift)
EG	Europäische Gemeinschaften
EGV	EG-Vertrag
endg.	endgültig
EStB	Der Ertragsteuerberater (Zeitschrift)
EStG	Einkommensteuergesetz
EStH	Einkommensteuer-Hinweise
EStR	Einkommensteuer-Richtlinien
et al.	et alii (=und andere)
etc.	et cetera
EU	Europäische Union
EuGH	Europäischer Gerichtshof
EU-Kommission	Europäische Kommission
EWG	Europäische Wirtschaftsgemeinschaft
EZB	Europäische Zentralbank

F

f.	folgende (-r)
F.	Fach
ff.	fortfolgende (-r)
FG	Finanzgericht
FGO	Finanzgerichtsordnung
Fn.	Fußnote

FR	Finanzrundschau (Zeitschrift)

G

GAufzV	Gewinnabgrenzungsaufzeichnungsverordnung
GbR	Gesellschaft bürgerlichen Rechts
gem.	gemäß
GewStG	Gewerbesteuergesetz
GewStR	Gewerbesteuer-Richtlinien
GG	Grundgesetz
ggf.	gegebenenfalls
GmbH	Gesellschaft mit beschränkter Haftung
GmbHR	GmbH-Rundschau (Zeitschrift)
Gr.	Gruppe
GrS	Großer Senat
GuV	Gewinn- und Verlustrechnung

H

h.M.	herrschende (-r) Meinung
H	Hinweis
HFR	Höchstrichterliche Finanzrechtsprechung (Zeitschrift)
HGB	Handelsgesetzbuch
HRefG	Handelsrechtsreformgesetz
hrsg.	herausgegeben
Hrsg.	Herausgeber
Hs.	Halbsatz

I

i.d.R.	in der Regel
i.H.v.	in Höhe von
i.R.d.	im Rahmen des
i.S.d.	im Sinne des / der
i.S.v.	im Sinne von
i.V.m.	in Verbindung mit
IFSt	Institut „Finanzen und Steuern" e.V.
inkl.	inklusive
IStR	Internationales Steuerrecht (Zeitschrift)
IWB	Internationale Wirtschaftsbriefe (Zeitschrift)

J
Jb.   Jahresband
JbFSt   Jahrbuch der Fachanwälte für Steuerrecht

K
Kap.   Kapitel
KG   Kommanditgesellschaft
KGaA   Kommanditgesellschaft auf Aktien
KOM   Kommission der Europäischen Union
KStG   Körperschaftsteuergesetz
KStH   Körperschaftsteuer-Hinweise
KStR   Körperschaftsteuer-Richtlinien

L
lit.   litera
LLC   Limited Liability Company
Losebl.   Loseblattsammlung
Ltg.   Leitung

M
m.E.   meines Erachtens
m.w.N.   mit weiteren Nachweisen
MA   Musterabkommen
Mio.   Million (-en)

N
n.F.   neue Fassung
Nr.   Nummer
NZB   Nichtzulassungsbeschwerde

O
OECD   Organisation für europäische wirtschaftliche
                        Zusammenarbeit und Entwicklung (Organization for
                        Economic Cooperation and Development)

OECD-MA	OECD: Musterabkommen zur Vermeidung der Doppelbesteuerung auf dem Gebiet der Steuern vom Einkommen und Vermögen
OECD-MK	OECD: Musterkommentar der OECD zum Musterabkommen
ÖVwGH	Österreichischer Verwaltungsgerichtshof
OFD	Oberfinanzdirektion
OHG	Offene Handelsgesellschaft

P

PIStB	Praxis Internationale Steuerberatung (Zeitschrift)
plc.	Public Limited Company
ProtErklG	Gesetz zur Umsetzung der Protokollerklärung der Bundesregierung zur Vermittlungsempfehlung zum Steuervergünstigungsabbaugesetz

R

R	Richtlinie
Rdnr.	Randnummer
resp.	respektive
RFH	Reichsfinanzhof
RIW	Recht der internationalen Wirtschaft (Zeitschrift)
Rs.	Rechtsache
RStBl.	Reichssteuerblatt

S

S.	Seite; bei Gesetzesangaben: Satz
SCE	Societas Cooperativa Europaea (Europäische Genossenschaft)
SE	Societas Europaea (Europäische Aktiengesellschaft)
sog.	so genannte (-r/-s/-n)
SolZ	Solidaritätszuschlag
StbJb	Steuerberater-Jahrbuch
StBp	Die steuerliche Betriebsprüfung (Zeitschrift)
StEntlG	Steuerentlastungsgesetz
SteuerStud	Steuer & Studium (Zeitschrift)
StuB	Steuern & Bilanzen (Zeitschrift)

StuW   Steuer und Wirtschaft (Zeitschrift)
StVergAbG   Steuervergünstigungsabbaugesetz

T
Tz.   Textziffer

U
U   Urteil
u.a.   unter anderem
u.ä.   und ähnliches
UmwG   Umwandlungsgesetz
UmwStG   Umwandlungssteuergesetz
UN   United Nations (Vereinte Nationen)
UN-MA   UN-Musterabkommen
UntStFG   Unternehmenssteuerfortentwicklungsgesetz
USA   United States of America

V
VerwGr.Verf.   Verwaltungsgrundsätze-Verfahren
vgl.   vergleiche
VZ   Veranlagungszeitraum

W
WPg   Die Wirtschaftsprüfung (Zeitschrift)

Z
z.B.   zum Beispiel
zugl.   zugleich

1 Einführung in die Thematik

1.1 Problemstellung und Relevanz der Untersuchung

` In den vergangenen Jahren ist die Bereitschaft inländischer Unternehmen, betriebliche Funktionen in das Ausland zu verlagern, stetig angestiegen. So ist die grenzüberschreitende Produktionsverlagerung zwar kein neues Phänomen, sondern schon seit mehreren Jahrzehnten zu beobachten. Dennoch hat sich dieser Trend in der jüngeren Vergangenheit deutlich wahrnehmbar verstärkt. Nach einer vom DIHK im Mai 2003 durchgeführten Umfrage beabsichtigt annähernd jedes vierte deutsche Industrieunternehmen, in den folgenden Jahren Teile der Produktion in das Ausland zu verlagern.[1] Demgegenüber plante drei Jahre zuvor nur jede fünfte Firma einen solchen Schritt. Jedoch stehen in jüngerer Zeit, anders als in früheren Jahren, nicht mehr nur lohnintensive Fertigungsbereiche sowie die Vertriebsfunktion im Focus der Verlagerungsentscheidung, sondern in zunehmendem Maße auch hochwertige Funktionen wie z.b. Forschung und Entwicklung sowie Managementbereiche.[2] Am stärksten werden vom anhaltenden Trend der Verlagerung in das Ausland in den nächsten Jahren die Branchen der Konsumgüter, Nahrungsmittel, Schwerindustrie, der High-Tech-Produkte sowie der Telekommunikation betroffen sein.[3]

Als Hauptmotiv für die Entscheidung zur Produktionsverlagerung werden unbefriedigende Rahmenbedingungen am Standort Deutschland angeführt. Hierzu zählen insbesondere hohe Arbeitskosten, aber auch das starre Arbeitsrecht sowie weitere Belastungen durch Bürokratie.[4] Daher ist absehbar, dass lohnintensive Bereiche der Produktion zunehmend in sog. Niedriglohnländer aufgrund der dort bestehenden niedrigen Produktions- und Lohnkosten verlagert werden. Eine Untersuchung in der Automobilbranche aus dem Jahr 2004 ergab, dass insbesondere Osteuropa, gefolgt von China, als Ziel-Standort für Produktionsverlagerungen

---

[1] Vgl.: DIHK: Alarmierend viele Firmen planen Produktionsverlagerung ins Ausland, in: *http://www.dihk.de/index.html?/inhalt/themen/standortpolitik/meldung1/ meldung0061.html*, Stand: 26.05.2003.

[2] Vgl. KAMINSKI, B. in: STRUNK, G. / KAMINSKI, B. / KÖHLER, S.: AStG – DBA, § 1 AStG, Rdnr. 499.

[3] Vgl. ERNST & YOUNG: Kennzeichen D: Standort-Analyse 2005, in: *http://www.ey.com/ global/download.nsf/Germany/Studie_StandortAnalyse_2005/$file/ Studie_StandortAnalyse_2005.pdf*, Abrufdatum: 29.06.2005, S. 19.

[4] Vgl. WANSLEBEN, Martin: Good-bye Germany, in: *http://www.ihk-frankfurt.de/presse/ ihk-wirtschaftsforum/2003/0306/good_bye_germany/index.html*, Stand: Juni 2003.

von großem Interesse ist.[5] Deutschland wird in diesen Bereichen nur eine geringe Chance eingeräumt, mit derartigen Niedriglohnländern zu konkurrieren.

Den inländischen Steuern und Abgaben kommt im Vergleich zu bisherigen Umfragen eine höhere Bedeutung für die Entscheidung über eine Produktionsverlagerung zu. In diesem Zusammenhang sind sowohl das im internationalen Vergleich hohe Steuerniveau, als auch das wegen seiner Komplexität als undurchschaubar empfundene deutsche Steuersystem zu nennen.[6] Diese Faktoren wirken sich kontraproduktiv auf das Ziel des Erhalts der internationalen Wettbewerbsfähigkeit sowie der Erzielung von Gewinnen aus, wenngleich nicht verkannt werden sollte, dass Standortentscheidungen von Unternehmen nicht primär auf steuerlichen Überlegungen basieren. Im Vordergrund bei der Auswahl des Standortes stehen vielmehr die Höhe der Lohn- und Lohnnebenkosten, das Erfordernis der Präsenz auf wichtigen Absatzmärkten, die Vermeidung von Zoll- und Handelshemmnissen oder bestehenden bürokratischen Hemmnissen wie z.B. Genehmigungsverfahren oder Umweltschutz- und Sicherheitsauflagen bei der Wahl eines Produktionsstandortes.[7]

Die Produktionsverlagerung kann auch erfolgen, um eine größere Nähe zu regionalen Absatz- oder Beschaffungsmärkten herzustellen. Ebenso ist es denkbar, dass ein Unternehmen die inländische Produktion ins Ausland verlagert, um bestehende Produktionsstandorte zusammen zu legen, so dass es möglich ist, größere Stückzahlen von standardisierten Produkten herzustellen. Daher soll davon ausgegangen werden, dass die Festlegung des Ziellandes weitestgehend unabhängig von steuerlichen Überlegungen getroffen wird.[8]

Dennoch ist empirisch zu beobachten, dass der Steuerquote, die das periodenbezogene Verhältnis zwischen Ertragsteuerbelastung und Ergebnis vor Steuern widerspiegelt, eine große Bedeutung beizumessen ist.[9] So führt eine Absenkung

5   Vgl. ERNST & YOUNG: Automobilstandort Deutschland in Gefahr?, in: http://www.ey.com/global/download.nsf/Germany/Studie_Automobilstandort_Deutschland_in_Gefahr/$file/Automotive.pdf, Stand: 13.09.2004, S. 3.
6   Vgl.: DIHK: Produktionsverlagerung als Element der Globalisierungsstrategie von Unternehmen, in: http://www.dihk.de/inhalt/download/produktionsverlagerung.pdf, Stand: Mai 2003, S. 6.
7   Vgl. KUCKHOFF, H. / SCHREIBER, R.: Grenzüberschreitende Funktionsverlagerung aus Sicht der Betriebsprüfung, in: IStR 1999, S. 322.
8   Vgl. BAUMHOFF, H. / BODENMÜLLER, R.: Verrechnungspreispolitik bei der Verlagerung betrieblicher Funktionen ins Ausland, in: GROTHERR, S. (Hrsg.): Handbuch der internationalen Steuerplanung, S. 346.
9   Vgl. HERZIG, N.: Gestaltung der Konzernsteuerquote – eine neue Herausforderung für die Steuerberatung?, in: WPg-Sonderheft 2003, S. S-80 – S-82.

der Steuerquote um nur wenige Prozentpunkte zu einer merklichen Verbesserung des Gewinns nach Steuern, wofür im realwirtschaftlichen Bereich eine beträchtliche Kostenkürzung oder Umsatzsteigerung erforderlich wäre.[10] Zur Senkung der Steuerquote kann auf steuerliche Gestaltungen zurückgegriffen werden, die eine gezielte Gewinnverlagerung zur Ausnutzung bestehender Steuergefälle zum Gegenstand haben. Hier stellt die Nutzung des internationalen Steuergefälles einen großen Anreiz dar, da hieraus weitreichende Auswirkungen auf den Konzerngewinn nach Steuern resultieren.[11] Als Konsequenz hieraus ist festzustellen, dass deutsche Unternehmen das internationale Steuergefälle gezielt in Standortentscheidungen einbeziehen und schwerpunktmäßig in Ländern mit attraktiven steuerlichen Rahmenbedingungen tätig werden. Dementsprechend ist zu verzeichnen, dass die deutschen Direktinvestitionen im Ausland, d.h. die Vermögensanlagen von Inländern in fremden Wirtschaftsgebieten, in den vergangenen Jahren stark zugenommen haben.[12]

Der empirische Befund zur Bereitschaft inländischer Unternehmen, Teile der Produktion resp. die gesamte Produktion ins Ausland zu verlagern, belegt die Relevanz der vorliegenden Arbeit. Aus steuerlicher Sicht ist daher zu fragen, welche deutschen ertragsteuerlichen Auswirkungen ein derartiges Engagement im Ausland verursacht.

---

[10] Vgl. das Beispiel bei ENDRES, D.: Reiches Ausland – Armes Inland: Steuerliche Effekte bei einer Funktionsverlagerung ins Ausland, in: RIW 2003, S. 733.

[11] Vgl. HERZIG, N.: Gestaltung der Konzernsteuerquote – eine neue Herausforderung für die Steuerberatung?, a.a.O., S. S-85.

[12] Vgl. BMF: Kapitalverflechtung Deutschlands mit dem Ausland, in: *http://www.bundesfinanzministerium.de/lang_de/DE/Service/Downloads/Abt__I/Monats bericht/14272__0,templateId=raw,property=publicationFile.pdf*, Stand: September 2002, S. 86.

1.2   Aufbau und Themenabgrenzung

Die vorliegende Untersuchung basiert auf der Annahme der grenzüberschreitenden Verlagerung der Produktion durch eine inländische Kapitalgesellschaft. Ein konkreter Zielstaat wird hierbei nicht festgelegt, da im Rahmen dieser Untersuchung ausschließlich die im Inland resultierenden steuerlichen Folgen auf der Basis des deutschen Steuerrechts betrachtet werden. Soweit es für Zwecke dieser Untersuchung erforderlich ist, wird im weiteren Verlauf der Arbeit indes differenziert, ob es sich bei dem Zielstaat um einen Mitgliedstaat der Europäischen Union, oder um einen Drittstaat handelt. Weiterhin wird im Kontext der Vermeidung von auftretenden Doppelbesteuerungen unterschieden, ob mit dem Zielstaat ein DBA besteht, oder ob ausschließlich unilaterale Maßnahmen des deutschen Steuerrechts zur Anwendung kommen. Soweit nicht explizit auf ein konkretes DBA Bezug genommen wird, werden die steuerlichen Konsequenzen für die Konstellation eines existierenden DBA auf der Basis des OECD-MA in der Fassung des Jahres 2005 analysiert.

Bei den betrachteten Zielobjekten zur Durchführung der Produktionsverlagerung handelt es sich um eine im Ausland zu errichtende Betriebsstätte, sowie alternativ um eine zu gründende Kapitalgesellschaft. Soll das Engagement im Ausland mittels einer Kapitalgesellschaft realisiert werden, wird hierbei unterstellt, dass deren Anteile zu 100 % unmittelbar von der inländischen Kapitalgesellschaft gehalten werden. Da die Alternative einer ausländischen Personengesellschaft ausgeblendet bleibt, umschreibt der im weiteren Verlauf der Untersuchung verwendete Begriff der „Tochtergesellschaft" ausschließlich die Gestaltungsalternative der Errichtung einer Kapitalgesellschaft.

Das Ziel der Untersuchung besteht darin, die steuerlichen Folgen darzustellen, die bei der inländischen Kapitalgesellschaft im Rahmen der Produktionsverlagerung aus dem deutschen Steuerrecht resultieren. Auf der Basis der Skizzierung möglicher Ursachen der Entscheidung für die Verlagerung der Produktion in das Ausland werden zunächst die Grundlagen der steuerlichen Definition einer ausländischen Betriebsstätte sowie einer ausländischen Kapitalgesellschaft erörtert. Hierzu wird der steuerliche Begriff der Betriebsstätte anhand der Merkmale im nationalen Steuerrecht und auf Abkommensebene veranschaulicht. Hinsichtlich einer ausländischen Kapitalgesellschaft wird auf den nach deutschem Steuerrecht erforderlichen Typenvergleich Bezug genommen.

Der Hauptteil der Arbeit gliedert sich entsprechend der alternativ betrachteten Möglichkeiten der Errichtung einer zivilrechtlich unselbständigen Betriebsstätte einerseits, sowie der Gründung einer rechtlich selbständigen Kapitalgesellschaft andererseits. Im ersten Hauptkapitel werden die steuerlichen Folgen analysiert, die aus der Produktionsverlagerung auf eine ausländische Betriebsstätte resultieren. Dies erfordert es, zunächst allgemein die Grundlagen der Betriebsstättenbesteuerung darzulegen. Zu diesem Zweck werden die Möglichkeiten der Vermeidung einer Doppelbesteuerung des inländischen Stammhauses hinsichtlich der ausländischen Betriebsstättengewinne analysiert. Weiterhin wird die Aufteilung der Einkünfte zwischen Stammhaus und Betriebsstätte anhand des Grundsatzes des Fremdvergleichs, sowie hierbei insbesondere dessen Reichweite, untersucht.

Auf der Basis der dargelegten Grundlagen werden sodann die steuerlichen Problembereiche analysiert, die unmittelbar im Zusammenhang mit der Produktionsverlagerung auf eine ausländische Betriebsstätte auftreten. Hierbei sind zunächst der Zeitpunkt des Beginns einer Betriebsstätte und die hiermit verbundene Frage der Berücksichtigung von Gründungsaufwendungen zu klären. Das nachfolgende Kapitel behandelt die Problematik der fremdvergleichskonformen Zuordnung von Wirtschaftsgütern zur Betriebsstätte sowie deren Kapitalausstattung. Diese Frage ist von zentraler Bedeutung, da sie unmittelbare Relevanz für die Aufteilung der Einkünfte zwischen Stammhaus und Betriebsstätte besitzt.

Im Anschluss daran wird analysiert, ob die Überführung von Wirtschaftsgütern beim inländischen Stammhaus steuerliche Folgen auslöst. Aufbauend auf der Position der Finanzverwaltung in den Betriebsstätten-Verwaltungsgrundsätzen wird hierbei untersucht, ob bei Existenz eines DBA mit dem Betriebsstättenstaat eine Aufdeckung der in den überführten Wirtschaftsgütern enthaltenen stillen Reserven geboten ist. In diesem Zusammenhang werden auch europarechtliche Bedenken an einer Aufdeckung der stillen Reserven diskutiert.

Erwirtschaftet die ausländische Betriebsstätte Anlaufverluste, ist zu untersuchen, ob diese beim inländischen Stammhaus Berücksichtigung finden können. Von zentraler Bedeutung ist hierbei, ob mit dem Betriebsstättenstaat ein DBA besteht. In diesem Kontext tritt die Frage auf, ob aus der im DBA vorgesehenen Freistellungsmethode die Nichtberücksichtigung von Verlusten einer ausländischen Betriebsstätte im Inland abgeleitet werden kann und inwieweit dies mit den europäischen Grundfreiheiten vereinbar ist. Besteht mit dem Betriebsstättenstaat kein DBA, sind mögliche Konsequenzen aus der Verlustverrechnungsbeschränkung des § 2a EStG sowie dessen europarechtliche Einordnung zu prüfen.

Die Untersuchung der Produktionsverlagerung auf eine ausländische Betriebsstätte wird mit der Darstellung der steuerlichen Folgen aus der Einbringung der Betriebsstätte in eine ausländische Kapitalgesellschaft abgeschlossen. Dieser

Thematik kommt empirische Relevanz zu, da das Engagement von inländischen Unternehmen im Ausland regelmäßig schrittweise aufgebaut wird, so dass bei zunehmender unternehmerischer Aktivität im Ausland eine rechtlich selbständige Tochtergesellschaft erwägenswert ist.

Im zweiten Hauptkapitel der Arbeit wird die Produktionsverlagerung auf eine ausländische Kapitalgesellschaft betrachtet. Hierzu erfolgt zunächst eine Analyse der grundlegenden steuerlichen Konsequenzen aus der Beteiligung an einer ausländischen Kapitalgesellschaft. Es wird dargelegt, dass die rechtliche Selbständigkeit der ausländischen Tochtergesellschaft zu einer Abschirmwirkung hinsichtlich nicht-ausgeschütteter Gewinne führt und bei der inländischen Muttergesellschaft insoweit keine steuerlichen Folgen eintreten. Die in diesem Kontext denkbare Anwendung der Hinzurechnungsbesteuerung i.S.d. §§ 7 – 14 AStG kommt aufgrund der produktiven Tätigkeit der ausländischen Kapitalgesellschaft nicht in Betracht. Daher wird dieser Themenkomplex im Rahmen dieser Untersuchung ausgeblendet.

Nimmt die ausländische Kapitalgesellschaft eine Gewinnausschüttung vor, ist indes die körperschaftsteuerliche und gewerbesteuerliche Behandlung auf Ebene der inländischen Muttergesellschaft zu erörtern. In diesem Zusammenhang ist auch die Berücksichtigung von ausländischen Quellensteuern und der Einfluss von EU-Richtlinien und DBA-Bestimmungen zu erörtern.

Aufgrund der rechtlichen Selbständigkeit der Tochtergesellschaft ist es geboten, die Einkünftekorrektur bei konzerninternen Leistungsbeziehungen zu analysieren. Aufbauend auf der Darstellung der in Betracht kommenden Korrekturnormen sowie deren Zusammenwirken werden die Methoden der Ermittlung von fremdvergleichskonformen Verrechnungspreisen beschrieben und deren konkrete Anwendbarkeit beurteilt.

Auf der Basis der Grundlagen der steuerlichen Erfassung der Beteiligung an einer ausländischen Kapitalgesellschaft werden sodann die zentralen Problembereiche analysiert, die im Zusammenhang mit der Errichtung der Tochtergesellschaft und der Verlagerung der Produktion auftreten. Hierzu wird zunächst die Erfassung von vorlaufenden Aufwendungen bei der Muttergesellschaft beurteilt und hieran anschließend die Finanzierung der ausländischen Tochtergesellschaft unter steuerlichen Gesichtspunkten analysiert. In diesem Kontext wird diskutiert, ob bei der inländischen Muttergesellschaft insoweit Konsequenzen aus der Vorschrift des § 8a KStG resultieren.

Werden der ausländischen Tochtergesellschaft von der inländischen Muttergesellschaft Wirtschaftsgüter zur Verfügung gestellt, ist die fremdvergleichskonforme Ausgestaltung der vereinbarten Bedingungen zu prüfen. Die Wirtschaftsgüter können im Wege der Veräußerung, mittels offener Einlage gegen
Gewährung von Gesellschaftsrechten sowie durch Vermietung bzw. Lizenzierung zugänglich gemacht werden. Von besonderer Relevanz ist im Kontext einer
ausländischen Tochtergesellschaft die Zuordnung immaterieller Wirtschaftsgüter und Geschäftschancen sowie die Frage der Realisation eines Geschäfts- oder
Firmenwerts.

Erzielt die ausländische Tochtergesellschaft Anlaufverluste, ist zu überprüfen,
ob diese Verluste bei der Muttergesellschaft Auswirkungen haben. Hierzu ist
neben der Möglichkeit der Teilwertabschreibung auf die Beteiligung an der
Tochtergesellschaft insbesondere die Erfassung der Verluste im Rahmen eines
Organschaftsverhältnisses zu prüfen. In diesem Zusammenhang kommt der ak-
tuellen Rechtsprechung des EuGH im Fall „Marks & Spencer" eine zentrale
Bedeutung zu. Weiterhin werden Harmonisierungsbestrebungen seitens der Europäischen Kommission in die Überlegungen einbezogen.

Die Untersuchung schließt mit einem Resümee, in dem die zentralen Problembereiche und deren Konsequenzen herausgestellt werden.

2 Grundlagen der Produktionsverlagerung ins Ausland

2.1 Betriebswirtschaftlicher Hintergrund

Die Gründe, die ein deutsches Unternehmen dazu veranlassen kann, Teile der Produktion bzw. die komplette Produktion ins Ausland zu verlagern, sind vielfältiger Natur und sollen an dieser Stelle nur knapp umrissen werden. So ist es denkbar, dass die Produktionsstätte im Ausland mit der Erschließung neuer geographischer Absatzmärkte in Zusammenhang steht und hierzu für Marketingzwecke eine regionale Nähe der Produktion für sinnvoll erachtet wird. Durch die Produktion vor Ort lassen sich weiterhin Zölle umgehen, die beim Direktvertrieb aus dem Inland anfallen können. Ebenso lassen sich nicht-tarifäre Handelshemmnisse wie z.b. Importquoten, das Erfordernis von Importlizenzen oder andere Handelsbeschränkungen vermeiden. Liegt der angestrebte Absatzmarkt außerhalb der Europäischen Währungsunion, lassen sich durch eine Produktion vor Ort auch Wechselkursrisiken reduzieren. Zu bedenken ist weiterhin, dass eine Produktion am Ort des angestrebten Absatzmarktes zu Kosteneinsparungen führen kann, sofern der Transport aus den bestehenden inländischen Produktionsstätten in den betreffenden Staat zu kostenintensiv ist. Sofern das Unternehmen als Zulieferer von Komponenten andere Unternehmen beliefert, ergibt sich das Erfordernis der Produktionsverlagerung auch häufig aus der Präsens der Abnehmer der hergestellten Komponenten in dem betreffenden Staat, da i.d.R. nur auf diese Weise eine „just-in-time"-Lieferung gewährleistet werden kann.[13]

Der Hauptgrund für die Produktionsverlagerung ins Ausland ist jedoch in der Regel in der gezielten Ausnutzung der Standortvorteile des ausländischen Staates zu sehen. Durch eine Produktion in einem sog. Niedriglohnland lassen sich die Produktions- und Lohnkosten unter Aufrechterhaltung der Qualität deutlich senken, was zunehmend einen entscheidenden Wettbewerbsvorteil für die Unternehmen darstellt.[14] Unternehmen, die ausschließlich in Deutschland produzieren, müssen demgegenüber häufig aufgrund ihrer Kostenstruktur einen Wettbewerbsnachteil gegenüber global agierenden Unternehmen hinnehmen. Aber auch im Bereich der Flexibilität des Faktors Arbeit weist Deutschland einen nicht unbedeutenden Standortnachteil auf, was zum einen auf bestehenden Überstunden- und Nachtzuschlagsregelungen, aber auch auf der Anzahl der Feiertage sowie der anhaltenden Arbeitszeitverkürzung beruht.

---

[13] Vgl. ERNST & YOUNG: Automobilstandort Deutschland in Gefahr?, a.a.O., S. 10.
[14] Vgl. ERNST & YOUNG: Automobilstandort Deutschland in Gefahr?, a.a.O., S. 10 f.

Weitere Standortvorteile bei einer Produktion im Ausland können eine niedrigere Unternehmensbesteuerung im Vergleich zu Deutschland, geringere Kosten für Energie, Transporte und sonstige Dienstleistungen, ein großes Angebot an benötigten Rohstoffen, weniger restriktive Umweltschutzauflagen sowie geringere bürokratische Hürden sein. Diesen Faktoren kommt im Vergleich zur Reduktion der Produktions- und Lohnkosten jedoch keine zentrale Bedeutung zu. Im Hinblick auf den Standortfaktor Unternehmensbesteuerung mag dies angesichts der anhaltenden Diskussion überraschen, jedoch ist zu bedenken, dass kaum ein Unternehmen die Produktion ausschließlich aufgrund einer niedrigeren Steuerbelastung ins Ausland verlagern würde.

Die Entscheidung für einen bestimmten Produktionsstandort im Ausland kann nur einzelfallabhängig getroffen werden. Zu beachten sind neben den bereits aufgezeigten Standortfaktoren, die die Entscheidung bezüglich eines bestimmten Standortes positiv oder negativ beeinflussen, insbesondere die rechtlichen, steuerlichen und politischen Rahmenbedingungen im jeweiligen Staat. Im Bereich des Steuerrechts ist zum Zweck des Vergleichs der effektiven Steuerbelastung neben Unterschieden in den Steuersätzen auch die Ermittlung der Steuerbemessungsgrundlage im jeweiligen Staat zu berücksichtigen. Denkbar sind auch abweichende Regelungen zu Verlustvor- und -rückträgen, zu Quellensteuern, im Bereich des Umsatzsteuerrechts, sowie, sofern die Errichtung einer Kapitalgesellschaft angestrebt wird, unterschiedliche Regelungen im Bereich der Gesellschafterfremdfinanzierung.[15] Aber auch die politische Lage in den präferierten Staaten ist von Bedeutung. So bestehen Unterschiede in der politischen Stabilität, der Durchsetzbarkeit berechtigter Ansprüche auf dem Rechtsweg sowie im Hinblick auf Korruption und hieraus resultierender Abhängigkeiten.[16]

Die Produktionsverlagerung ins Ausland geht jedoch einher mit Kosten und Risiken. Die einmaligen Kosten im Zeitpunkt der Verlagerung sind von großer Bedeutung und werden vielfach unterschätzt. Diese beinhalten nicht nur die Kosten des Transports der Maschinen, sondern auch Kosten für Sozialpläne, sofern in Deutschland bestehende Produktionskapazitäten abgebaut werden. In diesem Fall ist auch zu bedenken, dass bestehende Fixkosten in Deutschland, z.B. für Gebäude, nicht immer zeitnah abgebaut werden und daher auch in der Zeit nach der Verlagerung noch anfallen. Vielfach unterschätzt werden auch die Kosten für den Aufbau der Produktion am neuen Standort, die insbesondere bei Personalbeschaffung und der Durchführung von Schulungs- und Ausbildungsmaßnahmen anfallen. Auch die Entsendung von qualifizierten Fachkräften aus dem Stammland an den neuen Standort kann mit erheblichen Kosten verbunden sein.

---

[15]   Vgl. im nationalen Steuerrecht § 8a KStG.
[16]   Vgl. ERNST & YOUNG: Automobilstandort Deutschland in Gefahr?, a.a.O., S. 14.

Darüber hinaus ist das Risiko zu bedenken, dass die Gewinnung von Fach- und Führungskräften mit entsprechender Qualifikation im Ausland Zeit in Anspruch nimmt, so dass Produktionsausfälle, Lieferengpässe und Qualitätseinbußen auftreten können. Diese negativen Auswirkungen der Produktionsverlagerung sollten sich jedoch bei einer frühzeitigen Planung des Verlagerungsvorgangs eingrenzen und weitgehend minimieren lassen.

2.2 Gestaltungsalternativen der Produktionsverlagerung

Die grundlegende Frage, die mit der Produktionsverlagerung ins Ausland einhergeht, ist, in welcher Form das Auslandsengagement erfolgen soll. Hierfür werden in der Praxis regelmäßig zwei alternative Gestaltungsformen erwogen. In Abhängigkeit von der zivilrechtlichen Ausgestaltung des Auslandsengagements ist zu unterscheiden, ob im Ausland ein rechtlich unselbständiger Unternehmensteil in Form einer Betriebsstätte oder eine rechtlich selbständige Kapitalgesellschaft errichtet wird.

2.2.1 Errichtung einer rechtlich unselbständigen Betriebsstätte

2.2.1.1 Allgemeine Überlegungen

Bei einer Betriebsstätte handelt es sich um einen Unternehmensteil im Ausland, der zwar keine umfassende oder partielle rechtliche Selbständigkeit besitzt, dem jedoch vom inländischen Stammhaus ein gewisser wirtschaftlicher Entscheidungsspielraum eingeräumt werden kann.[17] Die Verbindung zwischen inländischem Stammhaus und ausländischer Betriebsstätte wird in der Literatur üblicherweise als „internationales Einheitsunternehmen"[18] bezeichnet, in der das inländische Stammhaus die Spitzeneinheit und die ausländische Betriebsstätte die Grundeinheit bildet.

Die Bedeutung der Betriebsstätte für ausländische Direktinvestitionen hat in der Vergangenheit stetig zugenommen. Dieser Trend soll sich auch in der Zukunft fortsetzen, da die Betriebsstätte als ein flexibles Gestaltungsinstrument für den steuerplanerischen Einsatz angesehen wird.[19] Daneben bietet sich der Vorteil, bei Existenz eines DBA von dem im Ausland ggf. niedrigeren Steuersatz zu profitieren, da Betriebsstättengewinne abkommensrechtlich grundsätzlich von der

---

[17] Vgl. SCHEFFLER, W.: Besteuerung der grenzüberschreitenden Unternehmenstätigkeit, S. 173.

[18] SCHEFFLER, W.: Besteuerung der grenzüberschreitenden Unternehmenstätigkeit, S. 173.

[19] Vgl. KUMPF, W.: Betriebsstättenfragen nach Steuersenkungsgesetz und Betriebsstättenerlass, in: FR 2001, S. 450.

Besteuerung im Inland freigestellt sind.[20] Auch die Betriebsstätten-Verwaltungsgrundsätze[21], in denen die Finanzverwaltung u.a. zur Aufteilung des Betriebsvermögens und der Einkünfte zwischen Stammhaus und Betriebsstätte Stellung
nimmt, wirken sich positiv auf diesen Trend aus, da hieraus eine gewisse Planungssicherheit resultiert. Weiterhin bieten die Betriebsstätten-Verwaltungsgrundsätze, soweit Unklarheiten verbleiben, einen Ansatzpunkt zur Erörterung
der offenen Fragen.[22]

Als Beispiele für Betriebsstätten kommen im vorliegenden Kontext insbesondere eine Zweigniederlassung sowie eine Fabrikationsstätte in Betracht. Gemein-
sames Merkmal dieser Fälle ist stets eine feste Geschäftseinrichtung, die eine
mehr oder weniger ausgeprägte wirtschaftliche Selbständigkeit besitzen kann,
jedoch keine rechtliche Selbständigkeit aufweist.[23] Daher können aus zivilrecht-
licher Sicht keine Leistungsbeziehungen zwischen dem Stammhaus und der Betriebsstätte bestehen.[24] Vielmehr bildet die Betriebsstätte einen rechtlich unselbständigen Bestandteil des international tätigen inländischen Unternehmens. Dies
hat zur Folge, dass von der Betriebsstätte auch keine Gewinnausschüttungen an
das Stammhaus vorgenommen werden können, da kein Beteiligungsverhältnis
besteht. Vielmehr weist die Betriebsstätte insoweit den Charakter einer Be-
triebsabteilung auf.[25]

2.2.1.2 Steuerliche Betriebsstätten-Definition

2.2.1.2.1 Bedeutung der Betriebsstätten-Definition

Wird ein unternehmerisches Engagement im Ausland als Betriebsstätte qualifiziert, so ergeben sich hieraus regelmäßig sowohl im Inland, als auch im Ausland
steuerliche Folgen. Der ökonomische Grund für das Anknüpfen des ausländischen Staates an die Betriebsstätte als Besteuerungsmerkmal ist das Tätigwerden
des Unternehmens auf dem Gebiet eines ausländischen Territoriums. Dies führt

---

[20]   Einzelheiten hierzu in Kap. 3.1.2.3 auf S. 34 ff.
[21]   Grundsätze der Verwaltung für die Prüfung der Aufteilung der Einkünfte bei Betriebs-
        stätten international tätiger Unternehmen, BMF-Schreiben vom 24.12.1999,
        IV B 4 – S 1300 – 111/99, in: BStBl. I 1999, S. 1076, geändert durch BMF-Schreiben
        vom 20.11.2000, IV B 4 – S 1300 – 222/00, in: BStBl. I 2000, S. 1509.
[22]   Vgl. HEINSEN, O. in: LÖWENSTEIN, U. / LOOKS, C.: Betriebsstättenbesteuerung, S. 2.
[23]   Vgl. FORST, P. / FRINGS, T.: Auslandsinvestitionen des Mittelstandes (Teil 2), in:
        EStB 2003, S. 152.
[24]   Vgl. HEINSEN, O. in: LÖWENSTEIN, U. / LOOKS, C.: Betriebsstättenbesteuerung, S. 1.
[25]   Vgl. WÖHE, G.: Betriebswirtschaftliche Steuerlehre, Bd. II, 2. Halbband, S. 289.

dazu, dass das Unternehmen eine intensive geschäftliche Beziehung zu dem ausländischen Territorium aufbaut und dauerhaft am Marktgeschehen teilnimmt.[26]

Zur Klärung der Frage, ob ein unternehmerisches Engagement im Ausland als Betriebsstätte zu werten ist, ist zwischen dem nationalen Steuerrecht des ausländischen Domizilstaats, den Regelungen in der Abgabenordnung, sowie dem Betriebsstättenbegriff des jeweiligen DBA zu unterscheiden. Anhand der Definition einer Betriebsstätte im jeweiligen nationalen Steuerrecht des Domizilstaats ist zu entscheiden, ob in diesem Staat insoweit beschränkte Steuerpflicht besteht. Ohne auf Einzelheiten der jeweiligen Definitionen einzugehen, lässt sich als Grundtendenz festhalten, dass Industriestaaten das Merkmal der Betriebsstätte weitgehend auf eine nachhaltige, standortbezogene gewerbliche Betätigung stützen. Der Betriebsstättenbegriff im Außensteuerrecht von Entwicklungsländern ist demgegenüber tendenziell weiter gefasst, so dass auch bereits kaufmännische und technische Dienstleistungen sowie kurze Montageausführungen zur Annahme einer Betriebsstätte führen können.[27] Für Zwecke dieser Untersuchung soll aufgrund der langfristigen Produktionstätigkeit mittels einer festen Einrichtung eine Betriebsstätte im Sinne des jeweiligen nationalen Steuerrechts unterstellt werden.

Bei Existenz eines DBA mit dem ausländischen Staat kommt der Qualifikation des unternehmerischen Engagements im Ausland als Betriebsstätte ebenfalls eine zentrale Bedeutung zu. So findet bei ausländischen Betriebsstätteneinkünften eines inländischen Unternehmens auf abkommensrechtlicher Ebene das sog. Betriebsstättenprinzip Anwendung. Dies bedeutet, dass das Besteuerungsrecht für die in der Betriebsstätte erzielten Einkünfte dem Betriebsstättenstaat zugewiesen wird. Dieser Staat hat somit die Berechtigung, die in der Betriebsstätte erzielten Einkünfte im Rahmen des nationalen Steuerrechts der Besteuerung zu unterwerfen.

In diesem Zusammenhang ist jedoch das Verhältnis des Betriebsstättenbegriffs im jeweiligen nationalen Steuerrecht einerseits, sowie im DBA zwischen Deutschland und dem Domizilstaat der Betriebsstätte andererseits, zu beachten. So ist die Betriebsstättendefinition im nationalen Steuerrecht des ausländischen Domizilstaats relevant für die Frage, ob in diesem Staat beschränkte Steuerpflicht besteht. Auf bilateraler Ebene wird diesem Staat jedoch nur dann das Besteuerungsrecht für die Betriebsstätteneinkünfte zugewiesen, wenn die jeweilige abkommensrechtliche Definition der Betriebsstätte erfüllt ist. Liegt nach dem nationalem Steuerrecht eine Betriebsstätte vor, während dies abkommensrecht-

---

[26] Vgl. KRUSE, H. in: TIPKE, K. et al.: AO – FGO, AO § 12, Rdnr. 1.
[27] Vgl. JACOBS, O.: Internationale Unternehmensbesteuerung, S. 480.

lich nicht der Fall ist, so könnte der ausländische Staat das aus der beschränkten Steuerpflicht resultierende nationale Besteuerungsrecht nicht ausüben, da dieses durch das bilaterale Abkommen eingeschränkt wird. Umgekehrt wäre theoretisch der Fall denkbar, dass abkommensrechtlich eine Betriebsstätte vorliegt, jedoch die nationale Definition des Quellenstaats nicht erfüllt ist. In diesem Fall läuft das auf Abkommensebene dem Quellenstaat zugewiesene Besteuerungsrecht ins Leere, da ein DBA einen Besteuerungsanspruch nur zuweisen, nicht jedoch begründen kann.[28]

Besteht mit dem ausländischen Domizilstaat kein DBA, erlangt der Begriff der Betriebsstätte im nationalen Kontext zur Vermeidung oder Minderung einer Doppelbesteuerung Bedeutung. Entscheidend hierfür ist, ob es sich bei den betreffenden Einkünften um ausländische Einkünfte i.S.d. § 34d EStG handelt, worin u.a. auf Einkünfte einer ausländischen Betriebsstätte i.S.d. § 12 AO abgestellt wird. Nur soweit dies der Fall ist, kommt gem. § 26 Abs. 1 KStG die Anrechnungsmethode zur Anwendung. Nach dieser Methode kann die im Betriebsstättenstaat festgesetzte, gezahlte und keinem Ermäßigungsanspruch unterliegende ausländische Steuer auf die inländische Körperschaftsteuer angerechnet werden, soweit diese auf die Einkünfte aus dem Betriebsstättenstaat entfällt.[29]

2.2.1.2.2   Begriff der Betriebsstätte in § 12 AO

Im innerstaatlichen Kontext wird die Betriebsstätte in § 12 S. 1 AO definiert. Nach der Definition handelt es sich hierbei um eine feste Geschäftseinrichtung oder Anlage, die der Tätigkeit eines Unternehmens dient. Weiterhin erfolgt in § 12 S. 2 AO eine Aufzählung einzelner Sachverhalte, in denen eine Betriebsstätte vorliegt. So sind u.a. insbesondere die Stätte der Geschäftsleitung, Zweigniederlassungen, Geschäftsstellen oder auch Fabrikations- oder Werkstätten als Betriebsstätte anzusehen. Die Verwendung des Wortes „insbesondere" weist daraufhin, dass diese Aufzählung keinen abschließenden Charakter aufweist.[30] Andererseits sind die Einzelfälle in § 12 S. 2 Nr. 1 – 7 AO unter Heranziehung der allgemeinen Definition von § 12 S. 1 AO zu interpretieren. Demnach ist bei jedem dieser Beispiele das Vorliegen der allgemeinen Voraussetzungen einer Betriebsstätte zu prüfen.[31]

---

[28]   Vgl. SCHEFFLER, W.: Besteuerung der grenzüberschreitenden Unternehmenstätigkeit, S. 179.

[29]   § 26 Abs. 1 KStG i.V.m. § 34d Nr. 2, lit. a) EStG.

[30]   Vgl. JACOBS, O.: Internationale Unternehmensbesteuerung, S. 376.

[31]   Vgl. HEINSEN, O. in: LÖWENSTEIN, U. / LOOKS, C.: Betriebsstättenbesteuerung, S. 38 f.; HEINICKE, W. in: SCHMIDT, L.: EStG, § 49, Rdnr. 17, der der Aufzählung in § 12 AO nur beispielhaften Charakter beimisst.

Aus der allgemeinen Definition in § 12 S. 1 AO resultieren vier kumulative Merkmale, die wesensbestimmend für eine Betriebsstätte im Sinne der Abgabenordnung sind:

- es muss eine feste Geschäftseinrichtung oder Anlage vorhanden sein,
- die Einrichtung muss nachhaltig bestehen,
- das Unternehmen muss über die Einrichtung Verfügungsmacht besitzen, und
- die Einrichtung muss eine Beziehung zum Tätigkeitsbereich des Unternehmens aufweisen.[32]

2.2.1.2.2.1 Feste Geschäftseinrichtung oder Anlage

Eine Geschäftseinrichtung kann jeder körperliche Gegenstand und jede Zusammenfassung körperlicher Gegenstände sein, die geeignet ist, eine Grundlage der Unternehmenstätigkeit darzustellen.[33] Die Begriffe „Geschäftseinrichtung" und „Anlage" stimmen inhaltlich praktisch überein. Unterschiede resultieren allenfalls aus der geringeren Größe bzw. geringeren räumlichen Ausdehnung einer Geschäftseinrichtung sowie deren eher kaufmännischen Zweckbestimmung.[34] In beiden Fällen sind besondere bauliche Vorrichtungen nicht erforderlich.[35] Aufgrund der Formulierung in § 12 S. 1 AO, wonach die Geschäftseinrichtung oder Anlage der Tätigkeit des Unternehmens „dienen" muss, werden auch Einrichtungen erfasst, deren Zweck nur in der Ausübung von Hilfstätigkeiten oder unwesentlichen Tätigkeiten liegt. Eine konkrete Mindestanforderung an die Geschäftseinrichtung oder Anlage besteht daher nicht.[36]

Das Kriterium „fest" ist erfüllt, wenn die Gegenstände, die die Geschäftseinrichtung oder Anlage bilden, eine feste Verbindung zum Erdboden aufweisen bzw. sich für eine gewisse Dauer an einem bestimmten Ort befinden.[37] Somit ist es ausreichend, wenn eine räumliche Begrenzung und eine örtliche Fixierung gegeben sind. Die geforderte räumliche Begrenzung wirkt sich vorrangig auf Inlandssachverhalte aus. Demnach dürfen mehrere örtlich getrennte Einrichtungen nicht zusammengefasst werden, sondern sind grundsätzlich einzeln zu beurtei-

---

[32] Vgl. JACOBS, O.: Internationale Unternehmensbesteuerung, S. 371.

[33] Vgl. SCHEFFLER, W.: Besteuerung der grenzüberschreitenden Unternehmenstätigkeit, S. 176; vgl. auch BFH-Urteil vom 30.10.1996, II R 12/92, in: BStBl. II 1997, S. 14.

[34] Vgl. KRUSE, H. in: TIPKE, K. et al.: AO – FGO, AO § 12, Rdnr. 4.

[35] Vgl. FG Brandenburg vom 27.08.1996, 3 K 1488/95 I, in: EFG 1997, S. 300.

[36] Vgl. HAIß, U.: Steuerliche Abgrenzungsfragen bei der Begründung einer Betriebsstätte im Ausland, in: GROTHERR, S. (Hrsg.): Handbuch der internationalen Steuerplanung, S. 33.

[37] Vgl. BFH-Urteil vom 30.10.1996, II R 12/92, in: BStBl. II 1997, S. 14.

len.[38] Bei Auslandssachverhalten kommt dem Merkmal jedoch nur untergeordnete Bedeutung zu, da mehrere Geschäftseinrichtungen außerhalb des Sitzstaates des Stammhauses zusammengefasst werden dürfen, sofern diese in einem wirtschaftlichen Zusammenhang zueinander bestehen. Hiervon ist auszugehen, wenn sich die Tätigkeiten ergänzen oder gegenseitig fördern.[39]

Die „örtliche Fixierung" ist gegeben, wenn die Geschäftseinrichtung oder Anlage eine gewisse feste Beziehung zur Erdoberfläche ausmacht oder einen Teil der Erdoberfläche bildet.[40]

2.2.1.2.2.2 Nachhaltigkeit

Das Kriterium der Nachhaltigkeit ist nicht explizit im Wortlaut des § 12 AO enthalten, wird jedoch von der Rechtsprechung gefordert.[41] Demzufolge muss die feste Geschäftseinrichtung auf eine gewisse Dauer angelegt sein. Unter Zugrundelegung der Rechtsgedanken der § 9 AO und § 12 S. 2 Nr. 8 AO ist laut BFH „die maßgebliche Zeitspanne mit mindestens sechs Monaten anzusetzen"[42]. Unter Berufung auf die Rechtsprechung nimmt daher die Finanzverwaltung an, dass die feste Geschäftseinrichtung auf Dauer angelegt ist, wenn sie länger als sechs Monate besteht.[43] Diese Frist ist in der Literatur umstritten. GERSCH vertritt die Ansicht, dass je nach Einzelfall auch eine kürzere Dauer ausreichend oder aber auch eine längere Betätigung erforderlich sein kann.[44] Auch KRUSE kommt zum Ergebnis, dass auf die Gesamtumstände des Einzelfalls abzustellen sei und die 6-Monatsfrist nur einen Anhaltspunkt darstelle.[45] JACOBS ist der Ansicht, dass die maßgebliche Mindestzeitgrenze bei 9 – 12 Monaten liege.[46] Zwar ist m.E. zutreffend, dass die starre 6-Monatsfrist willkürlich gewählt erscheint und die Verhältnisse des Einzelfalls entscheidend sein sollten. Andererseits ist jedoch auch anzuerkennen, dass die Festlegung einer bestimmten Zeitgrenze der Objektivierung dient.[47] Somit stellt die starre Grenze eine pragmatische und ver-

---

[38] Vgl. JACOBS, O.: Internationale Unternehmensbesteuerung, S. 372; KUMPF, W.: Besteuerung inländischer Betriebstätten von Steuerausländern, S. 31.

[39] Vgl. SCHRÖDER, S.: Auslandsbetriebstätten in steuerlicher Sicht, in: StBp 1971, S. 231.

[40] Vgl. SCHEFFLER, W.: Besteuerung der grenzüberschreitenden Unternehmenstätigkeit, S. 176.

[41] Vgl. BFH-Urteil vom 03.02.1993, I R 80/91, I R 81/91, in: BStBl. II 1993, S. 465.

[42] BFH-Urteil vom 19.05.1993, I R 80/92, in: BStBl. II 1993, S. 656.

[43] Vgl. BMF-Schreiben vom 24.12.1999, IV B 4 – S 1300 – 111/99, BStBl. I 1999, S. 1076, Tz. 1.1.1.1.

[44] Vgl. GERSCH, E. in: KLEIN, F.: AO, § 12, Rdnr. 7.

[45] Vgl. KRUSE, H. in: TIPKE, K. et al.: AO – FGO, AO § 12, Rdnr. 10.

[46] Vgl. JACOBS, O.: Internationale Unternehmensbesteuerung, S. 373.

[47] Vgl. RUNGE, B.: Der neue Betriebsstättenerlass, in: PILTZ, D. / SCHAUMBURG, H. (Hrsg.): Internationale Betriebsstättenbesteuerung S. 132.

tretbare Lösung dar und räumt dem Steuerpflichtigen aufgrund der faktischen Selbstbindung der Finanzverwaltung an die 6-Monatsfrist eine Planungssicherheit und einen dementsprechenden Gestaltungsspielraum ein.[48]

2.2.1.2.2.3 Verfügungsmacht

Das Unternehmen muss über die Einrichtung eine gewisse, nicht nur vorübergehende Verfügungsmacht besitzen.[49] Unter Verfügungsmacht ist die tatsächliche unternehmerische Dispositionsbefugnis zu verstehen. Hierzu ist es erforderlich, dass das Unternehmen eine Rechtsposition besitzt, die ohne dessen Mitwirkung nicht ohne weiteres entzogen oder verändert werden kann.[50] Eine derartige Verfügungsmacht kann aus der Rechtsstellung, z.b. aus Eigentum oder einem Gebrauchsrecht, oder aus anderen Umständen resultieren. Daher kommen auch ein Mietverhältnis[51], ein Untermietverhältnis[52] oder die unentgeltliche Überlassung[53] in Betracht. Ebenso ist bei einer behördlichen Zuweisung sowie bei angemaßtem Besitz, solange der Berechtigte keinen Widerspruch leistet, Verfügungsmacht gegeben.[54] Eine bloße Nutzungsmöglichkeit ist jedoch nicht ausreichend.[55]

2.2.1.2.2.4 Tätigkeit des Unternehmens

Eine Betriebsstätte setzt gem. § 12 S. 1 AO weiterhin voraus, dass die Einrichtung oder Anlage der Tätigkeit des Unternehmens dient, was der Fall ist, wenn die Einrichtung oder Anlage „dazu bestimmt ist, den Unternehmenszweck zu fördern"[56]. Demnach muss der Unternehmer die Einrichtung für eine gewisse Dauer zu unternehmerischen Zwecken nutzen, d.h., er muss in, an oder mit der Geschäftseinrichtung seine eigene gewerbliche Tätigkeit ausüben.[57] Ob es sich dabei um Haupt- oder Nebentätigkeiten handelt, bzw. ob die Tätigkeiten wesentlich oder unwesentlicher Natur sind, ist ebenso wenig von Bedeutung, wie eine

---

[48] Vgl. HAIß U.: Steuerliche Abgrenzungsfragen bei der Begründung einer Betriebsstätte im Ausland, a.a.O., S. 35.

[49] Vgl. BFH-Urteil vom 03.02.1993, I R 80/91, I R 81/91, in: BStBl. II 1993, S. 465.

[50] Vgl. BFH vom 17.03.1982, I R 189/79, in: BStBl. II 1982, S. 625; BFH-Urteil vom 11.10.1989, I R 77/88, in: BStBl. II 1990, S. 167; BFH-Urteil vom 16.05.1990, I R 113/87, in: BStBl. II 1990, S. 984.

[51] Vgl. BFH-Urteil vom 19.03.1981, IV R 49/77, in: BStBl. II 1981, S. 540.

[52] Vgl. BFH-Urteil vom 26.11.1986, I R 256/83, in: BFH/NV 1988, S. 83.

[53] Vgl. BFH-Urteil vom 30.01.1974, I R 87/72, in: BStBl. II 1974, S. 327.

[54] Vgl. KRUSE, H. in: TIPKE, K. et al.: AO – FGO, AO § 12, Rdnr. 13.

[55] Vgl. FG München vom 24.04.1997, 7 V 1181/97, in: EFG 1997, S. 1483.

[56] KRUSE, H. in: TIPKE, K. et al.: AO – FGO, AO § 12, Rdnr. 19.

[57] Vgl. BFH-Urteil vom 30.10.1996, II R 12/92, in: BStBl. II 1997, S. 14; vgl. auch BFH-Urteil vom 28.08.1986, V R 20/79, in: BStBl. II 1987, S. 163; FG Brandenburg vom 27.08.1996, 3 K 1488/95 I, in: EFG 1997, S. 300.

Teilnahme am allgemeinen wirtschaftlichen Verkehr.[58] Maßgeblich ist nur, dass die Einrichtung oder Anlage dem Unternehmen unmittelbar dient, sei es in Form einer Fabrikationsanlage, eines Vertriebsbüros, oder auch mittels einer Einrichtung, in der Informations- und Forschungstätigkeiten ausgeübt oder Koordinierungsaufgaben durchgeführt werden.[59]

2.2.1.2.3 Abkommensrechtlicher Begriff der Betriebsstätte

Auf Abkommensebene ist das Vorliegen einer Betriebsstätte relevant für die Abgrenzung des Besteuerungsrechts zwischen dem Quellenstaat und dem Ansässigkeitsstaat des Unternehmens. Ob eine Betriebsstätte im abkommensrechtlichen Sinn vorliegt, entscheidet sich ausschließlich nach der Definition im jeweiligen DBA.

Der Begriff der Betriebsstätte im Abkommensrecht ist strikt vom nationalen Betriebsstättenbegriff des § 12 AO zu trennen. Während der nationale Betriebsstättenbegriff im vorliegenden Kontext für die Anwendung der unilateralen Vorschriften der §§ 34c Abs. 1 EStG; 26 Abs. 1 + 6 KStG bei Fehlen eines DBA bedeutsam ist, ist der abkommensrechtliche Betriebsstättenbegriff entscheidend für die Abgrenzung der Besteuerungsrechte zwischen den Vertragsstaaten auf Basis eines bestehenden DBA.[60] Unterschiede bestehen jedoch nicht nur hinsichtlich der jeweiligen Funktionen, sondern auch bezüglich der Tatbestandsmerkmale, da eine Betriebsstätte im Sinne des Abkommensrechts einer engeren Abgrenzung unterliegt als in der Definition des § 12 AO.[61] Im Folgenden sei ausschließlich die Definition des Art. 5 OECD-MA relevant, da diese Regelung dem in den deutschen DBA verwendeten Betriebsstättenbegriff hinsichtlich Inhalt und Aufbau weitgehend entspricht.[62]

Eine Betriebsstätte i.S.d. OECD-MA wird definiert als eine feste Geschäftseinrichtung, durch die die Geschäftstätigkeit eines Unternehmens ganz oder teilweise ausgeübt wird.[63] Aus dieser Definition wird deutlich, dass die Betriebsstätte abkommensrechtlich analog zu § 12 AO grundsätzlich ebenfalls durch die vier Merkmale „Geschäftseinrichtung", „Dauerhaftigkeit", „Verfügungsmacht" und „Tätigkeit des Unternehmens" beschrieben wird, so dass zur Begriffsbe-

---

[58] Vgl. BFH-Urteil vom 03.02.1993, I R 80/91, I R 81/91, in: BStBl. II 1993, S. 465.

[59] Vgl. JACOBS, O.: Internationale Unternehmensbesteuerung, S. 375.

[60] Vgl. DEBATIN, H.: Das Betriebsstättenprinzip der deutschen Doppelbesteuerungsabkommen, in: DB 1989, S. 1693 f.

[61] Vgl. SCHEFFLER, W.: Besteuerung der grenzüberschreitenden Unternehmenstätigkeit, S. 181.

[62] Vgl. HEINSEN, O. in: LÖWENSTEIN, U. / LOOKS, C.: Betriebsstättenbesteuerung, S. 50.

[63] Vgl. Art. 5 Abs. 1 OECD-MA.

stimmung im wesentlichen die Ausführungen zu § 12 AO des nationalen Außensteuerrechts einschlägig sind.[64] Zur Klärung des Verhältnisses der Regelungen zueinander ist jedoch deren unterschiedliche Zielsetzung zu beachten. Daher ist es zwar nicht ausgeschlossen, dass bestimmte, in den jeweiligen Definitionen enthaltene Begriffe inhaltlich deckungsgleich sind, insbesondere wenn es sich dabei nicht um Rechtsbegriffe handelt. Es ist jedoch grundsätzlich nicht zulässig, zur Auslegung des abkommensrechtlichen Begriffs der Betriebsstätte auf § 12 AO zurückzugreifen. Der Vorbehalt des Anwenderstaates in Art. 3 Abs. 2 OECD-MA, wonach jeder im Abkommen nicht definierte Ausdruck die Bedeutung hat, die ihm nach dem Recht des das DBA anwendenden Staates zukommt, ist insoweit nicht einschlägig.[65]

Ein erster Unterschied resultiert daraus, dass Art. 5 Abs. 1 OECD-MA lediglich von einer „festen Geschäftseinrichtung" spricht, während § 12 S. 1 AO die Formulierung „feste Geschäftseinrichtung oder Anlage" verwendet. Hieraus ergeben sich in sachlicher Hinsicht jedoch keine Unterschiede, da eine Anlage als Unterfall einer Geschäftseinrichtung angesehen werden kann, so dass jede Anlage auch gleichzeitig das Merkmal der Geschäftseinrichtung erfüllt, was umgekehrt jedoch nicht notwendigerweise der Fall sein muss.[66]

Als Geschäftseinrichtung i.S.d. Art. 5 OECD-MA gelten Räumlichkeiten, Einrichtungen und Anlagen, sofern sie der Ausübung der Tätigkeit des Unternehmens dienen.[67] Der Unternehmer muss hierüber eine nicht nur vorübergehende Verfügungsmacht haben. Hierzu ist weder Eigentum, noch ein förmliches Nutzungsrecht maßgeblich, sondern ausschließlich die tatsächliche, physische Nutzung.[68] Weiterhin muss die Geschäftseinrichtung eine Verbindung zu einem bestimmten Punkt der Erdoberfläche aufweisen und einen gewissen Grad an Ständigkeit besitzen, so dass sie nicht nur vorübergehenden Charakter hat.[69] Die Finanzverwaltung sieht dies, ungeachtet der im jeweiligen DBA hinsichtlich Bauausführungen und Montagen bestehenden zeitlichen Präzisierung, bei einem

---

[64] Vgl. JACOBS, O.: Internationale Unternehmensbesteuerung, S. 380.
[65] Vgl. WASSERMEYER, F. in: DEBATIN, H. / WASSERMEYER, F.: Doppelbesteuerung, Art. 5 MA, Rdnr. 8.
[66] Vgl. WASSERMEYER, F. in: DEBATIN, H. / WASSERMEYER, F.: Doppelbesteuerung, Art. 5 MA, Rdnr. 31; vgl. auch OECD-MK zu Art. 5, Rdnr. 4.
[67] Vgl. OECD-MK zu Art. 5, Rdnr. 4.
[68] Vgl. GÖRL, M. in: VOGEL, K. / LEHNER, M.: DBA, Art. 5, Rdnr. 16.
[69] Vgl. OECD-MK zu Art. 5, Rdnr. 5 + 6.

Zeitraum von mehr als sechs Monaten als erfüllt an.[70] Diese Zeitgrenze wurde auch von der Rechtsprechung bestätigt.[71]

Die Betriebsstätten-Definition in Art. 5 OECD-MA unterscheidet sich von § 12 AO insofern, als nach Art. 5 Abs. 1 OECD-MA die Tätigkeit des Unternehmens durch die feste Geschäftseinrichtung zumindest teilweise ausgeübt werden muss, während § 12 AO lediglich verlangt, dass die feste Geschäftseinrichtung der Tätigkeit dienen muss.[72] Somit sind die Anforderungen an das Vorliegen einer Betriebsstätte nach dem Abkommensrecht strenger, als die des § 12 AO. Nach der Definition des § 12 AO entfaltet der Gesamtbereich der gewerblichen Tätigkeit betriebsstättenbegründende Wirkung, so dass auch Hilfs- und Nebentätigkeiten erfasst sind. Demgegenüber erfolgt in der Definition des OECD-MA eine Begrenzung auf qualitativ und quantitativ bedeutsame gewerbliche Tätigkeiten.[73] Der abkommensrechtliche Betriebsstättenbegriff ist somit erheblich enger gefasst, als der des § 12 AO, was auch die Finanzverwaltung entsprechend klarstellt.[74]

Die Betriebsstätten-Definition des Art. 5 Abs. 1 OECD-MA wird im Positivkatalog des Art. 5 Abs. 2 OECD-MA konkretisiert durch eine beispielhafte Aufzählung einzelner Tatbestände, die eine Betriebsstätte darstellen können. Demnach umfasst der Begriff der Betriebsstätte u.a. einen Ort der Leitung, eine Geschäftsstelle oder eine Fabrikationsstätte. Hierbei handelt es sich jedoch lediglich um eine beispielhafte Aufzählung, die eine Prüfung der allgemeinen Betriebsstätten-Definition in Art. 5 Abs. 1 OECD-MA nicht entbehrlich macht.[75]

2.2.1.2.4 Ergebnis

Auf Basis der Analyse der einzelnen Merkmale kann im Ergebnis festgestellt werden, dass die im Rahmen der Produktionsverlagerung errichtete rechtlich

---

[70]   Vgl. BMF-Schreiben vom 24.12.1999, IV B 4 – S 1300 – 111/99, BStBl. I 1999, S. 1076, Tz. 1.2.1.1.

[71]   Vgl. FG Köln vom 20.03.2002, 10 K 5152/97, in: EFG 2002, S. 766.

[72]   Vgl. GERSCH, E. in: KLEIN, F.: AO, § 12, Rdnr. 19.

[73]   Vgl. FG Baden-Württemberg vom 11.05.1992, 3 K 309/91, in: EFG 1992, S. 653; vgl. auch JACOBS, O.: Internationale Unternehmensbesteuerung, S. 380.

[74]   Vgl. BMF-Schreiben vom 24.12.1999, IV B 4 – S 1300 – 111/99, in: BStBl. I 1999, S. 1076, Tz. 1.2.1.1.

[75]   Vgl. BMF-Schreiben vom 24.12.1999, IV B 4 – S 1300 – 111/99, in: BStBl. I 1999, S. 1076, Tz. 1.2.1.1; OECD-MK zu Art. 5, Rdnr. 12; SCHAUMBURG, H.: Internationales Steuerrecht, S. 892; GÖRL, M. in: VOGEL, K. / LEHNER, M.: DBA, Art. 5, Rdnr. 37. Demgegenüber vertritt WASSERMEYER die Ansicht, der Katalog habe teilweise konstitutiven Charakter, vgl. WASSERMEYER, F. in: DEBATIN, H. / WASSERMEYER, F.: Doppelbesteuerung, Art. 5 MA, Rdnr. 61.

unselbständige Produktionsstätte im ausländischen Staat gleichermaßen die Definition einer Betriebsstätte i.s.d. § 12 AO, als auch im Sinne des Abkommensrechts erfüllen wird.[76] Annahmegemäß sollen auch die Merkmale der nationalen Betriebsstätten-Definition des ausländischen Domizilstaates gegeben sein.

Im Hinblick auf die abkommensrechtliche Betriebsstätten-Definition sei ergänzend darauf hingewiesen, dass keine der im sog. Negativkatalog des Art. 5 Abs. 4 OECD-MA aufgeführten Geschäftseinrichtungen vorliegen soll. Nach diesem Negativkatalog gelten bestimmte Geschäftseinrichtungen nicht als Betriebsstätte, auch wenn sie die allgemeinen Voraussetzungen des Art. 5 Abs. 1 OECD-MA erfüllen. Derartige Einrichtungen sind u.a. Warenlager, Auslieferungslager, Ausstellungsräume sowie Einkaufs- und Informationsbeschaffungsstellen.[77] Auch die allgemeine Auffangvorschrift des Art. 5 Abs. 4, lit. e) OECD-MA, nach der einzelne oder mehrere vorbereitende Tätigkeiten und Hilfstätigkeiten nicht als Betriebsstätte gelten, sei für Zwecke der vorliegenden Untersuchung nicht einschlägig.

2.2.2 Gründung einer rechtlich selbständigen Kapitalgesellschaft

2.2.2.1 Allgemeine Überlegungen

Die rechtlich selbständige Kapitalgesellschaft stellt nach wie vor die dominierende Rechtsform für grenzüberschreitende Direktinvestitionen dar.[78] Bei der Gründung einer ausländischen Kapitalgesellschaft sind von der inländischen Muttergesellschaft die rechtlichen und steuerlichen Voraussetzungen im Zielstaat zu beachten. Die Gründung kann im Wege der Bar- oder Sachgründung erfolgen. Als Gegenleistung erhält die inländische Muttergesellschaft Anteile der gegründeten Gesellschaft.

Die Errichtung einer Tochtergesellschaft wird in einigen Staaten mit einer Gründungssteuer, z.B. in Spanien in Höhe von 1 % des eingezahlten Kapitals[79], belegt. Sofern sich diese ausschließlich auf das eingezahlte Kapital im Gründungszeitpunkt bezieht, ist zu erwägen, die Tochtergesellschaft zunächst nur mit der gesetzlich vorgeschriebenen Mindesthöhe an Eigenkapital auszustatten und

---

[76] Vgl. DITZ, X. in: WASSERMEYER, F. / ANDRESEN, U. / DITZ, X.: Betriebsstätten-Handbuch, S. 215.

[77] Vgl. SCHEFFLER, W.: Besteuerung der grenzüberschreitenden Unternehmenstätigkeit, S. 181.

[78] Vgl. HEINSEN, O. in: LÖWENSTEIN, U. / LOOKS, C.: Betriebsstättenbesteuerung, S. 2.

[79] Vgl. ERNST & YOUNG (Hrsg.): Worldwide Corporate Tax Guide 2005, in: http://www.ey.com/global/download.nsf/Ireland/Worldwide-corporate_tax_guide_05/ $file/ WW_Corporate_Tax_guide_2005_.pdf.zip, Stand: 30.05.2006, S. 865.

dieses ggf. zu einem späteren Zeitpunkt zu erhöhen, z.B. durch Umwandlung von Darlehen in Eigenkapital oder eine andere Art der Kapitalerhöhung.[80] Soweit die Höhe der Gründungssteuer erhebliche Ausmaße annimmt, wäre insofern eine Abwägung mit der Vorteilhaftigkeit der Betriebsstätte empfehlenswert.

2.2.2.2 Steuersubjektqualifikation

2.2.2.2.1 Begründung des Erfordernisses der Qualifikation

Die Einordnung einer ausländischen Gesellschaft unter deutsches Steuerrecht erfolgt im Rahmen eines zweistufigen Typenvergleichs. Hierbei wird festgestellt, ob der ausländische Rechtsträger tendenziell eher einer Körperschaft, Personenvereinigung oder Vermögensmasse i.S.d. § 1 KStG entspricht, oder ob die Elemente einer Personengesellschaft überwiegen. Die Qualifikation einer Gesellschaft als Kapitalgesellschaft resp. Personengesellschaft wird hierbei von jedem Staat, der mit deren steuerlicher Erfassung konfrontiert ist, eigenständig entschieden. Eine Bindung an die Qualifikation im Ansässigkeitsstaat der Gesellschaft oder in einem anderen der beteiligten Staaten besteht nicht.[81]

Für die Qualifizierung der ausländischen Gesellschaft für Zwecke des deutschen Steuerrechts kann weder die zivilrechtliche Einordnung im Ausland als Kapitalgesellschaft, noch die dort erfolgende steuerliche Behandlung zugrunde gelegt werden. Dies wäre zwar einfacher und könnte insofern befürwortet werden, als sich dadurch Qualifikationskonflikte vermeiden ließen, jedoch steht dieser Überlegung der Grundsatz der Gleichmäßigkeit der Besteuerung im Wege.[82] Nach diesem Grundsatz sind wirtschaftlich vergleichbare Sachverhalte im Rahmen der Inlandsbesteuerung gleich zu behandeln, unabhängig davon, ob sie im Inland oder im Ausland realisiert werden. Für die Besteuerung kann es keinen Unterschied machen, ob ein Steuerinländer an einer inländischen Kapitalgesellschaft beteiligt ist, oder ob eine Beteiligung an einer ausländischen Gesellschaft besteht, welche aufgrund der zivilrechtlichen Ausgestaltung und der wirtschaftlichen Stellung einer inländischen Kapitalgesellschaft entspricht. Daher scheidet die Qualifikation nach ausländischem Zivil- oder Steuerrecht aus. Für die Entscheidung, ob es sich bei dem ausländischen Rechtsgebilde um eine Personen- oder Kapitalgesellschaft handelt, können somit ausschließlich deutsche Maßstäbe angewandt werden. Von der hieraus folgenden Qualifikation ist die steuerli-

---

[80] Vgl. SCHOSS, N.: Betriebsstätte oder Tochtergesellschaft im Ausland, in: GROTHERR, S. (Hrsg.): Handbuch der internationalen Steuerplanung, S. 50 f.

[81] Vgl. FROTSCHER, G.: Internationales Steuerrecht, S. 171.

[82] Vgl. RFH-Urteil vom 12.02.1930, VI A 899/27, in: RStBl. 1930, S. 444 f.; vgl. auch KLUGE, V.: Die Anerkennung ausländischer Gesellschaften im deutschen Steuerrecht, in: DStR 1976, S. 365.

che Erfassung der Erträge aus der Beteiligung abhängig. Zu diesem Zweck ist ein sog. „Typenvergleich" vorzunehmen, anhand dessen untersucht wird, mit welcher deutschen Rechtsform das ausländische Rechtsgebilde vergleichbar ist.

Hintergrund des Erfordernisses, die ausländische Gesellschaft nach deutschem Steuerrecht zu qualifizieren, sind die unterschiedlichen juristischen Anknüpfungsmerkmale hinsichtlich der Besteuerung von Kapitalgesellschaften und Personengesellschaften. So unterliegen ausschließlich juristische Personen der Körperschaftsteuerpflicht gem. § 1 KStG. Die Körperschaftsteuerpflicht knüpft an die bürgerlich-rechtliche Rechtsform der Gesellschaft an.[83] Demgegenüber bezieht sich § 15 Abs. 1 Nr. 2 EStG für die ertragsteuerliche Behandlung der Gesellschafter einer Personengesellschaft nicht auf eine bestimmte bürgerlich-rechtliche Rechtsform, sondern darauf, dass die Gesellschafter als Mitunternehmer[84] zu qualifizieren sind. Der Gesetzgeber hat durch diese Abgrenzung erreicht, dass die steuerliche Einordnung einer inländischen Gesellschaft eindeutig vorgenommen werden kann. Dem Gesetzgeber war es dagegen nicht möglich, eine derartige Abgrenzung bei ausländischen Gesellschaften vorzunehmen. Dies scheitert an der Vielzahl der ausländischen Rechtsordnungen und deren unterschiedlichen Ausgestaltungen.[85] Daher ist für die Würdigung eines ausländischen Rechtsträgers als Kapitalgesellschaft zu prüfen, ob eine Vergleichbarkeit mit einer der in § 1 KStG aufgeführten juristischen Personen besteht. Würde eine ausländische Gesellschaft unter § 1 KStG subsumiert, hätte dies für sie im Inland keine unmittelbaren steuerlichen Konsequenzen. Da sie annahmegemäß weder Geschäftsleitung noch Sitz im Inland hat, ist das Eintreten einer unbeschränkten Körperschaftsteuerpflicht im Inland faktisch ausgeschlossen. Dennoch ist die Erfassung einer ausländischen Gesellschaft im Rahmen des § 1 KStG von zentraler Bedeutung, da diese Qualifikation für den inländischen Gesellschafter steuerliche Folgen im Hinblick auf die Art der erzielten Einkünfte bewirkt.

Führt der Typenvergleich zum Ergebnis, dass das ausländische Rechtsgebilde einer deutschen Kapitalgesellschaft entspricht, so sind deren Einkünfte der Gesellschaftsebene zuzurechnen. Die inländische Muttergesellschaft als Anteils-

---

[83] Vgl. KLUGE, V.: Die Anerkennung ausländischer Gesellschaften im deutschen Steuerrecht, a.a.O., S. 365.

[84] Ein Mitunternehmer i. S. d. § 15 Abs. 1 Satz 1 Nr. 2 EStG ist dadurch gekennzeichnet, dass er zivilrechtlich Gesellschafter einer Personengesellschaft ist und eine gewisse unternehmerische Initiative entfalten kann sowie unternehmerisches Risiko trägt. Beide Merkmale können jedoch im Einzelfall mehr oder weniger ausgeprägt sein; vgl. H 15.8 (1) EStH 2005, „Allgemeines".

[85] Vgl. PILTZ, D.: Die Personengesellschaften im internationalen Steuerrecht der Bundesrepublik Deutschland, S. 57 f.

eigner unterliegt somit grundsätzlich nur mit den Gewinnausschüttungen in Form von Dividenden im Sinne des § 20 Abs. 1 Nr. 1 EStG der deutschen Besteuerung. Würde auf Basis des Typenvergleichs dagegen eine Personengesellschaft vorliegen, so hätte dies zur Folge, dass die Besteuerung bei der inländischen Muttergesellschaft auf Basis des für Personengesellschaften geltenden Transparenzprinzips erfolgen würde, unabhängig von der Qualifizierung des ausländischen Rechtsträgers als Personen- oder Kapitalgesellschaft.[86] Demnach wäre der für die ausländische Gesellschaft ermittelte Gewinn der inländischen Muttergesellschaft entsprechend der Beteiligungsquote zuzurechnen und in deren Körperschaftsteuerveranlagung zu erfassen. Sofern der ausländische Rechtsträger „Gewinnausschüttungen" vornimmt, stellen diese sodann lediglich steuerlich irrelevante Entnahmen dar.[87]

2.2.2.2.2 Merkmale des Typenvergleichs

Grundlage des Typenvergleichs sind die Ausführungen des RFH im Urteil zur venezolanischen KG, dessen Anwendung der BFH in mehreren Urteilen bestätigt hat.[88] Hierzu wird nach inländischen Kriterien untersucht, ob die ausländische Gesellschaft, ungeachtet einer eventuell vorhandenen zivilrechtlichen Rechtsfähigkeit im Ausland, eher zu einer deutschen AG oder GmbH einerseits, oder zu einer deutschen OHG, KG oder GbR andererseits Ähnlichkeit aufweist.[89] Hieraus ergibt sich die Einordnung der Unternehmensform des ausländischen Rechtsgebildes als Körperschaft, Personenvereinigung bzw. Vermögensmasse i.S.d. § 1 Abs. 1 KStG oder als Personengesellschaft i.S.d. §§ 15 Abs. 1 S. 1 Nr. 2 EStG.[90] Es wird somit versucht, eine wirtschaftliche Vergleichbarkeit der ausländischen Organisationsform mit einer der vorgenannten inländischen Organisationsformen herzustellen. Man bezeichnet diesen Rechtstypenvergleich

---

[86]   Vgl. FROTSCHER, G.: Internationales Steuerrecht, S. 175.

[87]   Vgl. BMF-Schreiben vom 19.03.2004, IV B 4 – S 1301 USA – 22/04, in: BStBl. I 2004, S. 411, Tz. VI.1, lit. b).

[88]   Vgl. RFH-Urteil vom 12.2.1930, VI A 899/27, in: RStBl. 1930, S. 444 f.; BFH-Urteil vom 17.07.1968, I 121/64, in: BStBl. II 1968, S. 696; BFH-Urteil vom 06.11.1980, IV R 182/77, in: BStBl. II 1981, S. 222; BFH-Urteil vom 03.02.1988, I R 134/84, in: BStBl. II 1988, S. 589; BFH-Urteil vom 23.06.1992, IX R 182/87, in: BStBl. II 1992, S. 974.

[89]   Vgl. REIß, W. in: KIRCHHOF, P.: EStG KompaktKommentar, § 15, Rdnr. 211.

[90]   Vgl. RFH-Urteil vom 12.2.1930, VI A 899/27, in: RStBl. 1930, S. 444 f.; BFH-Urteil vom 17.07.1968, I 121/64, in: BStBl. II 1968 S. 696; BFH-Urteil vom 23.06.1992, IX R 182/87, in: BStBl. II 1992, S. 974 f.; BARANOWSKI, K.: Anmerkung zum BFH-Urteil vom 21.07.1999, in: IWB, F. 3a, Gr. 1, S. 913; BMF-Schreiben vom 24.12.1999, IV B 4 – S 1300 – 111/99, in: BStBl. I 1999, S. 1076, Tz. 1.1.5.2.

auf Basis der Grundsätze des deutschen Rechts als lex-fori-Qualifikation.[91] Der Typenvergleich erfolgt in zwei Stufen. In einem ersten Schritt werden die ausländischen Privatrechtsformen auf ihre Vergleichbarkeit mit den Organisationsformen des deutschen Zivilrechts überprüft, um festzustellen, ob zwischen den ausländischen und den jeweiligen deutschen Rechtsformen Vergleichbarkeit besteht.[92] Im zweiten Schritt wird eine Zuordnung zu der entsprechenden inländischen Rechtsform vorgenommen. Hierzu ist der rechtliche Aufbau und die wirtschaftliche Stellung des ausländischen Rechtsgebildes dem Aufbau und der wirtschaftlichen Bedeutung einer inländischen Kapitalgesellschaft resp. einer Personengesellschaft gegenüberzustellen. Dieser typologische Vergleich ist erforderlich, da das deutsche Steuerrecht eigene Bezugspunkte für die Zuordnung eines Rechtsgebildes zur Einkommen- und Körperschaftsteuerpflicht setzt.[93]

Die im Einzelnen relevanten Merkmale zur Durchführung des Typenvergleichs wurden von der Finanzverwaltung in jüngerer Zeit in einem BMF-Schreiben hinsichtlich der Einordnung der US-amerikanischen „LLC" konkretisiert.[94] Die Einordnung der „LLC" nach deutschem Steuerrecht als Kapitalgesellschaft oder als Personengesellschaft kann nicht standardisiert, sondern nur für den jeweiligen Einzelfall vorgenommen werden.[95] Dies basiert auf den bei der „LLC" vorhandenen weitreichenden Wahlmöglichkeiten bezüglich der Ausgestaltung der Satzung. Zwar bezieht sich das BMF-Schreiben hierbei ausschließlich auf die US-amerikanische „LLC", jedoch ergeben sich daraus allgemein Anhaltspunkte, welche Merkmale die Finanzverwaltung für den Rechtstypenvergleich als entscheidend ansieht.

Demnach ist eine Kapitalgesellschaft dadurch gekennzeichnet, dass der Gesellschafter der Gesellschaft weitgehend unpersönlich gegenüber steht. Dies trifft insbesondere zu, wenn die Gesellschafter an der Geschäftsführung nicht beteiligt sind (sog. Prinzip der Selbstorganschaft[96]) und den Gläubigern gegenüber nicht

---

[91] Vgl. SCHEFFLER, W.: Besteuerung der grenzüberschreitenden Unternehmenstätigkeit, S. 418; vgl. auch KLUGE, V.: Die Anerkennung ausländischer Gesellschaften im deutschen Steuerrecht, a.a.O., S. 365.

[92] Vgl. JACOBS, O.: Internationale Unternehmensbesteuerung, S. 558.

[93] Vgl. STORCK, A. / SELENT, A.: Die Besteuerung inländischer Beteiligungen an ausländischen Mitunternehmerschaften im Ertragsteuerrecht, in: RIW 1980, S. 333.

[94] Vgl. im einzelnen BMF-Schreiben vom 19.03.2004, IV B 4 – S 1301 USA – 22/04, in: BStBl. I 2004, S. 411 - 415.

[95] Vgl. BMF-Schreiben vom 19.03.2004, IV B 4 – S 1301 USA – 22/04, in: BStBl. I 2004, S. 411, Tz. VI; vgl. auch ZSCHIEGNER, H.: Besteuerung einer US Limited Liability Company und ihrer Gesellschafter, in: IWB, F. 8, USA, Gr. 2, S. 901.

[96] Vgl. MAIER, J. in: LÖWENSTEIN, U. / LOOKS, C.: Betriebsstättenbesteuerung, S. 179, Fn. 221.

persönlich haften. Weitere Merkmale sind das Fehlen von Beschränkungen hinsichtlich der Übertragbarkeit der Gesellschaftsanteile, die rechtliche Unabhängigkeit der Gesellschaft von der Zusammensetzung des Gesellschafterkreises, sowie eine eigenständige Rechtsfähigkeit.[97] Weiterhin lassen das Erfordernis eines Ausschüttungsbeschlusses der Gesellschafter zur Zuteilung des Gewinnanteils und die gesetzliche Einlage-Verpflichtung der Gesellschafter darauf schließen, dass eine Kapitalgesellschaft vorliegt. Da es sich um ein nach ausländischem Privatrecht errichtetes Rechtsgebilde handelt, kommt es jedoch weniger auf eine vollständige Identität der genannten Merkmale an, sondern vielmehr um eine weitgehende Ähnlichkeit. Die genannten Merkmale zur Durchführung des Typenvergleichs stellen auch eher eine generalklauselartige Fixierung dar, jedoch keinesfalls einen abschließenden Katalog. Für die Qualifizierung der ausländischen Gesellschaft ist letztlich die Gesamtwürdigung der Organisation und Struktur der Gesellschaft entscheidend.[98]

Demgegenüber ist eine Personengesellschaft insbesondere durch die Einbeziehung der Gesellschafter in die Geschäftsführung, die persönliche Haftung der Gesellschafter sowie die eingeschränkte Übertragbarkeit der Gesellschaftsanteile geprägt.[99] Weitere Merkmale sind die Ausgestaltung der Gewinnzuteilung, der Kapitalaufbringung und die Lebensdauer der Gesellschaft.[100] Ist ein Ausschüttungsbeschluss bezüglich des dem Gesellschafter zustehenden Gewinnanteils entbehrlich, weist dies klar auf eine Personengesellschaft hin. Dagegen kann das Merkmal der Lebensdauer nach der Neufassung des § 131 HGB durch das Handelsrechtsreformgesetz[101] nur noch begrenzt zur Qualifikation der Gesellschaft herangezogen werden. So führen auf Basis der Neuregelung auch bei einer Personengesellschaft der Tod, die Kündigung oder die Insolvenz eines Gesellschafters nicht zur Auflösung der Gesellschaft. Jedoch ist eine in diesem Sinne begrenzte Lebensdauer der Gesellschaft zumindest ein Indiz für das Vorliegen einer Personengesellschaft.

---

[97]   Vgl. SCHEFFLER, W.: Besteuerung der grenzüberschreitenden Unternehmenstätigkeit, S. 418.

[98]   Vgl. WURSTER, H.: Die Anerkennung ausländischer Körperschaften im deutschen Ertragsteuerrecht, in: FR 1980, S. 589; vgl. auch BFH-Urteil vom 23.06.1992, IX R 182/87, in: BStBl. II 1992, S. 974.

[99]   Vgl. RFH-Urteil vom 12.02.1930, VI A 899/27, in: RStBl. 1930, S. 444 f.

[100]   Vgl. BMF-Schreiben vom 19.03.2004, IV B 4 – S 1301 USA – 22/04, in: BStBl. I 2004, S. 411, Tz. IV.4 – IV.6.

[101]   Gesetz zur Neuregelung des Kaufmanns- und Firmenrechts und zur Änderung anderer handels- und gesellschaftsrechtlicher Vorschriften (Handelsrechtsreformgesetz) vom 22.06.1998, in: BGBl. I 1998, S. 1474 – 1484.

Umstritten ist in diesem Zusammenhang, ob die standardisierten gesetzlichen Bestimmungen für die Würdigung der Organisation und der Struktur der ausländischen Gesellschaft relevant sind, oder ob auf die individuelle Ausgestaltung der Gesellschaft im jeweiligen Einzelfall abzustellen ist. Nach Ansicht des BFH ist die Gestaltung der inneren Verhältnisse im Einzelfall, z.B. die Anzahl der Gesellschafter, nicht entscheidend für die Qualifikation.[102] Bedenklich hierbei ist jedoch, dass das deutsche Steuerrecht für die Einordnung inländischer Gesellschaften in § 1 KStG typisierend an die bekannten Formen des Gesellschaftsrechts anknüpfen konnte, was bezüglich des ausländischen Gesellschaftsrechts wegen der zahlreichen Ausgestaltungen, so z.B. im Falle der US-amerikanischen „LLC", gerade nicht möglich ist.[103] Darüber hinaus ist es m.E. nicht überzeugend, an einen standardisierten ausländischen Typus anzuknüpfen, der aufgrund eines ggf. liberal ausgestalteten ausländischen Gesellschaftsrechts in der typisierten Form nicht existiert. Daher hat die Finanzverwaltung hinsichtlich der „LLC" explizit die Beachtung der konkreten Gestaltung nach den Gesetzesbestimmungen und den Vereinbarungen im Gesellschaftsvertrag im Einzelfall vorgesehen.[104] Dies wirft jedoch die Frage auf, wieso im Falle der „LLC" eine Qualifizierung anhand des Einzelfalls möglich sein soll, aber im Übrigen abgelehnt wird. M.E. sollte daher in Zweifelsfällen generell die individuelle Ausgestaltung der ausländischen Gesellschaft anhand ihres Gesellschaftsvertrags herangezogen werden.

Im Ergebnis lässt sich festhalten, dass der ausländische Rechtsträger entsprechend seines Realtypus so zu qualifizieren ist, wie er es würde, wenn er in dieser rechtlichen und wirtschaftlichen Ausgestaltung im Inland praktiziert würde. Für einige bedeutende Industrienationen hat das BMF den Betriebsstätten-Verwaltungsgrundsätzen eine Übersicht beigefügt, in der die jeweiligen ausländischen Unternehmensformen vergleichbaren deutschen Rechtsformen gegenübergestellt werden.[105] Dadurch wird die Einordnung einer ausländischen Gesellschaft in der Praxis vereinfacht, da der Rechtstypenvergleich detaillierte Kenntnisse des ausländischen Gesellschaftsrechts voraussetzt. Andere in der Praxis häufig anzutreffende Rechtsformen bestimmter Staaten hat die Finanz-

---

[102] Vgl. BFH-Urteil vom 23.06.1992, IX R 182/87, in: BStBl. II 1992, S. 975.
[103] Vgl. LÜDICKE, J.: Neue Entwicklungen der Besteuerung von Personengesellschaften im internationalen Steuerrecht, in: StbJb 1997/1998, S. 453.
[104] Vgl. BMF-Schreiben vom 19.03.2004, IV B 4 – S 1301 USA – 22/04, in: BStBl. I 2004, S. 411, Tz. V.
[105] Vgl. BMF-Schreiben vom 24.12.1999, IV B 4 – S 1300 – 111/99, in: BStBl. I 1999, S. 1076, Tabelle 1.

verwaltung dagegen nicht in die Übersicht aufgenommen und will diese ausschließlich anhand des jeweiligen Einzelfalls beurteilen.[106]

---

[106]   Vgl. SCHILD, C. / EHLERMANN, C.: Besteuerungsprobleme bei Beteiligungen an ausländischen Personengesellschaften, in: GROTHERR, S. (Hrsg.): Handbuch der internationalen Steuerplanung, S. 1394.

3 Errichtung einer ausländischen Betriebsstätte

3.1 Grundlagen der Besteuerung

3.1.1 Steuerliche Behandlung der Betriebsstättengewinne im Domizilstaat

Die Produktion mittels einer rechtlich unselbständigen Betriebsstätte im Ausland zieht sowohl im jeweiligen ausländischen Staat, als auch in Deutschland steuerliche Konsequenzen nach sich.

Für Zwecke des ausländischen Steuerrechts ist die Qualifikation der Produktionsstätte als Betriebsstätte ausschließlich von den nationalen Vorschriften des ausländischen Staates abhängig.[107] Sofern hiernach eine Betriebsstätte vorliegt, unterliegt die inländische Kapitalgesellschaft im betreffenden Staat mit den der Betriebsstätte zuzuordnenden Einkünften aufgrund des Territorialitätsprinzips der beschränkten Steuerpflicht. Die Ausgestaltung der beschränkten Steuerpflicht und die hierzu erforderliche Ermittlung der Einkünfte der Betriebsstätte bleiben dem Betriebsstättenstaat vorbehalten.[108]

Werden Gewinne von der Betriebsstätte an das inländische Stammhaus transferiert, ist dies weder nach nationalem Steuerrecht, noch nach Abkommensrecht als Gewinnausschüttung zu werten, da Betriebsstätte und inländisches Stammhaus einen einzigen Rechtsträger darstellen. Daher ist die Annahme von Dividendenzahlungen nicht möglich.[109] Dennoch erheben einige Staaten, z.B. die USA und Kanada, auf den Gewinntransfer einer in diesem Staat belegenen Betriebsstätte an ihr ausländisches Stammhaus eine Quellensteuer (sog."branch profits tax").[110] Diese Zusatzsteuer soll eine vergleichbare Belastung zu einer Dividendenausschüttung einer Kapitalgesellschaft herstellen.[111] In Europa wird eine derartige Quellensteuer grundsätzlich von Spanien erhoben, worauf im Falle eines in der EU ansässigen Stammhauses jedoch verzichtet wird.[112] Abkommensrechtlich ist eine derartige Quellensteuer grundsätzlich unzulässig, da diese

---

[107] Vgl. JACOBS, O.: Internationale Unternehmensbesteuerung, S. 482.

[108] Vgl. KRAWITZ, N. / HICK, C.: Wahl zwischen ausländischer Betriebsstätte oder Kapitalgesellschaft: Einfluss der Reformen des Unternehmenssteuerrechts, in: RIW 2001, S. 749.

[109] Vgl. FROTSCHER, G.: Internationales Steuerrecht, S. 165.

[110] Vgl. JACOBS, O.: Internationale Unternehmensbesteuerung, S. 483.

[111] Vgl. RUST, A.: Diskriminierungsverbote verbieten Diskriminierungen!, in: IStR 2004, S. 393.

[112] Vgl. SELLING, H. in: DEBATIN, H. / WASSERMEYER, F.: Doppelbesteuerung, Spanien, Anhang Tz. 128.

mit dem in Art. 24 Abs. 3 OECD-MA verankerten Diskriminierungsverbot für Betriebsstätten nicht vereinbar ist. Nach dieser Vorschrift darf die Besteuerung einer Betriebsstätte nicht ungünstiger sein, als die Besteuerung von Unternehmen dieses Staates, die die gleiche Tätigkeit ausüben. Entscheidend ist hierbei ein hypothetischer Vergleich der gesamten steuerlichen Belastung der Betriebsstätte mit derjenigen eines Unternehmens des Betriebsstättenstaates. In der Abkommenspraxis wird dem Betriebsstättenstaat die Erhebung einer branch profits tax jedoch ausdrücklich gestattet, so z.B. in Art. 24 Abs. 5 des DBA USA.[113]

3.1.2   Steuerliche Behandlung des Stammhauses

3.1.2.1   Buchführungspflicht und Gewinnermittlung

Die Ermittlung des Gewinns des Einheitsunternehmens erfolgt nach den Grundsätzen des deutschen Handels- und Steuerrechts. Dies betrifft gleichermaßen den Gewinn des Stammhauses, als auch der ausländischen Betriebsstätte. Die Gewinnermittlung mittels Betriebsvermögensvergleich i.S.d. § 4 Abs. 1 und § 5 EStG knüpft an die Buchführung an. Indes ist weder nach Handels- noch nach Steuerrecht eine isolierte Buchführungspflicht für die Betriebsstätte erforderlich. Vielmehr umfasst die Buchführungspflicht nach Handels- und Steuerrecht stets das gesamte Unternehmen einschließlich der ausländischen Betriebsstätte. Eine etwaige Steuerfreistellung des Betriebsstättenergebnisses im Inland ist hierfür ohne Belang. Die Einbeziehung der Betriebsstätte in die inländische Buchführungspflicht ergibt sich allgemein aus dem handelsrechtlichen Vollständigkeitsgebot, das aufgrund des Maßgeblichkeitsprinzips des § 5 EStG auch steuerrechtlich zu beachten ist. Daher gelten hinsichtlich der ausländischen Betriebsstätte die allgemeinen Buchführungs-, Aufzeichnungs-, Anzeige- und Aufbewahrungspflichten nach HGB und AO.[114] Zu einer gesonderten Betriebsstättenbuchführung ist das inländische Stammhaus nach deutschen Handels- und Steuerrecht somit nicht verpflichtet.[115] Da im ausländischen Staat hinsichtlich des Betriebsstättenergebnisses beschränkte Steuerpflicht gegeben ist, ist indes davon auszugehen, dass nach dem Recht dieses Staates eine Pflicht zur Führung von Büchern besteht. Soweit dies der Fall ist und diese Verpflichtung erfüllt wird, greift eine Vereinfachung. In diesem Fall genügt es gem. § 146 Abs. 2 AO, das Ergebnis dieser ausländischen Buchführung in die Buchführung des inländischen Unternehmens zu übernehmen. Auf eine separate Buchführung im Inland kann insoweit verzichtet werden. Soweit von dieser

---

[113]   Vgl. SCHAUMBURG, H.: Internationales Steuerrecht, S. 104.
[114]   Vgl. BMF-Schreiben vom 24.12.1999, IV B 4 – S 1300 – 111/99, BStBl. I 1999, S. 1076, Tz. 1.1.4.2.
[115]   Vgl. JACOBS, O.: Internationale Unternehmensbesteuerung, S. 648.

Vereinfachung Gebrauch gemacht wird, sind jedoch Anpassungen an die deutschen steuerrechtlichen Vorschriften vorzunehmen und entsprechend kenntlich zu machen. Erfolgt die Betriebsstätten-Buchführung nicht in Euro, ist darüber hinaus eine sachgerechte Währungsumrechnung vorzunehmen.[116] Werden demgegenüber für die Betriebsstätte keine gesonderten Bücher geführt, so ist es geboten, deren Geschäftsvorfälle im Inland einzeln zu erfassen und kenntlich zu machen.[117]

Die auf der Buchführung aufbauende Gewinnermittlung ist begrifflich von der Gewinnabgrenzung zu trennen. Der Gewinn der ausländischen Betriebsstätte ist nach den Grundsätzen des deutschen Steuerrechts zu ermitteln.[118] Demnach erfolgt die Gewinnermittlung nach Maßgabe der §§ 4 – 7k EStG i.V.m. § 8 Abs. 1 KStG unter Beachtung des Maßgeblichkeitsprinzips und dessen Durchbrechungen gem. § 5 EStG sowie der ergänzenden Vorschriften des KStG. In diesem Zusammenhang ist zu beachten, dass für die ausländische Betriebsstätte keine isolierte Gewinnermittlung erforderlich ist. Vielmehr erfolgt eine einheitliche Ermittlung des Gewinns des Einheitsunternehmens unter Einbeziehung der ausländischen Betriebsstätte. Soweit es nach nationalem Steuerrecht oder aufgrund eines bestehenden DBA erforderlich ist, für die Betriebsstätte einen eigenständigen Gewinn festzustellen, handelt es sich demnach nicht um einen eigens ermittelten Gewinn, sondern vielmehr um einen Anteil am Gewinn des Gesamtunternehmens, der der Betriebsstätte nach Maßgabe der Gewinnabgrenzung zugeordnet wird.[119] Zum Zweck der Gewinnabgrenzung, d.h. der Abgrenzung des Betriebsstättengewinns vom übrigen Gewinn des Einheitsunternehmens, kann es indes je nach angewandter Methode erforderlich sein, eine gesonderte Betriebsstättenbilanz zu erstellen, aus der sich der Betriebsstättengewinn ergibt. Dies bedeutet jedoch keine separate Gewinnermittlung der Betriebsstätte, sondern die Ableitung des Betriebsstättengewinns aus der Bilanz und der GuV des Einheitsunternehmens.[120]

---

[116]   Siehe hierzu im Einzelnen BMF-Schreiben vom 24.12.1999, IV B 4 – S 1300 – 111/99, in: BStBl. I 1999, S. 1076, Tz. 2.8. sowie zu weiterführenden Details LOOKS, C. in: LÖWENSTEIN, U. / LOOKS, C.: Betriebsstättenbesteuerung, S. 315 – 326.

[117]   Vgl. BMF-Schreiben vom 24.12.1999, IV B 4 – S 1300 – 111/99, BStBl. I 1999, S. 1076, Tz. 1.1.4.2.

[118]   Vgl. BMF-Schreiben vom 24.12.1999, IV B 4 – S 1300 – 111/99, BStBl. I 1999, S. 1076, Tz. 2.1.

[119]   Vgl. KUMPF, W. / ROTH, A.: Grundsätze der Ergebniszuordnung nach den neuen Betriebsstätten-Verwaltungsgrundsätzen, in: DB 2000, S. 744.

[120]   Vgl. WASSERMEYER, F. in: WASSERMEYER, F. / ANDRESEN, U. / DITZ, X.: Betriebsstätten-Handbuch, S. 10 f.

3.1.2.2 Vermeidung der Doppelbesteuerung im Nicht-DBA-Fall

Der nach deutschen Vorschriften ermittelte Gewinn der Betriebsstätte ist aufgrund des Welteinkommensprinzips im Rahmen der unbeschränkten Körperschaftsteuerpflicht der inländischen Kapitalgesellschaft grundsätzlich steuerpflichtig, da die Betriebsstätte einen rechtlich unselbständigen Bestandteil des Unternehmens darstellt. Gleichzeitig führt das Vorliegen einer Betriebsstätte im ausländischen Staat jedoch zur beschränkten Steuerpflicht der inländischen Kapitalgesellschaft hinsichtlich des Betriebsstättengewinns. Im Ergebnis wird in zwei Staaten von demselben Steuerpflichtigen auf denselben Steuergegenstand für denselben Zeitraum eine vergleichbare Steuer erhoben.[121] Demnach liegt eine juristische Doppelbesteuerung vor. Das im vorliegenden Fall gegebene Zusammentreffen von Territorialitätsprinzip im Quellenstaat und Welteinkommensprinzip im Inland stellt hierbei die bedeutsamste Ursache der Entstehung einer Doppelbesteuerung dar.[122] Zur Vermeidung dieser Doppelbesteuerung ist zu unterscheiden zwischen den unilateralen Regelungen im KStG sowie EStG einerseits, sowie den abkommensrechtlichen Vorschriften, falls mit dem Domizilstaat der Betriebsstätte ein DBA besteht.

Aufgrund der nachteiligen Folgen, die aus der vorliegenden juristischen Doppelbesteuerung für die inländische Kapitalgesellschaft resultieren, ist es erstrebenswert, insofern eine Vermeidung oder Abmilderung herbeizuführen. Dies kann bei Fehlen eines DBA mit dem Domizilstaat der Betriebsstätte ausschließlich auf unilateralem Wege erreicht werden. Hierbei kommen der Methode der Steueranrechnung sowie der Methode des Steuerabzugs besondere Relevanz zu. Bislang bestand gem. § 26 Abs. 6 KStG i.V.m. § 34c Abs. 5 EStG sowie dem sog. Pauschalierungserlass[123] weiterhin die Möglichkeit, die auf die ausländischen Einkünfte zu erhebende Körperschaftsteuer mittels eines pauschalen Steuersatzes i.H.v. 25 % zu erheben. Diese Möglichkeit ist indes ab dem VZ 2004 sachlich hinfällig, da der pauschale Steuersatz mit dem Körperschaftsteuersatz gem. § 23 Abs. 1 KStG übereinstimmt.[124]

Nach der Methode der Steueranrechnung wird das Welteinkommen der inländischen Kapitalgesellschaft inklusive der ausländischen Einkünfte der Besteuerung im Inland unterworfen. Zur Vermeidung der Doppelbesteuerung kann die festgesetzte, gezahlte und keinem Ermäßigungsanspruch unterliegende ausländi-

---

[121] Vgl. OECD-MK, Einführung, Rdnr. 1.

[122] Vgl. SCHEFFLER, W.: Besteuerung der grenzüberschreitenden Unternehmenstätigkeit, S. 11.

[123] Vgl. BMF-Schreiben vom 10.04.1984, IV C 6 – S 2293 – 11/84, in: BStBl. I 1984, S. 252 f.

[124] Vgl. R 74 Abs. 2 S. 3 KStR 2004.

sche Steuer auf die inländische Körperschaftsteuer gem. § 26 Abs. 1, Abs. 6 KStG i.V.m. § 34c Abs. 1 S. 2-5 EStG angerechnet werden. Die Anrechnung ist jedoch nur möglich, soweit die ausländische Steuer der deutschen Körperschaftsteuer entspricht.[125] Eine ausländische Steuer, die nicht der deutschen Körperschaftsteuer entspricht, kann nicht angerechnet werden. In diesem Fall kommt gem. § 26 Abs. 6 KStG i.V.m. § 34c Abs. 3 EStG lediglich der Abzug im Rahmen der Ermittlung der Einkünfte in Betracht.

Zur Durchführung der Anrechnung ist die Höhe der Einkünfte der ausländischen Betriebsstätte nach deutschen steuerlichen Vorschriften maßgeblich. Die ausländische Steuer ist auf der Grundlage der von der EZB täglich veröffentlichten Euro-Referenzkurse umzurechnen. Zur Vereinfachung ist eine Umrechnung zu den Umsatzsteuer-Umrechnungskursen zulässig, die monatlich im BStBl. I veröffentlicht werden.[126] Die Anrechnung ist nach Maßgabe der sog. per-country-limitation[127] begrenzt auf den Teil der inländischen Körperschaftsteuer, die auf sämtliche aus dem Betriebsstättenstaat stammenden Einkünfte entfallen. Hierzu sind die ausländischen Einkünfte, einschließlich der ausländischen Steuer, ins Verhältnis zur Summe der Einkünfte zu setzen. Der resultierende Quotient, multipliziert mit dem Betrag der inländischen Körperschaftsteuer, ergibt den Höchstbetrag der anrechenbaren ausländischen Steuer.[128]

Aufgrund der per-country-limitation lässt sich eine bestehende Doppelbesteuerung demnach nicht immer vollständig vermeiden. Die Anrechnung der ausländischen Steuer ist nur dann in voller Höhe möglich, sofern die festgesetzte und gezahlte ausländische Steuer die anteilige, auf die Betriebsstätteneinkünfte entfallende deutsche Körperschaftsteuer nicht übersteigt. Übersteigt die ausländische Steuer dagegen den Anrechnungshöchstbetrag, verbleibt ein nachteiliger Anrechnungsüberhang. Das gleiche Resultat kann eintreten, sofern aufgrund eines positiven Betriebsstättenergebnisses zwar eine ausländische Steuer erhoben wurde, während die Kapitalgesellschaft insgesamt ein negatives Einkommen aufweist. In dieser Konstellation ist die Anrechnung der ausländischen Steuer nicht möglich.

Zur Vermeidung derartiger negativer Folgen besteht gem. § 26 Abs. 1, Abs. 6 KStG i.V.m. § 34c Abs. 2 EStG auf Antrag die Möglichkeit, die ausländische Steuer im Rahmen der Ermittlung der Einkünfte der Kapitalgesellschaft

---

[125] Siehe hierzu die Übersicht in Anlage 6 zu R 34c EStR 2005.
[126] Vgl. R 34c Abs. 1 EStR 2005.
[127] Vgl. JACOBS, O.: Internationale Unternehmensbesteuerung, S. 45.
[128] Zu den Details der Durchführung der per-country-limitation siehe ROSER, F. in: GOSCH, D.: KStG, § 26, Rdnr. 103 – 117.

abzuziehen. Die bestehende Doppelbesteuerung lässt sich hierdurch nicht vollständig vermeiden, sondern allenfalls abmildern. Der Steuerabzug ist jedoch
vorteilhaft, sofern die Anrechnung der ausländischen Steuer aufgrund eines negativen Einkommens der Kapitalgesellschaft nicht möglich wäre. Durch den
Abzug im Rahmen der Ermittlung der Einkünfte findet die ausländische Steuer
in diesem Fall im Rahmen des Verlustabzugs i.S.d. § 10d EStG in Folgeperioden Berücksichtigung.[129]

3.1.2.3 Vermeidung der Doppelbesteuerung im DBA-Fall

3.1.2.3.1 Grundfall

Bei Existenz eines DBA zwischen Deutschland und dem Domizilstaat der Betriebsstätte ist auf Abkommensebene ausschließlich die abkommensrechtliche
Betriebsstättendefinition ausschlaggebend für die Zuweisung des Besteuerungsrechts. Der Betriebsstättenstaat darf die von der Betriebsstätte erwirtschafteten
Gewinne gem. Art. 7 Abs. 1 OECD-MA nur dann besteuern, wenn das nach seinem nationalem Steuerrecht als Betriebsstätte gewertete Engagement auch abkommensrechtlich eine Betriebsstätte i.S.d. Art. 5 OECD-MA darstellt.

Die Regelung des Art. 7 Abs. 1 S. 1, 1. Alt. OECD-MA weist das Besteuerungsrecht für Unternehmensgewinne grundsätzlich dem Ansässigkeitsstaat des Unternehmens zu. Dies ist im vorliegenden Fall gem. Art. 4 Abs. 1 OECD-MA
Deutschland als Ansässigkeitsstaat der Kapitalgesellschaft, da sich der Ort ihrer
Geschäftsleitung annahmegemäß im Inland befindet. Aufgrund des Territorialitätsprinzips sieht Art. 7 Abs. 1 S. 1, 2. Alt. OECD-MA jedoch insoweit ein Besteuerungsrecht des Domizilstaats der Betriebsstätte vor, als die vom Unternehmen erzielten Gewinne der ausländischen Betriebsstätte zuzurechnen sind.
Damit wird dem Betriebsstättenstaat ein Besteuerungsrecht hinsichtlich der Unternehmensgewinne zugewiesen, jedoch wird dieses gleichzeitig begrenzt auf
diejenigen Gewinne des Unternehmens, die der Betriebsstätte zugerechnet werden können. Diese abkommensrechtliche Einschränkung ist von zentraler Bedeutung, da im Rahmen der beschränkten Körperschaftsteuerpflicht im Betriebsstättenstaat von den einzelnen Staaten unterschiedliche Ansätze angewendet
werden, mit denen, ausgehend vom Erfolg bzw. Vermögen des rechtlich einheitlichen Gesamtunternehmens, das Betriebsstättenvermögen und der Betriebsstät-
tenerfolg ermittelt werden. Das „Veranlassungsprinzip" ist am weitesten ver-
breitet. Hiernach sind der Betriebsstätte nur die Erfolgs- und Vermögensteile
zuzurechnen, die durch ihre betriebliche Funktion erwirtschaftet wurden bzw.

---

[129] Vgl. KRÜGER, D. / KÖHLER, S. unter Mitarbeit von KÜHN, J. in: DStI e.V.: Steuerberater-Handbuch 2006, S. 1653.

ihrer betrieblichen Funktion dienen. Ziel ist somit eine verursachungsgerechte Erfolgs- bzw. Vermögensabgrenzung. Dieser Grundsatz stellt entsprechend der Regelung des Art. 7 Abs. 1 OECD-MA auch den abkommensrechtlichen Standard dar.[130] Im Rahmen des „Prinzips der Geschäfte gleicher Art", das dem UN-MA zugrunde liegt, wird diese Vorgehensweise ebenfalls angewandt, jedoch sind der Betriebsstätte darüber hinaus auch Erfolgsbeiträge zuzurechnen, die das Stammhaus im Betriebsstättenstaat zwar aus Direktgeschäften erzielt, die jedoch artgleich zu den Geschäften der Betriebsstätte sind. Hierdurch sollen vor allem Steuerumgehungen verhindert werden. Einige Staaten wenden in ihrem unilateralen Steuerrecht dagegen das „Prinzip der Attraktivkraft" an. Nach diesem Konzept werden der Betriebsstätte über das „Prinzip der Geschäfte gleicher Art" hinausgehend sämtliche Tätigkeiten des Stammhauses im Betriebsstättenstaat zugerechnet.[131] Dies bedeutet, dass alle Einkünfte, die das Stammhaus auf dem Territorium des Betriebsstättenstaats erzielt, der Betriebsstätte zuzurechnen sind, unabhängig davon, ob die Direktgeschäfte artgleich zu der Tätigkeit der Betriebsstätte sind, oder ob es sich um Direktgeschäfte der verschiedensten Art handelt. Dieses Prinzip, das teilweise im Steuerrecht von Entwicklungsländern Anwendung findet, wird abkommensrechtlich jedoch abgelehnt.[132]

Zur Vermeidung der Doppelbesteuerung im Sitzstaat des inländischen Stammhauses ist im jeweiligen Methodenartikel der von Deutschland abgeschlossenen DBA grundsätzlich die Freistellung der Betriebsstättengewinne entsprechend Art. 7 i.V.m. Art. 23A Abs. 1 OECD-MA von der deutschen Besteuerung vorgesehen. Hierbei ist jedoch zu beachten, dass sich die Berechnung des Gewinns nach dem innerstaatlichen Recht des jeweiligen Vertragsstaates bestimmt. Aufgrund unterschiedlicher Gewinnermittlungsvorschriften der einzelnen Vertragsstaaten kann damit im Einzelfall die Situation eintreten, dass für den gleichen Sachverhalt im einen Vertragsstaat ein Gewinn, im anderen Vertragsstaat jedoch ein Verlust vorliegt.[133]

Eine zentrale Bedeutung im Zusammenhang mit der Vermeidung der Doppelbesteuerung im Falle einer ausländischer Betriebsstätten kommt der Subsidiaritätsklausel des Art. 7 Abs. 7 OECD-MA zu. Nach dieser Vorschrift bleiben die Bestimmungen anderer Artikel des Abkommens unberührt, soweit in den Unternehmensgewinnen Einkünfte enthalten sind, die in eben diesen anderen Artikeln

---

[130] Vgl. SCHEFFLER, W.: Besteuerung der grenzüberschreitenden Unternehmenstätigkeit, S. 348 f.
[131] Vgl. JACOBS, O.: Internationale Unternehmensbesteuerung, S. 484 f.
[132] Vgl. VOGEL, K. in: VOGEL, K. / LEHNER, M.: DBA, Vor Art. 10-12, Rdnr. 40.
[133] Vgl. KRÜGER, D. / KÖHLER, S. unter Mitarbeit von KÜHN, J. in: DStI e.V.: Steuerberater-Handbuch 2006, S. 1719.

behandelt werden. Demnach sind die Betriebsstättengewinne insoweit als Unternehmensgewinne i.S.d. Art. 7 OECD-MA zu behandeln, als keine anderen Artikel des OECD-MA einschlägig sind. In Betracht kommen hierbei

- Einkünfte aus unbeweglichem Vermögen gem. Art. 6 OECD-MA,
- Dividenden gem. Art. 10 OECD-MA,
- Zinsen gem. Art. 11 OECD-MA,
- Lizenzgebühren gem. Art. 12 OECD-MA,
- andere Einkünfte gem. Art. 21 OECD-MA.

In diesem Kontext sind jedoch auch die Rückverweisungen in den jeweiligen Verteilungsnormen auf Art. 7 OECD-MA zu beachten. Dies betrifft Dividenden gem. Art. 10 Abs. 4 OECD-MA, Zinsen gem. Art. 11 Abs. 4 OECD-MA, Lizenzgebühren gem. Art. 12 Abs. 3 OECD-MA sowie andere Einkünfte gem. Art. 21 Abs. 2 OECD-MA. Nach diesen Regelungen findet die jeweils einschlägige Verteilungsnorm keine Anwendung, sofern der Empfänger der Zahlung in dem Staat, aus dem die Vergütungen stammen, eine Geschäftätigkeit durch eine dort belegene Betriebsstätte ausübt und die Rechte bzw. Vermögenswerte, für die die Vergütungen gezahlt werden, tatsächlich zu dieser Betriebsstätte gehören.

Die Einordnung der Einkünfte unter Art. 7 OECD-MA als Unternehmensgewinne resp. unter die ihrer Natur nach einschlägigen Verteilungsnormen ist von zentraler Bedeutung für die Zuweisung des Besteuerungsrecht an den einen oder den anderen Vertragsstaat. Findet Art. 7 OECD-MA Anwendung, so wird das Besteuerungsrecht dem Betriebsstättenstaat zugewiesen. Demgegenüber werden nach Art. 11 Abs. 1 OECD-MA Zinsen, die aus einem Vertragsstaat stammen und an eine im anderen Vertragsstaat ansässige Person gezahlt werden, im anderen Staat besteuert, wobei Art. 11 Abs. 2 OECD-MA dem Quellenstaat jedoch ein der Höhe nach begrenztes Quellenbesteuerungsrecht zugesteht. Analog liegt das Besteuerungsrecht für Lizenzgebühren gem. Art. 12 Abs. 1 OECD-MA grundsätzlich beim Wohnsitzstaat des Lizenzgebers, was damit begründet wird, dass dieser Staat steuerlich auch die vorangegangenen Forschungs- und Entwicklungskosten zu tragen hatte.[134]

Es ist daher insbesondere hinsichtlich Zinsen und Lizenzgebühren zu untersuchen, ob diese Zahlungen der ausländischen Betriebsstätte zuzuordnen sind, so dass das Besteuerungsrecht insoweit dem Domizilstaat der Betriebsstätte zugewiesen wird. Werden die Zahlungen dagegen unter Art. 11 resp. Art. 12 OECD-

---

[134]   Vgl. PÖLLATH, R. in: VOGEL, K. / LEHNER, M.: DBA, Art. 12, Rdnr. 8.

MA subsumiert, liegt das Besteuerungsrecht bei Deutschland als dem Ansässigkeitsstaat des Zahlungsempfängers. Dieser Zuordnungskonflikt wurde vom BFH
in mehreren Urteilen entschieden. Dabei orientiert sich der BFH an dem Wortlaut der jeweiligen Verteilungsnormen des DBA, insbesondere an dem Betriebs-
stättenvorbehalt der jeweils einschlägigen Verteilungsnormen.[135] Maßgeblich für
die Qualifikation als Unternehmensgewinn ist demnach, ob eine tatsächliche
Zugehörigkeit des jeweiligen Stammrechts zu der Betriebsstätte vorliegt. Dies
wird im Musterkommentar bezüglich Zinsen dahingehend konkretisiert, dass das
Stammrecht einen Teil des Vermögens der Betriebsstätte darstellt oder auf andere Weise tatsächlich zu dieser Betriebsstätte gehört.[136] Die „tatsächliche Zugehörigkeit" ist anzunehmen, wenn der Vermögenswert in einem funktionalen Zusammenhang zur Tätigkeit der Betriebsstätte steht.[137] Zur Beurteilung des
funktionalen Zusammenhangs zwischen dem Vermögenswert und der Betriebsstätte ist darauf abzustellen, ob es sich bei den Einkünften nach der Verkehrsauf-
fassung um Nebenerträge derjenigen Tätigkeit der Betriebsstätte handelt, welche
den Schwerpunkt der in der Betriebsstätte ausgeübten Unternehmenstätigkeit
bildet.[138] Ein Indiz gegen die tatsächliche Zugehörigkeit zur Betriebsstätte sei
hiernach gegeben, wenn die Einkünfte aus der Nutzung des Vermögenswertes
auch in gleicher Weise vom Inland aus hätten erzielt werden können bzw. wenn
die Einkünfte, die aus der Nutzung des Vermögenswertes erzielt werden, keinen
Einfluss auf die Einkünfte der Betriebsstätte aus ihrer unternehmerischen Tätigkeit haben.[139] Hieraus wird deutlich, dass nur die Erträge derjenigen Wirtschaftsgüter im Betriebsstättenstaat besteuert werden dürfen, die tatsächlich von
der Betriebsstätte genutzt werden. Die hierfür relevante Frage der Zuordnung
von Wirtschaftsgütern zur Betriebsstätte oder zum Stammhaus wird im weiteren
Verlauf dieser Arbeit detailliert analysiert und diskutiert.[140]

3.1.2.3.2   Besonderheiten aus Aktivitätsvorbehalten und Rückfallklauseln

Die im DBA gewährte Freistellung der Betriebsstättengewinne im Sitzstaat des
Stammhauses gilt nicht uneingeschränkt, sondern wird häufig an Aktivitätsvor-
behalte und gegebenenfalls an Rückfallklauseln geknüpft.

---

[135]   Vgl. BFH-Urteil vom 27.02.1991, I R 15/89, in: BStBl. II 1991, S. 446 f.
[136]   Vgl. OECD-MK zu Art. 11, Rdnr. 24.
[137]   Vgl. BFH-Urteil vom 26.02.1992, I R 85/91, in: BStBl. II 1992, S. 939.
[138]   Vgl. BFH-Urteil vom 30.08.1995, I R 112/94, in: BStBl. II 1996, S. 565.
[139]   Vgl. BFH-Urteil vom 30.08.1995, I R 112/94, in: BStBl. II 1996, S. 565.
[140]   Siehe hierzu die Ausführungen in Kap. 3.2.2 auf S. 66.

3.1.2.3.2.1 Aktivitätsvorbehalte

Eine Einschränkung der Freistellungsmethode unter Aktivitätsvorbehalt kann einerseits abkommensrechtlich, zum anderen im Rahmen der Vorschrift des § 20 Abs. 2 AStG resultieren. Allgemein bedeutet die Freistellung unter Aktivitätsvorbehalt, dass je nach Wortlaut der Aktivitätsklausel bestimmte bzw. sämtliche Einkünfte der Betriebsstätte im Inland nur dann von der Besteuerung im Inland freigestellt sind, wenn diese aus einer in der jeweiligen Klausel näher konkretisierten aktiven Tätigkeit der Betriebsstätte stammen.[141] Wird die Anwendung der Freistellungsmethode hiernach versagt, kann die vorliegende Doppelbesteuerung ausschließlich im Wege der Anrechnungs- bzw. Abzugsmethode abgemildert werden.

3.1.2.3.2.1.1 Abkommensrechtliche Aktivitätsvorbehalte

Auf Abkommensebene ist die Freistellungsmethode in der Regel an eine Aktivitätsklausel geknüpft. Derartige Klauseln sind überwiegend unmittelbar im jeweiligen Methodenartikel enthalten, teilweise resultieren sie jedoch auch aus Protokollen, Schlussprotokollen, Brief- oder Notenwechseln zum DBA.[142] Die inhaltliche Konkretisierung der Aktivitätsklausel, d.h. der Anwendungsbereich und der Katalog der aktiven Tätigkeiten, variiert je nach DBA. WASSERMEYER weist treffend darauf hin, dass angesichts der „unterschiedlichen Detailregelungen der Aktivitätsklauseln [...] einem buchstäblich der Kopf [raucht]"[143], da diese zu überkompliziert und aufeinander nicht abgestimmt seien, was zu einer Ungleichbesteuerung gleicher Aktivitäten in verschiedenen Staaten führt.[144] Daher soll die Thematik an dieser Stelle daher nur knapp umrissen werden. Die Arten der als aktiv geltenden Tätigkeiten lassen sich grundsätzlich in drei Kategorien einteilen.[145] In Kategorie 1 fällt die Mehrzahl der Aktivitätsklauseln, die in deutschen DBA enthalten sind. Sie ist gekennzeichnet durch Tätigkeiten, die typischerweise als aktiv gelten, z.B. die Herstellung und der Verkauf von Gütern und Waren oder die Bewirkung von technischen Dienstleistungen. In Kategorie 2 fallen diejenigen DBA, die zur Definition der als aktiv geltenden Tätigkei-

---

[141] Vgl. JACOBS, O.: Internationale Unternehmensbesteuerung, S. 492.

[142] Vgl. WASSERMEYER, F.: Der Wirrwarr mit den Aktivitätsklauseln im Abkommensrecht, in: IStR 2000, S. 65 + 70; vgl. auch OFD Münster vom 25.09.1998, S 1301 – 18 – St 22 – 34, in: IStR 1999, S. 81 f.

[143] WASSERMEYER, F.: Der Wirrwarr mit den Aktivitätsklauseln im Abkommensrecht, a.a.O., S. 66.

[144] Vgl. WASSERMEYER, F.: Der Wirrwarr mit den Aktivitätsklauseln im Abkommensrecht, a.a.O., S. 65.

[145] Vgl. REITH, T.: Internationales Steuerrecht, S. 295 f.

ten auf die Vorschriften des § 8 Abs. 1 Nr. 1-6 AStG[146] verweisen. Die dritte Kategorie schließlich ist dadurch gekennzeichnet, dass eine sehr detaillierte und umfangreiche Aufzählung von Einzeltätigkeiten erfolgt, so z.b. im DBA Finnland.[147]

Ein weiterer Unterschied zwischen den einzelnen DBA besteht in Bezug auf die Rechtsfolgen. Entsprechend der Formulierung im DBA Finnland sowie im DBA Schweiz sind nur die aktiven Einkünfte der Betriebsstätte im Sitzstaat des Stammhauses von der Besteuerung freigestellt, während hinsichtlich passiver Einkünfte die Anrechnungsmethode greift.[148] Dies erfordert eine Aufteilung der Betriebsstätteneinkünfte. Die Mehrzahl der abkommensrechtlichen Aktivitätsklauseln sehen jedoch eine Infektionswirkung vor, so dass die gesamten Einkünfte der Betriebsstätte als passiv gelten, wenn deren Tätigkeiten nicht zu einem bestimmten Anteil, i.d.R. zu mindestens 90 %, als aktiv i.S.d. jeweiligen Definition gelten.[149]

Detaillierte Ausführungen zur Problematik der Einschränkung der Freistellungsmethode durch Aktivitätsklauseln sollen an dieser Stelle unterbleiben, da die im Rahmen dieser Arbeit zu untersuchende Produktionsverlagerung ins Ausland als Herstellung bzw. Be- oder Verarbeitung von Sachen zu klassifizieren ist. Daher ist für Zwecke dieser Arbeit keine Einschränkung bzw. Versagung der Freistellungsmethode aus einer abkommensrechtlichen Aktivitätsklausel anzunehmen. Sofern mit dem Domizilstaat der Betriebsstätte ein DBA besteht, sind die Gewinne der Betriebsstätte somit abkommensrechtlich von der Besteuerung im Inland freizustellen.

3.1.2.3.2.1.2 Regelung in § 20 Abs. 2 AStG

Ungeachtet der abkommensrechtlichen Regelung im Methodenartikel zur Anwendung der Freistellungsmethode auf Betriebsstättengewinne sieht die nationale Regelung des § 20 Abs. 2 AStG in bestimmten Fällen im Wege des Treaty-

---

[146] Hierbei handelt es sich um bestimmte Tätigkeiten, die für Zwecke der Hinzurechnungsbesteuerung i.S.d. §§ 7 – 14 AStG als aktiv gelten, z.B. die Herstellung, Bearbeitung, Verarbeitung oder Montage von Sachen gem. § 8 Abs. 1 Nr. 2 AStG.

[147] Vgl. DBA Finnland vom 05.07.1979, Protokoll, Tz. 5; siehe hierzu REITH, T.: Internationales Steuerrecht, S. 295 f.

[148] Vgl. DBA Finnland vom 05.07.1979, Protokoll, Tz. 5; Art. 24 Abs. 1 Nr. 1, lit. a) DBA Schweiz vom 11.08.1971; vgl. auch GROTHERR, S. in: BECKER, H. et al.: DBA-Kommentar, Art. 23 A / 23 B OECD-MA, Rdnr. 68; VOGEL, K. in: VOGEL, K. / LEHNER, M.: DBA, Art. 23 Rdnr. 82.

[149] Vgl. SCHMIDT, C. / BLÖCHLE, D. in: STRUNK, G. / KAMINSKI, B. / KÖHLER, S.: AStG – DBA, Art. 23 A/B OECD-MA, Rdnr. 134.

Overridings[150] den Wechsel von der Freistellungs- zur Anrechnungsmethode vor. Fallen in der ausländischen Betriebsstätte Einkünfte an, die als Zwischeneinkünfte steuerpflichtig wären, wenn es sich bei der Betriebsstätte um eine Kapitalgesellschaft handeln würde, so kommt die Freistellungsmethode insoweit nicht zur Anwendung. In diesem Fall ist die Doppelbesteuerung gem. § 20 Abs. 2 AStG durch Anrechnung der auf diese Einkünfte erhobenen ausländischen Steuern zu vermeiden. Die Vorschrift kommt damit zur Anwendung, wenn die Betriebsstätte Einkünfte aus passivem Erwerb erzielt, diese Einkünfte einer Ertragsteuerbelastung von weniger als 25 % unterliegen und die Einkünfte in der Bundesrepublik Deutschland aufgrund eines DBA von der Besteuerung freigestellt sind.[151] Einkünfte aus passivem Erwerb sind hierbei anzunehmen, wenn diese aus keiner der in § 8 Abs. 1 Nr. 1 – 9 AStG normierten aktiven Tätigkeiten stammen.[152]

Während die Regelung in der früheren Fassung auf Zwischeneinkünfte mit Kapitalanlagecharakter[153] beschränkt war, werden nach der Änderung i.R.d. StVergAbG alle Einkünfte der Betriebsstätte erfasst, die nicht als aktiv i.S.d. § 8 Abs. 1 AStG zu qualifizieren sind, und die einer niedrigen Besteuerung i.S.d. § 8 Abs. 3 AStG unterliegen. Somit wird eine ausländische Betriebsstätte diesbezüglich einer 100 % - Beteiligung an einer ausländischen Kapitalgesellschaft, die niedrig-besteuerte passive Einkünfte erzielt, gleichgestellt. Die auf die als passiv zu qualifizierenden Einkünfte entfallende Steuer, die im Betriebsstättenstaat erhoben wird, ist unter entsprechender Anwendung von § 26 Abs. 1 KStG

---

[150]   Vgl. eingehend VOGT, J. in: STRUNK, G. / KAMINSKI, B. / KÖHLER, S.: AStG – DBA, § 20 AStG, Rdnr. 11 – 37.

[151]   Vgl. BMF-Schreiben vom 14.05.2004, IV B 4 – S 1340 – 11/04, in: BStBl. I 2004, Sondernummer 1, S. 3, Tz. 20.2.

[152]   Vgl. VOGT, J. in: STRUNK, G. / KAMINSKI, B. / KÖHLER, S.: AStG – DBA, § 20 AStG, Rdnr. 73; zu den als aktiv geltenden Tätigkeiten vgl. den Gesetzeswortlaut sowie KRÜGER, D. / KÖHLER, S. unter Mitarbeit von KÜHN, J. in: DStI e.V.: Steuerberater-Handbuch 2006, S. 1701 - 1703.

[153]   Zwischeneinkünfte mit Kapitalanlagecharakter sind gem. § 7 Abs. 6a AStG Einkünfte der Betriebsstätte, die aus dem Halten, der Verwaltung, Werterhaltung oder Werterhöhung von Zahlungsmitteln, Forderungen, Wertpapieren, Beteiligungen oder ähnlichen Vermögenswerten stammen, es sei denn, der Steuerpflichtige weist nach, dass sie aus einer Tätigkeit stammen, die einer aktiven eigenen Tätigkeit (i.S.d. § 8 Abs. 1 Nr. 1 - 6 AStG) der Betriebsstätte dient. Keine Zwischeneinkünfte mit Kapitalanlagecharakter bei der Betriebsstätte liegen vor, soweit diese Gewinnausschüttungen von Kapitalgesellschaften bezieht. Ebenso gelten Einkünfte der Betriebsstätte aus der Veräußerung eines Anteils an einer Gesellschaft, sowie aus deren Auflösung oder der Herabsetzung ihres Kapitals nicht als Zwischeneinkünfte mit Kapitalanlagecharakter, soweit die inländische Kapitalgesellschaft nachweist, dass der Veräußerungsgewinn auf Wirtschaftsgüter der anderen Gesellschaft entfällt, die bei dieser Gesellschaft nicht zu Zwischeneinkünften mit Kapitalanlagecharakter führen.

i.V.m. § 34c EStG bei Erfüllung der Voraussetzungen auf die deutsche Körperschaftsteuer anzurechnen bzw. bei der Ermittlung der Einkünfte abzuziehen.[154]

Die Treaty-Overriding-Vorschrift des § 20 Abs. 2 AStG steht derzeit auf dem europarechtlichen Prüfstand. So bezweifelt das FG Münster in der Anwendung der Anrechnungs- statt der Freistellungsmethode auf die niedrig besteuerten passiven Einkünfte einer belgischen Betriebsstätte die Vereinbarkeit mit den europäischen Grundfreiheiten.[155] Daher hat das FG die Rechtsfrage im Vorlagebeschluss vom 05.07.2005 dem EuGH vorgelegt und dies mit einem nicht zu rechtfertigenden Verstoß der Regelung gegen die EG-vertraglich geschützte Niederlassungsfreiheit des Art. 52 EGV (jetzt Art. 43 EGV) sowie die Kapitalverkehrsfreiheit in Art. 73b - 73d EGV (jetzt Art. 56 – 58 EGV) begründet. In Bezug auf die Niederlassungsfreiheit führt das FG aus, dass diese zwar ihrem Wortlaut nach die Inländerbehandlung im Aufnahmestaat sicherstellen soll. Jedoch enthalte sie darüber hinaus auch das Verbot für den Herkunftsstaat, die Niederlassung seiner Staatsangehörigen in einem anderen Mitgliedstaat zu behindern. Eine Rechtfertigung der Beschränkung der Niederlassungsfreiheit mit dem Argument der Bekämpfung von Gestaltungsmissbräuchen lehnt das FG ab, da die Vorschrift nicht ausschließlich rein künstliche Konstruktionen, sondern generell bestimmte Fallgestaltungen erfasst.

Annahmegemäß erfolgt im Rahmen dieser Arbeit eine Verlagerung der Produktionstätigkeit einer inländischen Kapitalgesellschaft auf eine ausländische Organisationseinheit. Da die produktive Tätigkeit unter den Sachverhalt der „Herstellung, Bearbeitung, Verarbeitung oder Montage von Sachen" erfasst werden kann, liegt gem. § 8 Abs. 1 Nr. 2 AStG eine aktive Tätigkeit vor. Selbst wenn die ausländische Betriebsstätte damit nur einer niedrigen Besteuerung i.S.d. § 8 Abs. 3 AStG unterliegt, kommt die Rechtsfolge des § 20 Abs. 2 AStG nicht zur Anwendung. Daher ist auch in diesem Fall die Doppelbesteuerung bei der inländischen Kapitalgesellschaft mittels Anwendung der Freistellungsmethode zu vermeiden.

3.1.2.3.2.2 Rückfallklauseln

Nach dem Wortlaut der abkommensrechtlich vorgesehenen Freistellungsmethode in Art. 23A Abs. 1 OECD-MA werden diejenigen Einkünfte von der Besteuerung ausgenommen, die nach dem jeweiligen Abkommen im anderen Vertrag-

---

[154] Vgl. BMF-Schreiben vom 14.05.2004, IV B 4 – S 1340 – 11/04, in: BStBl. I 2004, Sondernummer 1, S. 3, Tz. 20.2.

[155] Vgl. Vorlagebeschluss des FG Münster vom 05.07.2005, 15 K 1114/99 F, in: EFG 2005, S. 1512 - 1520.

staat besteuert werden *können*.[156] Aus dieser Formulierung wird abgeleitet, dass das DBA darauf abzielt, bereits eine nur virtuelle Doppelbesteuerung zu vermeiden.[157] Eine virtuelle Doppelbesteuerung ist dadurch charakterisiert, dass zwei Staaten auf dasselbe Steuerobjekt theoretisch zugreifen, dies jedoch aufgrund der konkreten Steuergesetze nicht eintritt.[158] Somit wäre auf Basis der Freistellungsmethode grundsätzlich die Situation denkbar, dass die Betriebsstättengewinne im Sitzstaat des Stammhauses von der Besteuerung freigestellt werden, obwohl diese im Betriebsstättenstaat tatsächlich aufgrund der innerstaatlichen Rechtsvorschriften nicht der Besteuerung unterliegen. Hieraus würde eine fiskalisch unerwünschte doppelte Nichtbesteuerung resultieren. Um dies zu vermeiden, enthalten die neueren von Deutschland geschlossenen DBA eine Rückfallklausel.[159] Demnach gelten die betreffenden Einkünfte nur dann als aus Quellen im anderen Vertragsstaat stammend, wenn sie in diesem Staat in Übereinstimmung mit dem Abkommen besteuert werden. Nur unter dieser Voraussetzung erfolgt eine Freistellung der Betriebsstätteneinkünfte in Deutschland.[160] Eine tatsächliche Besteuerung im Domizilstaat der Betriebsstätte ist gegeben, wenn die Einkünfte in diesem Staat einer Steuerveranlagung unterworfen werden. In welchem Umfang die Einkünfte im Ausland tatsächlich der Besteuerung unterworfen werden, oder ob alle Einkunftsteile zu einer konkreten Steuerzahlungspflicht führen, ist demgegenüber irrelevant.[161] Ebenso ist der Fall unerheblich, dass eine Steuerzahlung im Ausland aufgrund von Freibeträgen oder eines Verlustausgleichs bzw. Verlustabzugs entfällt. Der inländischen Kapitalgesellschaft unterliegt somit bei Existenz einer Rückfallklausel die Verpflichtung, im Rahmen der erhöhten Mitwirkungspflicht des § 90 Abs. 2 AO spätestens im Veranlagungsverfahren den Nachweis zu erbringen, dass die Einkünfte der Betriebsstätte im Ausland in einer Steuerveranlagung erfasst wurden.[162] Bei fehlendem Nachweis treten die Rechtsfolgen der Rückfallklausel ein, was die Einbeziehung der Betriebsstättengewinne in die inländische Besteuerung zur Folge hat. Ein zu einem späteren Zeitpunkt erbrachter Nachweis der Besteuerung be-

---

[156] Vgl. REITH, T.: Internationales Steuerrecht, S. 292.
[157] Vgl. BFH-Urteil vom 20.10.1982, I R 104/79, in: BStBl. II 1983, S. 403; VOGEL, K. in: VOGEL, K. / LEHNER, M.: DBA, Vor Art. 6-22, Rdnr. 7; GROTHERR, S. in: BECKER, H. et al.: DBA-Kommentar, Grundlagen, Abschnitt 1, Rdnr. 30.
[158] Vgl. ROSE, G.: Grundzüge des internationalen Steuerrechts, S. 49.
[159] Vgl. z.B. Art. 23 Abs. 2 letzter Satz DBA USA vom 29.08.1989.
[160] Vgl. GROTHERR, S. in: BECKER, H. et al.: DBA-Kommentar, Art. 23 A / 23 B OECD-MA, Rdnr. 69.
[161] Vgl. BFH-Urteil vom 27.08.1997, I R 127/95, in: BStBl. II 1998, S. 58 f.
[162] Vgl. BMF-Schreiben vom 24.12.1999, IV B 4 – S 1300 – 111/99, in: BStBl. I 1999, S. 1076, Tz. 1.2.6.

wirkt als rückwirkendes Ereignis eine Änderung des Steuerbescheids gem. § 175 Abs. 1 S. 1 Nr. 2 AO.[163]

3.1.3 Aufteilung der Einkünfte zwischen Stammhaus und Betriebsstätte

3.1.3.1 Begründung der Einkünfteabgrenzung

Eine Kapitalgesellschaft, die gem. § 1 Abs. 1 KStG unbeschränkt körperschaftsteuerpflichtig ist, unterliegt mit ihrem gesamten Welteinkommen der Steuerpflicht. Wird die Tätigkeit ganz oder teilweise durch eine ausländische Betriebsstätte ausgeübt, so ist sowohl der Gewinn des inländischen Stammhauses, als auch der Gewinn der ausländischen Betriebsstätte im Rahmen der unbeschränkten Steuerpflicht zu erfassen. Dies ist auf die rechtliche Einheit von Stammhaus und Betriebsstätte zurückführen. Da ein Teil des Gesamtergebnisses jedoch auf dem Hoheitsgebiet eines anderen Staates erwirtschaftet wurde, steht diesem aufgrund des Territorialitätsprinzips für diesen Gewinnanteil ein Besteuerungsrecht zu.[164]

Die aus der beschränkten Steuerpflicht des inländischen Unternehmens im Betriebsstättenstaat resultierende Doppelbesteuerung wird durch DBA bzw. unilaterale Maßnahmen vermieden bzw. gemildert. Da die Gewinnermittlung nach inländischem Steuerrecht das gesamte Unternehmen umfasst, ist eine Abgrenzung des Gewinns bzw. Verlustes, der der Betriebsstätte zuzurechnen ist, vom Ergebnis des Stammhauses geboten. Dies gilt nach Ansicht der Finanzverwaltung unabhängig davon, ob ein DBA anzuwenden ist, oder ob mit dem betreffenden Staat kein DBA existiert.[165]

In der Literatur werden jedoch bezüglich des Nicht-DBA-Falles unterschiedliche Ansichten vertreten. KUMPF / ROTH kritisieren, dass im nationalen Steuerrecht keine Rechtsgrundlage für die Einkünfteabgrenzung anhand des Fremdvergleichs ersichtlich ist.[166] Zwar beziehen KUMPF / ROTH auch den DBA-Fall in ihre Kritik mit ein, und argumentieren, ein DBA könne einen Steueranspruch nur begrenzen, nicht jedoch begründen. Allerdings ist diese grundsätzlich richtige Feststellung m.E. im DBA-Fall nicht relevant. Denn die im DBA verankerte Freistellungsmethode dient der Vermeidung einer Doppelbesteuerung durch Begrenzung der bestehenden Steueransprüche der beteiligten Staaten. Ist der Ge-

---

[163]   Vgl. BFH-Urteil vom 11.06.1996, I R 8/96, in: BStBl. II 1997, S. 118.

[164]   Vgl. BECKER, H.: Die Besteuerung von Betriebsstätten, in: DB 1989, S. 11.

[165]   Vgl. BMF-Schreiben vom 24.12.1999, IV B 4 – S 1300 – 111/99, in: BStBl. I 1999, S. 1076, Tz. 2.2.

[166]   Vgl. KUMPF, W. / ROTH, A.: Grundsätze der Ergebniszuordnung nach den neuen Betriebsstätten-Verwaltungsgrundsätzen, a.a.O., S. 744.

winn der Betriebsstätte aufgrund eines DBA im Inland freigestellt, so ist die Notwendigkeit der Aufteilung der Einkünfte evident. Die Höhe des dem Stammhaus zuzurechnenden Gewinns ist exakt zu beziffern, da nur dieser Betrag der Besteuerung unterliegt. Der im DBA verankerte Grundsatz des Fremdvergleichs dient somit als Maßstab, die Höhe des freizustellenden Betriebsstättengewinns willkürfrei zu ermitteln. SCHAUMBURG weist in diesem Zusammenhang darauf hin, dass die Anwendung des Fremdvergleichsgrundsatzes, abgesehen von dem gem. Art. 59 Abs. 2 S. 1 GG erforderlichen Zustimmungsgesetz, keiner innerstaatlichen Vorschrift bedarf und insoweit als self-executing-Vorschrift anzusehen ist.[167]

Somit kann die Kritik von KUMPF / ROTH m.E. grundsätzlich nur für den Nicht-DBA-Fall gelten. Aber auch bei Fehlen eines DBA ist eine Aufteilung der Einkünfte notwendig. In diesem Fall greift die unilaterale Regelung des § 26 Abs. 1, Abs. 6 KStG i.V.m. § 34c Abs. 1 EStG, d.h. die Doppelbesteuerung wird mittels der Anrechnungs- oder alternativ der Abzugsmethode vermieden bzw. verringert. Bei Anwendung der Anrechnungsmethode ist gemäß der per-country-limitation der Höchstbetrag der anrechenbaren ausländischen Steuer zu ermitteln. Dies ist jedoch nur möglich, sofern die exakte Höhe der ausländischen Betriebsstätteneinkünfte auf Basis deutscher Einkünfteermittlungsvorschriften bekannt ist.

Die Einkünfteabgrenzung zwischen Stammhaus und Betriebsstätte ist darüber hinaus auch im Hinblick auf die Ermittlung der Gewerbesteuer der inländischen Kapitalgesellschaft geboten. Der Gewerbesteuer unterliegt ein Gewerbebetrieb gem. § 2 Abs. 1 S. 1 GewStG nur, soweit er im Inland betrieben wird. Gewinne eines inländischen Unternehmens, die auf eine nicht im Inland belegene Betriebsstätte entfallen, sind gem. § 9 Nr. 3 GewStG nicht Bestandteil des Gewerbeertrags. Da der Betriebsstättengewinn bei fehlendem DBA in dem nach KStG und EStG ermittelten Gewinn aus Gewerbebetrieb enthalten ist, ist demnach eine Kürzung vorzunehmen. Im Ergebnis kann daher festgehalten werden, das auch im Nicht-DBA-Fall stets eine korrekte Aufteilung der Einkünfte anhand des Fremdvergleichsgrundsatzes notwendig ist, um eine sachgerechte Besteuerung zu gewährleisten.

Die Aufteilung der Einkünfte geht einher mit der Aufteilung des Betriebsvermögens. Der Betriebsstätte sind diejenigen Wirtschaftsgüter zuzuordnen, die sie zur Erfüllung ihrer Funktionen benötigt. Um festzustellen, ob Einkünfte dem Stammhaus oder der Betriebsstätte zuzurechnen sind, stellt die korrekte Zuordnung der zugrunde liegenden Wirtschaftsgüter eine elementare Voraussetzung

---

[167]   Vgl. SCHAUMBURG, H.: Internationales Steuerrecht, S. 901 f.

dar. Dies betrifft beispielsweise den steuerlich wirksamen Abzug von Abschreibungen auf abnutzbare Wirtschaftsgüter oder auch die ertragswirksame Vereinnahmung von Erträgen aus Beteiligungen. Für die Aufteilung des Vermögens gelten gem. Tz. 2.1 der Betriebsstätten-Verwaltungsgrundsätze die gleichen Grundsätze, die für die Aufteilung der Einkünfte maßgebend sind.[168]

3.1.3.2 Grundsatz des Fremdvergleichs

Die Aufteilung von Betriebsvermögen und Einkünften zwischen Stammhaus und Betriebsstätte erfolgt anhand des Grundsatzes des Fremdvergleichs, der im internationalen Sprachgebrauch als „Dealing at arm's length-Prinzip" bezeichnet wird. Der Grundsatz ist abkommensrechtlich in Art. 7 Abs. 2 OECD-MA verankert, kommt jedoch auch bei Fehlen eines DBA zur Anwendung.[169] Der Betriebsstätte ist der Teil des Gesamtgewinns des Unternehmens zuzuordnen, den sie hätte erzielen können, wenn sie eine gleiche oder ähnliche Tätigkeit unter gleichen oder ähnlichen Bedingungen als selbständiges Unternehmen ausgeübt hätte. Hierzu ist fiktiv zu unterstellen, dass die Betriebsstätte im Verkehr mit dem Unternehmen, dessen Betriebsstätte sie ist, völlig unabhängig sei. Es wird somit hypothetisch eine Selbständigkeit der Betriebsstätte angenommen, ungeachtet dessen, dass sie keine eigene Rechtspersönlichkeit besitzt.[170]

Sofern der Gewinn, der der Betriebsstätte vom ausländischen Staat zugerechnet wird, den von Deutschland der Freistellung zu Grunde gelegten Gewinn überschreitet, ist das Unternehmen berechtigt, Abhilfe im Wege eines Verständigungsverfahrens gem. Art. 25 OECD-MA zu ersuchen.[171] Diese Möglichkeit tritt neben die im innerstaatlichen Steuerrecht eingeräumten Rechtsbehelfe. Da das Verständigungsverfahren jedoch weder obligatorisch von den Finanzbehörden durchzuführen ist, noch notwendigerweise zu einer gemeinsamen Lösung führt, ist es wenig erfolgversprechend.[172] Eine besondere Bedeutung kommt daher in der Europäischen Union dem sog. EU-Schiedsübereinkommen zu, das sowohl die Gewinnabgrenzung zwischen einer Tochterkapitalgesellschaft und ihrem Anteilseigner betrifft, als auch die Erfolgszuordnung zwischen einer Be-

---

[168] Vgl. BMF-Schreiben vom 24.12.1999, IV B 4 – S 1300 – 111/99, in: BStBl. I 1999, S. 1076, Tz. 2.1.

[169] Vgl. BMF-Schreiben vom 24.12.1999, IV B 4 – S 1300 – 111/99, in: BStBl. I 1999, S. 1076, Tz. 2.2.

[170] Vgl. WASSERMEYER, F. in: DEBATIN, H. / WASSERMEYER, F.: Doppelbesteuerung, Art. 7 MA, Rdnr. 184, 318.

[171] Vgl. DEBATIN, H.: Das Betriebsstättenprinzip der deutschen Doppelbesteuerungsabkommen, a.a.O., S. 1695 f.

[172] Vgl. SCHEFFLER, W.: Besteuerung der grenzüberschreitenden Unternehmenstätigkeit, S. 313.

triebsstätte und ihrem Stammhaus. Dadurch soll eine Doppelbesteuerung vermieden werden, die bei voneinander abweichenden zwischenstaatlichen Erfolgszuordnungen auftreten kann. Voraussetzung für dessen Anwendung ist jedoch, dass sich beide Unternehmensteile innerhalb der EU befinden.[173]

3.1.3.3 Methoden zur Einkünfteabgrenzung

Die Aufteilung der Einkünfte zwischen Stammhaus und Betriebsstätte kann nach Auffassung der Finanzverwaltung grundsätzlich nach der direkten oder der indirekten Methode erfolgen. Die direkte Methode stellt ihrer Ansicht nach den Regelfall der Einkünfteabgrenzung dar.[174] Auch die OECD lässt es alternativ zum Regelfall der direkten Methode zu, die Einkünfteabgrenzung mittels der indirekten Methode vorzunehmen, sofern dies in einem der beteiligten Vertragsstaaten üblich ist.[175]

3.1.3.3.1 Direkte Methode

3.1.3.3.1.1 Grundlagen

Die direkte Methode der Ermittlung des Betriebsstätten-Ergebnisses basiert auf der hypothetischen Annahme, dass die einzelnen Unternehmensteile des Gesamtunternehmens eigenständige Betriebe darstellen. Ausgangspunkt der Ergebnisermittlung ist eine separate Erfassung der Geschäftsvorfälle von Stammhaus und Betriebsstätte. Dies kann entweder auf Basis einer getrennten Buchführung für beide Unternehmensteile erfolgen, oder – soweit auf eine gesonderte Betriebsstättenbuchführung verzichtet wird – mittels Erfassung der Betriebsstätte in einem gesonderten Kontenkreis.[176] Anhand der getrennten Erfassung der Geschäftsvorfälle wird im Rahmen der direkten Methode der Einkünfteabgrenzung der jeweilige Gewinn bzw. Verlust, der auf die Tätigkeit von Stammhaus und Betriebsstätte entfällt, unmittelbar ermittelt.[177] Eine separate Buchführung der Betriebsstätte ist in den meisten Fällen schon allein deshalb vorhanden, da das Unternehmen Kenntnis über die Rentabilität der einzelnen

---

[173] Das EU-Schiedsübereinkommen wird ausführlich im Rahmen der Gewinnabgrenzung zwischen einer ausländischen Tochtergesellschaft und ihrem inländischen Anteilseigner erörtert, siehe hierzu Kap. 4.1.3.5 auf S. 175 ff.

[174] Vgl. BMF-Schreiben vom 24.12.1999, IV B 4 – S 1300 – 111/99, in: BStBl. I 1999, S. 1076, Tz. 2.3.

[175] Vgl. Art. 7 Abs. 4 OECD-MA; vgl. auch OECD-MK zu Art. 7, Rdnr. 25.

[176] Vgl. JACOBS, O.: Internationale Unternehmensbesteuerung, S. 648 f.

[177] Vgl. SCHEFFLER, W.: Besteuerung der grenzüberschreitenden Unternehmenstätigkeit, S. 285.

Unternehmensteile erlangen will.[178] Jedoch stellt die gesonderte Betriebsstätten-Buchführung und die hieraus resultierende Bilanz lediglich ein Hilfsmittel für die Ermittlung des der Betriebsstätte zuzuordnenden Teilerfolgs dar, d.h. diese bilden die Grundlage für die Ergebnisermittlung der Betriebsstätte zum Zweck der Einkünfteabgrenzung.[179]

Die direkte Methode der Einkünfteabgrenzung verfolgt das Ziel, jedem Unternehmensteil den Anteil am Gesamtgewinn des Unternehmens zuzuweisen, den es als selbständiges Unternehmen erzielt hätte. Daher sind im Rahmen der Gewinnermittlung der Betriebsstätte sämtliche ihr zuzurechnenden Aufwendungen zu berücksichtigen. Hierbei sind auch Geschäftsführungs- und allgemeine Verwaltungskosten zu berücksichtigen, soweit sie der Betriebsstätte zuzuordnen sind. Irrelevant im Rahmen der Aufwandszurechnung ist, ob die Aufwendungen im Betriebsstättenstaat oder im Staat des Stammhauses angefallen sind, und, ob sie vom Stammhaus oder von der Betriebsstätte getragen wurden.[180] Somit ist nicht entscheidend, ob die Betriebsstätte dem Stammhaus die entstandenen Aufwendungen ersetzt. Soweit die angefallenen Kosten sowohl dem Stammhaus, als auch der Betriebsstätte zuzuordnen sind, ist eine Aufteilung vorzunehmen. So sind die beim Stammhaus angefallenen Verwaltungskosten z.B. nach dem Verhältnis der Umsätze oder der Rohgewinne der Betriebsstätte zum Gesamtunternehmen aufzuteilen.[181]

3.1.3.3.1.2 Reichweite der Selbständigkeitsfiktion

Die Reichweite des Fremdvergleichsgrundsatzes zur Anwendung der direkten Methode der Einkünfteabgrenzung ist umstritten. In der Literatur lassen sich zwei grundlegende Positionen unterscheiden. Nach der vereinzelt vertretenen These des „Funktionsnutzens" soll zwischen Stammhaus und Betriebsstätte zwar ein rechtsgeschäftlicher Leistungsaustausch nicht möglich sein. Jedoch sei der im Gesamtunternehmen entstandene Gewinn nach Maßgabe des erzielten Nutzens aus den von den Teileinheiten wahrgenommenen Funktionen aufzuteilen. Hierzu wird unterstellt, dass ein Geschäftsverkehr zwischen Stammhaus und Betriebsstätte möglich sei, so dass von Quasi-Geschäftsvorfällen auszugehen

---

[178]   Vgl. OECD-MK zu Art. 7, Rdnr. 12.

[179]   Vgl. HEINSEN, O. in: LÖWENSTEIN, U. / LOOKS, C.: Betriebsstättenbesteuerung, S. 244; KRAWITZ, N. / HICK, C.: Wahl zwischen ausländischer Betriebsstätte oder Kapitalgesellschaft: Einfluss der Reformen des Unternehmenssteuerrechts, a.a.O., S. 748.

[180]   Vgl. Art. 7 Abs. 3 OECD-MA; vgl. auch SCHAUMBURG, H.: Internationales Steuerrecht, S. 904.

[181]   Vgl. OECD-MK zu Art. 7, Rdnr. 16.

ist.[182] Eine in dieser umfassenden Hinsicht angenommene fiktive Selbständigkeit habe zur Folge, dass generell alle Beziehungen tatsächlicher Art zwischen Stammhaus und Betriebsstätte wie unter fremden Dritten unter Berücksichtigung eines angemessenen Gewinnaufschlags zu behandeln sind. In diesem Fall wären z.b. auch Darlehensbeziehungen zwischen Stammhaus und Betriebsstätte anzunehmen und in Höhe eines angemessenen Zinses zu erfassen. BECKER begründet dies damit, dass das Stammhaus eine Finanzierungsfunktion wahrnimmt, die dem Opportunitätsprinzip entsprechend mit einem Finanzierungsnutzen abzugelten sei.[183] Gleiches gelte für Mieten, Lizenzvergütungen, Provisionen, Dienstleistungshonorare oder ähnliche Vergütungen.

Demgegenüber vertritt die derzeit wohl noch herrschende Meinung[184] nach Maßgabe des sog. Erwirtschaftungsprinzips die Auffassung, dass sich die Ergebnisabgrenzung an der rechtlichen Einheit des Gesamtunternehmens zu orientieren habe. Demnach soll der Fremdvergleichsgrundsatz nur auf bestimmte unternehmensinterne Transaktionen anzuwenden sein, die von dem betreffenden Unternehmensteil auch an fremde Dritte erbracht werden, z.B. Warenlieferungen. Hiervon abgesehen sollen alle Wirtschaftsgüter, die das Stammhaus der Betriebsstätte überlässt, ihrer Unternehmensausstattung zugeordnet werden. Eine Gewinnverrechnung wird insoweit abgelehnt, so dass insbesondere eine Verrechnung von Mietentgelten, Zinsen, Lizenzgebühren oder Dienstleistungshonoraren nicht in Betracht kommt. DEBATIN begründet das Erwirtschaftungsprinzip damit, dass die Gewinnerwirtschaftung des Gesamtunternehmens auf der Unternehmensausstattung basiert, an der die Betriebsstätte ebenso wie das Stammhaus partizipiert. Die Teilhabe an dieser Unternehmensausstattung könne seiner Ansicht nach nicht Gegenstand einer Vergütung seitens der Betriebsstätte an das Stammhaus sein. Denn die Annahme von Quasi-Geschäftsvorfällen würde, so DEBATIN, dazu führen, dass das Gesamtunternehmen an sich selbst verdient, was nicht nachvollziehbar sei. Vielmehr beschränke sich die Selbständigkeitsfiktion

---

[182]   Vgl. BECKER, H.: Die Gewinnermittlung bei Betriebsstätten, in: BURMESTER, G. / ENDRES, D. (Hrsg.): Außensteuerrecht, Doppelbesteuerungsabkommen und EU-Recht im Spannungsverhältnis, S. 28; JACOBS, O.: Internationale Unternehmensbesteuerung, S. 627.

[183]   Vgl. BECKER, H.: Die Gewinnermittlung bei Betriebsstätten, a.a.O., S. 29.

[184]   Vgl. DEBATIN, H.: Das Betriebsstättenprinzip der deutschen Doppelbesteuerungsabkommen, a.a.O., S. 1740; DEBATIN, H.: Die sogenannte Steuerentstrickung und ihre Folgen, in: BB 1990, S. 828; SCHAUMBURG, H.: Internationales Steuerrecht, S. 903 f., S. 1168 f., WASSERMEYER, F. in: DEBATIN, H. / WASSERMEYER, F.: Doppelbesteuerung, MA Art. 7, Rdnr. 185; SCHRÖDER, S. / STRUNK, G. in: MÖSSNER, J. et al.: Steuerrecht international tätiger Unternehmen, S. 292; HEMMELRATH, A. in: VOGEL, K. / LEHNER, M.: DBA, Art. 7, Rdnr. 89 – 92.

darauf, das insgesamt erzielte Unternehmensergebnis auf Stammhaus und Betriebsstätte zu verteilen.[185]

3.1.3.3.1.2.1 Position der Finanzverwaltung und des BFH

Nach Auffassung der Finanzverwaltung ist eine umfassende Selbständigkeitsfiktion mit dem Hinweis auf die rechtliche und tatsächliche Einheit von Stammhaus und Betriebsstätte abzulehnen. Ihrer Ansicht nach handelt es sich bei den aufgeführten Leistungsbeziehungen zwischen Stammhaus und Betriebsstätte um reine Innentransaktionen, deren Berücksichtigung einer funktionsgerechten Gewinnabgrenzung nach dem Fremdvergleichsgrundsatz widersprechen würde.[186] Nur soweit Leistungen betroffen sind, die Gegenstand der ordentlichen Geschäftstätigkeit der leistenden Unternehmenseinheit sind, und auf der Grundlage der Funktionsaufteilung zwischen Stammhaus und Betriebsstätte eine sachgerechte Einkommensabgrenzung dokumentieren, komme der Grundsatz des Fremdvergleichs nach Ansicht der Finanzverwaltung zur Anwendung.

Auch der BFH wendet den Fremdvergleichsgrundsatz nur eingeschränkt an. Er begründet dies im Urteil vom 27.07.1965 im Hinblick auf die Gewährung von Darlehen damit, dass dies „in besonders starkem Maße Möglichkeiten einer willkürlichen Gestaltung gibt"[187]. Da die Fiktion der Selbständigkeit einer Betriebsstätte nicht zu ungerechtfertigten Gewinnverlagerungen führen dürfe, könnten im Rahmen der Gewinnabgrenzung nur die tatsächlich entstandenen Aufwendungen des Unternehmens zum Abzug zugelassen werden. Dies umfasse somit nur Zinsen auf echte Drittschulden, nicht jedoch innerbetriebliche Leistungen. Entsprechend wird auch im Urteil vom 20.07.1988 bezüglich der Erbringung von verwaltungsbezogenen Dienstleistungen argumentiert. Der BFH betont hier, dass keine schuldrechtlichen Beziehungen zwischen Stammhaus und Betriebsstätte bestehen können.[188] Einer Verrechnung von fiktiven Nutzungsentgelten, die einen Gewinnaufschlag beinhalten, wird im Falle von Innentransaktionen zwischen Stammhaus und Betriebsstätte somit eine klare Absage erteilt. Zwar müssen die Kosten der erbrachten Leistungen dem empfangenden Unternehmensteil zugeordnet werden. Jedoch wird vom BFH klargestellt, dass diese Kosten erst in dem Jahr erfolgswirksam verrechnet werden dürfen, in dem sie sich für das Gesamtunternehmen aufwandswirksam ausgewirkt haben.

---

[185] Vgl. DEBATIN, H.: Das Betriebsstättenprinzip der deutschen Doppelbesteuerungsabkommen, a.a.O., S. 1740.

[186] Vgl. BMF-Schreiben vom 24.12.1999, IV B 4 – S 1300 – 111/99, in: BStBl. I 1999, S. 1076, Tz. 2.2.

[187] BFH-Urteil vom 27.07.1965, I 110/63 S, in: BStBl. III 1966, S. 27.

[188] Vgl. BFH-Urteil vom 20.07.1988, I R 49/84, in: BStBl. II 1989, S. 142.

3.1.3.3.1.2.2 Position der OECD

Die Ansicht der OECD im Musterkommentar lässt gewisse Widersprüche erkennen.[189] So betont die OECD einerseits, dass der Grundsatz des Fremdvergleichs demjenigen entspreche, der in Art. 9 OECD-MA hinsichtlich der Gewinnberichtigung für das Verhältnis Mutter- / Tochtergesellschaft normiert ist. Dieser Grundsatz soll auch für die Zurechnung von Gewinnen gelten, die die Betriebsstätte aus Geschäftsbeziehungen mit anderen Betriebsstätten des Unternehmens erzielt.[190] Auf der Grundlage einer gesonderten Buchführung für Stammhaus und Betriebsstätte, in der auch interne Vereinbarungen festgehalten werden, könnten derartige Vereinbarungen von den Steuerbehörden akzeptiert werden, sofern diese Vereinbarungen den Funktionen der jeweiligen Unternehmensteile entsprechen.[191] Erforderlich sei hierzu, dass die Vereinbarungen spiegelbildlich, d.h. mit übereinstimmenden Wertansätzen und in gleicher Währung in den Büchern von Betriebsstätte und Stammhaus festgehalten werden. Sind die Vereinbarungen dagegen rein künstliche Gestaltungen, die in keinem Zusammenhang zu den tatsächlichen wirtschaftlichen Funktionen der Unternehmensteile stehen, so seien derartige Vereinbarungen unbeachtlich. Die OECD betont jedoch auch, dass der Fremdvergleichsgrundsatz der Verrechnung der tatsächlichen entstandenen Aufwendungen untergeordnet sei.[192] Hierbei bezieht sich die OECD explizit auf „Zahlungen, die eine Betriebsstätte unter der Bezeichnung ‚Zinsen', ‚Lizenzgebühren' u.ä. [...] an den Hauptsitz leistet."[193]

Die OECD räumt ein, es sei einerseits unter dem Gedanken des Fremdvergleichs naheliegend, dass unabhängige Unternehmen in Geschäftsbeziehungen eine Gewinnerzielung anstreben und Marktpreise verrechnen würden.[194] Andererseits wären jedoch auch Situationen denkbar, in denen dieses Bestreben auch bei unabhängigen Unternehmen nicht erfüllt sei. Hierbei komme z.B. eine Kostenteilung für eine Tätigkeit in Betracht, die gemeinschaftlich zum beiderseitigen Vorteil der Unternehmen ausgeübt wird. Weiterhin sei es plausibel, dass ein bestimmtes Wirtschaftsgut bzw. eine Dienstleistung nicht von einem unabhängigen Unternehmen hätte bezogen werden können. Diese Überlegung überträgt die OECD auf das Verhältnis des Stammhauses zur Betriebsstätte. Daher sei es für die Frage, ob eine Abrechnung zu Selbstkosten oder zu einem Fremdvergleichspreis erfolgt, entscheidend, ob die Überführung von Gütern und die Erbringung

---

[189] Vgl. KROPPEN, H. in: BECKER, H. et al.: DBA-Kommentar, Art. 7 OECD-MA, Rdnr. 104.
[190] Vgl. OECD-MK zu Art. 7, Rdnr. 11.
[191] Vgl. OECD-MK zu Art. 7, Rdnr. 12 + 12.1.
[192] Vgl. OECD-MK zu Art. 7, Rdnr. 12.2.
[193] OECD-MK zu Art. 7, Rdnr. 12.2.
[194] Vgl. OECD-MK zu Art. 7, Rdnr. 17.1.

von Dienstleistungen als Vorgang zu werten sei, den das Unternehmen im nor-
malen Gang seiner Geschäftsführung einem Dritten zum Fremdpreis verrechnen
würde.[195] Soweit dies zutrifft, habe der Preis für die Überführung der Güter und
die Erbringung der Dienstleistungen einen Gewinnaufschlag zu enthalten. Hierbei sei maßgeblich, dass mit dem überführten Gut oder der erbrachten Dienstleistung die Erzielung eines Gewinns durch die Betriebsstätte unmittelbar bezweckt wurde.[196] Ist dagegen eher das gesamte Unternehmen Zielobjekt, z.B.
durch Herbeiführung einer Kostensenkung oder Umsatzsteigerung, so sei obige
Bedingung nicht erfüllt, was nur eine Abrechnung zu Selbstkosten gestatte.

Konkret bedeutet dies, dass die Überführung von Gütern, die zum Wiederverkauf bestimmt sind, zum Fremdvergleichspreis abzurechnen sei.[197] Werden
Dienstleistungen erbracht, sei ebenfalls eine Verrechnung mit dem Fremdvergleichspreis vorzunehmen, sofern das Erbringen derartiger Dienstleistungen Gegenstand der Unternehmenstätigkeit bzw. der Tätigkeit der Betriebsstätte ist.[198]
Allgemeine Managementleistungen sollen zu den entstandenen Kosten abgerechnet werden, soweit sie die einzelnen Unternehmensteile betreffen.[199] Auch
bei Lizenzvereinbarungen sowie Zinsen aus internen Schuldverpflichtungen sollen lediglich die tatsächlich entstandenen Kosten, nicht jedoch ein Gewinnaufschlag erfasst werden.[200]

Während ein Ansatz des Fremdvergleichspreises nach Ansicht der OECD somit
de lege lata grundsätzlich nur unter bestimmten Bedingungen möglich sein soll,
wird gegenwärtig ein neuer Standpunkt diskutiert. Aufgrund der unterschiedlichen Handhabung des Fremdvergleichsgrundsatzes in den verschiedenen
OECD-Mitgliedstaaten soll eine einheitliche Position erlangt werden. In die
Überlegung einbezogen wird eine eventuelle Angleichung der Gewinnabgrenzung bei Betriebsstätten an die Gewinnabgrenzung bei rechtlich verselbständigten Konzernunternehmen.[201] Im Diskussionspapier „The Attribution of Profits to
Permanent Establishments"[202] wird die Betriebsstätte daher als funktionell selbständiges Unternehmen betrachtet und ein neuer Ansatz zur Gewinnabgrenzung

---

[195]   Vgl. OECD-MK zu Art. 7, Rdnr. 17.1.
[196]   Vgl. OECD-MK zu Art. 7, Rdnr. 17.2.
[197]   Vgl. OECD-MK zu Art. 7, Rdnr. 17.3.
[198]   Vgl. OECD-MK zu Art. 7, Rdnr. 17.5 + 17.6.
[199]   Vgl. OECD-MK zu Art. 7, Rdnr. 17.7
[200]   Vgl. OECD-MK zu Art. 7, Rdnr. 17.4 + 18.3.
[201]   Vgl. DITZ, X.: Gewinnabgrenzung zwischen Stammhaus und Betriebsstätte – Neue
        Entwicklungen auf Ebene der OECD unter besonderer Berücksichtigung des E-
        Commerce, in: IStR 2002, S. 210.
[202]   OECD: Discussion Draft on the Attribution of Profits to Permanent Establishments, in:
        http://www.oecd.org/dataoecd/22/51/33637685.pdf, Stand: 02.08.2004.

vorgestellt.[203] Zunächst sind die von der Betriebsstätte übernommenen Funktionen, die zuzuordnenden Wirtschaftsgüter sowie die von ihr getragenen Risiken zu bestimmen.[204] In einem zweiten Schritt wird der Gewinn, der der hypothetisch selbständigen Betriebsstätte zuzuweisen ist, ermittelt. Dies erfolgt auf Basis einer Rendite, die unter fremden Dritten für ihre Funktionen gewährt würde und die die benötigten Wirtschaftsgüter sowie die übernommenen Risiken mit berücksichtigt.[205] Leistungsbeziehungen zwischen Stammhaus und Betriebsstätte sind hierzu analog zu Leistungsbeziehungen zwischen unabhängigen Unternehmen zu betrachten. Die Gewinnabgrenzung soll daher mittels der im Rahmen des Konzernverbunds anzuwendenden Verrechnungspreismethoden erfolgen.[206] Sofern ein Leistungsaustausch zwischen Stammhaus und Betriebsstätte vorliegt, der dem zwischen unabhängigen Unternehmen vergleichbar ist, ist im Ergebnis der Fremdvergleichsgrundsatz anzuwenden, unabhängig davon, ob eine Lieferung von Waren oder die Erbringung von Dienstleistungen vorliegt.[207] Es sollen somit sämtliche Formen von internen Leistungsbeziehungen anerkannt und mit dem Fremdvergleichspreis abgerechnet werden. Hierbei ist der der Betriebsstätte zuzuordnende Gewinn nicht auf den Gesamtgewinn des Unternehmens beschränkt, sondern ergibt sich ausschließlich auf Basis der zum Fremdvergleichsmaßstab zu bewertenden Funktionen der Betriebsstätte.[208] Inwieweit das Diskussionspapier jedoch in die Realität umgesetzt wird, bleibt abzuwarten. Der neue Standpunkt ist bislang weder Gegenstand einer schriftlichen Verlautbarung, noch wurde er in den OECD-Musterkommentar aufgenommen.[209]

3.1.3.3.1.2.3 Literaturmeinung und eigene Stellungnahme

In der Literatur finden sich vereinzelt Positionen, die eine umfassende Selbständigkeitsfiktion befürworten. Zur Begründung wird angeführt, dass sämtliche Tätigkeiten, die ein Unternehmen ausübt, zum Gesamtgewinn des Unternehmens beitragen.[210] Es sei unzulässig, dies auf die gewöhnlichen Geschäftstätigkeiten

---

[203] Vgl. hierzu ausführlich HEMMELRATH, A. in: VOGEL, K. / LEHNER, M.: DBA, Art. 7, Rdnr. 87.

[204] Vgl. OECD: Discussion Draft on the Attribution of Profits to Permanent Establishments, a.a.O., Tz. 75 ff.; 83 ff.; 87 ff.

[205] Vgl. OECD: Discussion Draft on the Attribution of Profits to Permanent Establishments, a.a.O., Tz. 169.

[206] Vgl. OECD: Discussion Draft on the Attribution of Profits to Permanent Establishments, Tz. 171 – 173, 182.

[207] Vgl. OECD: Discussion Draft on the Attribution of Profits to Permanent Establishments, a.a.O., Tz. 190.

[208] Vgl. OECD: Discussion Draft on the Attribution of Profits to Permanent Establishments, a.a.O., Tz. 19; 22 – 29.

[209] Vgl. HEMMELRATH, A. in: VOGEL, K. / LEHNER, M.: DBA, Art. 7, Rdnr. 87.

[210] Vgl. BECKER, H.: Die Besteuerung von Betriebsstätten, a.a.O., S. 13.

zu beschränken. Eine plausible Begründung für die unterschiedliche Behandlung von Warenlieferungen einerseits und Zinsen und Lizenzgebühren andererseits sei dieser Auffassung nach somit nicht vorhanden. Ferner wird auf das Prinzip der wirtschaftlichen Leistungsfähigkeit verwiesen und argumentiert, abhängige und unabhängige Unternehmen seien in gleicher Höhe steuerlich zu belasten.[211] Darüber hinaus sei eine gerechte und willkürfreie Aufteilung des Steueraufkommens zwischen Betriebsstättenstaat und Sitzstaat des Stammhauses zu realisieren.[212] Die Ansichten zu dieser Position reichen von der generellen Berücksichtigung eines Gewinnaufschlags durch Ansatz des Fremdvergleichspreises[213] bis hin zur sofortigen Gewinnrealisierung bei Ausführung des Innenumsatzes.[214]

Die h.M. lehnt eine weitreichende Selbständigkeitsfiktion, welche dazu führen würde, alle Leistungen zwischen Stammhaus und Betriebsstätte gewinnrealisierend zu erfassen, jedoch ab.[215] Der Fremdvergleich sei dort nicht anwendbar, wo Betriebsstätte und Stammhaus aufgrund ihrer zivilrechtlichen Einheit nicht wie fremde Dritte miteinander verkehren können. Dieser Ansicht ist m.E. zuzustimmen. Denn der Grundsatz des Fremdvergleichs ist nur als Maßstab für die Gewinnabgrenzung zu verstehen. Die Gewinnermittlung, die der Gewinnabgrenzung vorausgeht, erfolgt dagegen nach den allgemeinen Grundsätzen des innerstaatlichen Steuerrechts. Auch abkommensrechtlich lässt sich dies aus Art. 7 Abs. 2 i.V.m. Abs. 1 OECD-MA entsprechend ableiten. Denn nach Art. 7 Abs. 1 S. 2 OECD-MA dürfen Gewinne eines Unternehmens in dem Staat besteuert werden, in dem das Unternehmen eine Betriebsstätte unterhält, soweit die Gewinne dieser Betriebsstätte zugerechnet werden können. Dieser Satz macht deutlich, dass der Betriebsstätte nur solche Gewinne zugerechnet werden können, die auch Gewinne des gesamten Unternehmens sind.[216] Ein Gewinnrealisierungstatbestand wird mit dem Fremdvergleichsgrundsatz nicht geschaffen. Es kann daher nur der vom Gesamtunternehmen im Verhältnis zu Dritten erziel-

---

[211] Vgl. SIEKER, K.: Betriebsstättengewinn und Fremdvergleichsgrundsatz, in: DB 1996, S. 112.

[212] Vgl. KROPPEN, H. in: BECKER, H. et al.: DBA-Kommentar, Art. 7 OECD-MA, Rdnr. 108.

[213] Vgl. KROPPEN, H. in: BECKER, H. et al.: DBA-Kommentar, Art. 7 OECD-MA, Rdnr. 117.

[214] Vgl. SIEKER, K.: Betriebsstättengewinn und Fremdvergleichsgrundsatz, a.a.O., S. 113.

[215] Vgl. DEBATIN, H.: Das Betriebsstättenprinzip der deutschen Doppelbesteuerungsabkommen, a.a.O., S. 1740; SCHAUMBURG, H.: Internationales Steuerrecht, S. 903 f., S. 1168 f., WASSERMEYER, F. in: DEBATIN, H. / WASSERMEYER F.: Doppelbesteuerung, Art. 7 MA, Rdnr. 185; SCHRÖDER, S. / STRUNK, G. in: MÖSSNER, J. et al.: Steuerrecht international tätiger Unternehmen, S. 292; HEMMELRATH, A. in: VOGEL, K. / LEHNER, M.: DBA, Art. 7, Rdnr. 89 – 92.

[216] Vgl. HEMMELRATH, A. in: VOGEL, K. / LEHNER, M.: DBA, Art. 7, Rdnr. 90.

te Gewinn auf Stammhaus und Betriebsstätte aufgeteilt werden.[217] Bloße Innentransaktionen zwischen Stammhaus und Betriebsstätte, führen nicht zu einer Gewinnrealisierung, da diese In-sich-Geschäfte darstellen und deshalb steuerlich unbeachtlich sind.[218]

Von der Frage der Gewinnrealisation ist die Gewinnabgrenzung strikt zu trennen. Die Reichweite des Fremdvergleichsgrundsatzes ist im Rahmen der Gewinnabgrenzung m.E. in Übereinstimmung mit der h.M. anhand der jeweiligen erbrachten Leistungen zu beurteilen. Die Berücksichtigung eines Gewinnaufschlags im Rahmen der Gewinnabgrenzung zwischen Stammhaus und Betriebsstätte ist nur insoweit zulässig, als es sich bei derartigen Transaktionen um Lieferungen und Leistungen handelt, die zur regelmäßigen Geschäftstätigkeit des Gesamtunternehmens, d.h. zu seinen typischen Außenumsätzen gehören. Dies ist darauf zurückzuführen, dass nur in diesem Fall ein am Markt erbrachter Außenumsatz zugerechnet werden kann.[219] Dadurch wird eine fremdvergleichskonforme Beteiligung des einen Unternehmensteils am Erlös aus dem vom anderen Unternehmensteil erzielten Außenumsatz bezüglich der erbrachten Lieferung bzw. Leistung sichergestellt. Dient die von einem Unternehmensteil erbrachte Leistung dagegen nicht unmittelbar der Einkünfteerzielung des Gesamtunternehmens am Markt, kann dem nutzenden Unternehmensteil kein unmittelbarer Vorteil und somit kein entsprechender Ertrag zugewiesen werden. Ein derartiger Sachverhalt verursacht hinsichtlich der Gewinnabgrenzung daher nur insoweit steuerliche Folgen, als durch derartige schuldrechtliche Beziehungen tatsächliche Aufwendungen des Gesamtunternehmens entstanden sind.[220] Diese Aufwendungen sind dem nutzenden Unternehmensteil im Wege der Verrechnung tatsächlich entstandener Aufwendungen zuzuordnen. BECKER argumentiert zwar, dass alle Tätigkeiten, die im Unternehmen ausgeübt werden, zum Gesamtgewinn und somit auch zum Teilgewinn von Stammhaus und Betriebsstätte beitragen.[221] Entsprechend seiner These vom Funktionsnutzen sei der Betriebsstätte und dem Stammhaus jeweils das Teilergebnis als Funktionsnutzen zuzuordnen, das durch die dort ausgeübten Funktionen erzielt wird. Das Ausmaß des Funktionsnutzens werde nach dem Fremdvergleichsgrundsatz bestimmt. Diesbezüglich seien Quasi-Geschäftsvorfälle zu berücksichtigen, da dem Stammhaus

---

[217]   Vgl. ANDRESEN, U. in: WASSERMEYER, F. / ANDRESEN, U. / DITZ, X.: Betriebsstätten-Handbuch, S. 123.

[218]   Vgl. BFH-Urteil vom 20.07.1988, I R 49/84, in: BStBl. II 1989, S. 142; SCHAUMBURG, H.: Internationales Steuerrecht, S. 903 f.

[219]   Vgl. SCHAUMBURG, H.: Internationales Steuerrecht, S. 1179; HEMMELRATH, A. in: VOGEL, K. / LEHNER, M.: DBA, Art. 7, Rdnr. 91.

[220]   Vgl. WASSERMEYER, F. in: DEBATIN, H. / WASSERMEYER, F.: Doppelbesteuerung, Art. 7 MA, Rdnr. 287.

[221]   Vgl. BECKER, H.: Die Besteuerung von Betriebsstätten, a.a.O., S. 13.

im Falle der Vergabe eines Darlehens beispielsweise eine Finanzierungsfunktion und somit ein Finanzierungsnutzen zuzuordnen sei. Diese Ansicht ist zwar m.E. grundsätzlich plausibel. Bedenklich ist sie jedoch insoweit, als der Nutzen von Tätigkeiten, die nicht zur Kernaufgabe des Unternehmens zählen, nicht eindeutig abgrenzbar ist.[222] Liefert das Stammhaus der Betriebsstätte Waren, deren Fremdvergleichspreis zweifelsfrei ermittelt werden kann, sind die Nutzen eindeutig abgrenzbar. Auch der Zeitpunkt der Gewinnrealisation aus Sicht des Gesamtunternehmens ist unproblematisch, da sich verfolgen lässt, wann die Betriebsstätte die gelieferten Waren weiterveräußert. Werden dagegen Dienstleistungen erbracht, ist diese Abgrenzung nicht eindeutig möglich, da die Betriebsstätte diese Dienstleistungen nicht unmittelbar weiterverwertet, sondern im Rahmen ihrer eigentlichen Funktionen einsetzt. Insofern lässt sich kein exakter Realisationszeitpunkt feststellen, zu dem aus Sicht des Gesamtunternehmens ein Außenumsatz bezüglich der erbrachten Dienstleistungen erfolgt ist. Daher ist das Argument BECKERs m.E. aufgrund der Unterschiede bei den erbrachten Lieferungen und Leistungen nicht überzeugend.

Liegen Transaktionen vor, die zur regelmäßigen Geschäftstätigkeit des Unternehmens gehören und somit zum Fremdvergleichspreis abzurechnen sind, ist jedoch zu betonen, dass sich der Ansatz des Fremdvergleichspreises auf die Gewinnabgrenzung zu beschränken hat. Eine Gewinnzurechnung kann daher erst dann erfolgen, wenn dies die rechtliche Einheit von Stammhaus und Betriebsstätte gestattet. Keinesfalls kann auf Basis des Fremdvergleichsgrundsatzes bei Ausführung des Innenumsatzes ein Tatbestand der Gewinnrealisierung angenommen werden, da dies das nationale Steuerrecht aufgrund der rechtlichen Einheit von Stammhaus und Betriebsstätte nicht gestattet. Ein Gewinnanteil kann der Betriebsstätte auf Basis des Fremdvergleichs daher erst dann zugewiesen werden, wenn aus Sicht des Gesamtunternehmens eine Gewinnrealisation eingetreten ist.[223]

Zwar wird als Argument für eine uneingeschränkte Anwendung des Fremdvergleichsgrundsatzes auch angeführt, die Besteuerung von Betriebsstätten und Tochtergesellschaften sei zu vereinheitlichen, da diese zivilrechtliche Sichtweise, wirtschaftlich betrachtet, irrelevant sei.[224] Diesem Argument kann jedoch m.E. keineswegs gefolgt werden. So ist diese Sichtweise mit dem nationalen Steuerrecht, das die Besteuerung an die gewählte Rechtsform knüpft, ebenso wenig vereinbar, wie mit dem bilanzrechtlichen Realisationsprinzip.

---

[222]   Vgl. HEMMELRATH, A. in: VOGEL, K. / LEHNER, M.: DBA, Art. 7, Rdnr. 91.
[223]   So auch HEMMELRATH, A. in: VOGEL, K. / LEHNER, M.: DBA, Art. 7, Rdnr. 92.
[224]   Vgl. KROPPEN, H. in: BECKER, H. et al.: DBA-Kommentar, Art. 7 OECD-MA, Rdnr. 109 - 113.

Hinsichtlich der neuen Position der OECD im Diskussionspapier ist der Argumentation WASSERMEYERs zuzustimmen. Demnach baue Art. 7 Abs. 2 OECD-MA auf dem Steuerrecht der Vertragsstaaten auf.[225] Sofern von der OECD eine umfassende Selbständigkeitsfiktion mittels eines generellen Ansatzes des Fremdvergleichspreises beabsichtigt ist, wird zwar den Vertragsstaaten gestattet, Innentransaktionen zwischen Stammhaus und Betriebsstätte zum Zweck der Gewinnabgrenzung zu erfassen. Eine Gewinnrealisation muss jedoch im nationalen Steuerrecht entsprechend vorgesehen sein. Dies ist hinsichtlich Rechtsbeziehungen zwischen Stammhaus und Betriebsstätte indes nicht gegeben, so dass keine Gewinnrealisation eintreten kann.

3.1.3.3.2 Indirekte Methode

Anders als bei der direkten Methode ist bei der indirekten Methode keine eigenständige Ergebnisermittlung der Betriebsstätte erforderlich. Das Betriebsstättenergebnis wird stattdessen aus dem Ergebnis des Gesamtunternehmens abgeleitet. Die Verteilung des Gesamtergebnisses auf Stammhaus und Betriebsstätte erfolgt hierbei mittels eines geeigneten Schlüssels.[226] Entsprechend Art. 7 Abs. 4 OECD-MA ist die Zulässigkeit der indirekten Methode davon abhängig, dass ihre Anwendung im Vertragsstaat üblich ist. Der Aufteilungsschlüssel ist so zu wählen, dass das Ergebnis mit dem Fremdvergleichsgrundsatz vereinbar ist.[227] Die Finanzverwaltung lässt die Anwendung der indirekten Methode nur bei Funktionsgleichheit und gleicher innerer Struktur zu. Als Aufteilungsschlüssel kommen z.B. für den Handels- und Dienstleistungsbereich die Umsätze und für den Produktionsbereich die Lohn- und / oder Materialkosten in Betracht.[228]

Nicht zweifelsfrei geklärt ist, ob die indirekte Methode stets zu einem unternehmensinternen Verlustausgleich führt. Ausgehend vom Gesamtergebnis des Unternehmens würde dies bedeuten, dass allen Unternehmensteilen stets ein Gewinn zuzurechnen ist, sofern das Gesamtunternehmen einen Gewinn erzielt, wogegen alle Unternehmensteile Verluste erzielen, sofern auf Ebene des Gesamtunternehmens ein Verlust eingetreten ist.[229] Diese Ansicht ist m.E. unzutreffend. Zwar lässt sich aus Art. 7 Abs. 4 OECD-MA nicht eindeutig entneh-

---

[225]   Vgl. WASSERMEYER, F. in: DEBATIN, H. / WASSERMEYER, F.: Doppelbesteuerung, Art. 7 MA, Rdnr. 185.

[226]   Vgl. BMF-Schreiben vom 24.12.1999, IV B 4 – S 1300 – 111/99, in: BStBl. I 1999, S. 1076, Tz. 2.3.2.

[227]   Vgl. Art. 7 Abs. 4 OECD-MA.

[228]   Vgl. BMF-Schreiben vom 24.12.1999, IV B 4 – S 1300 – 111/99, in: BStBl. I 1999, S. 1076, Tz. 2.3.2.

[229]   Vgl. KROPPEN, H. in: BECKER, H. et al.: DBA-Kommentar, Art. 7 OECD-MA, Rdnr. 234.

men, dass einem Unternehmensteil auch ein Verlust zugerechnet werden kann, obwohl das Gesamtunternehmen einen Gewinn erzielt, jedoch wird in der Regelung gefordert, dass das Ergebnis mit den Grundsätzen des Art. 7 OECD-MA, d.h. insbesondere mit dem Fremdvergleichsgrundsatz überein zu stimmen habe. Unter Bezugnahme hierauf ist es jedoch durchaus denkbar, dass der Betriebsstätte ein Gewinn zugewiesen wird, während das Gesamtunternehmen einen Verlust erwirtschaftet hat. Zu bedenken ist zwar die Aussage der Finanzverwaltung und der OECD, wonach ein willkürlicher Wechsel zwischen indirekter und direkter Methode nicht zulässig sei. Vielmehr müssen hierfür müssen ausreichende Gründe bestehen. [230] Dies lässt den Rückschluss zu, dass direkte und indirekte Methode nicht zu gleichen Ergebnissen führen müssen.[231] Dennoch ist die indirekte Methode, sofern geeignete Schlüssel gewählt werden, von der OECD in Art. 7 Abs. 4 OECD-MA als fremdvergleichskonform erklärt worden. Sofern der gewählte Aufteilungsschlüssel mit dem Fremdvergleichsgrundsatz vereinbar ist, ist m.E. daher auch bei Anwendung der indirekten Methode eine Konstellation denkbar, in der der Betriebsstätte ein Gewinn zur Besteuerung im Betriebsstättenstaat zuzuweisen ist, während beim Gesamtunternehmen ein Verlust vorliegt.[232]

3.1.3.3.3 Abwägung zwischen direkter und indirekter Methode

Ob die indirekte Methode künftig Bestand haben wird, ist ungewiss. Bereits die Finanzverwaltung weist darauf hin, dass der direkten Methode der Vorzug zu geben ist. Darüber hinaus lässt sie die Anwendung der indirekten Methode nur bei Funktionsgleichheit sowie bei gleicher innerer Struktur zu. Auf Ebene der OECD wird die indirekte Methode zwar bisweilen in Art. 7 Abs. 4 OECD bei Erfüllung der dort genannten Voraussetzungen zugelassen. Im Rahmen der von der OECD zur Zeit im Rahmen einer Arbeitshypothese diskutierten uneingeschränkten Umsetzung des Fremdvergleichsgrundsatzes zwischen Stammhaus und Betriebsstätte wird jedoch erwogen, auf die Regelung des Art. 7 Abs. 4 OECD-MA und damit auf die indirekte Methode zu verzichten.[233] Damit wäre ausschließlich die direkte Methode der Gewinnermittlung abkommensrechtlich zulässig. Inwieweit diese Überlegung in die Praxis umgesetzt wird, bleibt abzuwarten.

---

[230] Vgl. BMF-Schreiben vom 24.12.1999, IV B 4 – S 1300 – 111/99, in: BStBl. I 1999, S. 1076, Tz. 2.3; Art. 7 Abs. 6 OECD-MA.

[231] Vgl. HEINSEN, O. in: LÖWENSTEIN, U. / LOOKS, C.: Betriebsstättenbesteuerung, S. 246.

[232] Vgl. WASSERMEYER, F. in: DEBATIN, H. / WASSERMEYER, F.: Doppelbesteuerung, Art. 7 MA, Rdnr. 191.

[233] Vgl. OECD: Discussion Draft on the Attribution of Profits to Permanent Establishments, Tz. 180.

Eine eindeutige Entscheidung zugunsten der Anwendung der direkten oder der indirekten Methode kann m.E. nicht getroffen werden, da beide Methoden Vor- und Nachteile aufweisen. So kann es m.e. nicht verkannt werden, dass die der direkten Methode zugrunde liegende Annahme von selbständigen Gewinner-mittlungssubjekten, die sich wie fremde Dritte gegenüber stehen, unzutreffend ist. Es handelt sich um eine bloße Fiktion. Die direkte Methode der Gewinnab-grenzung wird auch bei umfangreichen wechselseitigen Beziehungen zwischen Stammhaus und Betriebsstätte im Rahmen der Leistungserstellung nicht zwin-gend zu schlüssigen Ergebnissen führen.[234] Problematisch bei der Anwendung der direkten Methode ist auch die Diskussion um die Reichweite des Fremdver-gleichsgrundsatzes sowie die Ermittlung eines angemessenen Fremdvergleichs-preises.[235] Letzteres entfällt im Rahmen der indirekten Methode. Demgegenüber ist jedoch festzustellen, dass der Gewinn der Betriebsstätte im Rahmen der indi-rekten Methode nicht exakt mittels eigener Buchführung, sondern faktisch im Wege der Schätzung ermittelt wird. So ist ein Aufteilungsschlüssel für eine ex-akte Ermittlung der Höhe des der Betriebsstätte und dem Stammhaus zuzuwei-senden Gewinns in der Praxis wohl nicht vorhanden. Wird der Aufteilungsmaß-stab dagegen verfeinert, um ein möglichst zutreffendes Ergebnis zu erhalten, wird die indirekte Methode wohl insgesamt unpraktikabel. Doch selbst wenn ein zutreffender Schlüssel zu ermitteln wäre und von der inländischen Finanzver-waltung akzeptiert wird, kann nicht notwendigerweise davon ausgegangen wer-den, dass auch der ausländische Staat diesen Aufteilungsschlüssel akzeptiert. In diesem Fall entsteht ein Qualifikationskonflikt, der eine Doppelbesteuerung zur Folge hat. Als Konsequenz hieraus wäre allenfalls über ein Verständigungsver-fahren gem. Art. 25 OECD-MA, oder – sofern sich die Betriebsstätte in einem EU-Staat befindet – mittels des EU-Schiedsübereinkommens eine gemeinsam getragene Lösung herbeizuführen, wenngleich auch diese Verfahren an ihre Grenzen stoßen.[236] Ungeachtet des Vorteils der einfacheren Handhabbarkeit der indirekten Methode überwiegen m.E. ihre Nachteile demnach deutlich. Daher ist der direkten Methode eindeutig der Vorzug zu geben.

In der Praxis schließen sich direkte und indirekte Methode indes nicht aus, son-dern ergänzen sich in Form der sog. gemischten Methode.[237] Die direkte Metho-de wird hierzu vorrangig angewendet, soweit eine eindeutige Zuordnung von

---

[234] Vgl. SCHOSS, N.: Betriebsstätte oder Tochtergesellschaft im Ausland, a.a.O., S. 57.
[235] Vgl. SCHEFFLER, W.: Besteuerung der grenzüberschreitenden Unternehmenstätigkeit, S. 283.
[236] Vgl. SCHOSS, N.: Betriebsstätte oder Tochtergesellschaft im Ausland, a.a.O., S. 57.
[237] Vgl. WASSERMEYER, F. in: DEBATIN, H. / WASSERMEYER, F.: Doppelbesteuerung, Art. 7 MA, Rdnr. 192.

Wirtschaftsgütern, Erträgen und Aufwendungen zum Stammhaus, resp. der Betriebsstätte möglich ist. Das verbleibende Vermögen sowie die verbleibenden Erträge und Aufwendungen, die keine eindeutige Zuordnung ermöglichen, werden analog zur indirekten Methode durch Schätzung mittels geeigneter Aufteilungsschlüssel auf Stammhaus und Betriebsstätte verteilt. Somit wird, anders als bei einer isolierten Anwendung der indirekten Methode, nicht das Gesamtergebnis aufgeteilt, sondern lediglich die Positionen, die nicht eindeutig zugeordnet werden können.

3.2 Steuerliche Fragen bei Errichtung der Betriebsstätte

Nachfolgend sind die steuerlichen Folgen zu erörtern, die im Zusammenhang mit der Errichtung einer ausländischen Betriebsstätte auftreten. Hierbei wird zunächst untersucht, inwieweit vorlaufende Aufwendungen beim inländischen Stammhaus zu berücksichtigen sind. Im Anschluss hieran sind die Zuordnung von Wirtschaftsgütern sowie die Kapitalausstattung der Betriebsstätte zu analysieren. Weiterhin ist zu untersuchen, welche steuerlichen Folgen im Zusammenhang mit der Überführung von Wirtschaftsgütern aus dem Stammhaus in die ausländische Betriebsstätte auftreten. Abschließend werden die steuerlichen Folgen von Anlaufverlusten der Betriebsstätte beim inländischen Stammhaus gewürdigt.

3.2.1 Beginn der Betriebsstätte und vorlaufende Aufwendungen

3.2.1.1 Festlegung des Zeitpunkts der erstmaligen Existenz

Eine zentrale Frage im Zusammenhang mit der Produktionsverlagerung auf eine ausländische Betriebsstätte ist die Ermittlung des Zeitpunkts ihrer erstmaligen Existenz. Diese Frage ist von Bedeutung für die Behandlung der Aufwendungen, die beim inländischen Stammhaus im Zusammenhang mit der Errichtung der Betriebsstätte anfallen. Dem Besteuerungsrecht des ausländischen Staates unterliegen die Einnahmen und Aufwendungen der Betriebsstätte erst ab dem Zeitpunkt ihrer Fertigstellung.[238]

Der Zeitpunkt des Beginns einer Betriebsstätte wird sowohl in der BFH-Rechtsprechung, als auch von der Finanzverwaltung in den Betriebsstätten-Verwaltungsgrundsätzen offen gelassen.[239] Die OECD führt im OECD-Musterkommentar aus, dass eine Betriebsstätte entsteht, sobald das Unterneh-

---

[238] Vgl. WASSERMEYER, F. in: DEBATIN, H. / WASSERMEYER, F.: Doppelbesteuerung, Art. 5 MA, Rdnr. 56.

[239] Vgl. RUNGE, B.: Der neue Betriebsstättenerlass, a.a.O., S. 132.

men beginnt, seine Tätigkeit durch die feste Geschäftseinrichtung auszuüben.[240] Dies sei gegeben, sobald das Unternehmen in der Geschäftseinrichtung diejenige Tätigkeit vorbereitet, zu der diese Einrichtung dauerhaft bestimmt ist. Demnach muss zur Annahme der Existenz einer Betriebsstätte eine feste Geschäftseinrichtung vorliegen, durch die die unternehmerische Tätigkeit, für die die Einrichtung auf Dauer bestimmt ist, ausgeübt wird.[241] Vorbereitende Tätigkeiten, die auf die Herstellung bzw. den Erwerb einer festen Geschäftseinrichtung zielen, begründen demgegenüber noch keine Betriebsstätte, wenn sich diese Tätigkeiten wesentlich von der Tätigkeit unterscheiden, für die die Einrichtung auf Dauer bestimmt ist.[242]

Im Rahmen der Produktionsverlagerung ins Ausland wird das inländische Stammhaus in einem ersten Schritt Vorüberlegungen zur Entscheidungsfindung anstellen. Hierzu werden sowohl wirtschaftliche Analysen, als auch technische und rechtliche Faktoren berücksichtigt, um einen Entschluss über die Errichtung der Betriebsstätte zu treffen. In diesem Stadium dürfte kein Veranlassungszusammenhang zur Tätigkeit der später entstehenden Betriebsstätte gegeben sein.[243] Die hieraus resultierenden Aufwendungen stellen Betriebsausgaben des Stammhauses dar, unabhängig davon, ob die Errichtung der Betriebsstätte gelingt, oder nicht.[244] Dies ist darauf zurückzuführen, dass in diesem Stadium noch kein beschlossenes Vorhaben existiert, dem die Aufwendungen zugeordnet werden können.[245]

Die Tätigkeiten, die ab dem Zeitpunkt des Investitionsbeschlusses erforderlich sind, um die feste Geschäftseinrichtung als solche zu errichten, begründen ebenfalls noch keine Betriebsstätte. Es handelt sich hierbei um rechtliche Maßnahmen, die auf die Errichtung der Betriebsstätte abzielen, wie z.B. Genehmigungen und Anmeldungen, die üblicherweise unter Einschaltung von Rechtsanwälten, Steuerberatern und sonstigen externen Beratern vorgenommen werden. Auch vorbereitende organisatorische Tätigkeiten, die mit der Errichtung zusammenhängen, stellen grundsätzlich noch Gründungstätigkeiten dar, unge-

---

[240]   Vgl. OECD-MK zu Art. 5, Rdnr. 11; vgl. auch GÖRL, M. in: VOGEL, K. / LEHNER, M.: DBA, Art. 5, Rdnr. 31.

[241]   Vgl. WASSERMEYER, F. in: DEBATIN, H. / WASSERMEYER, F.: Doppelbesteuerung, Art. 5 MA, Rdnr. 56; vgl. auch OECD-MK zu Art. 5, Rdnr. 11 S. 2.

[242]   Vgl. OECD-MK zu Art. 5, Rdnr. 11 S. 3.

[243]   Vgl. EDELMANN, G. in: LÖWENSTEIN, U. / LOOKS, C.: Betriebsstättenbesteuerung, S. 347.

[244]   Vgl. BMF-Schreiben vom 24.12.1999, IV B 4 – S 1300 – 111/99, in: BStBl. I 1999, S. 1076, Tz. 2.9.1. hinsichtlich Aufwendungen der Auftragsakquisition, die nur bei Erfolg zu einer Betriebsstättenbegründung führt.

[245]   Vgl. SCHOSS, N.: Betriebsstätte oder Tochtergesellschaft im Ausland, a.a.O., S. 52.

achtet dessen, dass das inländische Stammhaus bereits die Verfügungsmacht über die feste Geschäftseinrichtung erlangt. Bei den vorbereitenden Tätigkeiten handelt es sich um Tätigkeiten im Zusammenhang mit der Planung der betrieblichen Funktionen, wie z.b. Beschaffung, Leistungserstellung, Finanzierung und Absatz, sowie um Tätigkeiten, die dem Aufbau der internen und externen Organisation der zu errichtenden Betriebsstätte dienen. Lediglich für den Fall, dass sich diese Tätigkeiten von denjenigen Tätigkeiten, denen die Geschäftseinrichtung auf Dauer dienen soll, nicht wesentlich unterscheiden, ist die Betriebsstätte bereits zu diesem Zeitpunkt begründet. Den Regelfall stellt jedoch die Begründung der Betriebsstätte im Zeitpunkt der Ausübung der Haupttätigkeiten dar.[246] Ab diesem Zeitpunkt ist die Betriebsstätte als existent zu betrachten.

3.2.1.2 Zuordnung von Aufwendungen zur Betriebsstätte

Aufwendungen, die beim Stammhaus für die Betriebsstätte anfallen, sind ab dem Zeitpunkt der Existenz der Betriebsstätte aufgrund der erforderlichen Ergebnisabgrenzung unstreitig der Betriebsstätte zuzuordnen. Unklar ist dagegen die Zuordnung von Aufwendungen, die ab dem Investitionsbeschluss, jedoch vor dem Zeitpunkt des erstmaligen Bestehens der Betriebsstätte anfallen, z.b. Kosten für Planung, Beratung, Informationsbeschaffung oder der Beschaffung von Personal. Zu untersuchen ist, ob derartige Aufwendungen dem Stammhaus zuzuordnen sind und dessen Ergebnis mindern, oder ob die Zurechnung zur Betriebsstätte zu erfolgen hat, so dass das Betriebsstättenergebnis gemindert wird.

Nach Ansicht der Finanzverwaltung habe eine Zuordnung von Gründungsaufwendungen zu Lasten des Betriebsstättenergebnisses zu erfolgen, da ein Veranlassungszusammenhang zur Betriebsstätte bestünde.[247] Somit entstehen negative Betriebsstätteneinkünfte. Im Falle eines DBA mit Freistellung sollen derartige Verluste somit beim inländischen Stammhaus in der Rechtsform einer Kapitalgesellschaft keine steuerliche Auswirkung haben. Diese Grundsätze sollen nach Ansicht der Finanzverwaltung auch gelten, wenn die Gründung der Betriebsstätte scheitert. Die Finanzverwaltung begründet dies damit, dass die Aufwendungen mit den Einnahmen, die aus der Betriebsstätte erzielt werden sollten, in einem unmittelbaren wirtschaftlichen Zusammenhang stehen.

Die Auffassung der Finanzverwaltung, die auf einem Urteil des IV. Senat des BFH beruht, ist jedoch m.E. bedenklich. Wenngleich schon im Falle der ex post

---

[246] Vgl. EDELMANN, G. in: LÖWENSTEIN, U. / LOOKS, C.: Betriebsstättenbesteuerung, S. 348.

[247] Vgl. BMF-Schreiben vom 24.12.1999, IV B 4 – S 1300 – 111/99, in: BStBl. I 1999, S. 1076, Tz. 2.9.1.

erfolgreichen Gründung der Betriebsstätte fraglich ist, ob einer im Gründungsstadium noch nicht existierenden Betriebsstätte schon Aufwendungen zugerechnet werden können, sind die Zweifel an dieser Auffassung bei Scheitern der Betriebsstättengründung offenkundig. Denn einer Betriebsstätte, die ex post nie
gegründet wurde, können keine Aufwendungen zugerechnet werden. Darüber
hinaus ist die Auffassung europarechtlich bedenklich, da sich die Aufwendungen bei Bestehen eines DBA mit Freistellungsmethode auf Basis der bisherigen
BFH-Rechtsprechung zur sog. „Symmetriethese" weder im Inland, noch im
Ausland steuerlich auswirken.[248] Im rein nationalen Sachverhalt wären die Aufwendungen demgegenüber steuerlich abzugsfähig gewesen, so dass insoweit
eine Schlechterstellung grenzüberschreitender Transaktionen im europäischen
Binnenmarkt anzunehmen ist. In diesem Zusammenhang sei auf das EuGH-
Urteil in der Rechtssache „Marks & Spencer" betreffend Verluste einer ausländischen Tochtergesellschaft hingewiesen.[249] In diesem Urteil nimmt der EuGH
eine nicht zu rechtfertigende Beschränkung der Niederlassungsfreiheit i.S.d.
Art. 43 EGV und Art. 48 EGV an, sofern derartige Verluste bei der Muttergesellschaft keine Berücksichtigung finden, obwohl auch im Ausland eine Verlustberücksichtigung endgültig nicht in Betracht kommt und entsprechende Inlandsverluste demgegenüber bei der Muttergesellschaft Berücksichtigung finden
würden.

Der IV. Senat des BFH, auf dessen Urteil sich die Finanzverwaltung stützt, begründet die Versagung der Abzugsfähigkeit von Aufwendungen für die gescheiterte Betriebsstättengründung mit dem Hinweis auf das Bestehen eines DBA und
der Regelung des § 3c EStG a.F. (jetzt § 3c Abs. 1 S. 1 EStG).[250] Nach dieser
Vorschrift dürfen Ausgaben, soweit sie mit steuerfreien Einnahmen in unmittelbarem wirtschaftlichem Zusammenhang stehen, nicht als Betriebsausgaben abgezogen werden. Hieraus leitet der BFH ab, dass es irrelevant sei, ob schon eine
Betriebsstätte vorlag, als das inländische Unternehmen die Aufwendungen getä-
tigt hat. Das Abzugsverbot des § 3c EStG greife nach Ansicht des IV. Senats
auch dann, wenn gegenwärtig noch keine steuerfreien Einnahmen vorliegen,
sondern erst zukünftig erwartet werden. Im Fall der Betriebsstättengründung
bedeutet dies, dass die Gründungsaufwendungen für eine Betriebsstätte nicht als
Betriebsausgaben abgezogen werden können, da die zukünftig zu erzielenden
Einnahmen nach DBA-Recht nicht der deutschen Besteuerung unterliegen würden. Dies betreffe nach Ansicht des IV. Senats auch die gescheiterte Betriebsstättengründung. Einen Ausgleich der Verluste im Inland lässt der BFH und

---

[248]   Siehe hierzu ausführlich Kap. 3.2.4.2 auf S. 103 ff.
[249]   Vgl. EuGH-Urteil vom 13.12.2005, C-446/03, in: DStR 2005, S. 2168 – 2172; siehe
        hierzu ausführlich Kap. 4.2.4.3.2 auf S. 245 ff.
[250]   Vgl. BFH-Urteil vom 28.04.1983, IV R 122/79, in: BStBl. II 1983, S. 569.

hieran anknüpfend die Finanzverwaltung sowohl bei erfolgreicher, als auch bei gescheiterter Betriebsstättengründung nur im Rahmen des inzwischen nicht mehr anwendbaren § 2a Abs. 3 EStG a.F. zu.[251]

Bei Scheitern der Betriebsstättengründung ist der Hinweis des IV. Senats des BFH auf § 3c Abs. 1 EStG jedoch m.e. nicht überzeugend, da zu keinem Zeitpunkt steuerfreie Einnahmen aus der Betriebsstätte erzielt wurden.[252] Der IV. Senat führt aus, dass das Abzugsverbot auch greife, wenn erst zukünftig steuerfreie Einnahmen erwartet werden. Auch den einschlägigen Kommentaren zu § 3c Abs. 1 EStG kann die Ansicht entnommen werden, dass ein zeitlicher Zusammenhang zwischen den steuerfreien Einnahmen und den Betriebsausgaben nicht erforderlich sei.[253] Diese Ansichten stehen jedoch im Widerspruch zur Ansicht des I. Senats des BFH.[254] Dieser führt im Hinblick auf abkommensrechtlich freigestellte Schachteldividenden und die Frage der Anwendbarkeit von § 3c EStG a.F. aus, dass nur insoweit eine Zuordnung von Aufwendungen zu den steuerfreien Dividenden erfolgen könne, als in dem betreffenden Wirtschaftsjahr auch tatsächlich Dividendenerträge erzielt wurden. Diese m.E. zutreffende Ansicht ergibt sich nicht zuletzt auch auf Basis der Einführung des § 3c Abs. 2 EStG im Rahmen des Halbeinkünfteverfahrens. Denn während § 3c Abs. 1 EStG von einem „unmittelbaren wirtschaftlichen Zusammenhang" spricht, dürfen Betriebsausgaben gem. § 3c Abs. 2 EStG zur Hälfte nicht abgezogen werden, sofern ein „wirtschaftlicher Zusammenhang" zu den zur Hälfte gem. § 3 Nr. 40 EStG steuerbefreiten Erträgen vorliegt, „unabhängig davon, in welchem Veranlagungszeitraum die Betriebsvermögensmehrungen oder Einnahmen anfallen". Aus der Gegenüberstellung dieser Vorschriften wird geschlossen, dass der „unmittelbare wirtschaftliche Zusammenhang" des § 3c Abs. 1 S. 1 EStG nur insoweit gegeben ist, als im betreffenden Veranlagungszeitraum Einnahmen anfallen.[255] Somit bleibt festzuhalten, dass § 3c

---

[251] Der BFH verweist im Urteil vom 28.04.1983 auf die Vorschrift des § 2 AIG, der nach dem Steuerreformgesetz vom 25.07.1988 (BGBl. I 1988, S. 1093 - 1184) in § 2a Abs. 3 EStG überführt wurde und mit diesem inhaltlich übereinstimmt. Im Rahmen des StEntlG 1999/2000/2002 vom 24.03.1999 (BGBl. I 1999, S. 402 - 496) wurde § 2a Abs. 3 EStG aufgehoben.

[252] Vgl. WASSERMEYER, F. in: DEBATIN, H. / WASSERMEYER, F.: Doppelbesteuerung, Art. 7 MA, Rdnr. 300.

[253] Vgl. LINDEMANN, A. in: LITTMANN, E. / BITZ, H. / PUST, H.: Das Einkommensteuerrecht, EStG § 3c, Rdnr. 48; ERHARD, G. in: BLÜMICH, W.: EStG – KStG – GewStG, § 3c EStG, Rdnr. 42; HEINICKE, W. in: SCHMIDT, L.: EStG, § 3c, Rdnr. 4.

[254] Vgl. BFH-Urteil vom 29.05.1996, I R 167/94, in: HFR 1996, S. 641; BFH-Urteil vom 29.05.1996, I R 21/95, in: BStBl. II 1997, S. 67; BFH-Urteil vom 16.03.1994, I R 42/93, in: BStBl. II 1994, S. 802.

[255] Vgl. STRUNK, G. in: KORN, K. et al.: EStG, § 3c, Rdnr. 16; RÖDDER, T. in: SCHAUMBURG, H. / RÖDDER, T. (Hrsg.): Unternehmenssteuerreform 2001, S. 247 f.; RÖD-

Abs. 1 EStG entgegen der Auffassung der Finanzverwaltung bei gescheiterter Betriebsstättenbegründung keine Anwendung finden sollte, da zu keinem Zeitpunkt steuerfreie Einnahmen erzielt wurden.[256]

Aber auch bei erfolgreicher Gründung der Betriebsstätte ist die Zurechnung der Aufwendungen im Gründungsstadium zur Betriebsstätte diskussionswürdig. Hierbei ist zu berücksichtigen, dass die Aufwendungen zu einem Zeitpunkt entstehen, in dem die Betriebsstätte noch nicht existiert. Mangels Existenz der Betriebsstätte ist in diesem Stadium das Besteuerungsrecht des anderen Staates noch nicht begründet, so dass auch für eine Gewinnabgrenzung insoweit keine Veranlassung besteht.[257] Dies ergibt sich abkommensrechtlich aus Art. 7 Abs. 1 S. 2 OECD-MA. Demnach können Gewinne eines Unternehmens im anderen Staat besteuert werden, soweit das Unternehmen seine Geschäftstätigkeit im anderen Staat durch eine dort gelegene Betriebsstätte ausübt, und die Gewinne dieser Betriebsstätte zugerechnet werden können. Die Zurechnung der Aufwendungen zur Betriebsstätte ergibt sich hierbei aus der Regelung des Art. 7 Abs. 3 OECD-MA. Die Regelung des Art. 7 Abs. 1 S. 2 OECD-MA impliziert jedoch, dass eine Zurechnung überhaupt erst möglich ist, soweit in diesem Staat eine Betriebsstätte besteht. Im Stadium ihrer Errichtung ist diese Anforderung noch nicht erfüllt.[258] Daher sind die vorbereitenden Aufwendungen zunächst dem Stammhaus ergebniswirksam zuzurechnen. Die Anwendung von § 3c Abs. 1 S. 1 EStG ist entsprechend den obigen Ausführungen auch in diesem Fall nicht möglich, da die Betriebsstätte noch nicht existent ist und somit in dem betreffenden Wirtschaftsjahr der Begründung keine steuerfreien Einnahmen vorliegen können.[259] Wird die Betriebsstätte zu einem späteren Zeitpunkt sodann erfolgreich errichtet, bedarf es einer Ergebniskorrektur, da ein fremder Dritter die mit den vorlaufenden Aufwendungen verbundenen Erfolgschancen nicht unentgeltlich überlassen hätte. Daher sind die erbrachten Vorleistungen zu diesem Zeitpunkt zwischen Stammhaus und Betriebsstätte im Rahmen der Ergebnisab-

---

DER, T. / SCHUMACHER, A.: Unternehmenssteuerreform 2001 - Eine erste Analyse des Regierungsentwurfs aus Beratersicht, in: DStR 2000, S. 357 Fn. 26; UTESCHER, T. / BLAUFUS, K.: Unternehmenssteuerreform 2001: Begrenzung des Betriebsausgabenabzugs bei Beteiligungserträgen, in: DStR 2000, S. 1582.

[256]   Vgl. WASSERMEYER, F. in: DEBATIN, H. / WASSERMEYER, F.: Doppelbesteuerung, Art. 7 MA, Rdnr. 300; KROPPEN, H. in: BECKER, H. et al.: DBA-Kommentar, Art. 7 OECD-MA, Rdnr. 191; REITH, T.: Steuerliche Behandlung von verlorenen Aufwendungen bei Investitionstätigkeiten deutscher Unternehmen in DBA-Ländern, in: IStR 2001, S. 675 f.

[257]   Vgl. WASSERMEYER, F.: Der Zeitbezug bei der Anwendung von DBA, in: IStR 1997, S. 396.

[258]   Vgl. OECD-MK zu Art. 5, Rdnr. 11, S. 3.

[259]   Vgl. KROPPEN, H. in: BECKER, H. et al.: DBA-Kommentar, Art. 7 OECD-MA, Rdnr. 190.

grenzung zu berücksichtigen. Anders sieht dies HAIß, die zwar der Erfassung der Aufwendungen vor Betriebsstättenbegründung beim Stammhaus zustimmt, diese jedoch auch nach erfolgreicher Begründung beim Stammhaus belassen will und somit eine Weiterverrechnung dieser Aufwendungen ablehnt.[260] Ihrer Ansicht nach bestehe kein wirtschaftlicher Veranlassungszusammenhang zwischen den Aufwendungen und der Betriebsstätte, da diese bei der Tätigung des Aufwandes noch nicht besteht und nicht nachträglich hergestellt werden kann. Diese Ansicht ist m.E. abzulehnen, da sie außer Betracht lässt, dass der Gewinn der zu einem späteren Zeitpunkt entstehenden Betriebsstätte gem. Art. 7 Abs. 2 OECD-MA so zu ermitteln ist, als wäre die Betriebsstätte völlig unabhängig gewesen.

Demnach ist im Zeitpunkt der Existenz der Betriebsstätte eine Weiterverrechnung vorzunehmen. Hierbei ist indes das Erwirtschaftungsprinzip[261] im Rahmen der Vorgehensweise zur Gewinnabgrenzung zu beachten.[262] Nach diesem Prinzip führen Innentransaktionen zwischen Stammhaus und Betriebsstätte grundsätzlich nicht zur Gewinnrealisierung. Die Ansicht KROPPENS[263], wonach ein Ansatz des Fremdvergleichspreises unter Berücksichtigung eines Gewinnaufschlags zu erfolgen habe, ist daher abzulehnen. Vielmehr sind ausschließlich die dem Stammhaus tatsächlich entstandenen Kosten anzusetzen.[264] Dies steht im Einklang mit Art. 7 Abs. 3 OECD-MA, wonach bei der Ermittlung der Gewinne der Betriebsstätte die für diese Betriebsstätte entstandenen Aufwendungen zum Abzug zugelassen werden, gleichgültig, in welchem Staat sie entstanden sind.

Eine Ausnahme von der Zurechnung von Aufwendungen des Stammhauses zur Betriebsstätte ist in dem Fall gegeben, dass die Aufwendungen zur Schaffung eines Wirtschaftsguts führen, welches in der Betriebsstätte genutzt werden soll. In diesem Fall hat zunächst im Stammhaus nach allgemeinen bilanzsteuerlichen Grundsätzen eine Aktivierung des Wirtschaftsguts zu erfolgen. Für die Zeit bis zur Überführung wird das Ergebnis des Stammhauses um die AfA des Wirtschaftsguts gemindert. Ab dem Zeitpunkt der Existenz der Betriebsstätte wird das Wirtschaftsgut von dieser genutzt, so dass die Grundsätze zur Überführung

---

[260] Vgl. HAIß, U.: Steuerliche Abgrenzungsfragen bei der Begründung einer Betriebsstätte im Ausland, a.a.O., S. 40 f.

[261] Vgl. BORSTELL, T. / BRÜNINGHAUS, D. in: VÖGELE, A. / BORSTELL, T. / ENGLER, G.: Handbuch der Verrechnungspreise, S. 1018; vgl. auch grundlegend DEBATIN, H.: Das Betriebsstättenprinzip der deutschen Doppelbesteuerungsabkommen, a.a.O., S. 1740.

[262] Vgl. EDELMANN, G. in: LÖWENSTEIN, U. / LOOKS, C.: Betriebsstättenbesteuerung, S. 350 f., der dies zwar ablehnt, aber als in der Praxis angewandte Lösung bezeichnet.

[263] Vgl. KROPPEN, H. in: BECKER, H. et al.: DBA-Kommentar, Art. 7 OECD-MA, Rdnr. 197.

[264] Vgl. KRAWITZ, N. / HICK, C.: Wahl zwischen ausländischer Betriebsstätte oder Kapitalgesellschaft: Einfluss der Reformen des Unternehmenssteuerrechts, a.a.O., S. 748.

von Wirtschaftsgütern vom Stammhaus in die Betriebsstätte entsprechend anzuwenden sind.[265]

3.2.2 Zuordnung von Wirtschaftsgütern

3.2.2.1 Zuordnung von positiven und negativen Wirtschaftsgütern

Die Aufteilung der Einkünfte des Gesamtunternehmens impliziert die Notwendigkeit, eine Zuordnung der Wirtschaftsgüter des Gesamtunternehmens zum Stammhaus oder der Betriebsstätte vorzunehmen. Dies ist darauf zurückzuführen, dass sich die Zuordnung von Aufwendungen und Erträgen, welche aus der Vermögenssubstanz resultieren, bereits aus der logisch vorgelagerten Frage der Vermögenszuordnung ergibt.[266] So sind Dividenden in das Ergebnis desjenigen Unternehmensteils einzubeziehen, dem die zugrunde liegende Beteiligung zuzurechnen ist. Gleiches gilt für Teilwertabschreibungen auf Wirtschaftsgüter sowie hieraus resultierender Wertaufholungen und Veräußerungsgewinne bzw. -verluste. Diese Ergebnisbeiträge sind korrespondierend zur Zuordnung des entsprechenden Wirtschaftsguts zu Stammhaus und Betriebsstätte zu erfassen. Während die Zuordnung von Wirtschaftsgütern somit vordergründig nur bei Anwendung der direkten Methode der Gewinnabgrenzung Relevanz besitzt, kann sie auch bei der indirekten sowie der gemischten Methode erforderlich sein, sofern das zugeordnete Wirtschaftsgut im Rahmen des gewählten Aufteilungsschlüssels von Bedeutung ist.[267]

Abkommensrechtlich ergibt sich die Aufteilung des Vermögens aus dem Fremdvergleichsgrundsatz des Art. 7 Abs. 2 OECD-MA. Im nationalen Recht mangelt es insoweit an einer Rechtsgrundlage, so dass diese aus allgemeinen Grundsätzen abzuleiten ist.[268] Der BFH führt unter Bezugnahme auf die abkommensrechtliche „dealing at arm's-length-Klausel" aus, dass zum Betriebsvermögen der Betriebsstätte sämtliche Wirtschaftsgüter gehören, „die ein selbständiger Gewerbebetrieb am gleichen Ort und unter gleichen oder ähnlichen Bedingungen zur Erzielung eines vergleichbaren Geschäftserfolges benötigt."[269] Entsprechendes gelte für Schulden und Lasten. Diese stehen mit der Betriebs-

---

[265] Vgl. WASSERMEYER, F. in: DEBATIN, H. / WASSERMEYER, F.: Doppelbesteuerung, Art. 7 MA, Rdnr. 295a; siehe hierzu die Ausführungen in Kap. 3.2.3 auf S. 75 ff.

[266] Vgl. KUMPF, W. / ROTH, A.: Grundsätze der Ergebniszuordnung nach den neuen Betriebsstätten-Verwaltungsgrundsätzen, a.a.O., S. 746 f.

[267] Vgl. MAIER, J. in: LÖWENSTEIN, U. / LOOKS, C.: Betriebsstättenbesteuerung, S. 247.

[268] Vgl. KUMPF, W.: Betriebsstättenfragen nach Steuersenkungsgesetz und Betriebsstättenerlass, a.a.O., S. 452.

[269] BFH-Urteil vom 21.01.1972, III R 57/71, in: BStBl. II 1972, S. 375.

stätte in wirtschaftlichem Zusammenhang, wenn insoweit bei einem gedachten Vergleichsbetrieb auch Schulden vorliegen würden.

Die Finanzverwaltung konkretisiert die Vermögenszuordnung in den Betriebs-stätten-Verwaltungsgrundsätzen unter Berufung auf die BFH-Rechtsprechung und stellt fest, dass die Beurteilung stets die tatsächlichen Verhältnisse, insbe-sondere Struktur, Organisation und Aufgabenstellung der Betriebsstätte im Ge-samtunternehmen zu berücksichtigen hat.[270] Sind Wirtschaftsgüter demnach zur ausschließlichen Verwertung und Nutzung durch die Betriebsstätte bestimmt, ist deren Zuordnung zur Betriebsstätte evident. Ebenso sind auch Wirtschaftsgüter, aus denen Einkünfte erzielt werden, zu deren Erzielung die Betriebsstätte über-wiegend beigetragen hat, dieser zuzuordnen. Dagegen ist die Tatsache, dass ein Wirtschaftsgut im Betriebsstättenstaat belegen ist, kein Kriterium für dessen Zu-ordnung zum Betriebsstättenvermögen. Eine derartige Attraktivkraft der Be-triebsstätte wird abgelehnt.[271] Gleichermaßen erfordert die wirtschaftliche Zu-ordnung eines Wirtschaftsguts zur Betriebsstätte nicht, dass sich dieses Wirtschaftsgut auch im Betriebsstättenstaat befindet. Entscheidend für die Zu-ordnung ist demnach ausschließlich der Funktionszusammenhang.

Die Zuordnung von Wirtschaftsgütern, die sowohl im Stammhaus, als auch in der Betriebsstätte die ihnen zugewiesenen Funktionen erfüllen, ist vom Willen der Geschäftsleitung abhängig, sofern dieser nicht im Widerspruch zu kaufmän-nischen und wirtschaftlichen Erfordernissen steht.[272] Von diesem Zuordnungs-wahlrecht sind insbesondere immaterielle Wirtschaftsgüter wie z.B. Know-How oder Patente betroffen.[273] Dem buchmäßigen Ausweis kommt für die Zuordnung nur Indizwirkung zu. Es muss jedoch eine Entscheidung über die Zuordnung getroffen werden, da ein Wirtschaftsgut nur einheitlich entweder dem Stamm-haus oder der Betriebsstätte zugeordnet werden kann. Sofern aus den Wirt-schaftsgütern im laufenden Geschäftsbetrieb Erträge oder Aufwendungen resul-tieren, sind diese Erfolgsbeiträge entsprechend der tatsächlichen Nutzung auf Stammhaus und Betriebsstätte aufzuteilen. Diese Ansicht wird zwar in der Lite-ratur kritisiert, da Vermögens- und Ergebniszuordnung insoweit auseinander fallen[274], jedoch ist diese Beurteilung m.E. zutreffend. Denn sie wird einerseits der Tatsache gerecht, dass ein Wirtschaftsgut entsprechend den fundamentalen

---

[270] Vgl. BMF-Schreiben vom 24.12.1999, IV B 4 – S 1300 – 111/99, BStBl. I 1999, S. 1076, Tz. 2.4.

[271] Vgl. BFH-Urteil vom 29.07.1992, II R 39/89, in: BStBl. II 1993, S. 66; vgl. auch SCHAUMBURG, H.: Internationales Steuerrecht, S. 942.

[272] Vgl. BFH-Urteil vom 01.04.1987, II R 186/80, in: BStBl. II 1987, S. 551.

[273] Vgl. JACOBS, O.: Internationale Unternehmensbesteuerung, S. 651.

[274] Vgl. GÖTTSCHE, M. / STANGL, I.: Der Betriebsstättenerlass des BMF vom 24.12.1999 – Anmerkungen und Zweifelsfragen, in: DStR 2000, S. 503.

Grundsätzen der Bilanzierung nur einheitlich zugeordnet werden kann[275], andererseits berücksichtigt sie auch die erforderliche Ergebnisabgrenzung nach dem Fremdvergleichsgrundsatz. Bedenklich ist jedoch, dass die Finanzverwaltung auch im Falle des Ausscheidens des betreffenden gemischt-genutzten Wirtschaftsguts eine Aufteilung des Veräußerungsergebnisses fordert.[276] Dies steht im Widerspruch zum Abkommensrecht, wonach das Besteuerungsrecht hinsichtlich Gewinnen bzw. Verlusten aus der Veräußerung beweglichen Vermögens der Zuordnung der betreffenden Wirtschaftsgüter zum Stammhaus resp. der Betriebsstätte folgt.[277] Die Aufteilung des Veräußerungsgewinns bzw. –verlusts stellt somit ein Treaty-Overriding im Verwaltungswege dar, das keinerlei gesetzliche Grundlage besitzt.[278] M.E. wäre eine Regelung vergleichbar dem nationalen Steuerrecht zur Abgrenzung von Privatvermögen und Betriebsvermögen plausibler.[279] Auf die Vermögenszuordnung zwischen Stammhaus und Betriebsstätte übertragen wäre es m.e. daher zutreffend, das Wirtschaftsgut zwar vollständig entweder dem Stammhaus oder der Betriebsstätte zuzuordnen und die Aufwendungen und Erträge des laufenden Geschäfts entsprechend der tatsächlichen Nutzung aufzuteilen. Der Gewinn bzw. Verlust aus der Veräußerung des Wirtschaftsguts würde dagegen vollständig dem Unternehmensteil zugeordnet, dem das Wirtschaftsgut zugeordnet ist.

Finanzmittel, die dem Gesamtunternehmen dienen, sowie Beteiligungen, die nicht einer in der Betriebsstätte ausgeübten Tätigkeit dienen, sind nach Ansicht der Finanzverwaltung dem Stammhaus zuzuordnen.[280] Dies begründet die Finanzverwaltung mit der Zentralfunktion, die dem Stammhaus im Gesamtunternehmen zukommt. Der Betriebsstätte dürfen nur diejenigen von ihr erwirtschafteten Finanzierungsmittel zugeordnet werden, die zur Absicherung ihrer

---

[275]   Vgl. KUMPF, W. / ROTH, A.: Grundsätze der Ergebniszuordnung nach den neuen Betriebsstätten-Verwaltungsgrundsätzen, a.a.O., S. 745.

[276]   Vgl. STRUNK, G. / KAMINSKI, B.: Anmerkungen zum Betriebsstättenerlass, in: IStR 2000, S. 40.

[277]   Vgl. Art. 13 Abs. 2 OECD-MA.

[278]   Vgl. STRUNK, G. / KAMINSKI, B.: Anmerkungen zum Betriebsstättenerlass, a.a.O., S. 40.

[279]   Im nationalen Steuerrecht ist bei Wirtschaftsgüter, die sowohl betrieblich als auch privat genutzt werden, gem. R 4.2 Abs. 1 S. 6 EStR 2005 bei einem betrieblichen Nutzungsanteil von mindestens 10 % bis zu 50 % eine Ausweis als gewillkürtes Betriebsvermögen zulässig. Als Folge hiervon ist die private Nutzung nach den Grundsätzen der Entnahme zu erfassen. Ein Veräußerungsgewinn fällt jedoch vollständig im Betriebsvermögen an. Umgekehrt wirken sich bei Willkürung des Wirtschaftsguts zum Privatvermögen die betrieblich veranlassten Aufwendungen zwar im Wege der Aufwandseinlage aus, eine Veräußerung ist jedoch vollständig im Privatvermögen zu beurteilen, vgl. SCHEFFLER, W.: Besteuerung von Unternehmen II, S. 316-322.

[280]   Vgl. BMF-Schreiben vom 24.12.1999, IV B 4 – S 1300 – 111/99, in: BStBl. I 1999, S. 1076, Tz. 2.4.

Geschäftstätigkeit notwendig sind, oder die der Finanzierung von beschlossenen oder in absehbarer Zeit vorgesehenen Investitionen dienen. Diese Ansicht widerspricht jedoch klar dem Fremdvergleichsgrundsatz, der die Grundlage der Vermögenszuordnung bildet. Denn ein unter gleichen oder ähnlichen Bedingungen bestehendes selbständiges und völlig unabhängiges Unternehmen könnte die erwirtschafteten Gewinne thesaurieren.[281] Generell nicht zuzustimmen ist darüber hinaus der Auffassung der Finanzverwaltung, wonach dem Stammhaus im Gesamtunternehmen eine „Zentralfunktion" zukommt. Zunächst ist hierbei anzumerken, dass eine Definition dieser Zentralfunktion nicht ersichtlich ist, sondern lediglich beispielhaft Finanzmittel und Beteiligungen aufgezählt werden.[282] Aber auch die Zuweisung der Zentralfunktion als solche ist kritisch zu beurteilen. Denn die Bestimmung der Funktionen der Betriebsstätte obliegt ausschließlich dem Steuerpflichtigen.[283] Hierbei kann es sich um jede erwerbswirtschaftliche Tätigkeit handeln, die verkehrsfähig ist, d.h., die auch ein fremder Dritter als selbständige Leistung anbieten oder empfangen könnte, und die Gegenstand eines schuldrechtlichen Vertrags sein kann.[284] Auf der Basis der zugewiesenen Funktion der Betriebsstätte sind ihr die erforderlichen Wirtschaftsgüter zuzuordnen. Somit wäre es denkbar, dass die Tätigkeit einer Betriebsstätte insbesondere in der Übernahme des Finanzmanagements für das Gesamtunternehmen oder für eine bestimmte geographische Region besteht. Das von der Finanzverwaltung angeführte Urteil des BFH vom 30.08.1995, das die These der Zentralfunktion des Stammhauses stützen soll, ist hierfür wenig geeignet, da es sich auf das Verhältnis des Betriebsstättenprinzips zu der Besteuerung von Einkünften, die in anderen Artikeln speziell geregelt sind, bezieht, z.B. Zinsen, Dividenden, Lizenzen. Diesbezüglich stellt der BFH fest, dass die tatsächliche Zugehörigkeit eines Vermögenswertes zur Betriebsstätte einen funktionalen Zusammenhang zu der in ihr ausgeübten Tätigkeit erfordert.[285] Demnach sei auf die Tätigkeit abzustellen, der das Schwergewicht innerhalb der Betriebsstätte zukommt. Gegen eine Zuordnung zur Betriebsstätte spreche demnach die Tatsache, dass die Einkünfte in gleicher Weise vom Inland hätten erzielt werden können bzw. dass die Einkünfte keinen Einfluss auf die Einkünfte aus der eigentlichen Betriebsstätten-

---

[281] Vgl. KUMPF, W. / ROTH, A.: Grundsätze der Ergebniszuordnung nach den neuen Betriebsstätten-Verwaltungsgrundsätzen, a.a.O., S. 746.

[282] Vgl. STRUNK, G. / KAMINSKI, B.: Aufgabe des Grundsatzes der funktionalen Zuordnung von Wirtschaftsgütern bei Betriebsstätten?, in: IStR 2001, S. 162.

[283] Vgl. KUMPF, W.: Betriebsstättenfragen nach Steuersenkungsgesetz und Betriebsstättenerlass, a.a.O., S. 452; KUMPF, W. / ROTH, A.: Grundsätze der Ergebniszuordnung nach den neuen Betriebsstätten-Verwaltungsgrundsätzen, a.a.O., S. 746; WASSERMEYER, F. in: WASSERMEYER, F. / ANDRESEN, U. / DITZ, X.: Betriebsstätten-Handbuch, S. 177 f.

[284] Vgl. STRUNK, G. / KAMINSKI, B.: Aufgabe des Grundsatzes der funktionalen Zuordnung von Wirtschaftsgütern bei Betriebsstätten?, a.a.O., S. 162.

[285] Vgl. BFH-Urteil vom 30.08.1995, I R 112/94, in: BStBl. II 1996, S. 565.

Tätigkeit haben. In dem zitierten Urteil trifft der BFH jedoch m.E., anders als es die Ansicht der Finanzverwaltung nahe legt, keine Aussage über die Funktionen, die eine Betriebsstätte ausüben kann. Insbesondere lässt sich hieraus keine Zentralfunktion des Stammhauses ableiten.[286] Vielmehr stützt das BFH-Urteil m.E. sogar die These, dass eine Zuordnung von Finanzmitteln und Beteiligungen zur Betriebsstätte möglich ist, wenn bei dieser Tätigkeit das Schwergewicht der in der Betriebsstätte ausgeübten Unternehmenstätigkeit liegt.

Zu beachten ist in diesem Kontext indes, dass das reine Halten und Verwalten von Beteiligungen eine Vermögensverwaltung darstellt und damit abkommensrechtlich mangels Gewerblichkeit keine Betriebsstätte begründet. Anders wäre dies nur insoweit zu beurteilen, wenn eine Betriebsstätte eine geschäftsleitende Holdingfunktion ausübt. Dies ist anzunehmen, wenn die Betriebsstätte neben dem Halten und Verwalten der Beteiligungen auch die Funktion der Leitung oder alternativ zusätzlich eine gewerbliche Funktion übernimmt. Trifft dies zu, liegt abkommensrechtlich eine Betriebsstätte vor, der die entsprechenden Beteiligungen zuzuordnen sind, da sie sodann einen tatsächlichen funktionalen Zusammenhang zu ihrer Tätigkeit aufweisen.[287]

3.2.2.2 Kapitalausstattung der Betriebsstätte

Eine zentrale Frage im Zusammenhang mit der Errichtung einer ausländischen Betriebsstätte ist die Bemessung ihrer Eigenkapitalausstattung. Eine Betriebsstätte stellt zivilrechtlich einen unselbständigen Teil des Gesamtunternehmens dar. Nur das Gesamtunternehmen besitzt ein Eigenkapital, das je nach Rechtsform aus entsprechenden Bilanzpositionen besteht. Steuerlich betrachtet soll der Betriebsstätte jedoch aufgrund der Selbständigkeitsfiktion in bestimmter Höhe Kapital, das sog. Dotationskapital, zugeordnet werden. Die Dotation der Betriebsstätte, d.h., ihr Anteil am Eigenkapital des Gesamtunternehmen, hat indes einem Fremdvergleich standzuhalten.[288] Eine gesetzliche Normierung der Höhe des Dotationskapitals ist, mit Ausnahme spezieller Regelungen für Banken und Versicherungen, nicht vorhanden.

Die Finanzverwaltung betont, dass der Betriebsstätte das zur Erfüllung ihrer Funktion erforderliche Dotationskapital zur Verfügung zu stellen ist. Soweit dies

---

[286] Vgl. auch STRUNK, G. / KAMINSKI, B.: Aufgabe des Grundsatzes der funktionalen Zuordnung von Wirtschaftsgütern bei Betriebsstätten?, a.a.O., S. 162 f.

[287] Vgl. MAIER, J. in: LÖWENSTEIN, U. / LOOKS, C.: Betriebsstättenbesteuerung, S. 270, 272.

[288] Vgl. BMF-Schreiben vom 24.12.1999, IV B 4 – S 1300 – 111/99, in: BStBl. I 1999, S. 1076, Tz. 2.5.1.

nicht der Fall ist, sind der Gewinn und das Vermögen der Betriebsstätte so zu ermitteln, als ob das Dotationskapital in angemessener Höhe zur Verfügung gestellt worden wäre.[289] Dies hat für die direkte Gewinnabgrenzung zur Folge, dass das vom Stammhaus weitergeleitete Fremdkapital bei der Betriebsstätte bis zur Höhe des angemessenen Dotationskapitals als Eigenkapital behandelt wird und insoweit keine Verrechnung der vom Stammhaus entrichteten Zinsaufwendungen in Betracht kommt. Unklar ist hierbei jedoch die Umqualifizierung bei Vorhandensein unterschiedlich hoch verzinslicher Verbindlichkeiten. Die Regelung des BMF, wonach auf „die zeitliche Reihenfolge der Aufnahme der Verbindlichkeiten abzustellen"[290] ist, ist insofern unpräzise, als daraus nicht deutlich wird, ob die zuerst oder die zuletzt aufgenommenen Verbindlichkeiten heranzuziehen sind. Mit der Regelung vereinbar wären jedenfalls beide Möglichkeiten. Daher kann die Regelung nur so verstanden werden, dass es als Wahlrecht im Ermessen des Steuerpflichtigen steht, ob er mit dem zuletzt oder zuerst aufgenommenen Fremdkapital bei der Umqualifizierung beginnt.[291]

Im Falle der ausländischen Betriebsstätte einer inländischen Kapitalgesellschaft wird insbesondere die Überdotierung kritisch gesehen. Wird der Betriebsstätte ausschließlich Eigenkapital zugewiesen, bedeutet dies umgekehrt ein niedriges Eigenkapital des inländischen Stammhauses. Hieraus würde ein hoher, nicht von Zinsaufwendungen geminderter Betriebsstättengewinn resultieren, der im Inland freizustellen wäre, während Zinsen auf das vom Unternehmen aufgenommene Fremdkapital den im Inland zu erfassenden Gewinn des Stammhauses mindern.[292] Daher ist nach Ansicht der Finanzverwaltung eine „Dotierung der ausländischen Betriebsstätte, die über die wirtschaftlichen Erfordernisse hinausgeht, nicht anzuerkennen"[293]. Diese Position der Finanzverwaltung steht jedoch im Widerspruch zur BFH-Rechtsprechung und ist auch aus finanzierungstheoretischer Sicht abzulehnen. So führt der BFH aus, dass keine Veranlassung bestehe, eine Eigenkapitalausstattung, die über die erforderliche Mindesteigenkapitalausstattung hinausgeht, auf das Mindestmaß zurückzuführen. Vielmehr sei eine höhere Eigenkapitalausstattung „durchaus wünschenswert"[294], und stelle eine anzuerkennende unternehmerische Entscheidung dar.[295]

---

[289] Vgl. ebenda.

[290] Ebenda.

[291] Vgl. STRUNK, G. / KAMINSKI, B.: Anmerkungen zum Betriebsstättenerlass, a.a.O., S. 36.

[292] Vgl. HAIß, U.: Steuerliche Abgrenzungsfragen bei der Begründung einer Betriebsstätte im Ausland, a.a.O., S. 45.

[293] BMF-Schreiben vom 24.12.1999, IV B 4 – S 1300 – 111/99, in: BStBl. I 1999, S. 1076, Tz. 2.5.1.

[294] BFH-Urteil vom 25.06.1986, II R 213/83, in: BStBl. II 1986, S. 787.

[295] Vgl. ebenda.

Das angemessene Dotationskapital ist nach Ansicht der Finanzverwaltung, gestützt auf die BFH-Rechtsprechung[296], grundsätzlich im Rahmen der direkten Methode anhand eines äußeren Fremdvergleichs zu ermitteln. Zur Durchführung dieses Fremdvergleichs sind unabhängige Unternehmen heranzuziehen, die vergleichbare Marktchancen bzw. Marktrisiken aufweisen, wobei ggf. aufgrund betriebsspezifischer Unterschiede Anpassungsrechnungen vorzunehmen sind. Weitere Aussagen zur genauen Durchführung dieses äußeren Fremdvergleichs sowie der Anpassungsrechnungen können dem BMF-Schreiben nicht entnommen werden.

Die Finanzverwaltung lässt ersatzweise einen internen Fremdvergleich zur Ermittlung des angemessenen Dotationskapitals zu, sofern keine vergleichbaren Unternehmen existieren, um den äußeren Fremdvergleich durchzuführen. Dazu ist die Aufteilung des Eigenkapitals des Gesamtunternehmens auf Stammhaus und Betriebsstätte unter Zugrundelegung der jeweils ausgeübten Funktionen im Wege der Schätzung vorzunehmen. Weiterhin wird die Anwendung der Kapitalspiegelmethode für zulässig erklärt. Hiernach stellt die Eigenkapitalquote des Stammhauses einen geeigneten Anhaltspunkt dar, sofern Stammhaus und Betriebsstätte die gleichen Funktionen ausüben. Hierzu ist jedoch kritisch anzumerken, dass, wie auch hinsichtlich der beiden anderen Methoden, genauere Angaben zur Durchführung im BMF-Schreiben fehlen. Insbesondere wird nicht ausgesagt, wann die geforderte Funktionsgleichheit vorliegt, und ob eine vollständige Übereinstimmung vorliegen muss, oder ob eine weitgehende Ähnlichkeit ausreicht.[297]

Generell problematisch ist die Anwendung der Kapitalspiegelmethode. Diese Methode lässt sich zwar einfach handhaben, jedoch sind ihre Annahmen in der Praxis wohl selten erfüllt. Die Methode unterstellt, dass die Betriebsstätte spiegelbildlich die Verhältnisse des Gesamtunternehmens wiedergibt. In der Praxis üben Stammhaus und Betriebsstätte jedoch unterschiedliche Funktionen aus, woraus sich ein unterschiedlicher Kapitalbedarf ergibt.[298] Weiterhin lässt die von der Finanzverwaltung verwendete Formulierung „geeigneter Anhaltspunkt" darauf schließen, dass sich die Finanzverwaltung dennoch die Möglichkeit bewahren will, ggf. Korrekturen vorzunehmen. Demnach besitzt der Steuerpflichtige keine Rechtssicherheit, ob die Kapitalausstattung der Betriebsstätte zulässig ist.

---

[296]   Vgl. BFH-Urteil vom 27.07.1965, I 110/63 S, in: BStBl. III 1966, S. 27; BFH-Urteil
        vom 25.06.1986, II R 213/83, in: BStBl. II 1986, S. 786.
[297]   Vgl. STRUNK, G. / KAMINSKI, B.: Anmerkungen zum Betriebsstättenerlass, a.a.O., S. 36.
[298]   Vgl. BECKER, H.: Die Besteuerung von Betriebsstätten, a.a.O., S. 10.

In der Literatur wird ein Ansatz vertreten, wonach das dem Fremdvergleichsgrundsatz entsprechende Dotationskapital anhand einer Bandbreite von empirisch hergeleiteten Kapitalstrukturen vergleichbarer Unternehmen herzuleiten ist.[299] Als Vergleichsmerkmale kommen hierbei Standort, Rendite, Wachstum und Vermögensstruktur in Betracht. Das dem Fremdvergleichsgrundsatz entsprechende Dotationskapital wird hierbei durch Bildung eines Durchschnittswertes aus der Bandbreite der ermittelten Kapitalstrukturen mittels Verdichtung berechnet. An diesem Ansatz ist m.E. jedoch fraglich, inwieweit der verdichtete Durchschnittswert eher dem Fremdvergleichsgrundsatz gerecht werden soll, obwohl aufgrund der zugrunde liegenden Prämisse unabhängiger Unternehmen bereits die gesamte Bandbreite der ermittelten Kapitalstrukturen dem Fremdvergleichsgrundsatz entspricht. Auch der BFH stellt im Falle einer Bandbreite von Fremdvergleichspreisen explizit fest, dass innerhalb der letztlich maßgebenden Bandbreite jeder Preis dem Fremdvergleich entspricht.[300] Für eine Verdichtung besteht daher insoweit keine Veranlassung.

Meines Erachtens ist zum Zwecke der Ermittlung eines angemessenen Eigenkapitals der Betriebsstätte zu berücksichtigen, dass für das Eigenkapital einer Betriebsstätte die gleichen Grundsätze gelten wie für das Eigenkapital allgemein. Es ermittelt sich als rechnerische Größe aus der Summe der positiven Wirtschaftsgüter abzüglich der Summe der negativen Wirtschaftsgüter. Daher stellt die angemessene Kapitalausstattung der Betriebsstätte keinen isolierten Problembereich dar, sondern ergibt sich konsequent aus der Zuordnung der Wirtschaftsgüter zur Betriebsstätte. Sind die positiven und negativen Wirtschaftsgüter der Betriebsstätte funktionsgerecht zugeordnet, ergibt sich das Dotationskapital allein als rechnerische Residualgröße. Sollte sich anhand dieser Betrachtung eine von der Finanzverwaltung als inakzeptabel eingestufte Überdotierung ergeben, ist zu bedenken, dass diese Dotierung durchaus mit dem Fremdvergleichsgrundsatz in Einklang stehen kann, da es auch denkbar, wenngleich betriebswirtschaftlich suboptimal sein kann, dass sich ein selbständiges und unabhängiges Unternehmen zu 100 % eigenfinanziert.[301] Dies steht im Einklang mit der vom BFH getroffenen Feststellung, der unternehmerischen Entscheidung komme bei der Bemessung der Kapitalausstattung eine besondere Bedeutung zu.[302]

---

[299] Vgl. MUTSCHER, A: Die Kapitalstruktur von Betriebsstätten im Internationalen Steuerrecht, S. 147 - 150.

[300] Vgl. BFH-Urteil vom 17.10.2001, I R 103/00, in: BFH/NV 2002, S. 138.

[301] Vgl. HAIß, U.: Steuerliche Abgrenzungsfragen bei der Begründung einer Betriebsstätte im Ausland, a.a.O., S. 46.

[302] Vgl. BFH vom 25.06.1986, II R 213/83, in: BStBl. II 1986, S. 786.

Eine isolierte Ermittlung des Dotationskapitals der Betriebsstätte ist daher m.E. nicht erforderlich.[303] Vielmehr ergibt sich dessen Höhe als Differenzgröße durch Abzug der negativen Wirtschaftsgüter von den positiven Wirtschaftsgütern. Die Zuordnung der negativen Wirtschaftsgüter hat hierbei nach fremdvergleichskonformen Grundsätzen zu erfolgen. Dies bedeutet, dass der wirtschaftliche Zusammenhang zur Betriebsstätte unter Anwendung der direkten Methode der Ergebnisabgrenzung maßgebend ist. Der Betriebsstätte sind demnach sowohl die von ihr für ihre eigenen Bedürfnisse aufgenommenen Fremdmittel zuzuordnen, als auch die vom Stammhaus aufgenommenen und an die Betriebsstätte weitergeleiteten Darlehen.[304] Auch ein Verrechnungssaldo aus dem laufenden Geschäftsbetrieb stellt eine der Betriebsstätte zuzuordnende Verbindlichkeit dar. Weiterhin ist auch ein Darlehen, das vom Stammhaus eindeutig für die Betriebsstätte eingesetzt wird, der Betriebsstätte zuzuordnen, so dass die hierfür anfallenden Zinsaufwendungen im Betriebsstättenstaat Aufwand darstellen.[305] Besteht dagegen zwischen der Aufnahme eines allgemeinen Darlehens durch das inländische Stammhaus und der Kapital- und Sachausstattung der Betriebsstätte kein konkreter wirtschaftlicher Zusammenhang, scheidet eine Zuordnung dieses Darlehens zur Betriebsstätte aus.[306] Eine anteilige Zuordnung eines Darlehens ist nach Ansicht des BFH geboten, sofern dieses nicht eindeutig dem Stammhaus oder der Betriebsstätte zugeordnet werden kann. In diesem Fall ist das Darlehen, das zum Zweck der Finanzierung der Geschäftsführung und der allgemeinen Verwaltung aufgenommen wurde, anteilig zu verteilen.

Im Ergebnis ermittelt sich das Dotationskapital nach der hier vertretenen Auffassung als Residualgröße aus der Differenz der positiven Wirtschaftsgüter, die der Betriebsstätte zugeordnet wurden, und der Verbindlichkeiten, die nach fremdvergleichskonformen Grundsätzen zugeordnet wurden.[307] Denn sofern die positiven und negativen Wirtschaftsgüter anhand des Fremdvergleichsgrundsatzes der Betriebsstätte zugeordnet wurden, ergibt sich als logische Konsequenz, dass auch das als Differenzgröße ermittelte Dotationskapital dem Fremdvergleichsgrundsatz gerecht wird.

---

[303]   So auch MAIER, J. in: LÖWENSTEIN, U. / LOOKS, C.: Betriebsstättenbesteuerung, S. 285 f.; ANDRESEN, U. in: WASSERMEYER, F. / ANDRESEN, U. / DITZ, X.: Betriebsstätten-Handbuch, S. 114.

[304]   Vgl. BFH-Urteil vom 20.03.2002, II R 84/99, in: BFH/NV 2002, S. 1018.

[305]   Vgl. FROTSCHER, G.: Die Ausgabenabzugsbeschränkung nach § 3c EStG und ihre Auswirkung auf Finanzierungsentscheidungen, in: DStR 2001, S. 2052.

[306]   Vgl. BFH-Urteil vom 20.03.2002, II R 84/99, in: BFH/NV 2002, S. 1018.

[307]   Vgl. auch MAIER, J. in: LÖWENSTEIN, U. / LOOKS, C.: Betriebsstättenbesteuerung, S. 285; ANDRESEN, U. in: WASSERMEYER, F. / ANDRESEN, U. / DITZ, X.: Betriebsstätten-Handbuch, S. 114.

3.2.3 Überführung von Wirtschaftsgütern aus dem Stammhaus in die Betriebsstätte

Der Problemkreis der Überführung von Wirtschaftsgütern stellt einen Teilbereich der Gewinnabgrenzung zwischen Stammhaus und Betriebsstätte dar. Bei den zu übertragenden Wirtschaftsgütern handelt es sich je nach ausgeübter Tätigkeit der Betriebsstätte in der Regel insbesondere um Maschinen und maschinelle Anlagen, Werkzeuge sowie ähnliche Gegenstände der Betriebs- und Geschäftsausstattung, die zuvor im Stammhaus genutzt wurden und aufgrund der Produktionsverlagerung in der Betriebsstätte eingesetzt werden sollen. Häufig werden darüber hinaus jedoch auch immaterielle Wirtschaftsgüter des Anlagevermögens, wie z.b. Patente, Rechte oder Know-How übertragen, die im Falle der Selbsterstellung aufgrund § 248 Abs. 2 HGB bzw. § 5 Abs. 2 EStG nicht bilanziert sind. Im Bereich des Umlaufvermögens ist insbesondere die Übertragung von Vorräten sowie fertigen und unfertigen Erzeugnissen zum Zweck der Weiterverarbeitung oder Veräußerung durch die Betriebsstätte denkbar.

Die Finanzverwaltung nimmt zum Themenkomplex der Überführung von Wirtschaftsgütern in den Betriebsstätten-Verwaltungsgrundsätzen im Rahmen der Einkünfteabgrenzung zwischen Stammhaus und Betriebsstätte Stellung. Der hierbei zugrunde liegende Kerngedanke ist der Fremdvergleichsgrundsatz. Der Betriebsstätte ist hiernach der Gewinn zuzurechnen, den sie als selbständiges Unternehmen unter sonst gleichen Bedingungen erzielt hätte.[308] Hiervon ist auch die Überführung von Wirtschaftsgütern betroffen, da die Betriebsstätte als fiktiv eigenständiges Unternehmen die benötigten Wirtschaftsgüter zu einem dem Fremdvergleich entsprechenden Preis von einem Dritten erwerben müsste.[309]

Durch die Gewinnabgrenzung sollen die Wertschöpfungen der einzelnen Betriebsteile, die rechtlich eine Einheit bilden, korrekt dargestellt werden. Hierin liegt jedoch die eigentliche Problematik der Überführung von Wirtschaftsgütern in eine ausländische Betriebsstätte. Da die Betriebsstätte einen unselbständigen Teil des Unternehmens repräsentiert, ergeben sich aus der Überführung keine unmittelbaren Folgen, da keine Entnahme für betriebsfremde Zwecke vorliegt. Ein Umsatzakt am Markt liegt ebenfalls nicht vor, da das wirtschaftliche Eigentum bezüglich der Wirtschaftsgüter noch immer bei der inländischen Kapitalgesellschaft liegt.

---

[308] Vgl. BMF-Schreiben vom 24.12.1999, IV B 4 – S 1300 – 111/99, in: BStBl. I 1999, S. 1076, Tz. 2.2.

[309] Vgl. RUNGE, B. in: SCHAUMBURG, H. (Ltg.): Grundsatzfragen der Betriebsstättenbesteuerung - Podiumsdiskussion, in PILTZ, D. / SCHAUMBURG, H. (Hrsg.): Internationale Betriebsstättenbesteuerung, S. 80 f.

Die Überführung von Wirtschaftsgütern wird von Rechtsprechung, Finanzverwaltung, Literatur, sowie inzwischen auch vom Gesetzgeber kontrovers beurteilt. Kernproblem ist die Überführung von Wirtschaftsgütern in eine ausländische Betriebsstätte, deren Gewinn im Inland aufgrund eines DBA von der
Besteuerung freigestellt wird. Für diesen Fall wurde in der Vergangenheit vom
BFH ein Entstrickungstatbestand angenommen, d.h., die stillen Reserven der
Wirtschaftsgüter waren aufzudecken. Auch zum gegenwärtigen Zeitpunkt vertritt die Finanzverwaltung, sowie, ausweislich der Gesetzesbegründung zu
§ 6 Abs. 5 S. 1 EStG, der Gesetzgeber die Ansicht, die stillen Reserven seien im
Zeitpunkt der Überführung aufzudecken. Begründet wird dies damit, dass die
Besteuerung der stillen Reserven bei Bestehen eines DBA mit Freistellungsmethode nicht sichergestellt sei.

3.2.3.1 Regelung in den Betriebsstätten-Verwaltungsgrundsätzen

3.2.3.1.1 Existenz eines DBA mit Freistellungsmethode

Eine steuerneutrale Überführung von Wirtschaftsgütern in eine Betriebsstätte,
für die nach einem DBA die Freistellungsmethode greift, soll nach Ansicht der
Finanzverwaltung grundsätzlich nicht möglich sein. Im Zeitpunkt der Überführung habe stattdessen eine Aufdeckung der stillen Reserven auf Basis des
Fremdvergleichspreises zu erfolgen.[310] Der Fremdvergleichspreis ist der Preis,
der für gleiche oder vergleichbare Leistungen gezahlt worden wäre, wenn die
Vertragspartner ausschließlich über schuldrechtliche Vertragsbedingungen miteinander verbunden wären.[311] Es handelt sich somit um den Marktpreis, d.h. den
Verkehrswert des Wirtschaftsguts. In diesem ist ein angemessener Gewinnaufschlag auf die Selbstkosten enthalten.[312] Der Fremdvergleichspreis ist nicht
identisch mit dem Teilwert, welcher dem Betrag entspricht, „den ein Erwerber
des ganzen Betriebs im Rahmen des Gesamtkaufpreises für das einzelne Wirtschaftsgut ansetzen würde; dabei ist davon auszugehen, dass der Erwerber den
Betrieb fortführt."[313] Im Rahmen der Teilwertbewertung bilden die Wiederbeschaffungskosten, die im Wesentlichen den Herstellungskosten entsprechen, die
Obergrenze.[314]

---

[310] Vgl. BMF-Schreiben vom 24.12.1999, IV B 4 – S 1300 – 111/99, in: BStBl. I 1999,
S. 1076, Tz. 2.6.1., S. 2.
[311] Vgl. SCHEFFLER, W.: Besteuerung der grenzüberschreitenden Unternehmenstätigkeit,
S. 315.
[312] Vgl. JACOBS, O.: Internationale Unternehmensbesteuerung, S. 632.
[313] § 6 Abs. 1 Nr. 1 S. 3 EStG.
[314] Vgl. BFH-Urteil vom 19.05.1998, I R 54/97, in: BStBl. II 1999, S. 277; vgl. auch WAS
SERMEYER, F.: Einkünftekorrekturnormen im Steuersystem, in: IStR 2001, S. 637;

Auf Basis der Ansicht der Finanzverwaltung ist somit ein Gewinn - bzw. ggf. ein Verlust - auszuweisen. Dieser ermittelt sich dadurch, dass dem Fremdvergleichspreis der Buchwert im Zeitpunkt der Überführung gegenübergestellt wird. Diese Grundsätze gelten sowohl für Wirtschaftsgüter des Anlage-, als auch des Umlaufvermögens. Die Finanzverwaltung will dem Steuerpflichtigen aus Billigkeitsgründen jedoch die Möglichkeit einräumen, anstelle der sofortigen Aufdeckung der stillen Reserven eine aufgeschobene Besteuerung in Anspruch zu nehmen.[315] Dies soll dadurch erreicht werden, dass der Gewinn zunächst durch einen passiven Merkposten in einer Nebenrechnung neutralisiert wird. Die Betriebsstätte soll den Unterschiedsbetrag korrespondierend in einem aktiven Merkposten erfassen. Ergibt sich als Unterschiedsbetrag ein Verlust, so soll dieser außerbilanziell mittels eines aktiven Merkpostens beim Stammhaus und korrespondierend durch einen passiven Merkposten bei der Betriebsstätte neutralisiert werden. Die weitere Behandlung des Merkpostens wird von der Finanzverwaltung davon abhängig gemacht, ob es sich um Wirtschaftsgüter des Anlage- oder Umlaufvermögens handelt.

Bei Wirtschaftsgütern des Anlagevermögens sollen die bei Stammhaus und Betriebsstätte gebildeten Merkposten im Zeitpunkt des Ausscheidens des Wirtschaftsguts erfolgswirksam aufgelöst werden. Bei abnutzbaren Wirtschaftsgütern ist bereits ab dem Zeitpunkt der Überführung eine zeitanteilige erfolgswirksame Auflösung nach Maßgabe der Rest-Nutzungsdauer des Wirtschaftsguts vorzunehmen. Durch diese Vorgehensweise soll erreicht werden, dass sich, sofern im Zeitpunkt der Überführung ein Gewinn entstehen würde, die Einkünfte des Stammhauses im Zeitablauf um die Auflösungsbeträge erhöhen. Der Zeitraum für die Auflösung ist jedoch sowohl bei abnutzbaren, als auch nicht abnutzbaren Wirtschaftsgütern auf zehn Jahre begrenzt. Ist spätestens zehn Jahre nach Überführung des Wirtschaftsguts noch ein Merkposten vorhanden, ist dieser erfolgswirksam aufzulösen.[316] Eine sachliche Begründung für die willkürlich gewählten zehn Jahre ist nicht ersichtlich.[317]

Wurden Wirtschaftsgüter des Umlaufvermögens überführt und sind diese am Bilanzstichtag noch nachweisbar in der ausländischen Betriebsstätte vorhanden, so soll die Möglichkeit der aufgeschobenen Besteuerung mittels eines Merkpos-

GLANEGGER, P. in: SCHMIDT, L.: EStG, § 6, Rdnr. 226; FISCHER, P. in: KIRCHHOF, P.: EStG KompaktKommentar, § 6, Rdnr. 94.

[315] Vgl. BMF-Schreiben vom 24.12.1999, IV B 4 – S 1300 – 111/99, in: BStBl. I 1999, S. 1076, Tz. 2.6.1., lit. a) S. 4, lit. b) S. 3, lit. d).

[316] Vgl. BMF-Schreiben vom 24.12.1999, IV B 4 – S 1300 – 111/99, in: BStBl. I 1999, S. 1076, Tz. 2.6.1., lit. a) S. 5 – 8.

[317] Vgl. STRUNK, G. / KAMINSKI, B.: Anmerkungen zum Betriebsstättenerlass, a.a.O., S. 37.

tens ebenfalls bestehen. Die Auflösung dieses Merkpostens erfolgt sodann bei Ausscheiden des Wirtschaftsguts aus der Betriebsstätte.[318]

Auf die Überführung von selbstgeschaffenen immateriellen Wirtschaftsgütern will die Finanzverwaltung die obigen Ausführungen entsprechend anwenden. Von einer Überführung eines immateriellen Wirtschaftsguts ist auszugehen, wenn dieses zur Nutzung oder Verwertung durch die Betriebsstätte bestimmt ist. Hierunter fällt auch Fertigungs- und Produktions-Know-How.[319] Dies kann hinsichtlich der Bewertung jedoch erhebliche Schwierigkeiten bereiten, da sich für derartige Wirtschaftsgüter nur in Ausnahmefällen ein Fremdvergleichspreis bestimmen lässt.[320]

Die Finanzverwaltung gestattet es dem Steuerpflichtigen, das Wahlrecht auf aufgeschobene Besteuerung für jedes Wirtschaftsjahr und jede Betriebsstätte separat für jeweils sämtliche Wirtschaftsgüter des Anlagevermögens resp. Umlaufvermögens auszuüben. Für die Wirtschaftsgüter innerhalb dieser beiden Vermögensarten ist eine einheitliche Handhabung geboten.[321] Die gewählte steuerliche Behandlung kann nachträglich nicht mehr geändert werden.

Nicht zweifelsfrei geklärt ist, ob die ausländische Betriebsstätte die Wirtschaftsgüter korrespondierend zu bewerten hat. Die Finanzverwaltung führt hierzu in den Betriebsstätten-Verwaltungsgrundsätzen aus, dass die ausländische Betriebsstätte korrespondierend zum Stammhaus den Unterschiedsbetrag zwischen dem Buchwert in der Stammhausbilanz und dem Fremdvergleichspreis in einem aktiven Merkposten zu erfassen habe.[322] Diese Formulierung ist missverständlich. Sofern sich die Aussage auf die nach ausländischem Recht zu erstellende Steuerbilanz der Betriebsstätte bezieht, ist eine korrespondierende Bewertung abzulehnen.[323] Die Bewertung in der ausländischen Steuerbilanz der Betriebsstätte richtet sich ausschließlich nach den Bilanzierungs- und Bewertungsvorschriften des Betriebsstättenstaats und erfolgt üblicherweise zum Fremdver-

---

[318]   Vgl. BMF-Schreiben vom 24.12.1999, IV B 4 – S 1300 – 111/99, in: BStBl. I 1999, S. 1076, Tz. 2.6.1., lit. b) S. 2 + 3.

[319]   Vgl. BMF-Schreiben vom 24.12.1999, IV B 4 – S 1300 – 111/99, in: BStBl. I 1999, S. 1076, Tz. 2.6.1., lit. c).

[320]   Vgl. KAMINSKI, B.: Ertragsteuerliche Konsequenzen bei der Überführung von Wirtschaftsgütern in eine ausländische Betriebsstätte, in: DStR 1996, S. 1797.

[321]   Vgl. BMF-Schreiben vom 24.12.1999, IV B 4 – S 1300 – 111/99, in: BStBl. I 1999, S. 1076, Tz. 2.6.1., lit. d).

[322]   Vgl. BMF-Schreiben vom 24.12.1999, IV B 4 – S 1300 – 111/99, in: BStBl. I 1999, S. 1076, Tz. 2.6.1., lit. a).

[323]   Vgl. STRUNK, G. / KAMINSKI, B.: Anmerkungen zum Betriebsstättenerlass, a.a.O. S. 37.

gleichspreis im Zeitpunkt der Überführung.[324] Daher ist davon auszugehen, dass sich die Finanzverwaltung mit ihrer Aussage auf die interne Abgrenzungsrechnung von Stammhaus und Betriebsstätte bezieht. Dies legt die gewählte Formulierung nahe, sowie die Tatsache, dass der gesamte Gliederungspunkt 2 der Betriebsstätten-Verwaltungsgrundsätze der Aufteilung des Betriebsvermögens und der Einkünfte dient. Die beispielhafte Darstellung im Anhang[325], auf die noch an späterer Stelle dieses Kapitels Bezug genommen wird, zeigt jedoch, dass dies nicht plausibel ist, da in der Abgrenzungsrechnung für die Betriebsstätte das überführte Wirtschaftsgut zum Fremdvergleichspreis angesetzt wird und ein zusätzlicher aktiver Merkposten nicht erforderlich ist.

3.2.3.1.2 Nichtbestehen eines DBA oder Bestehen eines DBA mit Anwendung der Anrechnungsmethode

Während die steuerlichen Folgen bei Überführung eines Wirtschaftsgut in eine Betriebsstätte, die in einem Nicht-DBA-Staat belegen ist, in der Vergangenheit unklar war[326], wird seitens der Finanzverwaltung in den Betriebsstätten-Verwaltungsgrundsätzen klargestellt, dass dieser Vorgang keine Besteuerung der stillen Reserven auslöst, wenn deren Erfassung gewährleistet ist.[327] Das Gleiche gilt für den Fall, das zwar ein DBA mit dem betreffenden Staat besteht, jedoch hinsichtlich des Betriebsstättengewinns die Anrechnungsmethode greift.

Die steuerneutrale Überführung ist jedoch nur gestattet, sofern die Erfassung der stillen Reserven gewährleistet ist. Wann dies gegeben ist, wird nicht näher ausgeführt. Auch in der einschlägigen Kommentarliteratur ist keine explizite Definition ersichtlich, vielmehr werden lediglich Negativbeispiele[328] aufgezählt, wann die Besteuerung nicht sichergestellt ist. KORN / STRAHL weisen darauf hin, dass das überführte Wirtschaftsgut im Betriebsvermögen eines Betriebs des Steuerpflichtigen verbleiben muss, der der deutschen Ertragsbesteuerung unterliegt.[329] Ähnlich formuliert EHMKE, dass die steuerliche Erfassung der in dem Wirtschaftsgut ruhenden stillen Reserven im Inland weiterhin gewährleistet

---

[324] Vgl. LOOKS, C. in: LÖWENSTEIN, U. / LOOKS, C.: Betriebsstättenbesteuerung, S. 341.

[325] Siehe hierzu das Beispiel „Beispielhafte Darstellung der Überführung von Wirtschaftsgütern zwischen Stammhaus und Betriebsstätte bei DBA-Freistellung" im Anhang auf S. 271 ff.

[326] Vgl. KEMPKA, B. : Systemkonforme steuerliche Behandlung stiller Reserven bei der grenzüberschreitenden Überführung von Wirtschaftsgütern zwischen Stammhaus und Betriebsstätte, in: StuW 1995, S. 248 f.

[327] Vgl. BMF-Schreiben vom 24.12.1999, IV B 4 – S 1300 – 111/99, in: BStBl. I 1999, S. 1076, Tz. 2.6.1., S. 1.

[328] Vgl. HEINICKE, W. in: SCHMIDT, L.: EStG, § 4, Rdnr. 316 f., 320 f.

[329] Vgl. KORN, K. / STRAHL, M. in: KORN, K. et al.: EStG, § 6 Rdnr. 491.

bleiben muss und durch künftige Ereignisse nicht entscheidend beeinträchtigt werden darf.[330] Daher könne die steuerliche Erfassung im Einzelfall auch bei Fehlen eines DBA nicht gegeben sein. Festzuhalten ist m.E. jedenfalls, dass die Sicherstellung der Besteuerung nur im rechtlichen Sinne zu verstehen ist. Eine an Tatsachen orientierte Sichtweise ist nicht erforderlich. Diese würde dazu führen, dass die Sicherstellung im Falle einer ausländischen Betriebsstätte schon allein deshalb generell nicht vorliegt, weil die Überwachungsmöglichkeiten des Fiskus im Ausland mangels Durchführbarkeit einer Betriebsprüfung eingeschränkt sind.[331] Denn diese Sichtweise wäre unabhängig davon, ob mit dem betreffenden Staat ein DBA besteht oder nicht. Daher ist die Sicherstellung der Besteuerung stiller Reserven als gegeben zu betrachten, wenn folgende drei Voraussetzungen kumulativ erfüllt sind:

- die Erfassung der stillen Reserven beim Steuerpflichtigen ist auch zu einem späteren Zeitpunkt gewährleistet,
- die stillen Reserven scheiden unter Zugrundelegung des deutschen Steuerrechts ungeachtet der Überführung des Wirtschaftsguts nicht aus der Steuerverstrickung aus,
- die vorhandenen stillen Reserven werden in einer ordnungsgemäßen Buchführung festgehalten.[332]

3.2.3.2 Bewertung der Regelung

3.2.3.2.1 DBA mit Freistellungsmethode

Die Ansicht der Finanzverwaltung, im Überführungszeitpunkt die stillen Reserven unter Ansatz des Fremdvergleichspreises zu realisieren, ist umstritten. Zwar wird die Regelung dadurch entschärft, dass zumindest im Billigkeitswege eine aufgeschobene Besteuerung zulässig ist, jedoch gilt auch dies maximal für die darauf folgenden zehn Jahre. Daher stellt sich die Frage, auf welche Rechtsgrundlage die Finanzverwaltung ihre Auffassung stützt. Die Regelung ist aber auch unter europarechtlichen Gesichtspunkten zu analysieren.

---

[330] Vgl. EHMKE, T. in: BLÜMICH, W.: EStG – KStG – GewStG, § 6 EStG, Rdnr. 1291.

[331] Vgl. BUCIEK, K.: § 6 Abs. 5 EStG im außensteuerlichen Kontext, in: DStZ 2000, S. 637.

[332] Vgl. REITH, T.: Internationales Steuerrecht, S. 449; KEMPKA, B.: Systemkonforme steuerliche Behandlung stiller Reserven bei der grenzüberschreitenden Überführung von Wirtschaftsgütern zwischen Stammhaus und Betriebsstätte, a.a.O., S. 244.

3.2.3.2.1.1 Rechtliche Grundlage der Entstrickung

Eine rechtliche Grundlage für die Aufdeckung der stillen Reserven bei der Überführung von Wirtschaftsgütern in eine ausländische Betriebsstätte ist nicht unmittelbar ersichtlich. Seitens der Finanzverwaltung wird keine Rechtsgrundlage angegeben. Die Aufdeckung der stillen Reserven im Überführungszeitpunkt wird jedoch offenbar als Selbstverständlichkeit angesehen, da die Möglichkeit der Neutralisierung durch einen Ausgleichsposten ausdrücklich als „Billigkeit" bezeichnet wird.

3.2.3.2.1.1.1 Anwendung der finalen Entnahmelehre

In der Vergangenheit vertrat der BFH[333] die Theorie einer Gewinnverwirklichung durch Steuerentstrickung. Der BFH kam in dieser Rechtsprechung zum Ergebnis, dass der Entnahmebegriff des § 4 Abs. 1 S. 2 EStG auf die Überführung in eine ausländische Betriebsstätte keine Anwendung findet, da das Wirtschaftsgut den betrieblichen Bereich nicht verlässt. Vielmehr stellen mehrere Betriebe des Steuerpflichtigen für diese Betrachtung eine Einheit dar und bilden insgesamt das Betriebsvermögen des Steuerpflichtigen. Allerdings betont der BFH gleichzeitig, dass ein „betriebsfremder Zweck" i.S.d. § 4 Abs. 1 S. 2 EStG und somit eine Entnahme im Sinne dieser Vorschrift bereits dann anzunehmen sei, wenn ein Wirtschaftsgut auf einen anderen Betrieb oder eine andere Betriebsstätte überführt wird und die im Wirtschaftsgut enthaltenen stillen Reserven endgültig der Besteuerung entgehen würden. Diese als sog. „finale Entnahmelehre"[334] bezeichnete Ansicht führt dazu, dass die Überführung eines Wirtschaftsguts in eine ausländische Betriebsstätte eine mit dem Teilwert zu bewertende Entnahme darstellt, wenn der Gewinn der ausländischen Betriebsstätte aufgrund des betreffenden DBA nicht der inländischen Besteuerung unterliegt.

Die finale Entnahmelehre wird in der Literatur jedoch kritisiert und überwiegend abgelehnt. Im Mittelpunkt der Kritik steht unter anderem die Annahme eines Entnahmetatbestandes bei Kapitalgesellschaften, da eine Entnahme bei einer Kapitalgesellschaft weder rechtlich möglich, noch tatsächlich vorstellbar sei.[335]

---

[333] Vgl. BFH-Urteil vom 16.07.1969, I 266/65, in: BStBl. II 1970, S. 176 f; BFH-Urteil vom 30.05.1972, VIII R 111/69, in: BStBl. II 1972, S. 761.

[334] Vgl. u.a. SCHAUMBURG, H.: Internationales Steuerrecht, S. 276.

[335] Vgl. SCHRÖDER, S. / STRUNK, G. in: MÖSSNER, J. et al.: Steuerrecht international tätiger Unternehmen, S. 333; KAMINSKI, B.: Ertragsteuerliche Konsequenzen bei der Überführung von Wirtschaftsgütern in eine ausländische Betriebsstätte, a.a.O., S. 1796; WASSERMEYER, F. in: WASSERMEYER, F. / ANDRESEN, U. / DITZ, X.: Betriebsstätten-Handbuch, S. 159.

Von WASSERMEYER wird angeführt, eine Entnahme scheitere daran, dass die Betriebsstätte ein unselbständiger Teil des Unternehmens sei, so dass es an einer Zuführung zu außerbetrieblichen Zwecken fehle.[336] Dieses grundsätzlich zutreffende Argument ist m.e. jedoch im Hinblick auf die BFH-Rechtsprechung nicht überzeugend, da der BFH gerade nicht auf die Zuführung zu außerbetrieblichen Zwecken abstellt. Vielmehr bezieht sich der BFH darauf, ob die in dem Wirtschaftsgut enthaltenen stillen Reserven der deutschen Besteuerung entgehen. Darüber hinaus stellt der BFH ausdrücklich klar, dass eine Entnahme gem. § 4 Abs. 1 S. 2 EStG gerade nicht vorliegen würde, da mehrere Betriebe des Steuerpflichtigen eine Einheit bilden.

Ein überzeugendes Argument gegen die Anwendung der finalen Entnahmelehre ist jedoch m.E. in dem Kritikpunkt zu sehen, wonach die stillen Reserven auch bei DBA-Freistellung nicht der deutschen Besteuerung entgehen würden. Wird das in die ausländische Betriebsstätte überführte Wirtschaftsgut zu einem späteren Zeitpunkt veräußert, erstreckt sich das Besteuerungsrecht des Betriebsstättenstaats gem. Art. 7 Abs. 1, 2 OECD-MA nur auf den Teil der stillen Reserven, der nach dem Fremdvergleichsgrundsatz auf die Betriebsstätte entfällt. Hierbei handelt es sich betragsmäßig um den Anteil an den gesamten stillen Reserven, der sich während der Zugehörigkeit des Wirtschaftsguts zur ausländischen Betriebsstätte gebildet hat. Daher ist in Deutschland auch nur dieser Teil der stillen Reserven von der Besteuerung freizustellen.[337] Demgegenüber unterliegt der Teil der stillen Reserven, der sich während der Zugehörigkeit des Wirtschaftsguts zum inländischen Stammhaus gebildet hat, nicht der Freistellung von der deutschen Besteuerung. Im Ergebnis wird dieser Anteil der stillen Reserven in Deutschland der Besteuerung unterworfen. Die Annahme des BFH, mit der Überführung würden die in Deutschland gebildeten stillen Reserven der deutschen Besteuerung aufgrund der Anwendung der Freistellungsmethode entgehen, ist daher unzutreffend. Dies resultiert auch aus der steuerbilanziellen Behandlung des Wirtschaftsguts. Der dem BFH-Verfahren vom 16.07.1969 beigetretene Bundesminister der Finanzen vertritt zwar die Ansicht, dass die überführten Wirtschaftsgüter aus dem inländischen Betriebsvermögensvergleich ausscheiden, so dass die enthaltenen stillen Reserven nicht mehr erfasst werden können.[338] Dies ist jedoch unzutreffend. Vielmehr sind die Wirtschaftsgüter nach wie vor in der Buchführung des Unternehmens auszuweisen. Weiterhin ist

---

[336] So WASSERMEYER, F. in: DEBATIN, H. / WASSERMEYER, F.: Doppelbesteuerung, Art. 7 MA, Rdnr. 246.

[337] Vgl. KAMINSKI, B.: Ertragsteuerliche Konsequenzen bei der Überführung von Wirtschaftsgütern in eine ausländische Betriebsstätte, a.a.O., S. 1796 f.; SCHRÖDER, S. / STRUNK, G. in: MÖSSNER, J. et al.: Steuerrecht international tätiger Unternehmen, S. 334.

[338] Vgl. BFH-Urteil vom 16.07.1969, I 266/65, in: BStBl. II 1970, S. 176.

das Ergebnis der Betriebsstättenbuchführung in die Stammhausbuchführung zu übernehmen.[339] Dies ergibt sich unmittelbar aus der Geltung des Maßgeblichkeitsprinzips gem. § 5 Abs. 1 S. 1 EStG. Denn handelsrechtlich hat der Kaufmann gem. § 246 Abs. 1 HGB sämtliche Vermögensgegenstände und Schulden in den Jahresabschluss aufzunehmen, mithin auch die Vermögensgegenstände und Schulden einer ausländischen, in einem DBA-Staat belegenen Betriebsstätte.[340] Scheidet das Wirtschaftsgut aus der ausländischen Betriebsstätte z.b. durch Veräußerung aus, sind sämtliche stillen Reserven im Inland aufzudecken. Bezüglich des Anteils, der sich in der ausländischen Betriebsstätte gebildet haben, ist das Besteuerungsrecht gem. Art. 7 Abs. 1, 2 OECD-MA dem ausländischen Staat zuzuweisen. Dieser Anteil unterliegt im Inland der im DBA vorgesehenen Freistellung von der Besteuerung. Hinsichtlich der Differenz, d.h. der stillen Reserven, die sich vor dem Überführungszeitpunkt gebildet haben, ist die Freistellung nicht zu gewähren, so dass diesbezüglich im Inland nach allgemeinen Grundsätzen eine Besteuerung erfolgt.

Die Kritik an der finalen Entnahmelehre richtet sich weiterhin gegen den Zeitpunkt der Gewinnrealisierung, sowie gegen den zwingenden Ansatz des Teilwertes, der von dem bei der Gewinnabgrenzung zwischen Stammhaus und Betriebsstätte relevanten Fremdvergleichspreis abweicht. Daher wird die finale Entnahmelehre heute im außensteuerlichen Kontext weitgehend als überholt betrachtet.[341] Dies erkannte offenbar auch die Finanzverwaltung, da sie im „Überführungserlass" vom 12.02.1990[342] eine aufgeschobene Besteuerung der stillen Reserven, die sich an deren tatsächlicher Realisierung durch die ausländische Betriebsstätte orientiert, als Wahlrecht des Steuerpflichtigen zuließ.

In den Betriebsstätten-Verwaltungsgrundsätzen vom 24.12.1999 wurden die Kerngedanken des Überführungserlasses vom 12.02.1990 beibehalten, jedoch sowohl zu Lasten als auch zu Gunsten des Steuerpflichtigen modifiziert.[343]

---

[339]   Vgl. BUCIEK, K.: § 6 Abs. 5 EStG im außensteuerlichen Kontext, a.a.O., S. 637.

[340]   Vgl. BARANOWSKI, K.: Besteuerung von Auslandsbeziehungen, S. 112.

[341]   Vgl. JACOBS, O.: Internationale Unternehmensbesteuerung, S. 636; WASSERMEYER, F. in: DEBATIN, H. / WASSERMEYER, F.: Doppelbesteuerung, Art. 7 MA, Rdnr. 246.

[342]   Vgl. BMF-Schreiben vom 12.02.1990, IV B 2 – S 2135 – 4/90 / IV C 5 – S 1300 – 21/90, in: BStBl. I 1990, S. 72 f.

[343]   Eine Verschärfung ergab sich hinsichtlich der neu eingeführten Frist von zehn Jahren, die die maximale Dauer der aufgeschobenen Besteuerung für Wirtschaftsgüter des Anlagevermögens darstellt. Eine Verbesserung stellt die Möglichkeit dar, das Wahlrecht zur aufgeschobenen Besteuerung für jedes Wirtschaftsjahr und jede Betriebsstätte separat auszuüben, wobei auch eine separate Ausübung für Anlage- und Umlaufvermögen zulässig ist. Demgegenüber sah der Überführungserlass vor, das Wahlrecht für jedes Wirtschaftsjahr nur jeweils einheitlich für alle in ausländische Betriebsstätten überführte Wirtschaftsgüter auszuüben.

Demnach wird die finale Entnahmelehre des BFH von der Finanzverwaltung wohl nicht angewandt.[344] Aufgrund des von der Finanzverwaltung eingeräumten Wahlrechts zur aufgeschobenen Besteuerung wird die finale Entnahmelehre des BFH auch in der Praxis ignoriert.[345] In der einschlägigen Literatur wird u.a. von SCHAUMBURG und REITH sogar davon ausgegangen, dass auch der BFH die finale Entnahmelehre aufgegeben hat.[346] Eine diesbezügliche BFH-Entscheidung sei nur deshalb nicht existent, da sich die Problematik durch das von der Finanzverwaltung zugunsten des Steuerpflichtigen eingeräumte Wahlrecht zur aufgeschobenen Besteuerung entschärft habe.

3.2.3.2.1.1.2 Anwendung von § 6 Abs. 5 S. 1 EStG

Im Rahmen des Steuerentlastungsgesetzes 1999/2000/2002 wurde die Regelung des § 6 Abs. 5 S. 1 EStG in das EStG eingefügt.[347] Da die Betriebsstätten-Verwaltungsgrundsätze nach der Einfügung dieser Norm datieren, wäre es denkbar, dass die Finanzverwaltung hierauf implizit Bezug nimmt. Nach § 6 Abs. 5 S. 1 EStG ist bei der Überführung eines einzelnen Wirtschaftsguts von einem Betriebsvermögen in ein anderes Betriebsvermögen desselben Steuerpflichtigen der Buchwert anzusetzen, sofern die Besteuerung der stillen Reserven sichergestellt ist.

Aus der Formulierung „sofern die Besteuerung sichergestellt ist" wird geschlossen, dass im Falle der Überführung in eine ausländische Betriebsstätte die Buchwert-Fortführung nicht greift und der Vorgang stattdessen als Entnahme zu werten sei, wenn der Gewinn der Betriebsstätte nach einem DBA von der Besteuerung freigestellt ist.[348] Dies war auch die Intention des Gesetzgebers, der in der Gesetzesbegründung bezüglich der Sicherstellung der Besteuerung stiller Reserven ausdrücklich auf ausländische Betriebsstätten hinweist.[349] Der Gesetzgeber nimmt jedoch in der Gesetzesbegründung, ebenso wie GLANEGGER[350],

---

[344]   Vgl. JACOBS, O.: Internationale Unternehmensbesteuerung, S. 636.
[345]   Vgl. BUCIEK, K.: § 6 Abs. 5 EStG im außensteuerlichen Kontext, a.a.O., S. 636.
[346]   Vgl. SCHAUMBURG, H.: Internationales Steuerrecht, S. 1181 f.; REITH, T.: Internationales Steuerrecht, S. 446 f.
[347]   Vgl. StEntlG 1999/2000/2002 vom 24.03.1999, in: BGBl. I 1999, S. 402 – 496.
[348]   Vgl. EHMKE, T. in: BLÜMICH, W.: EStG – KStG – GewStG, § 6 EStG, Rdnr. 1291; WENDT, M.: Übertragung von Wirtschaftsgütern zwischen Mitunternehmerschaft und Mitunternehmer, in: FR 2002, S. 59.
[349]   Vgl. BT-Drucksache 14/23, S. 173, zu § 6 Abs. 4 EStG; im Verlauf des Gesetzgebungsverfahrens wurde die Nummerierung in § 6 Abs. 5 EStG geändert, vgl. BT-Drucksache 14/442, S. 10.
[350]   Vgl. GLANEGGER, P. in: SCHMIDT, L.: EStG, § 6, Rdnr. 513.

keine Differenzierung vor, ob sich die Betriebsstätte in einem DBA-Staat oder in einem Nicht-DBA-Staat befindet.

Es ist m.E. fraglich, ob § 6 Abs. 5 S. 1 EStG eine gesetzliche Grundlage der Verwaltungsauffassung darstellt. Hierbei treten drei Problemfelder auf. Zunächst ist zu klären, ob die Überführung eines Wirtschaftsguts in eine ausländische Betriebsstätte als Überführung in ein anderes Betriebsvermögen desselben Steuerpflichtigen einzuordnen ist. Unklar ist auch die Voraussetzung, wonach die Besteuerung der stillen Reserven gesichert sein muss. Sollte § 6 Abs. 5 S. 1 EStG auf den vorliegenden Sachverhalt Anwendung finden, wäre die Buchwert-Übertragung ausgeschlossen. In diesem Fall stellt sich weiterhin die Frage, welcher Wert sodann anzusetzen wäre.

(1) Überführung in ein anderes Betriebsvermögen

Die Vorschrift des § 6 Abs. 5 S. 1 EStG nennt als Tatbestandsvoraussetzung eine Überführung in ein anderes Betriebsvermögen. Sofern die Ansicht vertreten wird, dass § 6 Abs. 5 S. 1 EStG im vorliegenden Fall einschlägig ist, würde dies bedeuten, dass eine Betriebsstätte eines Steuerpflichtigen ein „anderes" Betriebsvermögen darstellt. Demnach wäre zu unterscheiden zwischen dem Betriebsvermögen des Stammhauses und dem Betriebsvermögen der Betriebsstätte. Dies ist jedoch klar abzulehnen.[351] Denn ein anderes Betriebsvermögen ist gleichzusetzen mit einem anderen, organisatorisch verselbständigten Betrieb.[352] Demgegenüber ist die Argumentation auf Basis zweier Betriebsvermögen im Falle der Kapitalgesellschaft als Stammhaus m.E. klar unzutreffend. So können zwar einer natürlichen Person mehrere Betriebe, auch verschiedener Einkunftsart, zuzurechnen sein, sofern die Betriebe selbständige organisatorische Einheiten darstellen. Eine Kapitalgesellschaft unterhält demgegenüber nur einen Geschäftsbetrieb, der somit auch die wirtschaftliche Tätigkeit der Betriebsstätte umfasst.[353] Daher ist die Intention des Gesetzgebers entsprechend der Gesetzesbegründung, eine Betriebsstätte als separates Betriebsvermögen zu betrachten, m.E. inkorrekt. Auch die Tatsache, dass es sich um eine ausländische Betriebsstätte handelt, führt zu keinem anderen Ergebnis.[354] Die Betriebsstätte und das inländische Stammhaus bilden einen einheitlichen Betrieb und damit ein einheitliches Betriebsvermögen.

---

[351] Vgl. KORN, K. / STRAHL, M. in: KORN, K. et al.: EStG, § 6, Rdnr. 491; BUCIEK, K.: § 6 Abs. 5 EStG im außensteuerlichen Kontext, a.a.O., S. 637; WASSERMEYER, F. in: WASSERMEYER, F. / ANDRESEN, U. / DITZ, X.: Betriebsstätten-Handbuch, S. 161.

[352] Vgl. GLANEGGER, P. in: SCHMIDT, L.: EStG, § 6, Rdnr. 513.

[353] Vgl. BRENDT, P. in: ERLE, B. / SAUTER, T.: KStG, § 8, Rdnr. 509.

[354] Vgl. HOFFMANN, W.: Der Transfer von Einzel-Wirtschaftsgütern gemäß § 6 Abs. 5 EStG nach Verabschiedung des UntStFG, in: GmbHR 2002, S. 127.

Da § 6 Abs. 5 S. 1 EStG explizit die Überführung von einem Betriebsvermögen in ein anderes Betriebsvermögen zum Regelungsgegenstand hat, ist bereits anhand dieses Tatbestands zu konstatieren, dass die Vorschrift auf die Überführung eines Wirtschaftsguts aus dem Stammhaus in eine ausländische Betriebsstätte nicht anwendbar ist.[355] Die in der Gesetzesbegründung geäußerte gegenteilige Auffassung des Gesetzgebers ist insoweit irrelevant, denn eine sich an dem Zweck der Regelung orientierende Interpretation der Vorschrift, die gegen ihren Wortlaut verstößt, wäre mit dem Prinzip der Tatbestandsmäßigkeit der Besteuerung nicht vereinbar.[356]

(2) Sicherstellung der Besteuerung der stillen Reserven

Bei der Anwendbarkeit des § 6 Abs. 5 S. 1 EStG ist im außensteuerlichen Kontext weiterhin das Kriterium der Sicherstellung der Besteuerung der stillen Reserven fragwürdig. Der Gesetzgeber bezieht sich hierbei ausdrücklich auf die Überführung in eine ausländische Betriebsstätte. CATTELAENS stimmt dieser Ansicht zu und verweist darauf, dass der ausländische Staat im Falle der DBA-Freistellung bei einer späteren Veräußerung des Wirtschaftsguts sowohl hinsichtlich der im Betriebsstättenstaat gebildeten stillen Reserven, als auch hinsichtlich der in Deutschland vor der Überführung entstandenen stillen Reserven das Besteuerungsrecht besitzt.[357]

Wie bereits hinsichtlich der Anwendung der finalen Entnahmelehre[358] gezeigt wurde, kann dieser Ansicht nicht zugestimmt werden. Vielmehr führt dieses Kriterium dazu, dass § 6 Abs. 5 S.1 EStG im vorliegenden Kontext gerade nicht anwendbar ist. In der Literatur wird hierzu m.E. zutreffend darauf verwiesen, dass Deutschland auch nach der Überführung in eine DBA-freigestellte Betriebsstätte noch das Besteuerungsrecht hinsichtlich der bis zu diesem Zeitpunkt gebildeten stillen Reserven zusteht. Daher ist die Besteuerung dieser stillen Reserven im Inland grundsätzlich gesichert.[359] Begründet wird dies mit dem Verweis auf Art. 7 Abs. 2 OECD-MA, in dem die Gewinnabgrenzung zwischen Stammhaus und Betriebsstätte nach dem Grundsatz des Fremdvergleichs geregelt wird. Ziel dieser Vorschrift ist es, eine sachgerechte Aufteilung des Unternehmensergebnisses zwischen dem Ansässigkeitsstaat und dem Betriebsstätten-

---

[355]   Vgl. BUCIEK, K.: § 6 Abs. 5 EStG im außensteuerlichen Kontext, a.a.O., S. 637.
[356]   Vgl. PFAAR, M.: Keine Besteuerung bei Überführung von Wirtschaftsgütern in ausländische Betriebsstätten, in: IStR 2000, S. 45.
[357]   Vgl. CATTELAENS, H.: Steuerentlastungsgesetz 1999/2000/2002: Neuregelung der Übertragung von Wirtschaftsgütern, in: DB 1999, S. 1083.
[358]   Siehe hierzu die Ausführungen in Kap. 3.2.3.2.1.1.1 auf S. 81 f.
[359]   Vgl. KROPPEN, H. / SCHREIBER, K.: International relevante Aspekte des Steuerentlastungsgesetzes 1999/2000/2002, in: IWB, F. 3, Deutschland, Gr. 3, S. 1232.

staat zu gewährleisten.[360] Demnach wird Deutschland abkommensrechtlich die Besteuerung der bis zum Überführungszeitpunkt entstandenen stillen Reserven zugestanden.[361] Als Folge hieraus wird dem ausländischen Staat aufgrund des abkommensrechtlichen Fremdvergleichsgrundsatzes nur hinsichtlich derjenigen stillen Reserven ein Besteuerungsrecht zugewiesen, die sich während der Zugehörigkeit des Wirtschaftsguts zur ausländischen Betriebsstätte gebildet haben. Somit braucht Deutschland nur für diesen Teil die Freistellung zu gewähren.[362]

In der Literatur wird zwar die Frage aufgeworfen, ob die Sicherstellung der Besteuerung nicht auch in einem tatsächlichen Sinne zu verstehen sei.[363] So könne der deutsche Fiskus das im Ausland befindliche Wirtschaftsgut nicht so gut verfolgen wie im Inland, z.B. mittels Durchführung einer Betriebsprüfung. Jedoch würde diese Aussage, wie PILTZ zutreffend ausführt, auch dann gelten, wenn anstelle der Freistellungsmethode im DBA die Anrechnungsmethode vorgesehen sei. Darüber hinaus liegt generell bei allen Sachverhalten mit Auslandsbezug eine eingeschränkte Verfolgbarkeit vor, unabhängig von der Existenz einer Betriebsstätte im Ausland.

(3) Besteuerung im Überführungszeitpunkt

Die Anwendung von § 6 Abs. 5 S. 1 EStG auf die Überführung von Wirtschaftsgütern in eine ausländische Betriebsstätte ist somit sowohl aufgrund des einheitlichen Betriebsvermögens, als auch aufgrund der Sicherstellung der Besteuerung der stillen Reserven abzulehnen. Doch selbst wenn man zum Ergebnis käme, dass der Anwendungsbereich des § 6 Abs. 5 EStG gegeben wäre, ist zu bedenken, dass hieraus keine Rechtsgrundlage für die Besteuerung der stillen Reserven im Überführungszeitpunkt abgeleitet werden kann. Denn die Vorschrift besagt lediglich, dass der Buchwert anzusetzen ist, sofern die Besteuerung der stillen Reserven sichergestellt ist. Ein Realisationstatbestand für den Zeitpunkt der Überführung, gesetzt den Fall, dass § 6 Abs. 5 EStG einschlägig ist, ist in der Vorschrift nicht enthalten.[364] Der Gesetzgeber unterstellt offenbar,

---

[360]   Vgl. WASSERMEYER, F. in: DEBATIN, H. / WASSERMEYER, F.: Doppelbesteuerung, Art. 7 MA, Rdnr. 244, 314; KROPPEN, H. in: BECKER, H. et al.: DBA-Kommentar, Art. 7 OECD-MA, Rdnr. 149/1.

[361]   Vgl. OECD-MK zu Art. 7, Rdnr. 15.

[362]   Vgl. KAMINSKI, B.: Ertragsteuerliche Konsequenzen bei der Überführung von Wirtschaftsgütern in eine ausländische Betriebsstätte, a.a.O., S. 1796 f.

[363]   Vgl. BUCIEK, K.: Grenzüberschreitender Betriebsvermögenstransfer, in: PILTZ, D. / SCHAUMBURG, H. (Hrsg.): Internationale Betriebsstättenbesteuerung, S. 50.

[364]   Vgl. BUCIEK, K.: § 6 Abs. 5 EStG im außensteuerlichen Kontext, a.a.O., S. 638; HOFFMANN, W.: Der Transfer von Einzel-Wirtschaftsgütern gemäß § 6 Abs. 5 EStG nach Verabschiedung des UntStFG, a.a.O., S. 127.

dass sich dieser aus anderen Regelungen bzw. aus allgemeinen steuerlichen Prinzipien ergibt. Die einzig denkbare Lösung für diese Konstellation wäre wiederum, mit Bezug auf die finale Entnahmelehre eine Entnahme aus dem inländischen Betriebsvermögen und eine anschließende Einlage in das ausländische Betriebsvermögen anzunehmen. Es wurde jedoch bereits gezeigt, dass diese Theorie abzulehnen ist und wohl auch vom BFH inzwischen nicht weiter angewendet wird. Darüber hinaus wäre in diesem Fall zu bedenken, dass eine Entnahme gem. § 6 Abs. 1 Nr. 4 EStG mit dem Teilwert anzusetzen ist, wogegen die Finanzverwaltung in den Betriebsstätten-Verwaltungsgrundsätzen ausdrücklich den Ansatz des Fremdvergleichspreises fordert. Der Fremdvergleichspreis, der sich vom Teilwert um einen Gewinnaufschlag unterscheidet, wäre allenfalls relevant, wenn die Überführung als Veräußerungsvorgang oder als Vorgang des § 1 AStG[365] gewertet würde. Hiervon kann nicht ausgegangen werden, da aus rechtlicher Sicht ein einheitliches Unternehmen vorliegt und eine gesetzlich kodifizierte Veräußerungsfiktion nicht ersichtlich ist.

Im Ergebnis ist § 6 Abs. 5 S. 1 EStG als Rechtsgrundlage für die Position der Finanzverwaltung klar abzulehnen. Zu hinterfragen wäre jedoch auch generell, ob die Finanzverwaltung in den Betriebsstätten-Verwaltungsgrundsätzen auf diese Regelung Bezug nehmen will, da zum einen ein dementsprechender Hinweis fehlt, und zum anderen die aufgeschobene Besteuerung im Wege einer Billigkeitsmaßnahme unverständlich wäre. Denn sollte aus § 6 Abs. 5 S. 1 EStG für den vorliegenden Sachverhalt eine Gewinnrealisation abzuleiten sein, so bestünde insoweit kein Wahlrecht für den Steuerpflichtigen, sondern die stillen Reserven wären zwangsweise im Zeitpunkt der Überführung aufzudecken.[366]

3.2.3.2.1.2 Europarechtliche Einordnung vor dem Hintergrund des EuGH-Urteils „*Hughes de Lasteyrie du Saillant"*

Neben den Bedenken hinsichtlich der fehlenden Rechtsgrundlage ist auch zu analysieren, ob die von der Finanzverwaltung geforderte Aufdeckung der stillen Reserven bei der Überführung von Wirtschaftsgütern in eine ausländische Betriebsstätte vor dem europarechtlichen Hintergrund zulässig ist. Die europarechtliche Wertung ist insoweit umstritten, insbesondere im Hinblick auf das Urteil des EuGH im Fall „*Hughes de Lasteyrie du Saillant"* vom 11.03.2004.[367]

---

[365]   Zum Inhalt und den Rechtsfolgen des § 1 AStG siehe ausführlich Kap. 4.1.3.3 auf S. 162 ff.

[366]   So auch BUCIEK, K.: § 6 Abs. 5 EStG im außensteuerlichen Kontext, a.a.O., S. 639.

[367]   Vgl. EuGH-Urteil vom 11.03.2004, C-9/02, in: IStR 2004, S. 236 - 240.

Das Urteil des EuGH in der Rechtssache *„Hughes de Lasteyrie du Saillant"* bezieht sich auf eine dem § 6 AStG vergleichbare Regelung einer Wegzugssteuer im französischen Steuerrecht. Nach dieser französischen Regelung hat ein Steuerpflichtiger, der an einer Kapitalgesellschaft in einer bestimmten prozentualen Höhe beteiligt ist, und der während der vergangenen zehn Jahre seinen Wohnsitz mindestens sechs Jahre in Frankreich hatte, im Zeitpunkt der Verlegung seines Wohnsitzes ins Ausland die in der Beteiligung vorhandenen stillen Reserven zu versteuern. Es wird jedoch die Möglichkeit eines Zahlungsaufschubs bis zur tatsächlichen Realisierung der stillen Reserven gewährt, sofern der Steuerpflichtige für die gestundete Steuerschuld Sicherheiten leistet. Der EuGH hielt die französische Wegzugssteuer für europarechtswidrig, da sie mit der in Art. 52 EGV verankerten Niederlassungsfreiheit nicht vereinbar sei. In der Urteilsbegründung führt der EuGH aus, es sei einem Mitgliedstaat verwehrt, zur Vorbeugung gegen die Steuerflucht latente Wertsteigerungen bei Verlegung des Wohnsitzes ins Ausland zu besteuern.[368] Dies sei mit dem Grundsatz der Niederlassungsfreiheit nicht vereinbar.

Auf Basis des EuGH-Urteils zur Rechtssache *„Hughes de Lasteyrie du Saillant"* stellt sich die Frage, ob der Tenor dieser Entscheidung auf den Sachverhalt der Aufdeckung stiller Reserven bei Überführung von Wirtschaftsgütern in eine ausländische Betriebsstätte übertragbar ist. So wird in beiden Fällen eine Aufdeckung stiller Reserven auf einen grenzüberschreitenden Transfer zurückgeführt und mit der fehlenden Sicherstellung von deren Besteuerung begründet. Ebenso erfolgt in beiden Fällen eine Ungleichbehandlung von grenzüberschreitenden Transfers einerseits und rein nationalen Transfers andererseits. Da Wirtschaftsgüter Sachkapital darstellen, ist daher die Verletzung der Kapitalverkehrsfreiheit gem. Art. 56 EGV zu prüfen. Diesem Aspekt kommt m.E. deshalb besondere Relevanz zu, da die im Urteil zur Diskussion stehende Niederlassungsfreiheit nur Verlagerungsvorgänge im europäischen Gemeinschaftsgebiet betrifft, wogegen Art. 56 EGV sowohl Beschränkungen des Kapitalverkehrs zwischen den Mitgliedstaaten, als auch zwischen den Mitgliedstaaten und Drittstaaten untersagt.

3.2.3.2.1.2.1 Eingriff in die Grundfreiheiten

Die Aufdeckung der stillen Reserven bei der Überführung von Wirtschaftsgütern in eine im Ausland belegene Betriebsstätte wäre unter Heranziehung der Rechtsgedanken des EuGH im Fall *„Hughes de Lasteyrie du Saillant"* als europarechtswidrig einzuordnen, wenn ein Eingriff in die Grundfreiheiten vorliegt und dieser nicht gerechtfertigt ist. Die Grundfreiheiten sind im EGV verbrieft

---

[368] Vgl. EuGH-Urteil vom 11.03.2004, C-9/02, in: IStR 2004, S. 239 f., Tz. 58.

und stellen einen Teil der Rechte der Gemeinschaftsbürger dar.[369] Die Kapitalverkehrsfreiheit ist m.E. zweifelsfrei berührt, da an die bloße Grenzüberschrei-
tung von Kapital steuerliche Folgen geknüpft werden. Eine Definition des Kapitalverkehrs ist zwar in Art. 56 EGV nicht vorhanden. Jedoch kann hier die EU-
Kapitalverkehrsrichtlinie[370], die vom EuGH nach wie vor angewandt wird[371],
eine gewisse Orientierungshilfe leisten. Hiernach gilt die Gründung von Zweigniederlassungen, die ausschließlich dem Geldgeber gehören, gem. Anhang I der
EU-Kapitalverkehrsrichtlinie als Direktinvestition und damit gem. Art. 1 Abs. 1
der EU-Kapitalverkehrsrichtlinie als Kapitalverkehr. Daher ist die Kapitalverkehrsfreiheit im vorliegenden Kontext der Überführung von Wirtschaftsgütern
berührt.[372]

Eine Beschränkung einer im EGV normierten Grundfreiheit liegt nach Auffassung des EuGH vor, wenn eine Steuermaßnahme dazu führt, dass die Ausübung
einer Grundfreiheit weniger attraktiv wird.[373] Dies wäre im vorliegenden Fall zu
bejahen, da die Überführung von Wirtschaftsgütern in eine ausländische Betriebsstätte im Vergleich zur Überführung zwischen inländischen Betriebsstätten
mit nachteiligen steuerlichen Folgen belegt wird. Als Beschränkung des Kapitalverkehrs gelten „unmittelbare oder mittelbare, aktuelle oder potentielle Be-
hinderungen, Begrenzungen oder Untersagungen für den Zufluss, Abfluss oder
Durchfluss von Kapital"[374]. Die Regelung zur Aufdeckung stiller Reserven bei
der Überführung von Wirtschaftsgütern in eine ausländische Betriebsstätte ist
m.E. demnach als Beschränkung des Kapitalverkehrs geeignet, den Verlage-
rungsvorgang zu beeinträchtigen. Denn ein Unternehmen, das mittels einer Betriebsstätte in einem ausländischen Staat tätig wird, wird gegenüber einem Unternehmen, das im Inland eine Betriebsstätte errichtet, benachteiligt.[375] Der in
den Betriebsstätten-Verwaltungsgrundsätzen gewährte Aufschub der Besteuerung hat hierauf m.E. keinen Einfluss, da dieser nicht auf unbegrenzte Zeit, sondern für maximal zehn Jahre ab dem Zeitpunkt der Überführung gewährt wird.
Somit erfolgt nach zehn Jahren eine Besteuerung der stillen Reserven, auch
wenn das Wirtschaftsgut zu diesem Zeitpunkt nach wie vor in der ausländischen

---

[369] Vgl. LAULE, G.: Auswirkungen der EuGH-Rechtsprechung auf deutsche Steuervor-
       schriften, S. 9.
[370] Richtlinie 88/361/EWG vom 24.06.1988 zur Durchführung von Artikel 67 des Vertra-
       ges, in: ABl. EG Nr. L 1988/178, S. 5 – 18.
[371] Vgl. z.B. EuGH-Urteil vom 13.05.2003, C-463/00, in: BKR 2003, S. 468, Tz. 5.
[372] Vgl. KLEINHEISTERKAMP, T.: Französische Wegzugssteuer EG-rechtswidrig: Folgen für
       die deutsche Besteuerungspraxis, in: PIStB 2004, S. 90.
[373] Vgl. EuGH-Urteil vom 12.12.2002, C-324/00, in: DStR 2003, S. 26, Tz. 32.
[374] Vgl. BRÖHMER, J. in: CALLIESS, C. / RUFFERT, M.: EUV / EGV, Art. 56, Rdnr. 17.
[375] Vgl. SCHÖNFELD, J. in: WASSERMEYER, F. / ANDRESEN, U. / DITZ, X.: Betriebsstätten-
       Handbuch, S. 606.

Betriebsstätte genutzt wird. Darüber hinaus wird der Besteuerungsaufschub nicht für den umgekehrten Fall der Überführung aus einer inländischen Betriebsstätte in deren ausländisches Stammhaus gewährt.[376] Somit ist das Prinzip der Verhältnismäßigkeit nicht gewahrt, da nicht ausnahmslos ein Aufschub der Besteuerung gewährt wird.[377] Vor dem europäischen Hintergrund wäre daher auch die finale Entnahmelehre des BFH abzulehnen. Auf das Vorliegen einer Entnahme kann es keinen Einfluss haben, ob die Überführung eines Wirtschaftsguts in eine inländische oder in eine ausländische Betriebsstätte erfolgt.[378] Daher ist m.E. davon auszugehen, dass die zwangsweise Aufdeckung stiller Reserven bei der Überführung von Wirtschaftsgütern in eine ausländische Betriebsstätte als Beschränkung der Kapitalverkehrsfreiheit zu werten ist.

3.2.3.2.1.2.2 Rechtfertigung des Eingriffs

Eine Europarechtswidrigkeit ist jedoch nur gegeben, wenn die vorliegende Beschränkung nicht gerechtfertigt ist. Eine Rechtfertigung ergibt sich nach Ansicht des EuGH, sofern die Beschränkung ein berechtigtes und mit dem EGV zu vereinbarendes Ziel verfolgt und auf zwingenden Gründen des Allgemeininteresses beruht. In diesem Fall jedoch muss die Maßnahme darüber hinaus geeignet sein, das Ziel zu erreichen, und sie darf das hierzu erforderliche Maß nicht überschreiten.[379]

Die Beschränkung einer Grundfreiheit lässt der EuGH im Wesentlichen nur in zwei Fällen zu. Denkbar ist zum einen das Erfordernis der Sicherung der steuerlichen Kontrolle zur Vorbeugung von Steuerflucht. Andererseits kann die Einhaltung des Grundsatzes der Kohärenz des Steuersystems geboten sein.[380]

(1) Vorbeugung von Steuerflucht

Ein häufig angeführtes Argument zur Verteidigung von europarechtlich beschränkenden Steuervorschriften ist die Effizienz der steuerlichen Kontrollen zur Bekämpfung der Steuerflucht.[381] So solle verhindert werden, dass dem bis-

---

[376] Vgl. BMF-Schreiben vom 24.12.1999, IV B 4 – S 1300 – 111/99, in: BStBl. I 1999, S. 1076, Tz. 2.6.3.

[377] Vgl. KÖRNER, A.: Europarecht und Wegzugsbesteuerung – das EuGH-Urteil „de Lasteyrie du Saillant", in: IStR 2004, S. 429.

[378] Vgl. KAMINSKI, B.: Überführung von Wirtschaftsgütern in eine ausländische DBA-Betriebsstätte als Entnahme i. S. d. § 4 Abs. 4a EStG?, in: IStR 2001, S. 130.

[379] Vgl. EuGH-Urteil vom 11.03.2004, C-9/02, in: IStR 2004, S. 239, Tz. 49; EuGH-Urteil vom 21.11.2002, C-436/00, in: HFR 2003, S. 309, Tz. 49.

[380] Vgl. LANG, J. in: TIPKE, K. / LANG, J.: Steuerrecht, S. 38 f.

[381] Vgl. EuGH-Urteil vom 11.03.2004, C-9/02, in: IStR 2004, S. 237, Tz. 24.

her erhebungsberechtigten Mitgliedstaat die Besteuerungsgrundlage entzogen wird. Auch im vorliegenden Fall der Übertragung von Wirtschaftsgütern ist an eine derartige Begründung zu denken. Jedoch hat der EuGH eine zu pauschale Anwendung dieser Begründung verworfen. Es sei zwar gestattet, missbräuchliches oder betrügerisches Verhalten der Betroffenen im Einzelfall zu überprüfen und die Berufung auf das einschlägige Gemeinschaftsrecht zu verwehren. Indes sei es unzulässig, kategorische und verallgemeinernde Bestimmungen zu treffen, die eine Einzelfallprüfung anhand der Besonderheiten des jeweiligen Sachverhalts nicht zulassen.[382] Zulässig wäre es allenfalls, nur künstlich geschaffene, der Umgehung des nationalen Steuerrechts dienende Sachverhalte von einem Steuervorteil auszunehmen. Dagegen ist es unzulässig, unter Bezugnahme auf die missbräuchliche Ausübung der Niederlassungsfreiheit sämtliche Übertragungsvorgänge in einen anderen Mitgliedstaat steuerlich zu benachteiligen.[383] Dies ist im vorliegenden Fall aber gerade gegeben, denn es wird generell die Aufdeckung der stillen Reserven angeordnet. Es kann m.E. indes nicht davon ausgegangen werden, dass jede Produktionsverlagerung in das Ausland ausschließlich der Steuerumgehung dient, zumal im Betriebsstättenstaat hinsichtlich der Betriebsstätteneinkünfte beschränkte Steuerpflicht besteht.[384] Daher ist eine Begründung der zwangsweisen Aufdeckung stiller Reserven im vorliegenden Fall mit dem Argument der Vermeidung der Steuerumgehung m.E. nicht statthaft.

(2) Kohärenz des Steuersystems

Ein weiteres Argument, das regelmäßig zur Begründung des zwingenden Allgemeininteresses angeführt wird, ist die Einhaltung der Kohärenz des Steuersystems. Nach diesem Grundsatz ist der Systemzusammenhang steuertatbestandlicher Normen zu beachten. Regelungen, die einen Zusammenhang aufweisen, sind demnach nicht einzeln, sondern in ihrer Gesamtheit zu beurteilen, da es anderenfalls zu Widersprüchen innerhalb des nationalen Steuersystems kommen würde.[385] Unter Beachtung dieses Grundsatzes hat der EuGH jedoch bislang erst in einem einzigen Sachverhalt eine Beschränkung von Grundfreiheiten zugelassen, da in dem zugrunde liegenden Fall im belgischen Steuerrecht ein Zusammenhang zwischen der Abzugsfähigkeit von Beiträgen zu Versicherungen einerseits, und der Besteuerung der von den Versicherern zu zahlenden Beträge

---

[382]   Vgl. EuGH-Urteil vom 21.11.2002, C-436/00, in: HFR 2003, S. 308 f., Tz. 42 f.

[383]   Vgl. EuGH-Urteil vom 11.03.2004, C-9/02, in: IStR 2004, S. 239, Tz. 50.

[384]   Vgl. auch die Argumentation des EuGH im Urteil vom 12.12.2002, C-324/00, in: DStR 2003, S. 27, Tz. 37.

[385]   Vgl. JACOBS, O.: Internationale Unternehmensbesteuerung, S. 207.

andererseits erkannt wurde.[386] Nach Ansicht des EuGH sei es hiernach zulässig, Versicherungsbeiträge, die an ein belgisches Versicherungsunternehmen gezahlt werden, zum Abzug zuzulassen, während Beiträge, die an einen ausländischen Versicherer gezahlt werden, vom Abzug ausgeschlossen sind, da auch nur die von einem belgischen Versicherer bezogenen Leistungen der Besteuerung unterliegen. Im Fall „*Hughes de Lasteyrie du Saillant*" hat der EuGH das Argument der Kohärenz jedoch als unzulässig zurückgewiesen, da in diesem Fall die Besteuerung allein deshalb erfolge, um der aus steuerlichen Gründen in das Ausland erfolgenden Wohnsitzverlegung vorzubeugen.[387]

Im Rahmen der vorliegend betrachteten Regelung zur Überführung von Wirtschaftsgütern in eine in einem DBA-Staat belegene Betriebsstätte ist das Argument der Kohärenz des Steuersystems m.E. nicht einschlägig. Die Regelung in den Betriebsstätten-Verwaltungsgrundsätzen knüpft historisch betrachtet an die von der BFH-Rechtsprechung[388] entwickelte finale Entnahmelehre an. Der Bundesminister der Finanzen führt hierzu im Antrag zu dem betreffenden BFH-Urteil aus, es entspreche den Grundsätzen des Einkommensteuerrechts, dass die in einem inländischen Betrieb gebildeten stillen Reserven auch der inländischen Einkommensbesteuerung zu unterwerfen sind. Diese Argumentation klingt zwar vordergründig plausibel und könnte auf einen Systemzusammenhang hindeuten. Es wurde in dieser Untersuchung jedoch bereits festgestellt, dass das Besteuerungsrecht Deutschlands auch nach dem Zeitpunkt der Überführung bestehen bleibt. Aufgrund des Fremdvergleichsgrundsatzes des Art. 7 Abs. 1, 2 OECD-MA besteht das Besteuerungsrecht des Betriebsstättenstaates nur hinsichtlich der in der Betriebsstätte gebildeten stillen Reserven. Somit braucht Deutschland nur hinsichtlich dieses Anteils der insgesamt aufgedeckten stillen Reserven die Freistellung von der Besteuerung zu gewähren. Die im Stammhaus gebildeten stillen Reserven unterliegen der Besteuerung im Inland. Einer Aufdeckung dieser stillen Reserven im Zeitpunkt der Überführung bedarf es somit nicht, da die im Inland gebildeten stillen Reserven bei einer späteren Veräußerung des Wirtschaftsguts vollumfänglich im Inland erfasst werden.

3.2.3.2.1.3 Fazit und Lösungsvorschlag

Die Position der Finanzverwaltung, bei Überführung eines Wirtschaftsguts in eine ausländische Betriebsstätte mit DBA-Freistellung den Fremdvergleichspreis anzusetzen und die stillen Reserven aufzudecken, ist m.E. unzutreffend. Die Re-

---

[386] Vgl. EuGH-Urteil vom 28.01.1992, C-204/90, in: HFR 1993, S. 735 – 737 sowie EuGH-Urteil vom 28.01.1992, C-300/90, in: DATEV LEXinform, Dok.-Nr. 0120963.

[387] Vgl. EuGH-Urteil vom 11.03.2004, C-9/02, in: IStR 2004, S. 240, Tz. 64.

[388] Vgl. BFH-Urteil vom 16.07.1969, I 266/65, in: BStBl. II 1970, S. 176.

gelung ist weder europarechtlich zulässig, noch lässt sie sich im nationalen Steuerrecht auf eine Rechtsgrundlage zurückführen. Eine Gewinnrealisierung ergibt sich im nationalen Steuerrecht weder aus § 6 Abs. 5 S. 1 EStG, noch als Folge eines allgemeinen Realisationstatbestandes. Die Überführung stellt keinen Umsatzakt am Markt dar, sondern lediglich einen innerbetrieblichen Vorgang.[389] Die Überführung hat zwingend zum Buchwert zu erfolgen und löst insoweit keine steuerlichen Folgen aus. Das Wirtschaftsgut ist auch nach dem Zeitpunkt der Überführung in der Steuerbilanz des Unternehmens enthalten.[390] Eine Realisierung der stillen Reserven erfolgt erst im Zeitpunkt des Ausscheidens aus der Betriebsstätte.[391] Die Finanzverwaltung erreicht dieses Ergebnis durch die Methode der aufgeschobenen Besteuerung zwar faktisch gleichermaßen, jedoch ergeben sich Unterschiede aufgrund der Auflösung des Ausgleichspostens über die Nutzungsdauer, spätestens nach zehn Jahren. Hierfür ist weder eine Rechtsgrundlage, noch ein entsprechendes Urteil ersichtlich.[392] Der bloße Zeitablauf jedenfalls kann nicht als Tatbestand der Gewinnrealisierung angesehen werden.

Die im Wirtschaftsgut enthaltenen stillen Reserven sind bei Anwendung der direkten Methode der Einkünfteabgrenzung im Zeitpunkt der Überführung zu speichern.[393] Dies resultiert aus der Beachtung des Abkommensrechts, insbesondere des Fremdvergleichsgrundsatzes des Art. 7 Abs. 1, 2 OECD-MA. Nach diesem Grundsatz sind der Betriebsstätte in jedem Vertragsstaat die Gewinne zuzurechnen, die sie hätte erzielen können, wenn sie eine gleiche oder ähnliche Geschäftstätigkeit unter gleichen oder ähnlichen Bedingungen als selbständiges Unternehmen ausgeübt hätte und im Verkehr mit dem Unternehmen, dessen Betriebsstätte sie ist, völlig unabhängig gewesen wäre. Hieraus wird abkommensrechtlich die Berechtigung eines Staates entnommen, die stillen Reserven eines Wirtschaftsguts zu besteuern, das in eine Betriebsstätte eines anderen Staates überführt wird.[394]

[389] Vgl. WASSERMEYER, F. in: WASSERMEYER, F. / ANDRESEN, U. / DITZ, X.: Betriebsstätten-Handbuch, S. 153.
[390] Vgl. KEMPKA, B. : Systemkonforme steuerliche Behandlung stiller Reserven bei der grenzüberschreitenden Überführung von Wirtschaftsgütern zwischen Stammhaus und Betriebsstätte, a.a.O., S. 246.
[391] Vgl. BECKER, H.: Die Besteuerung von Betriebsstätten, a.a.O., S. 15 f.
[392] Vgl. STRUNK, G. / KAMINSKI, B.: Anmerkungen zum Betriebsstättenerlass, a.a.O., S. 37.
[393] Vgl. dagegen WASSERMEYER, F. in: WASSERMEYER, F. / ANDRESEN, U. / DITZ, X.: Betriebsstätten-Handbuch, S. 172, der zwar eine Bindung an einen Wert im Zeitpunkt der Innentransaktion ablehnt, jedoch im Beispiel auf S. 173 dennoch implizit diesen Wert für die Aufteilung des beim späteren Verkauf erzielten Gewinns zu Grunde legt.
[394] Vgl. LOOKS, C. in: LÖWENSTEIN, U. / LOOKS, C.: Betriebsstättenbesteuerung, S. 328.

Aus dieser Überlegung wird deutlich, dass die abkommensrechtliche Sichtweise im Hinblick auf die im Wirtschaftsgut enthaltenen stillen Reserven strikt von der Sichtweise des nationalen Steuerrechts zu trennen ist. So gebietet es Art. 7 Abs. 2 OECD-MA, eine Abgrenzung der Besteuerungskompetenzen zwischen den Vertragsstaaten vorzunehmen. Hierzu ist im Zeitpunkt der Überführung des Wirtschaftsguts dessen Fremdvergleichspreis als Wertmaßstab der Überführung festzuhalten. Dieser Wert dient dem Betriebsstättenstaat zur Bemessung der fremdvergleichskonformen Abschreibung des Wirtschaftsguts. Gleichzeitig besitzt dieser Wert für den Ansässigkeitsstaat des Stammhauses Relevanz, um die bis zum Überführungszeitpunkt entstandenen stillen Reserven korrekt zu bemessen, da im Ansässigkeitsstaat des Stammhauses insoweit abkommensrechtlich ein Besteuerungsrecht fortbesteht. Gleichwohl dient Art. 7 Abs. 2 OECD-MA ebenso wie das gesamte DBA ausschließlich der Begrenzung der Besteuerungsrechte der Vertragsstaaten.[395] Eine tatsächliche Besteuerung kann durch das DBA nicht begründet werden, da sich diese ausschließlich aus den Vorschriften des nationalen Steuerrechts ergeben kann. Im nationalen deutschen Steuerrecht ist indes keine Regelung ersichtlich, die eine Besteuerung der stillen Reserven des Wirtschaftsguts im Überführungszeitpunkt gestattet.

Scheidet das Wirtschaftsgut aus der ausländischen Betriebsstätte aus, werden sämtliche stille Reserven aufgedeckt. Diese sind im nationalen deutschen Steuerrecht aufgrund des Welteinkommensprinzips in voller Höhe im Inland zu erfassen. Gleichwohl gebietet es die abkommensrechtlich vorgesehene Gewinnabgrenzung zwischen Stammhaus und Betriebsstätte gem. Art. 7 Abs. 1, Abs. 2 OECD-MA, die stillen Reserven, die während der Zugehörigkeit zur Betriebsstätte entstanden sind, der Betriebsstätte zuzuweisen. Hinsichtlich dieses Anteils besitzt der Betriebsstättenstaat ein Besteuerungsrecht, so dass Deutschland diesen Anteil von der inländischen Besteuerung gem. Art. 23A Abs. 1 OECD-MA ausnimmt.[396] Sollte der ausländische Staat einen höheren Gewinn ermitteln und besteuern, ist eine Lösung in einem Verständigungsverfahren oder ggf. in Wege des EU-Schiedsverfahrens zu finden.[397] Die im Inland vor dem Zeitpunkt der Überführung des Wirtschaftsguts entstandenen stillen

---

[395] Vgl. KROPPEN, H. in: BECKER, H. et al.: DBA-Kommentar, Art. 7 OECD-MA, Rdnr. 148.

[396] Vgl. KAMINSKI, B.: Ertragsteuerliche Konsequenzen bei der Überführung von Wirtschaftsgütern in eine ausländische Betriebsstätte, a.a.O., S. 1796 f.

[397] Vgl. KRAMER, J.: Verbringung von Wirtschaftsgütern zwischen Betriebsstätten im Internationalen Steuerecht, in: IStR 2000, S. 451.

Reserven werden dagegen im Inland der Besteuerung unterworfen.[398] Hierzu ist der Fremdvergleichspreis im Zeitpunkt der Überführung relevant.[399]

Um zu gewährleisten, dass die stillen Reserven bei Veräußerung des Wirtschaftsguts nach Maßgabe von Art. 7 Abs. 2 OECD-MA korrekt zwischen Stammhaus und Betriebsstätte aufgeteilt werden, ist eine Abgrenzungsrechnung durchzuführen. Im Zeitpunkt der Überführung des Wirtschaftsguts ist dieses in der Buchführung des Unternehmens wie in den vorigen Wirtschaftsjahren auszuweisen und - sofern es sich um der Abnutzung unterliegendes Anlagevermögen handelt - in den Folgeperioden abzuschreiben. In einer Nebenrechnung des Stammhauses wird der Fremdvergleichspreis festgehalten und die enthaltenen stillen Reserven durch einen Merkposten gespeichert. Gleichzeitig wird der Fremdvergleichspreis in einer Nebenrechnung für die Betriebsstätte festgehalten. Die Höhe der Abschreibung des Wirtschaftsguts in der Betriebsstätte für die verbleibende Nutzungsdauer bemisst sich auf Basis dieses Fremdvergleichspreises. Aufgrund der höheren Abschreibung des Wirtschaftsguts in der Nebenrechnung der Betriebsstätte ist korrespondierend der beim Stammhaus gebildete Merkposten im Zeitablauf erfolgswirksam aufzulösen.[400] Scheidet das Wirtschaftsgut durch Veräußerung aus der Betriebsstätte aus, ist der verbleibende Merkposten in der Nebenrechnung des Stammhauses ertragswirksam aufzulösen. Gleichzeitig ist in der Nebenrechnung der Betriebsstätte die Differenz zwischen dem Veräußerungspreis und dem ausgewiesenen Wert des Wirtschaftsguts ertragswirksam zu erfassen. Die Summe entspricht den insgesamt laut Buchführung des Unternehmens aufzudeckenden stillen Reserven.[401]

Im Ergebnis tritt somit zwar die gleiche Gewinnauswirkung ein, die sich auch bei der im Billigkeitswege von der Finanzverwaltung gewährten Ausgleichspostenmethode ergeben würde. Ein Unterschied resultiert jedoch daraus, dass die Finanzverwaltung eine zwingende Auflösung des Ausgleichspostens im zehnten Jahr nach Überführung fordert, was insofern strikt abzulehnen und darüber hin-

---

[398]   Vgl. KROPPEN, H. in: BECKER, H. et al.: DBA-Kommentar, Art. 7 OECD-MA, Rdnr. 147 f.; vgl. auch HEMMELRATH, A. in: VOGEL, K. / LEHNER, M.: DBA, Art. 7, Rdnr. 122.

[399]   Vgl. KROPPEN, H. in: BECKER, H. et al.: DBA-Kommentar, Art. 7 OECD-MA, Rdnr. 157, 163.

[400]   Diese Lösung hält auch WASSERMEYER für zulässig, vgl. WASSERMEYER, F. in: WASSERMEYER, F. / ANDRESEN, U. / DITZ, X.: Betriebsstätten-Handbuch, S. 154, S. 178 f.

[401]   Die aufgezeigte Vorgehensweise kann exemplarisch im Beispiel „Beispielhafte Darstellung der Überführung von Wirtschaftsgütern zwischen Stammhaus und Betriebsstätte bei DBA-Freistellung" im Anhang auf S. 271 ff. nachvollzogen werden.

aus gemeinschaftsrechtlich bedenklich ist.[402] Es besteht jedoch ein grundlegender Unterschied zu der Lösung der Finanzverwaltung in der Systematik der Vorgehensweise. Die Finanzverwaltung nimmt nach nationalem deutschen Steuerrecht einen Realisationstatbestand an und gewährt im Wege der Billigkeit einen Besteuerungsaufschub unter Anwendung einer Abgrenzungsrechnung. Dies ist nicht haltbar, da die Überführung des Wirtschaftsguts in eine Betriebsstätte im nationalen deutschen Steuerrecht keinen Realisationstatbestand begründet. Eine Gewinnrealisation tritt erst im Zeitpunkt der späteren Veräußerung des Wirtschaftsguts ein. Indes gebietet das Abkommensrecht eine korrekte Aufteilung der Besteuerungskompetenzen der Vertragsstaaten im Hinblick auf die im Wirtschaftsgut enthaltenen stillen Reserven. Zu diesem Zweck ist ein Ausgleichsposten erforderlich, da dieser dazu dient, das abkommensrechtlich eingeräumte Besteuerungsrecht bezüglich der bis zum Überführungszeitpunkt entstandenen stillen Reserven zu sichern. Somit führt die Abgrenzungsrechnung zu einer korrekten Einkünfteabgrenzung zwischen Stammhaus und Betriebsstätte. Die Sicherstellung der Besteuerung ist dadurch ebenso gewährleistet wie die Beachtung des Realisationsprinzips unter Würdigung der rechtlichen Einheit von Stammhaus und Betriebsstätte.

Die obigen Überlegungen sind auf selbst erstellte immaterielle Wirtschaftsgüter, die in eine ausländische Betriebsstätte mit DBA-Freistellung überführt werden, analog anzuwenden. Eine Aktivierung in der Buchführung des Unternehmens hat aufgrund von § 248 Abs. 2 HGB, § 5 Abs. 2 EStG zu unterbleiben. Die Überführung in die ausländische Betriebsstätte stellt einen rein innerbetrieblichen Vorgang dar. Zum Zweck der Einkünfteabgrenzung ist in einer Nebenrechnung für das Stammhaus ein passiver Merkposten in Höhe des Fremdvergleichspreises zu bilden. Dieser ist in den folgenden Wirtschaftsjahren der Nutzungsdauer ertragswirksam aufzulösen. Gleichzeitig ist der Fremdvergleichspreis des immateriellen Wirtschaftsguts in der Nebenrechnung der Betriebsstätte festzuhalten und hiernach die Höhe der Abschreibung zu bemessen, die der Betriebsstätte aufwandswirksam zuzuweisen ist. Die Regelung in § 248 Abs. 2 HGB bzw. § 5 Abs. 2 EStG steht dem nicht entgegen, da es sich um eine bloße Nebenrechnung für die Betriebsstätte handelt.[403] Im Ergebnis steht der aufwandswirksamen Abschreibung in der Betriebsstätte die ertragswirksame Auflösung des Merkpostens im Stammhaus gegenüber. Das Ergebnis verwirrt zwar insofern, als Einkünfte in Höhe von 0 € auf Stammhaus und Betriebsstätte verteilt werden, mit der Folge, dass beim Stammhaus ein Ertrag und

---

[402] Vgl. SCHÖNFELD, J. in: WASSERMEYER, F. / ANDRESEN, U. / DITZ, X.: Betriebsstätten-Handbuch, S. 609.

[403] Vgl. KRAMER, J.: Verbringung von Wirtschaftsgütern zwischen Betriebsstätten im Internationalen Steuerrecht, a.a.O., S. 455.

bei der Betriebsstätte ein Aufwand vorliegt. Dies ist jedoch konsequent und lässt sich mit der Aufteilung der durch die Nutzung des Wirtschaftsguts verursachten Erfolgsbeiträge rechtfertigen.[404] Denn auf Basis des Fremdvergleichsgrundsatzes ist es erforderlich, das Stammhaus an den von der Betriebsstätte erzielten Betriebseinnahmen, die durch die Nutzung des immateriellen Wirtschaftsguts verursacht sind, zu beteiligen. Den Orientierungsmaßstab hierfür bildet dessen Fremdvergleichspreis.[405]

In der Literatur wird der Fall diskutiert, dass im Zeitpunkt der Überführung eines Wirtschaftsguts in die ausländische Betriebsstätte zwar stille Reserven vorhanden sind, das Wirtschaftsgut dort jedoch sodann untergeht. Der folgende Sachverhalt soll dies veranschaulichen:

Ein Unternehmen habe eine Maschine des Umlaufvermögens zu Herstellungskosten in Höhe von 200 € produziert und als fertiges Erzeugnis aktiviert. Die Maschine wird im darauf folgenden Wirtschaftsjahr in eine ausländische, in einem DBA-Staat belegene Betriebsstätte überführt, wobei der Fremdvergleichspreis im Zeitpunkt der Überführung 250 € beträgt. Die Maschine geht in der Betriebsstätte zufällig unter.

Aus Sicht des Gesamtunternehmens wurde somit ein Verlust in Höhe des noch vorhandenen Buchwertes in Höhe von 200 € erzielt. Fraglich ist die Gewinnabgrenzung. Auf Basis des abkommensrechtlichen Fremdvergleichsgrundsatzes sind dem Stammhaus stille Reserven in Höhe von 50 € und der Betriebsstätte ein Verlust von 250 € zuzurechnen. Fraglich ist hiernach, ob im Staat des Stammhauses ein Gewinn zu versteuern ist, obwohl im Unternehmen insgesamt ein Verlust erzielt wurde. Dies wird entsprechend in der Literatur u.a. von BUCIEK vertreten, mit der Begründung, dass unter fremden Dritten eine Veräußerung durch das Stammhaus zu 250 € erfolgt wäre und die Betriebsstätte zu eben diesem Preis erworben hätte.[406] Ähnlich argumentiert auch BECKER. Seiner Ansicht nach gebiete es die funktionale Ergebniszuordnung, dass der im inländischen Unternehmensteil erwirtschaftete Gewinn in diesem Staat als Steuergut erhalten bleibt.[407] Demnach sei im Falle des Untergangs im Inland ein Gewinn zu versteuern, während der Betriebsstätte ein Verlust zuzuordnen sei, welcher, saldiert mit dem Gewinn des Stammhauses, zu dem zutreffenden Ergebnis des Gesamtunternehmens führe. Andererseits wird von KROPPEN argumentiert, im Inland

---

[404] Vgl. ebenda.

[405] Vgl. WASSERMEYER, F. in: DEBATIN, H. / WASSERMEYER, F.: Doppelbesteuerung, Art. 7 MA, Rdnr. 250.

[406] Vgl. BUCIEK, K.: Grenzüberschreitender Betriebsvermögenstransfer, a.a.O., S. 53.

[407] Vgl. BECKER, H., Die Gewinnermittlung bei Betriebsstätten, a.a.O., S. 31 f.

entstehe im Falle des Untergangs des Wirtschaftsguts weder ein Gewinn, noch ein Verlust. Im Ausland entstehe ein Verlust in Höhe des Fremdvergleichsprei-ses.[408] KUMPF verweist für den Fall des Untergangs eines Wirtschaftsguts durch Brand auf eine Aufteilung des Verlusts anhand eines sich aus dem Einzelfall ergebenden Schlüssels. Eine Gewinnzurechnung beim Stammhaus wird von ihm verneint.[409] Auch WASSERMEYER betont, im Fall des Untergangs eines Wirt-schaftsguts liege weder im Stammhaus, noch in der Betriebsstätte eine Gewinn-realisierung vor. Die außerordentliche Abschreibung auf die Herstellungskosten gehe zu Lasten des Stammhauses, da dieses das Risiko trägt, seine Herstellungs-kosten zu vermarkten.[410] Die Position WASSERMEYERs ist indes insoweit wider-sprüchlich und nicht zielführend, als er an anderer Stelle ausführt, die außeror-dentliche Abschreibung gehe im Falle des Untergangs eines Wirtschaftsguts ausschließlich zu Lasten desjenigen Unternehmensteils, dem das Wirtschaftsgut zuletzt zugeordnet war.[411]

Meines Erachtens ist für die Beantwortung dieser Fragestellung zwischen natio-naler Gewinnermittlung und abkommensrechtlicher Einkünfteabgrenzung zu trennen. Hierbei ist entscheidend, dass der Fremdvergleichsgrundsatz des Art. 7 Abs. 1, 2 OECD-MA nur abkommensrechtlich Bedeutung im Hinblick auf die Einkünfteabgrenzung und die zwischenstaatliche Abgrenzung der Besteue-rungskompetenzen erlangt. Ein Besteuerungsrecht und insbesondere ein Tatbe-stand der Gewinnrealisierung wird durch ein DBA nicht begründet, vielmehr muss dies im nationalen Steuerrecht verankert sein. Somit lässt sich für den obi-gen Sachverhalt feststellen, dass Deutschland zwar abkommensrechtlich das Be-steuerungsrecht auf Basis des Fremdvergleichsgrundsatzes bezüglich stiller Re-serven in Höhe von 50 € zusteht. Die Ausübung dieses Besteuerungsrechts bestimmt sich jedoch anhand der Vorschriften des nationalen Steuerrechts. Im deutschen Steuerrecht ist indes keine Gewinnrealisation im Zeitpunkt der Über-führung des Wirtschaftsguts kodifiziert.[412] Der Untergang des Wirtschaftsguts führt dazu, dass der ausländischen Betriebsstätte abkommensrechtlich ein Ver-lust in Höhe von 250 € zuzurechnen ist. Dies resultiert daraus, dass die Einkünf-teabgrenzung anhand des Fremdvergleichspreises im Zeitpunkt der Überführung

---

[408] Vgl. KROPPEN, H. in: BECKER, H. et al.: DBA-Kommentar, Art. 7 OECD-MA, Rdnr. 159.

[409] Vgl. KUMPF, W.: Betriebsstättenfragen nach Steuersenkungsgesetz und Betriebsstätten-erlass, a.a.O., S. 456.

[410] Vgl. WASSERMEYER, F. in: WASSERMEYER, F. / ANDRESEN, U. / DITZ, X.: Betriebsstät-ten-Handbuch, S. 155 f., S. 167, S. 173.

[411] Vgl. WASSERMEYER, F. in: WASSERMEYER, F. / ANDRESEN, U. / DITZ, X.: Betriebsstät-ten-Handbuch, S. 178 + 180.

[412] Vgl. KROPPEN, H. in: BECKER, H. et al.: DBA-Kommentar, Art. 7 OECD-MA, Rdnr. 151 f.

erfolgt. Im Inland löst der Untergang des Wirtschaftsguts dagegen keine steuerlichen Konsequenzen aus. Durch den Untergang eines Wirtschaftsguts wird im deutschen Steuerrecht insbesondere keine Realisierung der über dem Buchwert liegenden stillen Reserven verursacht. Daher ist im Inland einerseits kein Verlust aus dem Untergang des Wirtschaftsguts zu erfassen, andererseits tritt infolge des Untergangs des Wirtschaftsguts keine Realisation der im Zeitpunkt der Überführung vorhandenen stillen Reserven in Höhe von 50 € ein. Eine steuerliche Erfassung dieser stillen Reserven ist im deutschen Steuerrecht nicht vorgesehen.[413]

3.2.3.2.2 DBA mit Anrechnungsmethode bzw. Fehlen eines DBA

Die von der Finanzverwaltung vorgesehene erfolgsneutrale Überführung von Wirtschaftsgütern bei Fehlen eines DBA bzw. bei Bestehen eines DBA mit Anrechnungsmethode ist m.E. zutreffend, da weder eine Veräußerung, noch eine Entnahme des Wirtschaftsguts für betriebsfremde Zwecke vorliegt. Stammhaus und Betriebsstätte bilden eine Einheit, so dass eine Aufdeckung der stillen Reserven nicht in Betracht kommt. Die Ansicht der Finanzverwaltung ist jedoch insoweit zu bemängeln, als eine Vermischung von Gewinnrealisierung und Einkünfteabgrenzung erfolgt. Die Überführung von Wirtschaftsgütern wird von der Finanzverwaltung ausdrücklich als Teilaspekt der Einkünfteabgrenzung von Stammhaus und Betriebsstätte geregelt. Auf Fragen der Einkünfteabgrenzung bei Fehlen eines DBA bzw. bei Existenz eines DBA mit Anrechnungsmethode geht die Finanzverwaltung jedoch nicht ein, vielmehr bezieht sie nur zur Gewinnrealisierung Stellung und konstatiert, dass die Überführung keine Besteuerung auslöse. Dies mag in der Literatur als begrüßenswert[414] betrachtet werden, hilft jedoch hinsichtlich der Einkünfteabgrenzung bei Anwendung der direkten Methode nicht weiter. Denn die Finanzverwaltung übersieht, dass bei Fehlen eines DBA aufgrund des Welteinkommensprinzips zwar sämtliche stillen Reserven der überführten Wirtschaftsgüter in die inländische Besteuerung eingehen, jedoch dennoch eine Gewinnabgrenzung zwischen Stammhaus und Betriebsstätte vorzunehmen ist.[415] Dies ergibt sich nicht zuletzt im Hinblick auf die Bemessung der Gewerbesteuer, da der Teil des Gewerbeertrags, der auf eine nicht im Inland belegene Betriebsstätte entfällt, gem. § 9 Nr. 3 GewStG für die Bemessung der Gewerbesteuer irrelevant ist. Daher ist in jedem Fall eine korrekte Ein-

---

[413] Vgl. KROPPEN, H. in: BECKER, H. et al.: DBA-Kommentar, Art. 7 OECD-MA, Rdnr. 155 – 160.

[414] Vgl. STRUNK, G. / KAMINSKI, B.: Anmerkungen zum Betriebsstättenerlass, a.a.O., S. 36.

[415] Vgl. KEMPKA, B.: Systemkonforme steuerliche Behandlung stiller Reserven bei der grenzüberschreitenden Überführung von Wirtschaftsgütern zwischen Stammhaus und Betriebsstätte, a.a.O., S. 248; KRAMER, J.: Verbringung von Wirtschaftsgütern zwischen Betriebsstätten im Internationalen Steuerrecht, a.a.O., S. 449.

künfteabgrenzung erforderlich, die auch die Überführung von Wirtschaftsgütern einbezieht.

Das Erfordernis der Abgrenzung der Einkünfte resultiert insbesondere aus der Vorgehensweise bei der Anwendung der Anrechnungsmethode. Eine im Betriebsstättenstaat erhobene Steuer kann entsprechend der in § 26 Abs. 1, Abs. 6 KStG i.V.m. § 34c Abs. 1 S. 2 EStG festgelegten per-country-limitation bei Erfüllung der übrigen Voraussetzungen nur insoweit auf die Körperschaftsteuer angerechnet werden, als die Körperschaftsteuer auf die ausländischen Betriebsstätteneinkünfte entfällt. Zur Ermittlung dieses Höchstbetrags der anrechenbaren ausländischen Steuer ist die Höhe der Betriebsstätteneinkünfte festzustellen. Hierzu ist im Rahmen der direkten Methode der Einkünfteabgrenzung die Höhe der Aufwendungen zu ermitteln, die der Betriebsstätte zuzuordnen sind. Demnach ist auch das der Betriebsstätte nach dem Fremdvergleichsmaßstab zuzuordnende Abschreibungsvolumen zu ermitteln, das aus den überführten Wirtschaftsgütern resultiert.[416] Weiterhin sind dem Betriebsstättengewinn die stillen Reserven der überführten Wirtschaftsgüter nur insoweit zuzuordnen, als sie nach dem Zeitpunkt der Überführung entstanden sind. Anderenfalls ergäbe sich bei späterer Veräußerung der Wirtschaftsgüter eine ungerechtfertigte Begünstigung des Steuerpflichtigen hinsichtlich der anrechenbaren ausländischen Steuer.[417] Denn bei vollständiger Einbeziehung der im Realisationszeitpunkt aufgedeckten stillen Reserven in den Betriebsstättengewinn erhöht sich der Anrechnungshöchstbetrag der ausländischen Steuer nach Maßgabe der per-country-limitation, da die Betriebsstätteneinkünfte insoweit steigen. Zutreffend wäre es indes, ausschließlich die nach dem Zeitpunkt der Überführung entstandenen stillen Reserven zur Ermittlung des Höchstbetrags der ausländischen Steuer einzubeziehen. Der Betriebsstättenstaat wird demgegenüber tendenziell nur die Differenz zwischen dem Veräußerungspreis für das Wirtschaftsgut und dem Fremdvergleichspreis bei Überführung besteuern. Im Ergebnis würde bei Zuordnung sämtlicher stiller Reserven zur ausländischen Betriebsstätte eine Begünstigung hinsichtlich der anrechenbaren ausländischen Steuer auftreten.

Somit ist unmittelbar ersichtlich, dass auch im Falle einer Betriebsstätte in einem Nicht-DBA-Staat die Überführung eines Wirtschaftsguts im Rahmen der direkten Methode der Einkünfteabgrenzung zwischen Stammhaus und Betriebsstätte zu berücksichtigen ist. Der Fremdvergleichspreis im Zeitpunkt der Über-

---

[416]   Vgl. KRAMER, J.: Verbringung von Wirtschaftsgütern zwischen Betriebsstätten im internationalen Steuerrecht, a.a.O., S. 450.

[417]   Vgl. LOOKS, C. in: LÖWENSTEIN, U. / LOOKS, C.: Betriebsstättenbesteuerung, S. 341; vgl. auch BUCIEK, K.: Grenzüberschreitender Betriebsvermögenstransfer, a.a.O., S. 54 f.

führung ist in einer Nebenrechnung für Stammhaus und Betriebsstätte unter Anwendung der Ausgleichspostenmethode festzuhalten, so dass eine korrekte Aufteilung der stillen Reserven im Zeitpunkt der Veräußerung des Wirtschaftsguts durch die Betriebsstätte anhand des Fremdvergleichsgrundsatzes erfolgen kann. Durch diese Vorgehensweise wird gewährleistet, dass die Höhe der auf die Betriebsstätte entfallenden Aufwendungen und Erträge korrekt bemessen wird, was insbesondere für eine korrekte Ermittlung des Anrechnungshöchstbetrags der ausländischen Steuer erforderlich ist.

3.2.4   Anlaufverluste der Betriebsstätte

Der Umfang der Steuerpflicht der inländischen Kapitalgesellschaft ergibt sich aus dem Welteinkommensprinzip. Hiernach sind sämtliche in- und ausländischen Einkunftsteile der Besteuerung im Wohnsitzstaat zu unterwerfen. In der Anlaufphase der Betriebsstätte entstehen nicht selten (Anlauf-) Verluste. Diese Verluste können im Betriebsstättenstaat im Entstehungsjahr mangels anderweitiger positiver Einkünfte nicht berücksichtigt werden. In Betracht kommt allenfalls - je nach Ausgestaltung des ausländischen Steuerrechts - die Verrechnung mit künftigen Gewinnen. Daher ist zu prüfen, ob bei der inländischen Kapitalgesellschaft eine Verrechnung der im Betriebsstättenstaat entstandenen Verluste mit inländischen Gewinnen möglich ist.

3.2.4.1 Grundaussage des Welteinkommensprinzips

Einkünfte mit negativem Vorzeichen sind nach allgemeinen Grundsätzen im Rahmen der Ermittlung des zu versteuernden Einkommens zu erfassen, unabhängig davon, ob diese im Inland oder im Ausland erzielt wurden. Daher sind negative Einkünfte grundsätzlich ebenfalls in die steuerliche Bemessungsgrundlage einzubeziehen, so dass im Rahmen des Welteinkommensprinzips eine unmittelbare Verrechnung mit den positiven Einkünften der inländischen Kapitalgesellschaft möglich ist.[418] Übersteigen die negativen Einkünfte die positiven Einkünfte, besteht die Möglichkeit des Verlustrücktrags bzw. –vortrags gem. § 8 Abs. 4 KStG i.V.m. § 10d EStG, sofern die Voraussetzungen der rechtlichen und wirtschaftlichen Identität erfüllt sind.[419]

Es sei vorweg darauf hingewiesen, dass eine Berücksichtigung der Betriebsstättenverluste im Rahmen der Gewerbesteuer generell nicht in Betracht kommt. Aufgrund des Objektsteuer-Charakters der Gewerbesteuer ist der Teil des Ge-

---

[418]   Vgl. BFH-Urteil vom 25.01.1951, I D 4/50 S, in: BStBl. III 1951, S. 69.
[419]   Zur rechtlichen und wirtschaftlichen Identität vgl. ausführlich ROSER, F. in: GOSCH, D.: KStG, § 8, Rdnr. 1408 – 1458.

werbeertrags, der auf eine nicht im Inland belegene Betriebsstätte entfällt, gem. § 9 Nr. 3 GewStG im Rahmen der Ermittlung der Bemessungsgrundlage auszuscheiden. Diese Regelung gilt sowohl für Gewinne, als auch für Verluste, die auf die Betriebsstätte entfallen.[420]

3.2.4.2 Vermeidung der Doppelbesteuerung mittels DBA

3.2.4.2.1 Grundlagen

Das Besteuerungsrecht bezüglich der Betriebsstättengewinne liegt bei Bestehen eines DBA gem. Art. 7 Abs. 1 OECD-MA beim Belegenheitsstaat der Betriebsstätte. Zur Vermeidung der Doppelbesteuerung sehen sämtliche Methodenartikel der von Deutschland abgeschlossenen DBA die Anwendung der Freistellungsmethode vor.[421] Aus der abkommensrechtlich vorgesehenen Freistellung der „Einkünfte" leitet der BFH in ständiger Rechtsprechung[422], gestützt auf zwei Urteile des RFH[423] ab, dass auch ausländische Verluste von der Bemessungsgrundlage der deutschen Besteuerung ausgenommen werden. Während bei natürlichen Personen, vorbehaltlich des § 2a EStG[424], zumindest im Rahmen des sog. negativen Progressionsvorbehalts eine teilweise steuerliche Entlastung zu verzeichnen ist, finden die Verluste einer ausländischen Betriebsstätte bei einer inländischen Kapitalgesellschaft im Ergebnis keinerlei steuerliche Berücksichtigung.

Bis zum Veranlagungszeitraum 1998 eröffnete die Vorschrift des § 2a Abs. 3 EStG zur Förderung der Wirtschaft die Möglichkeit, Verluste einer ausländischen, gewerblich tätigen Betriebsstätte, ungeachtet der im Doppelbesteuerungsabkommen vorgesehenen Freistellungsmethode, auf Antrag des Steuerpflichtigen vom Gesamtbetrag der Einkünfte abzuziehen. So war nach der Regelung des § 2a Abs. 3 S. 1 EStG a.F. ein Verlust einer ausländischen Betriebsstätte, mit deren Belegenheitsstaat ein DBA besteht, außerhalb des Ein-

---

[420] Vgl. GOSCH, D. in: BLÜMICH, W.: EStG – KStG – GewStG, § 9 GewStG, Rdnr. 220; SCHEFFLER, W.: Besteuerung der grenzüberschreitenden Unternehmenstätigkeit, S. 147.

[421] Vgl. REITH, T.: Internationales Steuerrecht, S. 176.

[422] Vgl. BFH-Beschluss vom 11.03.1970, I B 50/68, I B 3/69, in: BStBl. II 1970, S. 570 f.; BFH-Urteil vom 23.03.1972, I R 128/70, in: BStBl. II 1972, S. 949; BFH-Urteil vom 28.03.1973, I R 59/71, in: BStBl. II 1973, S. 531 f.; BFH-Urteil vom 25.02.1976, I R 150/73, in: BStBl. II 1976, S. 454; BFH-Urteil vom 12.01.1983, I R 90/79, in: BStBl. II 1983, S. 383 f.; BFH-Urteil vom 05.06.1986, IV R 268/82, in: BStBl. II 1986, S. 661; BFH-Beschluss vom 13.11.2002, I R 13/02, in: BStBl. II 2003, S. 795.

[423] Vgl. RFH-Urteil vom 26.06.1935, VI A 414/35, in: RStBl. 1935, S. 1358 f.; RFH-Urteil vom 21.10.1936, VI A 473/35, in: RStBl. 1937, S. 424 f.

[424] Die negative Progressionswirkung im Jahr der Verlustentstehung tritt nur bei einer i.S.d. § 2a Abs. 2 EStG aktiv tätigen Betriebsstätte ein.

künftebereichs als Korrekturposten zu berücksichtigen. Voraussetzung für die Berücksichtigung war, dass die Einkünfte der Betriebsstätte nach dem DBA von der Einkommen- resp. Körperschaftsteuer[425] zu befreien sind, und dass der Verlust die nach dem DBA zu befreienden positiven gewerblichen Einkünfte aus anderen Betriebsstätten in dem betreffenden Staat überstiegen hat. Dieser Verlustausgleich wirkte sich jedoch nur vorübergehend aus, da der Steuerpflichtige nicht besser gestellt werden soll als im Fall ohne DBA. Hierzu enthielt § 2a Abs. 3 S. 3 EStG a.F. eine Nachversteuerungsregelung, die übergangsweise gem. § 52 Abs. 3 S. 2 – 4 EStG noch bis zum Veranlagungszeitraum 2008 gilt. Nach dieser Regelung ist der als Verlust abgezogene Betrag gem. § 2a Abs. 3 S. 3 EStG a.F. in einem der folgenden Veranlagungszeiträume wieder dem Gesamtbetrag der Einkünfte hinzuzurechnen, soweit sich für die nach dem DBA freizustellenden Einkünfte aus in diesem Staat belegenen Betriebsstätten insgesamt ein positiver Betrag ergibt. Dadurch soll eine doppelte Verlustberücksichtigung im Inland sowie im Betriebsstättenstaat ausgeschlossen werden.[426]

Die Systematik der Regelung des § 2a Abs. 3 EStG entsprach in ihrer Vorgehensweise einer Regelung, die von der EU-Kommission in der sog. EU-Verlustrichtlinie[427] vorgesehen war.[428] Aufgrund von Schwierigkeiten der Verwaltung hinsichtlich der späteren Hinzurechnung von Gewinnen hat der Gesetzgeber die Vorschrift des § 2a Abs. 3 EStG jedoch mit Wirkung zum 01.01.1999 im Rahmen des Steuerentlastungsgesetzes 1999/2000/2002 aufgehoben.[429] Das FG Baden-Württemberg befand hierzu im nicht rechtskräftigen Urteil vom 30.06.2004, die Abschaffung der Verlustausgleichsregelung nach § 2a Abs. 3 EStG verstoße nicht gegen den Grundsatz der Besteuerung nach der Leistungsfähigkeit.[430] Ebenso wenig würde nach Ansicht des FG der im EG-Vertrag verankerte Grundsatz der Niederlassungsfreiheit verletzt. Nach diesem Grundsatz ist es unzulässig, die freie Niederlassung von Staatsangehörigen eines Mitgliedstaats in einem anderen Mitgliedstaat zu beschränken. Die Vereinbarkeit

---

[425]   Aufgrund des Verweises in § 8 Abs. 1 KStG, wonach das Einkommen einer Kapitalgesellschaft nach den Vorschriften von KStG und EStG zu ermitteln ist, ist die Regelung des § 2a EStG auch auf ausländische Einkünfte einer Kapitalgesellschaft anzuwenden, vgl. JACOBS, O.: Internationale Unternehmensbesteuerung, S. 466.

[426]   Vgl. HEINICKE, W. in: SCHMIDT, L.: EStG, § 2a, Rdnr. 50.

[427]   Zur EU-Verlustrichtlinie siehe ausführlich Kap. 4.2.4.4.1 auf S. 258.

[428]   EU-Kommission: Vorschlag für eine Richtlinie des Rates über die Berücksichtigung der Verluste ihrer in anderen Mitgliedstaaten belegenen Betriebsstätten und Tochtergesellschaften vom 28.11.1990, KOM(1990) 595 endg., in: ABl. EG Nr. C 1991/53, S. 30.

[429]   Vgl. Steuerentlastungsgesetz 1999/2000/2002, in: BGBl. I 1999, S. 402 – 496.

[430]   Vgl. FG Baden-Württemberg vom 30.06.2004, 1 K 312/03, Revision eingelegt, AZ beim BFH: I R 84/04, in: EFG 2004, S. 1694 f.

mit dem Grundsatz der Besteuerung nach der Leistungsfähigkeit begründet das FG damit, dass nach diesem Grundsatz nicht jeder Verlust uneingeschränkt verrechenbar sein muss. Vielmehr genüge es, dass sich der Verlust bei DBA-Freistellung im Wege des negativen Progressionsvorbehalts steuermindernd auswirkt. Mit der gleichen Begründung bestünde auch keine Verletzung des Grundsatzes der Niederlassungsfreiheit. Das FG beruft sich hierbei auf die EuGH-Rechtsprechung, wonach ausschließlich die Mitgliedstaaten für die Ausgestaltung der direkten Steuern und damit auch die Möglichkeit der Verlustverrechnung zuständig seien. Ergänzend unterstützt das FG die Ansicht des Gesetzgebers, wonach die Abschaffung des § 2a Abs. 3 EStG auch die Schwierigkeiten der Verwaltung hinsichtlich der mit dieser Vorschrift verbundenen späteren Hinzurechnung von Gewinnen beseitigt.

Das Urteil des FG Baden-Württemberg ist in mehrerer Hinsicht erstaunlich. Verwunderlich ist zunächst die Nichtvorlage an den EuGH, zumal der BFH im EuGH-Vorlagebeschluss im Fall „Ritter-Coulais" vom 13.11.2002 explizit gemeinschaftswidrige Bedenken an der Nichtberücksichtigung von Verlusten bei DBA-Freistellung geäußert hatte.[431] Dem FG war dies bekannt, da in der Revisionszulassung hierauf ausdrücklich hingewiesen wird.

Der EuGH-Vorlagebeschluss im Fall „Ritter-Coulais" befasst sich u.a. mit der Frage, ob es der Niederlassungsfreiheit (Art. 43 EGV) und der Kapitalverkehrsfreiheit (Art. 56 EGV) widerspricht, wenn eine natürliche Person Verluste aus einem anderen Mitgliedstaat bei der Einkommensermittlung nicht abziehen darf. Nach Ansicht des BFH sei die unterschiedliche Behandlung von negativen ausländischen Einkünften einerseits und negativen inländischen Einkünften andererseits als gemeinschaftswidrig einzustufen, da die entsprechende ausländische Einkunftsquelle gegenüber der vergleichbaren inländischen Einkunftsquelle benachteiligt sei. Unter Verweis auf die einschlägige EuGH-Rechtsprechung stellt der BFH fest, eine europarechtlich geschützte grenzüberschreitende Betätigung dürfe grundsätzlich weder behindert, noch wirtschaftlich weniger attraktiv gemacht werden.

Der EuGH-Vorlagebeschluss im Fall „Ritter-Coulais" weist jedoch Unterschiede zu dem Fall des FG Baden-Württemberg auf. So war eine Berücksichtigung ausländischer Verluste im Fall „Ritter-Coulais" zum einen aufgrund der DBA-Freistellung im Rahmen der Ermittlung der Einkommensteuerbemessungsgrundlage nicht möglich. Andererseits wurde auch der bei natürlichen Personen anzuwendende negative Progressionsvorbehalt aufgrund der Verlustausgleichsbeschränkung des § 2a Abs. 1 EStG versagt. Hingegen war eine Anwendung des

---

[431] Vgl. BFH-Beschluss vom 13.11.2002, I R 13/02, in: BStBl. II 2003, S. 796 f.

negativen Progressionsvorbehalts im Fall des FG Baden-Württemberg möglich. Hieraus leitet das FG Baden-Württemberg die Vereinbarkeit mit dem Europarecht ab. Das FG Baden-Württemberg hat diesbezüglich jedoch übersehen, dass die Argumentation nur für den zugrunde liegenden Fall einer natürlichen Person gilt. Für den im Rahmen dieser Arbeit gegebenen Fall einer inländischen Kapitalgesellschaft mit ausländischer Betriebsstätte entbehrt die Argumentation des FG Baden-Württemberg jeglicher Grundlage. So existiert bei einer Kapitalgesellschaft aufgrund des proportionalen Körperschaftsteuertarifs kein Progressionsvorbehalt. Infolgedessen bleiben die ausländischen Verluste in diesem Fall im Inland gänzlich unberücksichtigt.[432]

Für die vorliegende Problematik ist jedoch m.E. weniger die vom FG thematisierte Frage relevant, ob die Abschaffung von § 2a Abs. 3 EStG verfassungs- und europarechtswidrig ist, sondern vielmehr die Frage, ob die vollständige Nichtberücksichtigung von ausländischen Betriebsstättenverlusten aus der DBA-Freistellung entsprechender Gewinne hergeleitet werden kann, und wenn ja, ob dies verfassungs- und europarechtswidrig ist. Denn die Abschaffung von § 2a Abs. 3 EStG bedeutet nicht automatisch, dass nun die gegenteilige Regelung, d.h. die Nichtberücksichtigung ausländischer Betriebsstättenverluste bei DBA-Freistellung gilt. Vielmehr hat die Streichung zu einer Gesetzeslücke geführt, die nun nach allgemeinen Grundsätzen und hierbei gegebenenfalls mittels Auslegung durch den BFH zu lösen ist.[433]

3.2.4.2.2 Analyse der Rechtsprechung des BFH

Die Nichtberücksichtigung von ausländischen Betriebsstättenverlusten leitet der BFH nach der sog. Symmetriethese aus der im DBA verankerten Freistellungsmethode ab. Der BFH begründet dies mit dem Wortlaut des Methodenartikels. So sieht Art. 23A Abs. 1 OECD-MA vor, die „Einkünfte" von der Besteuerung auszunehmen. Hieraus schließt der BFH entsprechend der Auslegung nach dem Recht des Anwendestaates, dass der Begriff der „Einkünfte" sowohl Beträge mit positivem, als auch mit negativem Vorzeichen erfasst. Dies kann zwar als gefestigte BFH-Rechtsprechung betrachtet werden und wird auch von WASSERMEYER für den Fall bestätigt, dass der Einkünftebegriff abkommensrechtlich im Sinne eines Nettobetrags zu verstehen sei.[434] Jedoch stellt WASSERMEYER weiterhin

---

[432]   Vgl. CORDEWENER, A.: DBA-Freistellung von Auslandsverlusten und EG-Grundfreiheiten: Klärung aufgeschoben, aber (hoffentlich) nicht aufgehoben!, in: DStR 2004, S. 1637.

[433]   Vgl. VOGEL, K.: Das oberste österreichische Steuergericht erklärt Verluste bei DBA-Freistellung für abzugsfähig, in: IStR 2002, S. 92.

[434]   Vgl. BFH-Beschluss vom 11.03.1970, I B 50/68, I B 3/69, in: BStBl. II 1970, S. 570 f.; BFH-Urteil vom 28.03.1973, I R 59/71, in: BStBl. II 1973, S. 531 f.; vgl. auch WAS-

fest, dass der Ansässigkeitsstaat dessen ungeachtet Verluste nicht aus der Bemessungsgrundlage auszuscheiden habe.[435] Vielmehr sei das Ausnehmen von der Besteuerung nur als Verbot der Erhebung einer positiven Steuer zu verstehen. Demnach sei die einkommensmindernde Berücksichtigung von Verlusten nicht ausgeschlossen.[436] Dieser Ansicht ist m.E. ausdrücklich zuzustimmen. Die Auslegung des DBA nach dem Recht des Anwendestaates ist zwar aufgrund der Vorschrift des Art. 3 Abs. 2 OECD-MA systematisch richtig. Indes ist die vom BFH vorgenommene Interpretation des Begriffs der Einkünfte anhand der Symmetriethese und die hieraus abgeleitete Einbeziehung von Beträgen mit negativem Vorzeichen in die Freistellung im Inland keineswegs zwingend. Dies resultiert aus dem OECD-Musterkommentar, der eine wichtige Auslegungshilfe derjenigen DBA darstellt, die nach dem Zeitpunkt von dessen jeweiliger Fassung geschlossen wurden.[437] Die OECD definiert den Begriff der Einkünfte hierin nur als einen Betrag mit positivem Vorzeichen. Dies ergibt sich unzweifelhaft aus der Formulierung, wonach „einige Staaten die in einem anderen Staat entstandenen Verluste ebenso wie die aus diesem Staat stammenden Einkünfte [behandeln]"[438]. Aus dem Methodenartikel lässt sich demnach gerade nicht die Behandlung von Verlusten ableiten, da sich dessen Regelungsinhalt, entsprechend der Formulierung des OECD-Musterkommentars, ausschließlich auf die Freistellung von Gewinnen erstrecken soll. Dies erklärt auch, weshalb der OECD-Musterkommentar explizit feststellt, dass die Behandlung von Verlusten den einzelnen Vertragsstaaten überlassen bleibt.[439] Das derzeit angewendete Verbot der Verlustverrechnung ist demnach ausschließlich eine innerstaatliche Handhabung, die mangels Rechtsgrundlage auf Richterrecht basiert.[440] Im Ergebnis resultiert die Behandlung von Verlusten bei DBA-Freistellung nicht bereits aus dem Wortlaut des DBA, sondern aus dessen einzelstaatlicher Auslegung durch den BFH. Inwieweit diese Auslegung mit dem Europarecht im Einklang steht, ist fraglich, zumal der EuGH im Fall „Köbler" die Bindung der nationalen Ge-

---

SERMEYER, F. in: DEBATIN, H. / WASSERMEYER, F.: Doppelbesteuerung, Art. 23A MA, Rdnr. 22.

[435] Vgl. WASSERMEYER, F. in: DEBATIN, H. / WASSERMEYER, F.: Doppelbesteuerung, Art. 23A MA, Rdnr. 22 und 57.

[436] Vgl. ebenda; vgl. auch KESSLER, W. / SCHMITT, C. / JANSON, G.: Nochmals: Berücksichtigungsverbot abkommensrechtlich „befreiter" Betriebsstättenverluste?, in: IStR 2003, S. 307 f.

[437] Vgl. VOGEL, K. in: VOGEL, K. / LEHNER, M.: DBA, Einl., Rdnr. 127; HENKEL, U. in: BECKER, H. et al.: DBA-Kommentar, Grundlagen, Abschnitt 4, Rdnr. 40 f.

[438] OECD-MK zu Art. 23 A / 23 B, Rdnr. 44.

[439] Vgl. OECD-MK zu Art. 23 A / 23 B, Rdnr. 44; vgl. auch GRUBE, F. / BEHRENDT, L.: Nutzung steuerlicher Verluste einer ausländischen gewerblichen Betriebsstätte im Inland, in: SteuerStud 2003, S. 595.

[440] Vgl. VOGEL, K.: Das oberste österreichische Steuergericht erklärt Verluste bei DBA-Freistellung für abzugsfähig, a.a.O., S. 92.

richte bei Gemeinschaftsrechtsverletzungen an die EG-rechtlichen Staatshaftungsgrundsätze betont hat.[441] Daher sollte der BFH seine Auslegung des DBA im Hinblick auf die Behandlung von Verlusten bei Anwendung der Freistellungsmethode m.E. unter Einbeziehung europäischer Maßstäbe überdenken.[442]

3.2.4.2.3 Eigene Wertung

Die Tatsache, dass die Behandlung von Verlusten im DBA nicht geregelt wird, ist m.E. konsequent, da der Zweck eines DBA darin besteht, eine aus dem nationalen Steuerrecht der Vertragsstaaten resultierende Doppelbesteuerung durch Begrenzung der Steueransprüche zu vermeiden bzw. zu vermindern.[443] Auf Basis dieser Argumentation hat der österreichische Verwaltungsgerichtshof, d.h. das oberste österreichische Steuergericht, in einer Entscheidung, die „unter mehreren Gesichtspunkten sensationell und vor allem in ihrer Begründung überzeugend"[444] ist, Verluste einer ausländischen Betriebsstätte ungeachtet der im DBA vorgesehenen Freistellungsmethode für abzugsfähig erklärt.[445] Der ÖVwGH stützt seine Auffassung darauf, dass der Steuerpflichtige bei Einbeziehung des ausländischen Verlustes nicht doppelt besteuert wird, so dass der Anwendungsbereich des DBA nicht eröffnet sei. Darüber hinaus bekräftigt der ÖVwGH, dass ein DBA nur eine aus dem nationalen Steuerrecht resultierende Steuerpflicht begrenzen kann. Keinesfalls könne das DBA einen im nationalen Steuerrecht nicht bestehenden Besteuerungsanspruch begründen. Letzteres wäre aber bei Versagung der Verlustverrechnung im Wohnsitzstaat des Steuerpflichtigen der Fall, da die Steuerbemessungsgrundlage nach nationalem Steuerrecht aus dem um den ausländischen Verlust verminderten Einkommen besteht. Die erhöhte Steuerbelastung durch Nichtberücksichtigung des Verlustes wäre ausschließlich abkommensrechtlich verursacht. HAHN vertritt demgegenüber die Auffassung, für die Anwendung des DBA müsse ausschließlich die Voraussetzung der Abkommensberechtigung erfüllt sein, wonach eine Person in einem Vertragsstaat ansässig ist. Die Aussage, der Anwendungsbereich des DBA sei mangels Dop-

---

[441]   Vgl. EuGH-Urteil vom 30.09.2003, C-224/01, in: DStRE 2003, S. 1471 - 1477; vgl. auch CORDEWENER, A.: DBA-Freistellung von Auslandsverlusten und EG-Grundfreiheiten: Klärung aufgeschoben, aber (hoffentlich) nicht aufgehoben!, a.a.O., S. 1634.

[442]   Vgl. LAULE, G.: Auswirkungen der EuGH-Rechtsprechung auf deutsche Steuervorschriften, S. 70.

[443]   Vgl. SCHEFFLER W.: Besteuerung der grenzüberschreitenden Unternehmenstätigkeit, S. 83.

[444]   WASSERMEYER, F.: Anmerkung zum Urteil des ÖVwGH vom 25.09.2001, in: IStR 2001, S. 755.

[445]   Vgl. ÖVwGH vom 25.09.2001, 99/14/0217 E, in: IStR 2001, S. 754 f.

pelbesteuerung nicht eröffnet, wird von ihm daher abgelehnt.[446] Dagegen argumentiert WASSERMEYER m.E. zutreffend, die Ausnahme der Einkünfte von der Besteuerung bedeute nur das Verbot der Erhebung einer positiven Steuer. Keinesfalls schließe sie jedoch die steuerliche Berücksichtigung von Verlusten aus.[447]

Die Abkommensauslegung des ÖVwGH, die im Widerspruch zur ständigen Rechtsprechung des BFH steht, ist zu begrüßen. Auch das FG Berlin stellt im Urteil vom 11.04.2005 unter Verweis auf den EuGH-Vorlagebeschluss im Fall *„Ritter-Coulais"* eindeutig die Gemeinschaftswidrigkeit der sog. „Symmetriethese" fest, da eine Benachteiligung des ausländischen Sachverhalts und damit eine Beschränkung der Grundfreiheiten vorliegt.[448] Nach Ansicht des FG Berlin könne ein Steuerrecht, das dem Gedanken der Besteuerung nach der subjektiven Leistungsfähigkeit folgt, nicht an den Außengrenzen eines Mitgliedstaates anhalten, wenn hiervon die Feststellung des finanziellen Leistungsvermögens einer Person betroffen ist. Dies ist zutreffend, da die Abkommensauslegung des BFH nach Maßgabe der sog. „Symmetriethese" erhebliche negative Auswirkungen auf Auslandsinvestitionen deutscher Unternehmen hat. Eine Besteuerung nach der Leistungsfähigkeit ist im Verlustfall nicht gewährleistet.[449] Dies wirft vor dem Hintergrund des Gleichheitsgrundsatzes des Art. 3 Abs. 1 GG verfassungsrechtliche Bedenken auf.[450]

Es ergeben sich aus der Interpretation des Begriffs der „Einkünfte" durch den BFH jedoch insbesondere auch europarechtliche Zweifel. So muss vor dem europarechtlichen Hintergrund sichergestellt sein, dass eine Kapitalgesellschaft,

---

[446] Vgl. HAHN, H.: Grenzüberschreitende Berücksichtigung von Betriebsstättenverlusten, in: IStR 2002, S. 683.

[447] Vgl. WASSERMEYER, F. in: DEBATIN, H. / WASSERMEYER, F.: Doppelbesteuerung, Art. 23A MA, Rdnr. 57.

[448] Vgl. FG Berlin vom 11.04.2005, 8 K 8101/00, in: IStR 2005, S. 574.

[449] Erzielt eine inländische Kapitalgesellschaft einen inländischen Gewinn i.H.v. 8 Mio. €, während sie aus einer in einem DBA-Staat befindlichen Betriebsstätte einen Verlust i.H.v. 7 Mio. € erleidet, ergibt sich bei einem Steuersatz von 25 % eine Steuerlast i.H.v. 2 Mio. €, obwohl auf Basis des Welteinkommensprinzips nur ein Gewinn i.H.v. 1 Mio. € erzielt wurde. Wird die Betriebsstätte aufgrund des hohen Verlustes sofort geschlossen, scheidet eine Verlustberücksichtigung im Ausland in den Folgejahren aus. Dies bedeutet im Ergebnis eine Substanzbesteuerung, was mit dem Grundsatz der Besteuerung nach der Leistungsfähigkeit wohl unvereinbar ist.

[450] Vgl. KESSLER, W. / SCHMITT, C. / JANSON, G.: Berücksichtigungsverbot abkommensrechtlich „befreiter" Betriebsstättenverluste?, in: IStR 2001, S. 733; KESSLER, W. / SCHMITT, C. / JANSON, G.: Nochmals: Berücksichtigungsverbot abkommensrechtlich „befreiter" Betriebsstättenverluste?, a.a.O. S. 308; vgl. dagegen HAHN, H.: Grenzüberschreitende Berücksichtigung von Betriebsstättenverlusten, a.a.O., S. 684.

die einen Verlust im Ausland erwirtschaftet, nicht ohne Rechtfertigung schlechter gestellt wird, als eine Kapitalgesellschaft mit entsprechenden inländischen Verlusten. Denn während bei der Kapitalgesellschaft mit inländischen Verlusten eine sofortige Verrechnung mit positiven Einkünften eintritt, könnte die Kapitalgesellschaft mit ausländischen Verlusten diese mittels Verlustvortrag im ausländischen Staat erst in späteren Perioden zur Geltung bringen. Sofern beide Kapitalgesellschaften im Inland positive Einkünfte in gleicher Höhe erzielt haben, erwächst für die Kapitalgesellschaft mit ausländischer Betriebsstätte somit eine höhere Steuerbelastung im Verlustjahr, die erst in Folgeperioden mittels einer geringeren Steuerlast im Ausland kompensiert wird. Die unmittelbare Konsequenz hiervon ist ein Zins- und Liquiditätsnachteil, was eine offensichtliche Schlechterstellung bedeutet.[451] Darüber hinaus ist nicht gesichert, ob in der im Ausland neu errichteten Betriebsstätte in den Folgeperioden überhaupt Gewinne zur Verrechnung der Verluste erzielt werden. Doch selbst wenn in späteren Perioden Gewinne vorliegen, ist es denkbar, dass das ausländische Steuerrecht eine Verrechnung der früheren Verluste nicht zulässt. In Betracht käme hierfür z.B. eine zeitliche Begrenzung des Verlustvortrags. Auch diesbezüglich ergibt sich sodann eine Schlechterstellung einer inländischen Kapitalgesellschaft mit ausländischer Betriebsstätte gegenüber einer inländischen Kapitalgesellschaft mit inländischer Betriebsstätte. Während letztere den Verlust im Entstehungsjahr verrechnen konnte, hat sich der entsprechende Verlust bei ersterer weder im Ausland, noch im Inland steuerlich ausgewirkt. Somit sind bei der erstgenannten Kapitalgesellschaft im Inland Einkünfte zu versteuern, die in ihrer Gesamtheit nicht angefallen sind.[452] Dies ist m.E. weder vor dem europarechtlichen Hintergrund, noch auf Basis des Grundsatzes der Besteuerung nach der wirtschaftlichen Leistungsfähigkeit zulässig, da eine Rechtfertigung für die Benachteiligung der grenzüberschreitenden Tätigkeit nicht ersichtlich ist. So weist der BFH im EuGH-Vorlagebeschluss im Fall „Ritter-Coulais" explizit darauf hin, dass die Gefahr einer doppelten Verlustnutzung keinerlei Rechtfertigungsgrund für eine steuerliche Benachteiligung sein kann. Das Ziel der Verhinderung steuerlicher Mindereinnahmen stelle keinen zwingenden Grund des Allgemeininteresses dar, der die Einschränkung europarechtlicher Grundfreiheiten rechtfertigen könnte.[453]

Auch der Kohärenzgedanke, der zur Rechtfertigung von Eingriffen in EU-Grundrechte häufig angeführt wird, ist im vorliegenden Fall nicht plausibel. Nach diesem Gedanken ist der Systemzusammenhang steuertatbestandlicher

---

[451]   Vgl. EuGH-Urteil vom 08.03.2001, C-397/98, C-410/98, in: IStR 2001, S. 216 f., Tz. 44.

[452]   Vgl. SCHAUMBURG, H.: Internationales Steuerrecht, S. 1040.

[453]   Vgl. BFH-Beschluss vom 13.11.2002, I R 13/02, in: BStBl. II 2003, S. 797.

Normen zu beachten. Regelungen, die einen Zusammenhang aufweisen, sind demnach nicht einzeln, sondern in ihrer Gesamtheit zu beurteilen, da es anderenfalls zu Widersprüchen innerhalb des nationalen Steuersystems kommen würde.[454] Im vorliegenden Fall liegt zwar der Gedanke nahe, eine Kohärenz zwischen der Nichtberücksichtigung von Verlusten und der Freistellung von Gewinnen abzuleiten. Dieser Gedanken kann für die Versagung des Verlustausgleichs jedoch keine allgemeingültige Rechtfertigung darstellen, da die Erzielung künftiger Gewinne nicht gesichert ist. Daher ist es nicht ausgeschlossen, dass im Einzelfall nachteiligere Effekte, verglichen mit einer inländischen Betriebsstätte, auftreten.[455]

In diesem Zusammenhang ist auch das EuGH-Urteil in der Rechtssache *„AMID"* zur Verlustverrechnung bei Betriebsstätten im EU-Ausland zu bedenken.[456] In dem zugrunde liegenden Sachverhalt erzielte eine Aktiengesellschaft belgischen Rechts im belgischen Stammhaus Verluste, während in einer luxemburgischen Betriebsstätte Gewinne erwirtschaftet wurden. Das belgische Steuerrecht verlangte vor Verrechnung der inländischen Verluste mit in Folgejahren im Stammhaus erzielten Gewinnen zunächst, dass die Verluste mit dem Gewinn aus der luxemburgischen Betriebsstätte zu saldieren sind, obwohl dieser gemäß dem DBA von der Besteuerung freigestellt ist. Der im Inland erwirtschaftete Verlust entfaltete somit effektiv keine steuerliche Wirkung, was jedoch der Fall gewesen wäre, wenn das Stammhaus statt der Betriebsstätte in Luxemburg eine solche in Belgien unterhalten hätte. Der EuGH sah in dieser Ungleichbehandlung die Niederlassungsfreiheit als verletzt an. Auch wenn der zugrunde liegende Sachverhalt den spiegelbildlichen Fall der Verrechnung inländischer Verluste betrifft, sind deutliche Parallelen zum Ausgleichsverbot ausländischer Betriebsstättenverluste bei DBA-Freistellung erkennbar.[457]

Es ist jedoch andererseits ist auch zu beachten, dass Betriebsstättenverluste in den meisten ausländischen Staaten im Wege des Verlustvortrags mit späteren Gewinnen der Betriebsstätte verrechnet werden können.[458] Eine Verlustverrechnung im Inland würde sich in diesem Fall doppelt auswirken und eine nicht ge-

---

[454] Vgl. JACOBS, O.: Internationale Unternehmensbesteuerung, S. 207.

[455] Vgl. DAUTZENBERG, N.: EG-rechtswidrige Behandlung von negativen ausländischen Einkünften nach den EuGH-Entscheidungen Vestergaard und AMID, in: FR 2001, S. 813.

[456] Vgl. EuGH-Urteil vom 14.12.2000, C-141/99, in: IStR 2001, S. 86 - 88.

[457] Vgl. LAULE, G. / PATHE, I.: Die Rechtsprechung des EuGH zum Steuerrecht, in: PIStB 2004, Sonderdruck Aktuelle EuGH-Rechtsprechung „kompakt", S. 32; vgl. dagegen HAHN, H.: Grenzüberschreitende Berücksichtigung von Betriebsstättenverlusten, a.a.O., S. 686, wonach das AMID-Urteil als „belgisches Internum" zu betrachten sei.

[458] Vgl. JACOBS, O.: Internationale Unternehmensbesteuerung, a.a.O., S. 490.

rechtfertigte Begünstigung verursachen.[459] Daher muss gewährleistet sein, dass eine doppelte Verlustverwertung einerseits im Entstehungsjahr beim inländischen Stammhaus und andererseits in den Folgejahren im Rahmen der beschränkten Steuerpflicht im Betriebsstättenstaat unterbleibt.[460] Der ÖVwGH führt hierzu in dessen Urteilsbegründung m.E. zutreffend aus, dass diese doppelte Verlustverwertung dadurch verhindert wird, dass nach dem nationalen Recht des Betriebsstättenstaats der Gewinn der Betriebsstätte um frühere Verluste gekürzt wird. Demgegenüber braucht der Sitzstaat des Stammhauses in dem betreffenden Jahr, in dem im Betriebsstättenstaat eine Verlustverrechnung erfolgt, nur für den um den Verlust geminderten Gewinn die Freistellung zu gewähren. Dies ist konsequent, da nur bezüglich dieser Größe eine Doppelbesteuerung in Betriebsstättenstaat und Sitzstaat des Stammhauses eintreten würde. Wirtschaftlich betrachtet ist im Ergebnis der komplette Betriebsstättengewinn im Inland freigestellt, während der in einer früheren Periode beim Stammhaus verrechnete Betriebsstättenverlust im Wirtschaftsjahr der erstmaligen Gewinnerzielung der Betriebsstätte bei der Einkommensermittlung des Stammhauses wieder hinzugerechnet wird. Allerdings ist m.E. VOGEL zuzustimmen, wonach diese nachträgliche Besteuerung des Betriebsstättenverlustes beim Stammhaus abweichend von der Ansicht des ÖVwGH nicht aus dem DBA hergeleitet werden kann.[461] Denn das DBA kann keinen Besteuerungsanspruch eines Mitgliedstaates begründen.[462] Vielmehr ergibt sich die faktische Nachversteuerung unmittelbar aus der unbeschränkten Steuerpflicht im Inland, da nur bezüglich des um den früheren Verlust geminderten Gewinns der Betriebsstätte eine Doppelbesteuerung vorliegt. Somit braucht die abkommensrechtlich vorgesehene Freistellung im Inland nur hinsichtlich dieser Differenzgröße gewährt werden. Dies bedeutet im Ergebnis, dass der in einer früheren Periode verrechnete Verlust sodann der Besteuerung unterliegt. Damit wäre im Ergebnis faktisch eine Lösung erreicht, die derjenigen des früheren § 2a Abs. 3 EStG entspricht. Der hiergegen denkbare Einwand, es sei unmöglich, eine etwaige doppelte Verlustnutzung im Ausland aufgrund räumlich begrenzter Verwaltungshoheit zu überprüfen, kann nicht überzeugen. Das FG Berlin betont hierzu, es entspreche der ständigen Rechtsprechung des EuGH, dass die von der EG-Amtshilferichtlinie eröffneten Ermittlungsmöglichkeiten als ausreichend anzusehen sind.[463]

---

[459] Vgl. VOGEL, K. in: VOGEL., K. / LEHNER, M.: DBA, Art. 23, Rdnr. 51.

[460] Vgl. ÖVwGH vom 25.09.2001, 99/14/0217 E, in: IStR 2001, S. 755.

[461] Vgl. VOGEL, K.: Das oberste österreichische Steuergericht erklärt Verluste bei DBA-Freistellung für abzugsfähig, a.a.O., S. 93.

[462] Vgl. auch LAULE, G.: Auswirkungen der EuGH-Rechtsprechung auf deutsche Steuervorschriften, S. 69.

[463] Vgl. FG Berlin vom 11.04.2005, 8 K 8101/00, in: IStR 2005, S. 575.

Die am 21.02.2006 ergangene Entscheidung des EuGH in der Rechtssache „*Rit-ter-Coulais*" führt, anders als in der einschlägigen Literatur erhofft, zu keinen neuen Erkenntnissen in der Frage der Verrechenbarkeit von ausländischen Verlusten bei DBA-Freistellung.[464] So fragte der BFH in der ersten der beiden Vorlagefragen an, ob es den Vorschriften des EG-Vertrages über die Niederlassungsfreiheit und die Kapitalverkehrsfreiheit widerspricht, wenn eine in Deutschland unbeschränkt steuerpflichtige Person Verluste aus Vermietung und Verpachtung, die in einem anderen Mitgliedstaat entstehen, bei der Einkommensermittlung nicht abziehen kann. Der EuGH lehnt eine Antwort auf diese Frage unter Verweis auf den Sachverhalt ab.[465] So hätten die Eheleute *Ritter-Coulais* die Berücksichtigung der ausländischen Verluste nicht bei der Bestimmung der Besteuerungsgrundlage, sondern lediglich im Wege des negativen Progressionsvorbehalts beantragt. Letzteres wurde ihnen vom Finanzamt unter Verweis auf § 2a EStG verwehrt. Mangels Bezug zu den tatsächlichen Gegebenheiten und dem Gegenstand des Ausgangsrechtsstreits stellt der EuGH daher fest, dass er zur ersten Vorlagefrage keine Entscheidung treffen könne. Lediglich die zweite Frage wird vom EuGH beantwortet. Mit dieser Frage wollte der BFH wissen, ob es der Niederlassungsfreiheit und der Kapitalverkehrsfreiheit widerspricht, wenn die Verluste auch nicht im Wege des negativen Progressionsvorbehalts berücksichtigt werden können. Hierzu stellt der EuGH zunächst zutreffend fest, dass die vom BFH angeführten Grundfreiheiten der Niederlassungsfreiheit sowie der Kapitalverkehrsfreiheit nicht einschlägig seien. Ungeachtet dessen prüft der EuGH die Regelung des § 2a Abs. 1 S. 1 Nr. 4 EStG im Licht der Arbeitnehmerfreizügigkeit gem. Art. 48 EGV und stellt eine diesbezügliche Unvereinbarkeit fest.

Da der EuGH die „allseits erwünschte Beantwortung der Rechtsfrage, ob das Gemeinschaftsrecht eine Berücksichtigung von Verlusten aus ausländischen, DBA-freigestellten Quellen gebietet, ‚umschifft'"[466], ist diese Frage weiterhin offen. Dem EuGH ist zwar zuzustimmen, dass er zu rein hypothetischen Sachverhalten nicht Stellung nehmen muss. Allerdings kann im Fall „*Ritter-Coulais*" keinesfalls von einer hypothetischen Frage ausgegangen werden, was der BFH-Vorlagebeschluss entsprechend belegt. Demnach überrascht die Argumentation des EuGH zur Nichtbeantwortung der ersten Vorlagefrage des BFH. Während der BFH primär die Verlusterfassung im Rahmen der Einkommensermittlung anfragt und sich nur hilfsweise nach einer Berücksichtigung im Rahmen des Progressionsvorbehalts erkundigt, verweigert der EuGH eine Antwort auf die

---

[464]   Vgl. EuGH-Urteil vom 21.02.2006, C-152/03, in: IWB, F. 11a, S. 967 - 972.

[465]   Vgl. EuGH-Urteil vom 21.02.2006, C-152/03, in: IWB, F. 11a, S. 969, Tz. 16 f.

[466]   RIBBROCK, M. / SEDEMUND, J.: BB-Kommentar zum EuGH-Urteil vom 21.02.2006 in der Rs. C-152/03, in: BB 2006, S. 529.

primäre Frage und beantwortet ausschließlich die zweite Frage. Dies lässt vermuten, dass der EuGH auf die erste Frage schlicht keine Antwort geben wollte.[467] Entsprechend lässt sich dem Urteil keine Aussage zur europarechtlichen Zulässigkeit des Ausschlusses der Verrechnung von ausländischen Betriebsstättenverlusten bei DBA-Freistellung entnehmen.[468] Daher bleibt die weitere Entwicklung zunächst abzuwarten. Aufgrund der gegen das Urteil des FG Berlin vom 11.04.2005 eingelegten Revision beim BFH[469] ist eine erneute Vorlage der Frage der Verlustberücksichtigung bei DBA-Freistellung an den EuGH jedoch wünschenswert und wahrscheinlich, zumal diese Thematik zu den derzeit am intensivsten diskutierten Themen des internationalen Steuerrechts zählt.

3.2.4.3 Unilaterale Vermeidung der Doppelbesteuerung

Sofern mit dem Betriebsstättenstaat kein DBA besteht, erfolgt die Vermeidung bzw. Milderung der Doppelbesteuerung bei der inländischen Kapitalgesellschaft bezüglich der ausländischen Betriebsstätteneinkünfte auf unilateraler Ebene gem. § 26 Abs. 1, Abs. 6 KStG i.V.m. § 34c Abs. 1 EStG im Wege der Anrechnungsmethode. Alternativ ist gem. § 26 Abs. 1, Abs. 6 KStG i.V.m. § 34c Abs. 2 EStG auf Antrag der Abzug der ausländischen Steuer bei der Ermittlung der Einkünfte zulässig. In beiden Fällen werden die positiven und negativen ausländischen Betriebsstätteneinkünfte in die steuerliche Bemessungsgrundlage einbezogen.[470] Demnach können Verluste grundsätzlich mit steuerpflichtigen in- und ausländischen Einkünften verrechnet werden. Dies kann jedoch im Hinblick auf die Verlustausgleichsbeschränkung des § 2a EStG einzuschränken sein. Gemäß § 2a Abs. 1 EStG dürfen negative Einkünfte aus bestimmten ausländischen Quellen nur mit positiven Einkünften der jeweils selben Art und – in bestimmten Fällen – aus demselben Staat ausgeglichen sowie in nachfolgenden Veranlagungszeiträumen abgezogen werden. Aufgrund des Verweises in § 8 Abs. 1 KStG, wonach das Einkommen einer Kapitalgesellschaft nach den Vorschriften von KStG und EStG zu ermitteln ist, ist die Regelung des

---

[467]	Vgl. RIBBROCK, M. / SEDEMUND, J.: BB-Kommentar zum EuGH-Urteil vom 21.02.2006 in der Rs. C-152/03, a.a.O., S. 529.

[468]	Vgl. THÖMMES, O.: Anmerkung zum EuGH-Urteil vom 21.02.2006 in der Rs. C-152/03, in: IWB, F. 11a, S. 974.

[469]	Vgl. AZ beim BFH: I R 45/05.

[470]	Die Anwendung der Anrechnungs- bzw. Abzugsmethode ist weiterhin in den Fällen denkbar, in denen zwar ein DBA besteht, jedoch die darin vorgesehene Freistellungsmethode aufgrund einer abkommensrechtlichen Aktivitätsklausel oder der Regelung des § 20 Abs. 2 AStG nicht anwendbar ist. Auch in diesem Fall ist die Verrechnung ausländischer Betriebsstättenverluste zunächst nicht grundsätzlich ausgeschlossen. Einzelheiten hierzu siehe in Kap. 3.1.2.3.2.1 auf S. 38 ff.

§ 2a EStG auch auf ausländische Einkünfte einer Kapitalgesellschaft anzuwenden.[471]

3.2.4.3.1 Zielsetzung von § 2a EStG

Mit der Regelung des § 2a EStG verfolgt der Gesetzgeber das Ziel, den Verlustausgleich und –abzug bei volkswirtschaftlich nicht sinnvollen Investitionen zu verhindern, was insbesondere im Rahmen von Verlustzuweisungsmodellen angenommen wird.[472] Es soll sichergestellt sein, dass solche Investitionen nicht zu Lasten des inländischen Steueraufkommens durch eine Verlustberücksichtigung begünstigt werden. Zu bedenken ist hierbei jedoch, dass von der Vorschrift nicht nur volkswirtschaftlich unerwünschte Steuersparmodelle betroffen sind, sondern jede Art der Betätigung im Rahmen der in § 2a Abs. 1 EStG normierten Einkunftsquellen, da der Grund der Verlustentstehung nicht berücksichtigt wird. Somit werden auch Verluste, die auf dem regulären Geschäftsverlauf basieren und ebenso im nationalen Kontext auftreten können, z.B. Anlaufverluste oder Verluste aufgrund der konjunkturellen Entwicklung, von der Regelung erfasst.

3.2.4.3.2 Sachlicher Anwendungsbereich von § 2a EStG

Eine Beschränkung der Verrechenbarkeit ausländischer Verluste besteht in den in § 2a Abs. 1 EStG abschließend aufgeführten Tatbeständen. Im Kontext einer ausländischen Betriebsstätte ist der Tatbestand in § 2a Abs. 1 Nr. 2 EStG zu prüfen. Hiernach sind Verluste aus einer in einem ausländischen Staat belegenen gewerblichen Betriebsstätte nur eingeschränkt ausgleichsfähig, es sei denn, die Tätigkeit der Betriebsstätte ist als „aktiv" i.S.d. § 2a Abs. 2 EStG zu klassifizieren. Ob eine aktive Tätigkeit der Betriebsstätte gegeben ist, richtet sich nach deren Sachziel.[473] Eine aktive Tätigkeit liegt gem. § 2a Abs. 2 EStG vor, wenn die ausländische Betriebsstätte ausschließlich die Herstellung oder Lieferung von Waren, außer Waffen, oder die Gewinnung von Bodenschätzen zum Gegenstand hat. Als aktive Tätigkeit gilt auch die Bewirkung gewerblicher Leistungen. Der Begriff der gewerblichen Leistungen wird im Gesetz nicht näher konkretisiert. Es handelt sich hierbei um „jedes Tun, Dulden oder Unterlassen, das Gegenstand eines entgeltlichen Vertrages sein kann und um des Entgelts willen erbracht wird"[474]. Keine aktive gewerbliche Leistung ist jedoch gem. § 2a Abs. 2 S. 1 EStG in der Errichtung oder dem Betrieb von dem Fremdenverkehr dienenden Anlagen zu sehen, sowie in der Vermietung oder Verpachtung von Wirt-

---

[471]   Vgl. JACOBS, O.: Internationale Unternehmensbesteuerung, S. 466.
[472]   Vgl. BT-Drucksache 9/2074, S. 62.
[473]   Vgl. JACOBS, O.: Internationale Unternehmensbesteuerung, S. 490.
[474]   KAMINSKI, B. in: KORN, K. et al.: EStG, § 2a, Rdnr. 67.

schaftsgütern. Zu Letzterem zählt auch die Überlassung von Rechten, Plänen, Mustern, Verfahren, Erfahrungen und Kenntnissen.

Sofern die ausländische Betriebsstätte in geringfügigem Umfang eine im oben beschriebenen Sinne, nicht als aktiv einzuordnende Tätigkeit ausübt, führt dies jedoch nicht unmittelbar dazu, dass die gesamte Tätigkeit als passiv gilt. Nach dem Gesetzeswortlaut ist es auch ausreichend, wenn die Betriebsstätte „fast ausschließlich" aktiv tätig ist. Das Kriterium „fast ausschließlich" wird von der Finanzverwaltung im Hinblick auf die Hinzurechnungsbesteuerung bei Einkünften mit Kapitalanlagecharakter gem. § 7 Abs. 6 AStG dahingehend konkretisiert, dass die passiven Bruttoerträge 10 % der gesamten Bruttoerträge nicht übersteigen dürfen.[475] Erst wenn die Bruttoerträge aus passiver Tätigkeit die 10 % - Grenze übersteigen, ist demnach die gesamte Tätigkeit der Betriebsstätte für das betreffende Wirtschaftsjahr[476] als passiv einzustufen, d.h., es tritt eine Infektionswirkung ein.

Die 10 % - Grenze findet in der Literatur nur bedingt Zustimmung. HEINICKE weist darauf hin, dass es sich nur um eine relative Bagatellgrenze handeln kann.[477] MÖSSNER stellt fest, das Gesetz verlange lediglich, dass der Gegenstand des Unternehmens fast ausschließlich die begünstigten Tätigkeiten zum Inhalt hat, nicht jedoch, dass der Betriebserfolg darauf beruht. Daher lehnt er die Heranziehung der Bruttoerträge ab und befürwortet eine Gesamtbeurteilung des Charakters der Betriebsstätte über längere Zeit.[478] Die Kritik ist m.E. zutreffend. Zwar bietet die typisierende Vorgehensweise der Finanzverwaltung eine vereinfachte Handhabung, jedoch sollte diese nur einen Anhaltspunkt darstellen. Im Vordergrund sollte entsprechend dem Gesetzeswortlaut eine Beurteilung des Gegenstands über längere Zeit auf Basis entsprechender Unterlagen des nachweispflichtigen Steuerpflichtigen stehen.[479]

Unklar ist in diesem Zusammenhang hinsichtlich gewerblicher Leistungen auch, ob von den hierunter ausgeschlossenen Tätigkeiten u.a. im Bereich der Vermietung oder Verpachtung von Wirtschaftsgütern eine Infektionswirkung auf die übrigen gewerblichen Leistungen ausgeht. So wird teilweise vertreten, dass die ausgeschlossenen Tätigkeiten die übrigen gewerblichen Leistungen als passiv

---

[475]   Vgl. BMF-Schreiben vom 14.05.2004, IV B 4 – S 1340 – 11/04, in: BStBl. I 2004, Sondernummer 1, S. 3, Tz. 7.6.2.
[476]   Vgl. R 2a Abs. 3 S. 1 EStR 2005.
[477]   Vgl. HEINICKE, W. in: SCHMIDT, L.: EStG § 2a, Rdnr. 13.
[478]   Vgl. MÖSSNER, J. in: KIRCHHOF, P. / SÖHN, H. / MELLINGHOFF, R.: EStG § 2a, Rdnr. C8.
[479]   Vgl. WIED, G. in: BLÜMICH, W.: EStG – KStG – GewStG, § 2a EStG, Rdnr. 96.

infizieren.[480] Hierfür bestehen m.E. indes keine Anhaltspunkte. Nach dem Gesetzeswortlaut gilt die Betriebsstätte u.a. als aktiv, wenn ihre Tätigkeit ausschließlich oder fast ausschließlich in der Bewirkung gewerblicher Leistungen
besteht, „soweit" diese nicht in z.B. der Vermietung oder Verpachtung von
Wirtschaftsgütern einschließlich der Überlassung von Rechten, Plänen etc. bestehen. Daher ist m.E. den Ansichten von PROBST und WIED zuzustimmen, wonach die Gesetzesformulierung „soweit" dazu führt, dass hinsichtlich gewerblicher Leistungen nur die explizit ausgeschlossenen Tätigkeiten als passiv gelten,
nicht jedoch das Gesamtergebnis der Betriebsstätte.[481] Eine passive Infizierung
der verbleibenden gewerblichen Leistungen tritt demnach nicht ein.

3.2.4.3.3 Rechtsfolgen aus § 2a EStG

Ist die Tätigkeit einer ausländischen Betriebsstätte als passiv zu klassifizieren,
ist es der inländischen Kapitalgesellschaft gem. § 2a Abs. 1 EStG versagt, die
Betriebsstättenverluste der Höhe nach unbeschränkt mit positiven Einkünften zu
verrechnen. Stattdessen können die Verluste nur mit positiven Einkünften der
jeweils selben Art und aus demselben Staat verrechnet werden. Im vorliegenden
Fall ist der Verlustausgleich somit ausschließlich mit Gewinnen passiver Betriebsstätten desselben Staates möglich. Ein Verlustausgleich mit Gewinnen einer aktiven Betriebsstätte im selben Staat ist nicht zulässig.[482] Können die Verluste im Veranlagungszeitraum der Verlustentstehung nicht anhand der
beschriebenen Art und Weise ausgeglichen werden, mindern sie in den folgenden Veranlagungszeiträumen die positiven Einkünfte der jeweils selben Art aus
demselben Staat.[483]

Im vorliegenden Fall der Produktionsverlagerung auf eine ausländische Betriebsstätte können indes keine Einschränkungen aus § 2a EStG resultieren. Dies
ist darauf zurückzuführen, dass die ausländische Betriebsstätte aufgrund der
Verlagerung der Produktion ausschließlich die Herstellung oder Lieferung von
Waren zum Gegenstand hat. Der Sonderfall der Herstellung und Lieferung von
Waffen soll nicht gegeben sein. Daher wird die Verrechnung der Verluste der
ausländischen Betriebsstätte beim inländischen Stammhaus bei Fehlen eines

---

[480] Vgl. MÖSSNER, J. in: KIRCHHOF, P. / SÖHN, H. / MELLINGHOFF, R.: EStG § 2a,
        Rdnr. C16, C20.
[481] Vgl. PROBST, U. in FLICK, H. / WASSERMEYER, F. / BAUMHOFF, H.: Außensteuerrecht,
        EStG § 2a, Rdnr. 174; WIED, E. in: BLÜMICH, W.: EStG – KStG – GewStG, § 2a EStG,
        Rdnr. 104; vgl. auch PYSZKA, T. / SCHMEDT, M.: Gestaltungsüberlegungen zum grenz-
        überschreitenden Ausgleich von Betriebsstättenverlusten bei DBA mit Aktivitätsklau-
        sel, in: IStR 2002, S. 345.
[482] Vgl. R 2a Abs. 2 EStR 2005.
[483] Gem. § 2a Abs. 1 S. 3 EStG.

DBA nicht durch § 2a EStG beschränkt. Als Folge hieraus können die Verluste mit positiven in- und ausländischen Einkünften unbeschränkt ausgeglichen werden und sind darüber hinaus nach Maßgabe des § 10d EStG i.V.m. § 8 Abs. 4 KStG im Wege des Verlustabzugs berücksichtigungsfähig. Dies ist somit ein klarer steuerlicher Liquiditätsvorteil im Vergleich zur Situation bei Bestehen eines DBA auf Basis der ständigen BFH-Rechtsprechung.

3.2.4.3.4   Zulässigkeit von § 2a Abs. 1 und 2 EStG

3.2.4.3.4.1   Verfassungsrechtliche Zulässigkeit

Die verfassungsrechtliche Zulässigkeit von § 2a Abs. 1, 2 EStG, insbesondere hinsichtlich des allgemeinen Gleichheitssatz des Art. 3 Abs. 1 GG, wurde vom BFH bestätigt.[484] Verfassungsbeschwerden gegen § 2a EStG wurden vom BVerfG nicht zur Entscheidung angenommen.[485] Allerdings lässt sich m.E. nicht verkennen, dass eine Ungleichbehandlung in- und ausländischer Verluste vorliegt, was im Hinblick auf das Gleichheitsgebot und insbesondere das Leistungsfähigkeitsprinzip berechtigte verfassungsrechtliche Bedenken aufwirft.[486] So ist es mit dem Gleichheitssatz und dem Grundsatz der Besteuerung nach der wirtschaftlichen Leistungsfähigkeit wohl nicht vereinbar, dass ein Steuerpflichtiger bestimmte ausländische Verluste nicht mit positiven inländischen Einkünften verrechnen kann, entsprechende inländische Verluste jedoch grundsätzlich unbeschränkt ausgleichen kann. Verfassungsrechtlich bedenklich ist auch, dass Gewinne aus bestimmten ausländischen Quellen zu versteuern sind, während der Ausgleich von Verlusten aus diesen Quellen beschränkt wird.[487] Die Begründung des BFH, wonach die Regelung des § 2a EStG sachgerecht sei, da der Gesetzgeber im Rahmen der wirtschaftspolitischen Lenkung unerwünschte Steuer-

---

[484]   Vgl. BFH-Urteil vom 17.10.1990, I R 182/87, in: BStBl. II 1991, S. 138; BFH-Urteil vom 12.12.1990, I R 176/87, in: BFH/NV 1991, S. 820; BFH-Urteil vom 26.03.1991, IX R 162/85, in: BStBl. II 1991, S. 707; BFH-Urteil vom 05.09.1991, IV R 40/90, in: BStBl. II 1992, S. 195; BFH-Urteil vom 13.05.1993, IV R 69/92, in: BFH/NV 1994, S. 101 f.

[485]   Vgl. Beschluss des BVerfG vom 27.03.1998, 2 BvR 220/92, in: IStR 1998, S. 344; Beschluss des BVerfG vom 27.03.1998, 2 BvR 2058/92, in: IStR 1998, S. 376; Beschluss des BVerfG vom 17.04.1998, 2 BvR 374/91, in: IStR 1998, S. 406; vgl. auch DREYER, T. in: LITTMANN, E. / BITZ, H. / PUST, H.: Das Einkommensteuerrecht, EStG § 2a, Rdnr. 56.

[486]   Vgl. auch REITH, T.: Internationales Steuerrecht, S. 416; HEINSEN, H. in: LÖWENSTEIN, U. / LOOKS, C.: Betriebsstättenbesteuerung, S. 149; DREYER, T. in: LITTMANN, E. / BITZ, H. / PUST, H.: Das Einkommensteuerrecht, EStG § 2a, Rdnr. 57.

[487]   Vgl. DREYER, T. in: LITTMANN, E. / BITZ, H. / PUST, H.: Das Einkommensteuerrecht, EStG § 2a, Rdnr. 57.

ersparnismöglichkeiten verhindern wolle[488], vermag m.E. nicht zu überzeugen, da vergleichbare Investitionen im Inland nicht betroffen sind. Darüber hinaus ist die steuerliche Nichtanerkennung von Verlusten nicht geeignet, die angeführten wirtschaftspolitischen Lenkungszwecke zu erfüllen.[489]

MÖSSNER stimmt der Verfassungsmäßigkeit von § 2a EStG zu.[490] Die Unterteilung ausländischer Verluste in berücksichtigungsfähige und nicht-berücksichtigungsfähige Verluste hält er für zulässig, da es im Ermessen des Gesetzgebers stünde, Steuersparmodelle zu unterbinden, um die Fehlallokation von Kapital in wirtschaftlich nicht tragfähige Investitionen zu verhindern. Auch die Differenzierung anhand des Auslandsmerkmals hält er für berechtigt, da der Staat auf Basis des Welteinkommensprinzips zwar berechtigt, jedoch nicht verpflichtet sei, ausländische Einkünfte zu berücksichtigen. Isoliert betrachtet sind diese Argumente m.E. nicht zu bestreiten. Problematisch ist jedoch m.E. das negative Zusammenwirken dieser beiden isolierten Betrachtungen. So werden nur die Verluste aus unerwünschten Investitionen im Ausland von der Einbeziehung in die steuerliche Bemessungsgrundlage ausgeschlossen, nicht jedoch eventuell resultierende Gewinne. Gleichzeitig können jedoch Verluste aus entsprechenden Investitionen im Inland in die Einkommensermittlung einbezogen werden. Ungeachtet der vom BFH befundenen verfassungsrechtlichen Zulässigkeit bleiben daher m.E. verfassungsrechtliche Bedenken bestehen.[491]

3.2.4.3.4.2 Europarechtliche Zulässigkeit

Die Vorschrift des § 2a Abs. 1 EStG wirft auch europarechtliche Zweifel auf. Insbesondere die Vereinbarkeit mit der Kapitalverkehrsfreiheit des Art. 56 EGV sowie der Niederlassungsfreiheit des Art. 43 EGV ist m.E. fraglich. Im EuGH-Vorlagebeschluss vom 13.11.2002 zum Fall „Ritter-Coulais" führt der BFH unter Verweis auf einschlägige EuGH-Urteile explizit aus, dass die Nichtberücksichtigung negativer Einkünfte, sofern diese aus dem Ausland stammen, ein Auslandsengagement gegenüber dem entsprechenden Inlandsengagement benachteiligt. Dem BFH-Beschluss liegt zwar ein Sachverhalt im Anwendungsbereich von § 2a Abs. 1 S. 1 Nr. 4 EStG zugrunde, d.h. hinsichtlich negativer Einkünfte aus Vermietung und Verpachtung. Jedoch lassen sich die Ausführun-

---

[488] Vgl. BFH-Urteil vom 17.10.1990, I R 182/87, in: BStBl. II 1991, S. 139.

[489] Vgl. DREYER, T. in: LITTMANN, E. / BITZ, H. / PUST, H.: Das Einkommensteuerrecht, EStG § 2a, Rdnr. 57.

[490] Vgl. MÖSSNER, J. in: KIRCHHOF, P. / SÖHN, H. / MELLINGHOFF, R.: EStG § 2a, Rdnr. A56g – A56k; vgl. ebenso PROBST, U. in: FLICK, H. / WASSERMEYER, F. / BAUMHOFF, H.: Außensteuerrecht, EStG § 2a, Rdnr. 18.

[491] Vgl. DREYER, T. in: LITTMANN, E. / BITZ, H. / PUST, H.: Das Einkommensteuerrecht, EStG § 2a, Rdnr. 57.

gen des BFH auf den Bereich der Einkünfte einer ausländischen gewerblichen Betriebsstätte entsprechend übertragen. Dies hat das Niedersächsische Finanzgericht explizit im Beschluss vom 14.10.2004 festgestellt.[492] Daher hat das FG im zu beurteilenden Sachverhalt die vorläufige Vollziehung der Steuerbescheide ausgesetzt, jedoch von einer EuGH-Vorlage abgesehen, da diese im Eilverfahren nicht einzuholen sei.[493]

Der BFH betont im Beschluss vom 13.11.2002, dass „eine europarechtlich geschützte grenzüberschreitende Betätigung [...] grundsätzlich weder behindert noch weniger attraktiv gemacht werden [darf]."[494] Die vom BFH angeführten EuGH-Urteile „Vestergaard" und „AMID" lassen m.E. in der Tat berechtigte Zweifel an der europarechtlichen Zulässigkeit von § 2a Abs. 1, 2 EStG aufkommen. In der Rechtssache „Vestergaard" sah das dänische Steuerrecht Fortbildungsveranstaltungen in ausländischen Urlaubsorten als privat veranlasst an, so dass die betreffenden Aufwendungen steuerlich nicht abzugsfähig waren. Aufwendungen für inländische Fortbildungsveranstaltungen waren dagegen uneingeschränkt abziehbar, auch soweit diese in dänischen Urlaubsorten stattfanden. Der EuGH wertete dies als Verstoß gegen europäische Grundfreiheiten, da Unternehmen auch in anderen Mitgliedstaaten als dem Ansässigkeitsstaat Dienstleistungen erbringen und entgegennehmen können.[495] Diese Wertung greift m.E. auch bei § 2a EStG, da bestimmte ausländische Verluste im Inland im Jahr der Verlustentstehung nicht berücksichtigt werden. Die Einschränkung des § 2a EStG ist allein im Auslandsbezug begründet, da entsprechende inländische Verluste abzugsfähig sind.[496] Somit werden ausländische Aktivitäten im Vergleich zu inländischen Aktivitäten diskriminiert, da sie weniger attraktiv erscheinen.

Auch das EuGH-Urteil in der Rechtssache „AMID", das sich mit der Verlustverrechnung bei Betriebsstätten im EU-Ausland befasst[497], lässt diesen Schluss m.E. zu, da in dem zugrunde liegenden Sachverhalt eine Ungleichbehandlung einer ausländischen Betriebsstätte gegenüber einer inländischen Betriebsstätte erfolgte. Zwar betrifft der Fall „AMID" die Verrechnung inländischer Verluste mit ausländischen Betriebsstätten-Gewinnen, jedoch lässt sich die Urteilsbegründung, in der ein Eingriff in die europarechtlich geschützten Grundfreiheiten

---

[492] Vgl. Niedersächsisches FG vom 14.10.2004, 6 V 655/04, in: EFG 2005, S. 287.

[493] Vgl. Niedersächsisches FG vom 14.10.2004, 6 V 655/04, in: EFG 2005, S. 287; vgl. auch BFH-Beschluss vom 30.12.1996, I B 61/96, in: BStBl. II 1997, S. 468.

[494] BFH-Beschluss vom 13.11.2002, I R 13/02, in: BStBl. II 2003, S. 797.

[495] Vgl. EuGH-Urteil vom 28.10.1999, C-55/98, in: DStRE 2000, S. 116. Tz. 21, 29

[496] Vgl. DAUTZENBERG, N.: EG-rechtswidrige Behandlung von negativen ausländischen Einkünften nach den EuGH-Entscheidungen Vestergaard und AMID, a.a.O., S. 810.

[497] Siehe hierzu die Ausführungen in Kap. 3.2.4.2 auf S. 103 ff.

angenommen wird, grundsätzlich auf die Diskriminierungswirkung des § 2a EStG übertragen.[498]

Innerhalb der EU wird das Ziel eines harmonisierten Binnenmarkts verfolgt. Steuerliche Hindernisse für eine grenzüberschreitende Tätigkeit sind mit dieser Zielsetzung nicht vereinbar.[499] Die Regelung des § 2a EStG ist demgegenüber geeignet, eine abschreckende Wirkung auf Steuerpflichtige auszuüben, die die Errichtung einer Betriebsstätte in einem europäischen Mitgliedsstaat beabsichtigen. Eine vor dem EuGH standhaltende Rechtfertigung für die Beschränkung der EU-Grundfreiheiten ist nicht ersichtlich. Der Verweis des Gesetzgebers auf volkswirtschaftlich nicht sinnvolle Investitionen im Ausland, die nicht gefördert werden sollen, ist im EU-Kontext nicht haltbar, da diese Begründung der Zielsetzung eines europäischen Binnenmarktes zuwider laufen würde.[500] Eine Beschränkung derartiger Investitionen auf das Inland stellt eine ausschließlich budgetäre Motivation dar, die vom EuGH nicht anerkannt würde.[501] Fraglich wäre in diesem Kontext ohnehin, wieso Waffenproduzenten, Tätigkeiten im Bereich des Fremdenverkehrs oder die Vermietung und Verpachtung von Wirtschaftsgütern von den europäischen Grundrechten ausgenommen sein sollen. Daher ist die Regelung des § 2a EStG m.E. nicht mit EU-Recht vereinbar.[502] Auslandsinvestitionen deutscher Unternehmen werden hierdurch benachteiligt, da die daraus resultierenden Verluste, anders als bei Inlandsinvestitionen, nur unter einschränkenden Voraussetzungen Auswirkung auf die Steuerbelastung entfalten.

3.2.4.4 Zwischenfazit

Die Regelung des § 2a Abs. 1, 2 EStG, als auch die Nichtberücksichtigung von (Betriebsstätten-) Verlusten bei DBA-Freistellung sind m.E. verfassungs- und europarechtlich bedenklich, da eine Diskriminierung ausländischer Sachverhalte erfolgt. Darüber hinaus führt die Versagung des Ausgleichs ausländischer Be-

---

[498] Vgl. auch LAULE, G.: Auswirkungen der EuGH-Rechtsprechung auf deutsche Steuervorschriften, S. 67.

[499] Vgl. DREYER, T. in: LITTMANN, E. / BITZ, H. / PUST, H.: Das Einkommensteuerrecht, EStG § 2a, Rdnr. 57.

[500] Vgl. PROBST, U. in FLICK, H. / WASSERMEYER, F. / BAUMHOFF, H.: Außensteuerrecht, EStG § 2a, Rdnr. 20.3.

[501] Vgl. LAULE, G.: Auswirkungen der EuGH-Rechtsprechung auf deutsche Steuervorschriften, S. 69.

[502] Vgl. auch DAUTZENBERG, N.: EG-rechtswidrige Behandlung von negativen ausländischen Einkünften nach den EuGH-Entscheidungen Vestergaard und AMID, a.a.O., S. 810 f.; JAHN, R.: Verlustverrechnung aus ausländischen Betriebsstätten im Visier des EU-Rechts, in: PIStB 2005, S. 54.

triebsstättenverluste ggf. zu einer existenzbedrohenden Substanzbesteuerung, sofern die betreffenden Verluste auch im Ausland keine Berücksichtigung finden können.

Wird eine Betriebsstätte in einem Staat errichtet, dessen DBA mit Deutschland die Anwendung der Freistellungsmethode von der Erfüllung einer Aktivitätsklausel abhängig macht, ist indes aufgrund obiger Überlegungen zu erwägen, durch gezielte Nichterfüllung der abkommensrechtlichen Aktivitätsklausel in der Anlaufphase einen Verlustausgleich im Inland herbeizuführen. Voraussetzung hierfür ist jedoch, dass gleichzeitig die Aktivitätsklausel des § 2a Abs. 1, 2 EStG erfüllt wird. Demnach ist es erforderlich, die Verluste der Betriebsstätte abkommensrechtlich als passiv einzuordnen, während gem. § 2a Abs. 2 EStG eine aktive Tätigkeit anzunehmen ist. Diese Konstellation ist denkbar, da die abkommensrechtlichen Aktivitätsklauseln tendenziell restriktivere Voraussetzungen beinhalten als die Regelung des § 2a Abs. 2 EStG. Zu beachten ist jedoch, dass diese Gestaltungsmöglichkeit von der Formulierung der jeweiligen abkommensrechtlichen Aktivitätsklausel im Einzelfall abhängig ist. Stellt das Abkommen darauf ab, dass die Einkünfte der Betriebsstätte ausschließlich oder fast ausschließlich aus aktiven Tätigkeiten stammen müssen, so ist die Tätigkeit der Betriebsstätte insgesamt als passiv einzuordnen, wenn die passiven Tätigkeiten die Toleranzgrenze von 10 % überschreiten.[503] Somit wäre es vorbehaltlich der Regelung des § 42 AO möglich, Anlaufverluste der Betriebsstätte, die aus gewerblichen Leistungen resultieren, als passiv zu qualifizieren, indem auf die Betriebsstätte zusätzlich passive Tätigkeiten verlagert werden, die die 10 % - Grenze überschreiten. Denkbar wäre es in diesem Zusammenhang z.B., in der Betriebsstätte Einkünfte aus der Vermietung oder Verpachtung von beweglichen oder immateriellen Wirtschaftsgütern zu generieren, da diese nach der überwiegenden Anzahl der DBA als passiv gelten und somit die verlustbringenden originär-aktiven Tätigkeiten „infizieren". Im Ergebnis gelten die Verluste sodann abkommensrechtlich als passiv und können nach Maßgabe der Anrechnungsmethode im Inland grundsätzlich verrechnet werden. Die Vorschrift des § 2a EStG stünde der Verrechnung der Verluste mit positiven Einkünften in diesem Fall nicht im Wege. Dies ist darauf zurückzuführen, dass die Verluste der Betriebsstätte aus gewerblichen Leistungen gem. der nationalen Aktivitätsklausel des § 2a Abs. 2 EStG als aktiv gelten und von der als passiv

---

[503]   Vgl. GROTHERR, S. in: BECKER, H. et al.: DBA-Kommentar, Art. 23 A / 23 B OECD-MA, Rdnr. 68.

einzuordnenden Vermietung oder Verpachtung von Wirtschaftsgütern aufgrund der Gesetzesformulierung „soweit"[504] nicht infiziert werden.[505]

Erzielt die ausländische Betriebsstätte zu einem späteren Zeitpunkt Gewinne, lässt sich durch Erfüllung der DBA-Aktivitätsklausel eine Abschirmung von der inländischen Besteuerung herbeiführen. Hierzu sind die passiven Tätigkeiten der Betriebsstätte auf andere Bereiche des Unternehmens zu verlagern bzw. aufzugeben. Zu beachten ist jedoch, dass die aufgezeigte Gestaltung nicht möglich ist, wenn das DBA explizit keine Infektionswirkung vorsieht. So kommt die Anrechnungsmethode im DBA Finnland sowie im DBA Schweiz isoliert für die passiven Einkünfte zur Anwendung, während aktive Einkünfte der Freistellung unterliegen.[506] In dieser Konstellation geht von den passiven Einkünften abkommensrechtlich keine Infektionswirkung aus, so dass die Anlaufverluste aus aktiver Tätigkeit im Inland entsprechend der sog. „Symmetriethese" des BFH nicht in die Einkommensermittlung eingehen.

3.3 Einbringung der Betriebsstätte in eine Kapitalgesellschaft

In vielen Fällen wird das Engagement eines inländischen Unternehmens in einem ausländischen Staat schrittweise aufgebaut. So werden die Güter und Dienstleistungen anfangs zumeist im Wege des Direktgeschäfts angeboten. Als Direktgeschäft wird die unternehmerische grenzüberschreitende Betätigung ohne festen Stützpunkt im Ausland definiert.[507] Werden die unternehmerischen Aktivitäten im Ausland unter Einsatz einer festen Geschäftseinrichtung ausgebaut, resultiert eine Betriebsstätte. Bei einer weiteren Zunahme der Aktivitäten im ausländischen Staat ist die Errichtung einer Kapitalgesellschaft auf Basis der bestehenden Betriebsstätte erwägenswert. Hierfür können organisatorische, aber auch zivilrechtliche Gründe, wie die Herbeiführung einer Haftungsbegrenzung, ausschlaggebend sein. Daher ist zu untersuchen, welche steuerlichen Folgen aus einem derartigen Umwandlungsvorgang resultieren. Aufgrund der zahlreichen denkbaren Gestaltungsvarianten ist es jedoch erforderlich, eine Eingrenzung des Sachverhalts vorzunehmen. Es wird ausschließlich der Sachverhalt der Einbringung der existierende Betriebsstätte gegen Gesellschaftsrechte in eine neu ge-

---

[504] Siehe hierzu die Diskussion in Kap. 3.2.4.3.2 auf S. 115 ff.

[505] Vgl. PYSZKA, T. / SCHMEDT, M.: Gestaltungsüberlegungen zum grenzüberschreitenden Ausgleich von Betriebsstättenverlusten bei DBA mit Aktivitätsklausel, a.a.O., S. 345.

[506] Vgl. DBA Finnland vom 05.07.1979, Protokoll, Tz. 5; Art. 24 Abs. 1 Nr. 1, lit. a) DBA Schweiz vom 11.08.1971; vgl. auch GROTHERR, S. in: BECKER, H. et al.: DBA-Kommentar, Art. 23 A / 23 B OECD-MA, Rdnr. 68; Vogel, K. in: VOGEL, K. / LEHNER, M.: DBA Art. 23 Rdnr. 82.

[507] Vgl. SCHEFFLER, W.: Besteuerung der grenzüberschreitenden Unternehmenstätigkeit, S. 159.

gründete ausländische Kapitalgesellschaft betrachtet. Damit sind die Wirtschaftsgüter der inländischen Kapitalgesellschaft, die bislang der Betriebsstätte
zugeordnet waren, künftig einem anderen Rechtsträger zuzurechnen. Die Betriebsstätte besteht als solche indes an ihrem bisherigen Ort fort.

Der Begriff der Einbringung stammt aus dem Steuerrecht und stellt einen rechtlichen Vorgang dar, durch den das zivilrechtliche bzw. mindestens das wirtschaftliche Eigentum an den Wirtschaftsgütern im Wege der Sacheinlage auf
den Übernehmer übergeht.[508] Die Einbringung stellt somit einen Unterfall der
Spaltung dar. Während bei einer Auf- oder Abspaltung die Anteilseigner der
bestehenden Kapitalgesellschaft Anteile an der aufnehmenden Kapitalgesellschaft erhalten, wird im Falle der Einbringung die bestehende Kapitalgesellschaft Anteilseigner der übernehmenden Kapitalgesellschaft. Im rein nationalen
Kontext lässt sich die Einbringung eines inländischen Betriebs in eine inländische Kapitalgesellschaft im Wege der Einzelrechtsnachfolge oder mittels Gesamtrechtsnachfolge durchführen.[509] Die Einbringung mittels Einzelrechtsnachfolge erfolgt durch Übertragung der einzelnen Wirtschaftsgüter als Sacheinlage
nach den jeweiligen Vorschriften des Zivilrechts. Ein Einbringungsvorgang im
Wege der Gesamtrechtsnachfolge ist dagegen nur in den gesetzlich bestimmten
Fällen des Umwandlungsgesetzes zulässig. Hierbei gehen sämtliche Vermögensgegenstände und Schulden uno actu kraft Gesetz auf den Rechtsnachfolger
über.[510] Da das Umwandlungsgesetz gem. § 1 Abs. 1 UmwG indes auf Rechtsträger mit Sitz im Inland beschränkt ist, kommt im grenzüberschreitenden Kontext nur die Einzelrechtsnachfolge in Betracht.[511] Im vorliegenden Fall bestimmt
sich die Ausgestaltung der Einbringung demnach ausschließlich nach dem ausländischen Recht, da sich sowohl die einzubringende Betriebsstätte, als auch die
aufnehmende Kapitalgesellschaft im Ausland befinden. In diesem Zusammenhang wird unterstellt, dass die inländische Kapitalgesellschaft ihre gesellschaftsrechtliche Einlageverpflichtung mittels Sacheinlage der Wirtschaftsgüter der
Betriebsstätte erfüllt. Auch die Bilanzierung der Wirtschaftsgüter bei der aufnehmenden Kapitalgesellschaft bestimmt sich ausschließlich nach dem Recht
ihres Domizilstaates.

3.3.1 Grundlagen der steuerlichen Behandlung

Steuerlich stellt die Einbringung einer Betriebsstätte in eine Kapitalgesellschaft
gegen Gewährung von Gesellschaftsrechten einen tauschähnlichen Vorgang dar

---

[508] Vgl. PATT, J. in: DÖTSCH, E. et al.: Umwandlungssteuerrecht, § 20, Rdnr. 127.
[509] Vgl. MONTAG, H. in: TIPKE, K. / LANG, J.: Steuerrecht, S. 783 f.
[510] Vgl. PATT, J. in: DÖTSCH, E. et al.: Umwandlungssteuerrecht, § 20, Rdnr. 130.
[511] Vgl. PATT, J. in: DÖTSCH, E. et al.: Umwandlungssteuerrecht, § 23, Rdnr. 2.

und ist einem Veräußerungsvorgang gleichgestellt.[512] Somit sind die stillen Reserven in den Wirtschaftsgütern der Betriebsstätte grundsätzlich aufzudecken. Die im Wege der Sacheinlage erhaltenen Anteile an der ausländischen Kapitalgesellschaft sind entsprechend den Grundsätzen eines Tauschvorgangs gem. § 6 Abs. 6 EStG mit dem gemeinen Wert der hingegebenen Wirtschaftsgüter zu bewerten.[513] Eine Anwendung von § 20 UmwStG, der einen Besteuerungsaufschub bei Einbringung eines Betriebs oder Teilbetriebs in eine Kapitalgesellschaft gewährt, ist nicht möglich, da diese Vorschrift die Einbringung in eine gem. § 1 Abs. 1 Nr. 1 KStG unbeschränkt körperschaftsteuerpflichtige Kapitalgesellschaft erfordert, was im vorliegenden Fall nicht gegeben ist.

3.3.1.1 Belegenheit der Betriebsstätte in einem Nicht-DBA-Staat

Besteht zwischen dem Betriebsstättenstaat und Deutschland kein DBA, unterliegt der aus der Einbringung des Betriebsstättenvermögens resultierende Gewinn vollumfänglich der inländischen Besteuerung. Die stillen Reserven sind inklusive eines originären Geschäfts- oder Firmenwerts aufzudecken.[514] Eine Ausnahme von der Besteuerung des Gewinns aus der Einbringung ist indes insoweit denkbar, als dem Betriebsstättenvermögen Anteile an einer Kapitalgesellschaft zugeordnet waren.[515] In diesem Fall ist der Teil des Gewinns aus der Einbringung, der auf die Anteile an der Kapitalgesellschaft entfällt, gem. § 8b Abs. 2 S. 1 KStG von der Besteuerung befreit. Gleichzeitig gelten 5 % des Gewinns, der auf die Anteile an der Kapitalgesellschaft entfällt, gem. § 8b Abs. 3 S. 1 KStG als Ausgaben, die nicht als Betriebsausgaben abgezogen werden dürfen.

Soweit der Domizilstaat im Rahmen des Einbringungsvorgangs eine Schlussbesteuerung durchführt, kann die auftretende Doppelbesteuerung der inländischen Kapitalgesellschaft mangels Vorliegen eines DBA nur auf unilateralem Wege vermieden bzw. abgemildert werden. Demnach kann die im Ausland erhobene Steuer in Deutschland unter Anwendung von § 26 Abs. 1, Abs 6 KStG i.V.m. § 34c EStG bei Erfüllung der normierten Voraussetzungen auf die Körper-

---

[512] Vgl. BMF-Schreiben vom 24.12.1999, IV B 4 – S 1300 – 111/99, in: BStBl. I 1999, S. 1076, Tz. 2.10.

[513] Vgl. TÄSKE, J.: Grenzüberschreitende Einbringungen von Betriebsstätten in Kapitalgesellschaften, in: HERZIG, N. (Hrsg.): Steuerorientierte Umstrukturierung von Unternehmen, S. 246.

[514] Vgl. WIDMANN, S. in: WIDMANN, S. / MAYER, D.: Umwandlungsrecht, § 23 UmwStG, Rdnr. 131.

[515] Vgl. FISCHER, L. / KLEINEIDAM, H. / WARNEKE, P.: Internationale Betriebswirtschaftliche Steuerlehre, S. 632.

schaftsteuer angerechnet bzw. auf Antrag im Rahmen der Ermittlung der Einkünfte abgezogen werden.

3.3.1.2 Belegenheit der Betriebsstätte in einem DBA-Staat

Bei Belegenheit der Betriebsstätte in einem Staat, mit dem ein DBA besteht, liegt das Besteuerungsrecht bezüglich der resultierenden Gewinne aus dem beweglichen Betriebsstättenvermögen gem. Art. 13 Abs. 2 OECD-MA beim Domizilstaat der Betriebsstätte. Dies steht im Einklang mit der Zuweisung des Besteuerungsrechts hinsichtlich der laufenden Betriebsstätteneinkünfte gem. Art. 7 OECD-MA an den Domizilstaat der Betriebsstätte. Unter Art. 13 Abs. 2 OECD-MA werden sämtliche materiellen und immateriellen Vermögensgegenstände erfasst, die kein unbewegliches Vermögen i.S.d. Art. 6 OECD-MA darstellen, d.h. auch Forderungen und Rechte aller Art, immaterielle Vermögenswerte und der Betriebsstätte zuzurechnende Anteile an Kapitalgesellschaften.[516] In Art. 13 OECD-MA ist zwar keine Definition des Veräußerungsgewinns enthalten, jedoch stellt der OECD-MK klar, dass hiervon auch Gewinne aus der Einbringung in eine Gesellschaft erfasst werden.[517] Die Berechnung des Veräußerungsgewinns bleibt dem innerstaatlichen Recht überlassen. In Deutschland erfolgt die Ermittlung des Veräußerungsgewinns durch Gegenüberstellung der Buchwerte und der gemeinen Werte der eingebrachten Wirtschaftsgüter.[518]

Umfasst das Betriebsstättenvermögen unbewegliches Vermögen, bestimmt sich das Besteuerungsrecht hinsichtlich der stillen Reserven insoweit gem. Art. 13 Abs. 1 OECD-MA. Diese Regelung korrespondiert zu Art. 6 Abs. 1 OECD-MA und weist das Besteuerungsrecht aus unbeweglichem Vermögen dem Belegenheitsstaat zu. Die gleichzeitige Einordnung als Betriebsstättenvermögen ist hierzu irrelevant.[519]

Im Ergebnis sind bei Bestehen eines DBA mit dem Domizilstaat der Betriebsstätte sämtliche aus dem Einbringungsvorgang resultierenden Gewinne von der Besteuerung in Deutschland ausgenommen. Die Vermeidung der Doppelbesteuerung erfolgt grundsätzlich durch Steuerfreistellung, was jedoch in einigen DBA analog zu laufenden Betriebsstätteneinkünften mittels einer Aktivitätsklausel

---

[516] Vgl. FISCHER-ZERNIN, J. in: BECKER, H. et al.: DBA-Kommentar, Art. 13 OECD-MA, Rdnr. 18.

[517] Vgl. OECD-MK zu Art. 13, Rdnr. 5.

[518] Vgl. FISCHER, L. / KLEINEIDAM, H. / WARNEKE, P.: Internationale Betriebswirtschaftliche Steuerlehre, S. 631.

[519] Vgl. REITH, T.: Internationales Steuerrecht, S. 264.

eingeschränkt wird.[520] In diesem Fall ist die Anwendung der Freistellungsmethode nur dann zulässig, wenn die Einkünfte der Betriebsstätte ausschließlich
oder fast ausschließlich aus bestimmten, im DBA konkretisierten aktiven Tätigkeiten stammen. Zu beachten ist jedoch, dass sich die Aktivitätsklauseln in den
DBA nicht nur hinsichtlich ihrer jeweiligen Definition, sondern auch bezüglich
des Anwendungsbereichs unterscheiden. Denkbar ist daher, dass sich eine Aktivitätsklausel zwar auf die laufenden Einkünfte der Betriebsstätte, nicht jedoch
auf die Gewinne aus der Veräußerung des Vermögens bezieht.[521] Daher ist der
Wortlaut des jeweiligen DBA bzw. des dazugehörigen Protokolls oder Noten-
wechsels zu beachten. Da im Rahmen der vorliegenden Arbeit eine Produktions-
Betriebsstätte angenommen wird, kann von einer Erfüllung einer eventuell vorhandenen Aktivitätsklausel ausgegangen werden, so dass die Freistellungsmethode anwendbar ist.

3.3.2   Besonderheiten bei einer Einbringung innerhalb der EU

3.3.2.1   Grundlagen der EU-Fusionsrichtlinie

Wird eine in einem Mitgliedstaat der Europäischen Union belegene Betriebsstätte in eine EU-Kapitalgesellschaft i.S.v. Art. 3 der EU-Fusionsrichtlinie[522] eingebracht, ergeben sich aus § 23 Abs. 3 UmwStG Abweichungen von den soeben
dargestellten Grundsätzen. Die EU-Fusionsrichtlinie hat den Zweck, steuerliche
Hindernisse in Form von Gewinnrealisierungstatbeständen zu beseitigen, die bei
der grenzüberschreitenden Umstrukturierung von Unternehmen im EU-
Binnenmarkt aufgrund der nationalen Steuersysteme auftreten würden. Den Unternehmen soll mittels der Gewährung eines Steueraufschubs die gezielte steuerneutrale Umstrukturierung ermöglicht werden, um ihre internationale Wettbe-
werbsposition im gemeinsamen europäischen Markt zu sichern.[523] Allerdings
wird den Mitgliedstaaten in Art. 11 gestattet, einer Umstrukturierung die Be-
günstigungen der Richtlinie in bestimmten Fällen ganz oder teilweise zu versagen oder diese rückgängig zu machen. Zum einen trifft dies den Fall, dass die
vorgenommene Umstrukturierung als hauptsächlichen Beweggrund die Steuer-

---

[520]   Vgl. die Abkommensübersicht in OFD Münster vom 25.09.1998, S 1301 – 18 – St 22-
34, in: IStR 1999, S. 81 f.

[521]   Vgl. GROTHERR, S. in: BECKER, H. et al.: DBA-Kommentar, Art. 23 A / 23 B OECD-
MA, Rdnr. 66 f.

[522]   Richtlinie 90/434/EWG des Rates vom 23.07.1990 über das gemeinsame Steuersystem
für Fusionen, Spaltungen, die Einbringung von Unternehmensteilen und den Austausch
von Anteilen, die Gesellschaften verschiedener Mitgliedstaaten betreffen, in: ABl. EG
Nr. L 1990/225, S. 1 – 5, zuletzt geändert durch die Richtlinie 2005/19/EG des Rates
vom 17.02.2005, in: ABl. EU Nr. L 2005/58, S. 19 – 27.

[523]   Vgl. die Präambel zur EU-Fusionsrichtlinie vom 23.07.1990.

hinterziehung oder –umgehung hat, was vorliegt, wenn für den Vorgang keine vernünftigen wirtschaftlichen Gründe existieren. Ebenso kann die Anwendung verweigert werden, wenn bei einer Gesellschaft Mitbestimmungsrechte der Arbeitnehmer in den Organen der Gesellschaft verloren gehen.

Der Anwendungsbereich der EU-Fusionsrichtlinie erstreckt sich auf Fusionen, Spaltungen, die Einbringung von Unternehmensteilen und den Austausch von Anteilen, wenn daran Gesellschaften aus zwei oder mehr Mitgliedstaaten beteiligt sind. Seit der Neufassung der EU-Fusionsrichtlinie mit Beschluss des Ministerrates der EU vom 17.02.2005 werden weiterhin Abspaltungen, sowie die Sitzverlegung einer europäischen Aktiengesellschaft (SE) bzw. einer europäischen Genossenschaft (SCE) von einem Mitgliedstaat in einen anderen Mitgliedstaat erfasst.[524] In Deutschland wurde die Richtlinie in § 23 UmwStG teilweise umgesetzt, jedoch nur hinsichtlich der Einbringung und dem Anteilstausch. Eine Umsetzung bezüglich der Fusion und der Spaltung ist in Deutschland nicht vorgenommen worden, da diese Vorgänge auf der Gesamtrechtsnachfolge beruhen, was im grenzüberschreitenden Kontext mangels gesellschaftsrechtlicher Grundlagen im UmwG nicht vollzogen werden kann.[525] Im Hinblick auf die europäischen Grundfreiheiten ist dies jedoch bedenklich.[526] Diese Auffassung wird gestützt durch das Urteil des EuGH in der Rechtssache „SEVIC Systems AG" zur Möglichkeit einer grenzüberschreitenden Verschmelzung. Der EuGH kommt in dieser Entscheidung das deutsche Umwandlungsgesetz betreffend zum Ergebnis, dass ein Verstoß gegen die Niederlassungsfreiheit der Art. 43 EGV und Art. 48 EGV vorliegt, wenn eine grenzüberschreitende Verschmelzung generell verweigert wird, während die Verschmelzung von zwei inlandsansässigen Gesellschaften bei Erfüllung der Voraussetzungen möglich ist.[527]

3.3.2.2 Konsequenzen aus dem Umwandlungssteuergesetz

Die Einbringung einer in einem anderen Mitgliedstaat der EU belegenen Betriebsstätte in eine beschränkt körperschaftsteuerpflichtige EU-Kapitalgesellschaft beurteilt sich nach der Vorschrift des § 23 Abs. 3 UmwStG. Nach dieser Regelung gilt für die Bewertung der im Wege der Einbringung erhaltenen neuen Anteile bei der inländischen Kapitalgesellschaft eine Buchwert-Verknüpfung

---

[524]   Vgl. Art. 1 der EU-Fusionsrichtlinie; zu den Begriffen siehe die Definitionen in Art. 2, lit. a) – j) der EU-Fusionsrichtlinie.

[525]   Vgl. JACOBS, O.: Internationale Unternehmensbesteuerung, S. 170.

[526]   Vgl. BLUMERS, W. / KINZL, U.: Änderungen der Fusionsrichtlinie: Warten auf den EuGH, in: BB 2005, S. 971 f.

[527]   Vgl. EuGH-Urteil vom 13.12.2005, C-411/03, in: DStR 2006, S. 49 f.

über die Grenze.[528] Demnach gilt der Wert, mit dem die ausländische Kapitalgesellschaft das eingebrachte Betriebsvermögen in ihrer Steuerbilanz ansetzt, für die inländische Kapitalgesellschaft als Veräußerungspreis.[529] Gleichzeitig gilt dieser Wert als Anschaffungskosten der im Wege der Einbringung erhaltenen neuen Anteile an der ausländischen Kapitalgesellschaft. Somit lässt sich eine Besteuerung des Einbringungsgewinns vermeiden, indem das Betriebsstätten-vermögen bei der ausländischen Kapitalgesellschaft - und dementsprechend beim Einbringenden die Anteile - zum Buchwert angesetzt werden.[530] Da für die Bewertung der Anteile im Inland der Wertansatz des Betriebsvermögens in der ausländischen Steuerbilanz maßgeblich ist, obliegt die inländische Kapitalgesellschaft erhöhten Mitwirkungspflichten gem. § 90 Abs. 2 AO. Demnach sind unter Ausschöpfung aller bestehenden rechtlichen und tatsächlichen Möglichkeiten die erforderlichen Beweismittel zu beschaffen. Werden diese Pflichten nicht erfüllt, nimmt die Finanzverwaltung regelmäßig einen Ansatz zum Buchwert an.[531]

3.3.2.2.1 Anwendungsvoraussetzungen von § 23 Abs. 3 UmwStG

3.3.2.2.1.1 Betriebsstätte, Betrieb oder Teilbetrieb

Die Regelung des § 23 Abs. 3 UmwStG ist an mehrere Voraussetzungen geknüpft. Gegenstand der Einbringung i.S.d. § 23 Abs. 3 UmwStG kann nur eine in einem anderen Mitgliedstaat der EU belegene Betriebsstätte sein, die in ihrer Zusammensetzung als Betrieb oder Teilbetrieb zu klassifizieren ist. In der Regelung des § 23 Abs. 3 UmwStG ist jedoch keine Definition dieser Begriffe ersichtlich. Daher ist zu klären, ob der Begriff der Betriebsstätte im Sinne der nationalen Regelung des § 12 AO oder abkommensrechtlich entsprechend der Regelung des jeweils einschlägigen DBA zu interpretieren ist. Nach Ansicht der Finanzverwaltung handelt es sich hierbei um den abkommensrechtlichen Betriebsstättenbegriff.[532] Dies wird in der Literatur zwar teilweise bestätigt[533], je-

---

[528] Vgl. PATT, J. in: DÖTSCH, E. et al.: Umwandlungssteuerrecht, § 23, Rdnr. 57.

[529] § 23 Abs. 3 i.V.m. § 20 Abs. 4 S. 1 UmwStG.

[530] Vgl. BMF-Schreiben vom 25.03.1998, IV B 7 – S 1978 – 21/98 / IV B 2 – S 1909 – 33/98, in: BStBl. I 1998, S. 268, Tz. 23.08.

[531] Vgl. BMF-Schreiben vom 25.03.1998, IV B 7 – S 1978 – 21/98 / IV B 2 – S 1909 – 33/98, in: BStBl. I 1998, S. 268, Tz. 23.09.

[532] Vgl. BMF-Schreiben vom 25.03.1998, IV B 7 – S 1978 – 21/98 / IV B 2 – S 1909 – 33/98, in: BStBl. I 1998, S. 268, Tz. 23.01.

[533] Vgl. SCHMITT, J. in: SCHMITT, J. / HÖRTNAGL, R. / STRATZ, R.: UmwG – UmwStG, § 23 UmwStG, Rdnr. 36.

doch auch vereinzelt abgelehnt.[534] Die EU-Fusionsrichtlinie, die die Grundlage von § 23 UmwStG bildet[535], enthält ebenso keine Definition des Begriffs. Die Heranziehung der abkommensrechtlichen Definition des Betriebsstättenbegriffs ist m.E. zutreffend. Zwar stellt § 23 UmwStG eine Vorschrift des nationalen Steuerrechts dar, so dass die Anwendung von § 12 AO nahe liegend wäre. Allerdings ist die Anwendbarkeit von § 12 AO in den Einzelsteuergesetzen nach dem Sinn und Zweck der jeweiligen Regelung zu entscheiden.[536] Die Regelung des § 23 Abs. 3 UmwStG nimmt explizit Bezug auf die Behandlung der Einbringung im Belegenheitsstaat der Betriebsstätte. Sie ermöglicht es, den im Ausland gewährten Besteuerungsaufschub in das inländische Steuerrecht zu transferieren. Dies gebietet es m.E., an den Betriebsstättenbegriff des jeweiligen DBA, das ein bilaterales Abkommen zwischen den beiden Staaten darstellt, anzuknüpfen.[537]

Auch der Begriff des „Betriebs" ist in der EU-Fusionsrichtlinie nicht näher definiert, was offenbar auf die Unterstellung einer hinreichenden Bekanntheit dieses Begriffs in den einzelnen Mitgliedsstaaten zurückzuführen ist. Es handelt sich demnach um die Gesamtheit aller Wirtschaftsgüter der einbringenden Kapitalgesellschaft, die in ihrer Gesamtheit eine funktionsfähige wirtschaftliche Einheit darstellen. Dies bedeutet, dass alle für die Funktion der Sachgesamtheit wesentlichen Betriebsgrundlagen zu übertragen sind. Werden unwesentliche Betriebsgrundlagen zurückbehalten, ist demnach dennoch von einer Betriebseinbringung auszugehen.[538]

Der Teilbetriebsbegriff ist nach Ansicht der Finanzverwaltung entsprechend der Grundsätze zu § 20 UmwStG und § 16 EStG auszulegen.[539] Demgegenüber ist jedoch zu berücksichtigen, dass die EU-Fusionsrichtlinie den „Teilbetrieb" explizit definiert als „die Gesamtheit der in einem Unternehmensteil einer Gesellschaft vorhandenen aktiven und passiven Wirtschaftsgüter, die in organisatorischer Hinsicht einen selbständigen Betrieb, d.h. eine aus eigenen Mitteln funktionsfähige Einheit, darstellen"[540]. Da § 23 UmwStG keine eigene Definition enthält und die EU-Fusionsrichtlinie dieser Vorschrift als Vorgabe dient, ist

---

[534] Vgl. WOLFF, N. in: BLÜMICH, W.: EStG – KStG – GewStG, § 23 UmwStG , Rdnr. 34, 29; WIDMANN, S. in: WIDMANN, S. / MAYER, D.: Umwandlungsrecht, § 23 UmwStG, Rdnr. 37.

[535] Vgl. PATT, J. in: DÖTSCH, E. et al.: Umwandlungssteuerrecht, § 23, Rdnr. 2.

[536] Vgl. KOENIG, U. in: PAHLKE, A./ KOENIG, U.: Abgabenordnung, § 12, Rdnr. 2.

[537] Vgl. PATT, J. in: DÖTSCH, E. et al.: Umwandlungssteuerrecht, § 23, Rdnr. 62, 22.

[538] Vgl. PATT, J. in: DÖTSCH, E. et al.: Umwandlungssteuerrecht, § 23, Rdnr. 15.

[539] Vgl. BMF-Schreiben vom 25.03.1998, IV B 7 – S 1978 – 21/98 / IV B 2 – S 1909 – 33/98, in: BStBl. I 1998, S. 268, Tz. 23.01.

[540] Art. 2, lit. i) der EU-Fusionsrichtlinie.

nach h.M. die Definition der EU-Fusionsrichtlinie als höherrangiges Recht maßgeblich.[541] Dies wird damit begründet, dass die Bedeutung des in einer EG-
Richtlinie verwendeten Begriffs aus der Richtlinie selbst herauszuentwickeln
ist.[542]

Unterschiede zu der von der Finanzverwaltung befürworteten Definition ergeben
sich insbesondere insoweit, als die Definition des Teilbetriebs in der EU-
Fusionsrichtlinie ausschließlich eine Selbständigkeit „in organisatorischer Hinsicht" erfordert, während für Zwecke der §§ 16 EStG und 20 UmwStG eine
„gewisse Selbständigkeit" vorausgesetzt wird.[543] Daher verlangt der ertragsteuerliche Teilbetriebsbegriff im Sinne der §§ 16 EStG und 20 UmwStG, dass die
zugehörigen Wirtschaftsgüter im Rahmen des Unternehmens des Veräußerers
aufgrund ihrer Funktion eine selbständige Einheit bilden und sich die Tätigkeit
im Teilbetrieb von der Tätigkeit des übrigen Unternehmens unterscheidet.[544]
Dies ist für die Bestimmung des europäischen Teilbetriebsbegriffs nicht notwendig.[545] Vielmehr genügt es hiernach, dass die Wirtschaftsgüter in der Hand
des Erwerbers für den Betrieb eines Unternehmens eine funktionsfähige Grundlage bilden können.[546]

3.3.2.2.1.2 Beschränkt körperschaftsteuerpflichtige EU-Kapitalgesellschaft

Weiterhin erforderlich ist, dass es sich bei der aufnehmenden Gesellschaft um
eine EU-Kapitalgesellschaft handelt, die beschränkt körperschaftsteuerpflichtig
ist. Der Begriff der „EU-Kapitalgesellschaft" ergibt sich hierbei aus der Legal-
definition in § 23 Abs. 1 UmwStG, wonach es sich um eine Kapitalgesellschaft
i.S.d. Definition in Art. 3 der EU-Fusionsrichtlinie handeln muss. Die Formulierung der „beschränkten Steuerpflicht" ist irreführend, da dies gem. § 2 KStG
inländische Einkünfte voraussetzen würde. Die tatsächliche Erzielung inländi-

---

[541] Vgl. Patt, J. in: Dötsch, E. et al.: Umwandlungssteuerrecht, § 23, Rdnr. 11; Schmitt, J. in: Schmitt, J. / Hörtnagl, R. / Stratz, R.: UmwG – UmwStG, § 23 UmwStG, Rdnr. 24; Albrecht, C. in: Haritz, D. / Benkert, M.: Umwandlungssteuergesetz, § 23, Rdnr. 116 f.

[542] Vgl. Schmitt, J. in: Schmitt, J. / Hörtnagl, R. / Stratz, R.: UmwG – UmwStG, § 23 UmwStG, Rdnr. 24.

[543] Vgl. Patt, J. in: Dötsch, E. et al.: Umwandlungssteuerrecht, § 23, Rdnr. 11.

[544] Vgl. Reiß, W. in: Kirchhof, P.: EStG KompaktKommentar, § 16, Rdnr. 63; Alb-recht, C. in: Haritz, D. / Benkert, M.: Umwandlungssteuergesetz, § 23, Rdnr. 117.

[545] Vgl. Schmitt, J. in: Schmitt, J. / Hörtnagl, R. / Stratz, R.: UmwG – UmwStG, § 23 UmwStG, Rdnr. 25.

[546] Vgl. Albrecht, C. in: Haritz, D. / Benkert, M.: Umwandlungssteuergesetz, § 23, Rdnr. 117.

scher Einkünfte ist jedoch für die Anwendung von § 23 Abs. 3 UmwStG nicht erforderlich.[547] Vielmehr ist ausschließlich relevant, dass die ausländische Kapitalgesellschaft im Inland nicht unbeschränkt körperschaftsteuerpflichtig ist.[548]

3.3.2.2.1.3   Gewährung neuer Anteile

Schließlich folgt aus § 23 Abs. 3 UmwStG die Voraussetzung, dass der einbringenden Kapitalgesellschaft ausschließlich neue Anteile gewährt werden. Dies bedingt, dass die Anteile aufgrund der Sacheinlage entstehen, was im Fall der Sachgründung oder der Sachkapitalerhöhung erfüllt ist.[549] Darüber hinausgehende Gegenleistungen, d.h. Zuzahlungen, sind nicht zulässig und gelten als steuerschädlich.[550]

3.3.2.2.2   Rechtsfolgen von § 23 Abs. 3 UmwStG

Als Rechtsfolge ergibt sich gem. § 23 Abs. 3 UmwStG i.V.m. § 20 Abs. 4 S. 1 UmwStG eine zwingende Wertverknüpfung hinsichtlich der erhaltenen neuen Anteile über die Grenze. Maßgebend für den Wertansatz ist der Wert, mit dem die aufnehmende ausländische Kapitalgesellschaft das Betriebsvermögen der Betriebsstätte in ihrer Steuerbilanz angesetzt hat.[551] Die Regelung korrespondiert somit zur vergleichbaren Regelung entsprechender Inlandssachverhalte in § 20 Abs. 1 S.1, Abs. 4 UmwStG. WIDMANN weist zutreffend darauf hin, dass sich der Buchwert der Betriebsstätte nach deutschem Steuerrecht einerseits, und der Buchwert, der nach ausländischem Steuerrecht von der ausländischen Kapitalgesellschaft angesetzt wird andererseits, aufgrund unterschiedlicher steuerlicher Vorschriften – etwa hinsichtlich der AfA-Sätze – unterscheiden können. Hieraus resultiert, dass die Anschaffungskosten der gewährten Anteile aufgrund der Buchwertverknüpfung über die Grenze nicht dem Buchwert der Betriebsstätte nach deutschem Steuerrecht entsprechen müssen. Ist der ausländische Buchwert niedriger als der Buchwert nach deutschem Steuerrecht, sind im Falle einer späteren Veräußerung der erhaltenen Anteile höhere stille Reserven zu versteu-

---

[547]   Vgl. SCHMITT, J. in: SCHMITT, J. / HÖRTNAGL, R. / STRATZ, R.: UmwG – UmwStG, § 23 UmwStG, Rdnr. 75.

[548]   Vgl. BMF-Schreiben vom 25.03.1998, IV B 7 – S 1978 – 21/98 / IV B 2 – S 1909 – 33/98, in: BStBl. I 1998, S. 268, Tz. 23.08.

[549]   Vgl. HERRMANN, H. in: FROTSCHER, G. / MAAS, E.: KStG - UmwStG, UmwStG § 20, Rdnr. 76c.

[550]   Vgl. PATT, J. in: DÖTSCH, E. et al.: Umwandlungssteuerrecht, § 23, Rdnr. 64; ALBRECHT, C. in: HARITZ, D. / BENKERT, M.: Umwandlungssteuergesetz, § 23, Rdnr. 202.

[551]   Vgl. WIDMANN, S. in: WIDMANN, S. / MAYER, D.: Umwandlungsrecht, § 23 UmwStG, Rdnr. 147.

ern, als in der Betriebsstätte nach deutschem Steuerrecht im Zeitpunkt der Einbringung vorhanden waren.[552]

Setzt die ausländische Kapitalgesellschaft demnach den Buchwert des Betriebsvermögens an, resultiert bei der inländischen Kapitalgesellschaft aus der Einbringung kein Einbringungsgewinn und es entstehen gem. § 21 Abs. 1 S. 1 UmwStG sog. einbringungsgeborene Anteile. Letzteres gilt auch für den Fall, dass das Betriebsvermögen über dem Buchwert, jedoch unter dem Teilwert angesetzt wird. Dieser Zwischenwert gilt jedoch als Veräußerungspreis, so dass in Höhe der Differenz zum Buchwert des Betriebsvermögens ein Einbringungsgewinn entsteht. Die Charakterisierung als einbringungsgeborene Anteile bewirkt die Steuerverstrickung der Anteile, so dass die Nichtversteuerung der stillen Reserven im Einbringungszeitpunkt nur als Besteuerungsaufschub, nicht jedoch als Besteuerungsverzicht wirkt. Da die Steuerverhaftung der erhaltenen Anteile aufgrund ihrer Betriebsvermögenseigenschaft bei der inländischen Kapitalgesellschaft ohnehin gewährleistet ist, hat die Regelung des § 21 UmwStG insbesondere im Hinblick auf die Ersatzrealisationstatbestände des § 21 Abs. 2 UmwStG Bedeutung.[553] Weiterhin ist die Qualifizierung der erhaltenen Anteile als einbringungsgeboren elementar für die Freistellung eines bei späterer Veräußerung der Anteile entstehenden Veräußerungsgewinns gem. § 8b KStG. Erfolgt die Veräußerung der Anteile innerhalb von sieben Jahren, unterliegt der resultierende Gewinn aufgrund der Versagung der Steuerbefreiung in § 8b Abs. 4 S. 1 Nr. 1, S. 2 Nr. 1 KStG der vollen Steuerpflicht. Bei Veräußerung außerhalb dieser Sieben-Jahres-Frist gestatten die zitierten Vorschriften die Steuerbefreiung des § 8b Abs. 2 KStG unter Beachtung des Betriebsausgabenabzugsverbots gem. § 8b Abs. 3 S. 1 KStG in Höhe von 5 % des Veräußerungsgewinns, so dass der Gewinn im Ergebnis zu 95 % von der Besteuerung ausgenommen ist.

3.3.2.2.3 Bewertung der Regelung des § 23 Abs. 3 UmwStG

Die Vorschrift des § 23 Abs. 3 UmwStG ermöglicht es einer deutschen Muttergesellschaft, ihre ausländische EU-Betriebsstätte steuerneutral in eine EU-Kapitalgesellschaft einzubringen.[554] Die zwingende Wertverknüpfung über die Grenze wird in der Literatur jedoch als nicht gerechtfertigt kritisiert, da Deutsch-

---

552 Vgl. WIDMANN, S. in: WIDMANN, S. / MAYER, D.: Umwandlungsrecht, § 23 UmwStG, Rdnr. 149.

553 Siehe hierzu ausführlich PATT, J. in: DÖTSCH, E. et al.: Umwandlungssteuerrecht, § 21, Rdnr. 138 – 225.

554 Vgl. HERRMANN, H. in: FROTSCHER, G. / MAAS, E.: KStG - UmwStG, UmwStG § 23, Rdnr. 43.

land nach der Einbringung auf stille Reserven zugreift, die im Abkommensfall vorher nicht der Besteuerung unterlegen hätten.[555] Dies ist zutreffend, da Deutschland nach der Einbringung das Besteuerungsrecht hinsichtlich der in den einbringungsgeborenen Anteilen gespeicherten stillen Reserven besitzt. Demgegenüber würden diese stillen Reserven bei Veräußerung der Betriebsstätte aufgrund des im DBA vorgesehenen Betriebsstättenprinzips der Besteuerung im Betriebsstättenstaat unterliegen, was einhergeht mit deren Freistellung in Deutschland. Die einbringende Kapitalgesellschaft wird daher an einer Aufdeckung der stillen Reserven im Zeitpunkt der Einbringung im Betriebsstättenstaat interessiert sein.[556]

Im Ergebnis ist somit zunächst zutreffend festzuhalten, dass aufgrund der Buchwertverknüpfung des § 23 Abs. 3 UmwStG die stillen Reserven doppelt erfasst werden, da diese ab dem Zeitpunkt der Einbringung sowohl im Betriebsstättenstaat (bei Veräußerung des Betriebsstättenvermögens durch die ausländische Kapitalgesellschaft), als auch in Deutschland (bei Veräußerung der einbringungsgeborenen Anteile durch die inländische Kapitalgesellschaft innerhalb der Sieben-Jahres-Frist) der Besteuerung unterliegen. Diese wirtschaftliche Doppelbesteuerung ist jedoch m.E. keine spezifische Besonderheit von § 23 Abs. 3 UmwStG, sondern existiert auch im vergleichbaren reinen Inlandssachverhalt des § 21 Abs. 1 S. 1, § 22 UmwStG. Sofern die aufnehmende Kapitalgesellschaft im reinen Inlandssachverhalt das eingebrachte inländische Betriebsvermögen gem. § 20 Abs. 2 UmwStG zum Buchwert ansetzt, resultiert für die einbringende Kapitalgesellschaft ebenfalls eine Buchwertverknüpfung hinsichtlich der neuen Anteile. Eine Schlechterstellung von Einbringungen im europäischen Kontext gegenüber Einbringungen im reinen Inlandssachverhalt kann m.E. somit grundsätzlich nicht angenommen werden. Diese resultiert allenfalls daraus, dass § 20 Abs. 2 UmwStG im reinen Inlandssachverhalt der aufnehmenden Kapitalgesellschaft ein Wahlrecht einräumt, den Buchwert anzusetzen, während im Ausland derartige Wahlrechte nicht durchweg existieren.[557] Aus § 23 Abs. 3 UmwStG resultiert indes keine juristische Doppelbesteuerung, sondern ausschließlich eine doppelte Erfassung der stillen Reserven, da zwei verschiedene Steuersubjekte vorliegen.[558] Zu bedenken ist auch, dass sowohl im Inlands- als auch im europäischen Kontext die doppelte Erfassung ausschließ-

---

[555] Vgl. EDELMANN, G. in: LÖWENSTEIN, U. / LOOKS, C.: Betriebsstättenbesteuerung, S. 171.

[556] Vgl. HERRMANN, H. in: FROTSCHER, G. / MAAS, E.: KStG - UmwStG, UmwStG § 23, Rdnr. 44.

[557] Vgl. z.B. die grundsätzlich zwingende Einbringung zum Buchwert in Österreich; vgl. WIDMANN, S. in: WIDMANN, S. / MAYER, D.: Umwandlungsrecht, § 23 UmwStG, Rdnr. 156.

[558] Vgl. PATT, J. in: DÖTSCH, E. et al.: Umwandlungssteuerrecht, § 23, Rdnr. 59.

lich bei Veräußerung der neuen Anteile innerhalb der Sieben-Jahres-Frist des § 8b Abs. 4 KStG eintritt, was insofern eine gewisse Relativierung bewirkt.[559] Allerdings ist die Kritik von WIDMANN generell berechtigt, wonach die grenz-überschreitende Buchwertverknüpfung im Abkommensfall dazu führt, dass in Deutschland stille Reserven steuerverhaftet sind, obwohl nach Maßgabe der jeweiligen DBA Deutschland kein Besteuerungsrecht hinsichtlich der stillen Reserven der ausländischen Betriebsstätte zusteht.[560] Zutreffend ist m.E. weiterhin die ebenfalls kritisierte Schlechterstellung der Einbringung im europäischen Kontext gegenüber Einbringungen in Drittstaaten, da im letztgenannten Fall keine Wertverknüpfung über die Grenze existiert.[561] Im Drittstaatenkontext zieht die Einbringung bei Bestehen eines DBA somit aufgrund der Freistellung der Betriebsstättengewinne im Inland keinerlei Besteuerung nach sich, während die stillen Reserven im europäischen Kontext nach Maßgabe der Besteuerung einbringungsgeborener Anteile steuerverhaftet bleiben.

Daher ist nach m.E. zutreffender Ansicht von WIDMANN davon auszugehen, dass die Regelung in § 23 Abs. 3 UmwStG mit der EU-Fusionsrichtlinie nicht vereinbar ist.[562] Seitens der EU-Kommission wurde im Rahmen der Neufassung der EU-Fusionsrichtlinie der Vorschlag eingebracht, das Problem der wirtschaftlichen Doppelbesteuerung mittels steuerfreier Aufstockung der einbringungsgeborenen Anteile auf den realen Wert zu lösen.[563] Dieser zu begrüßende Vorschlag wurde vom Ministerrat indes abgelehnt, da befürchtet wurde, dass damit die Besteuerungsrechte der Mitgliedstaaten unterlaufen werden.[564] Daher verbleibt es gegenwärtig bei der aus der Einbringung resultierenden wirtschaftlichen Doppelbesteuerung, die den „'Preis' für den automatischen Steueraufschub"[565] darstellt.

---

[559]   Vgl. SCHMITT, J. in: SCHMITT, J. / HÖRTNAGL, R. / STRATZ, R.: UmwG – UmwStG, § 23 UmwStG, Rdnr. 80.

[560]   Vgl. WIDMANN, S. in: WIDMANN, S. / MAYER, D.: Umwandlungsrecht, § 23 UmwStG, Rdnr. 151.

[561]   Vgl. BOGENSCHÜTZ, E.: Steuerliche Probleme bei europäischen Unternehmenszusammenschlüssen – Erfahrungsbericht aus deutscher Sicht, in: IStR 2000, S. 617.

[562]   Vgl. WIDMANN, S. in: WIDMANN, S. / MAYER, D.: Umwandlungsrecht, § 23 UmwStG, Rdnr. 154 m.w.N.

[563]   Vgl. SCHINDLER, C.: Generalthema II: Die Änderungen der Fusionsbesteuerungsrichtlinie, in: IStR 2005, S. 555; BLUMERS, W. / KINZL, U.: Änderungen der Fusionsrichtlinie: Warten auf den EuGH, a.a.O., S. 974.

[564]   Vgl. SASS, G.: Die geänderte steuerliche EU-Fusionsrichtlinie vom 17.2.2005, in: DB 2005, S. 1238.

[565]   Vgl. SASS, G.: Die geänderte steuerliche EU-Fusionsrichtlinie vom 17.2.2005, a.a.O., S. 1240.

4 Errichtung einer ausländischen Kapitalgesellschaft

Ungeachtet der steuerlichen Attraktivität, die eine ausländische Betriebsstätte aufweist, ist festzustellen, dass die Rechtsform der Kapitalgesellschaft für Auslandsaktivitäten bevorzugt gewählt wird.[566] Die Ursachen dafür liegen insbesondere im Bereich des Gesellschaftsrechts, da eine Kapitalgesellschaft die Möglichkeit der Herbeiführung einer Haftungsbegrenzung bietet. Weiterhin sind die flexibleren Finanzierungsmöglichkeiten im Vergleich zur Alternative der Errichtung einer ausländischen Betriebsstätte von Bedeutung, da es bei Errichtung einer ausländischen Kapitalgesellschaft, soweit erforderlich, möglich ist, weitere Eigenkapitalgeber hinzuzuziehen. Auch in organisatorischer Hinsicht sind Vorteile zu verzeichnen. So ermöglicht es die Rechtsform der Kapitalgesellschaft gegenüber der Alternative der Betriebsstätte, im Ausland als heimisches Unternehmen aufzutreten. Ebenso vorteilhaft ist die Möglichkeit der Verselbständigung der Organisation und des Rechnungswesens.[567]

4.1 Grundlagen der Besteuerung

4.1.1 Steuerliche Erfassung der laufenden Einkünfte

Eine Kapitalgesellschaft ist als juristische Person rechtlich selbständig, so dass entsprechend dem Trennungsprinzip zwischen der Ebene der Tochtergesellschaft und der Ebene der Muttergesellschaft als Anteilseigner zu unterscheiden ist. Die Tochtergesellschaft unterliegt in ihrem Domizilstaat als eigenständiges Steuersubjekt entsprechend den dort geltenden Abgrenzungskriterien mit ihrem Welteinkommen der unbeschränkten Steuerpflicht. Erzielt die Tochtergesellschaft Einkünfte aus Drittstaaten, z.B. Dividenden oder Gewinne aus einer dort belegenen Betriebsstätte, unterliegt sie gleichzeitig in diesen Staaten der beschränkten Steuerpflicht. Zur Vermeidung einer hieraus resultierenden Doppelbesteuerung kommen die in ihrem Domizilstaat geltenden unilateralen Maßnahmen zur Anwendung bzw. es greift das DBA, das ihr Domizilstaat mit dem betreffenden Quellenstaat geschlossen hat.

Für die inländische Muttergesellschaft gilt dies analog. Sie unterliegt in Deutschland aufgrund der Merkmale des Ortes der Geschäftsleitung (§ 10 AO) und des Sitzes (§ 11 AO) mit ihrem Welteinkommen der unbeschränkten Kör-

[566] Vgl. JACOBS, O.: Internationale Unternehmensbesteuerung, S. 499.
[567] Vgl. SCHEFFLER, W.: Besteuerung der grenzüberschreitenden Unternehmenstätigkeit, S. 201.

perschaftsteuerpflicht gem. § 1 Abs. 1 Nr. 1 KStG. Gleichzeitig tritt im Falle einer Gewinnausschüttung der ausländischen Tochtergesellschaft entsprechend dem Steuerrecht des Sitzstaates insoweit beschränkte Steuerpflicht im Ausland ein.

Im Falle der Errichtung einer Tochtergesellschaft ergeben sich somit hinsichtlich nicht-ausgeschütteter Gewinne bei der Muttergesellschaft grundsätzlich keine steuerlichen Folgen.[568] Dies beruht auf der Abschirmwirkung einer Kapitalgesellschaft.

4.1.1.1 Körperschaftsteuerpflicht von ausländischen Dividenden

4.1.1.1.1 Steuerfreistellung nach § 8b Abs. 1 KStG

Gewinnausschüttungen der Tochtergesellschaft gehen aufgrund des Welteinkommensprinzips im Zeitpunkt des Gewinnverwendungsbeschlusses der Tochtergesellschaft in die Gewinnermittlung der Muttergesellschaft ein. In diesem Zusammenhang ist zu beachten, dass der BFH eine phasengleiche Aktivierung von Dividendenansprüchen selbst bei einem mehrheitlich beherrschenden Gesellschafter ablehnt, d.h. der Gewinnanspruch darf bei der Muttergesellschaft nicht bereits im Zeitpunkt der Gewinnentstehung bei der Tochtergesellschaft ergebniswirksam aktiviert werden, sondern erst zu dem Zeitpunkt, in dem der Dividendenanspruch aufgrund eines Gewinnverwendungsbeschlusses der Tochtergesellschaft zivilrechtlich entstanden ist.[569]

Im Rahmen der Einkommensermittlung der Muttergesellschaft, d.h. außerhalb der Steuerbilanz[570], erfolgt eine Korrektur gem. der sachlichen Befreiungsvorschrift des § 8b Abs. 1 KStG. Nach dieser Vorschrift bleiben bei einer Körperschaft Bezüge im Sinne des § 20 Abs. 1 Nr. 1, 2, 9 und 10 lit. a) EStG bei der Ermittlung des Einkommens außer Ansatz. Der sachliche Anwendungsbereich erfasst alle Formen gesellschaftsrechtlicher Leistungen einer Körperschaft an ihre Anteilseigner.[571] Hierbei handelt es sich insbesondere um Gewinnanteile

---

[568]   Hiervon ausgenommen ist eine Anwendung der Vorschriften der Hinzurechnungsbesteuerung in §§ 7 ff. AStG, sofern die darin normierten Voraussetzungen erfüllt sind. Dies soll aufgrund der Themenstellung der Verlagerung der Produktionstätigkeit auf die Tochtergesellschaft nicht gegeben sein.

[569]   Vgl. BFH-Beschluss vom 07.08.2000, GrS 2/99, in: BStBl. II 2000, S. 635 - 638.

[570]   Vgl. ZIMMERMANN, J. in: ERLE, B. / SAUTER, T.: KStG, § 8b, Rdnr. 23.

[571]   Vgl. FROTSCHER, G. in: FROTSCHER, G. / MAAS, E.: KStG - UmwStG, KStG § 8b, Rdnr. 19.

(Dividenden), aber auch z.B. um verdeckte Gewinnausschüttungen[572] und Sachdividenden. Die Steuerbefreiung, die für Bezüge in- und ausländischer Kapitalgesellschaften gleichermaßen gilt, ist weder von einer Mindest-Beteiligungsquote, noch vom Einhalten einer Haltefrist bezüglich der Anteile abhängig.[573] Auch ein abkommensrechtliches Schachtelprivileg ist für die Anwendung von § 8b Abs. 1 KStG irrelevant. Derartige Schachtelprivilegien sehen im Regelfall ab einer bestimmten Mindestbeteiligungshöhe und bei Vorliegen einer aktiven Tätigkeit der ausschüttenden Kapitalgesellschaft die Anwendung der Freistellungsmethode auf Dividenden vor. Die Vorschrift des § 8b Abs. 1 KStG verdrängt ein eventuell bestehendes Schachtelprivileg indes nicht. Vielmehr stehen die beiden Regelungsbereiche unabhängig nebeneinander.[574]

Die von der inländischen Muttergesellschaft bezogenen Dividenden der ausländischen Tochtergesellschaft bleiben gem. § 8b Abs. 1 KStG als Bezüge im Sinne des § 20 Abs. 1 Nr. 1 EStG bei der Ermittlung des Einkommens außer Ansatz. Da die Bezüge handels- und steuerbilanziell erfasst sind, ist somit eine außerbilanzielle Korrektur im Rahmen der Ermittlung des zu versteuernden Einkommens geboten.[575]

4.1.1.1.2 Nicht-abziehbare Betriebsausgaben gem. § 8b Abs. 5 KStG

4.1.1.1.2.1 Regelungsinhalt

Aufgrund der Sonderregelung des § 8b Abs. 5 KStG greift die Freistellung der Dividende von der Körperschaftsteuer bei wirtschaftlicher Betrachtung nur hinsichtlich 95 % der Dividende. Dies ergibt sich daraus, dass 5 % der Dividende gem. § 8b Abs. 5 S. 1 KStG als Ausgaben gelten, die nicht als Betriebsausgaben abgezogen werden dürfen und somit außerbilanziell hinzuzurechnen sind. Diese unwiderlegbare Fiktion mit pauschalierendem Charakter soll dem Steuerpflichtigen die komplizierte Ermittlung der im Zusammenhang mit der ausländischen Beteiligung stehenden Betriebsausgaben ersparen, so z.B. Refinanzierungskos-

---

[572] Bei einer verdeckten Gewinnausschüttung handelt es sich um einen Vermögensvorteil, der dem Anteilseigner von der Kapitalgesellschaft gewährt wird, und dessen Veranlassung im Gesellschaftsverhältnis liegt, der aber nicht auf einen gesellschaftsrechtlichen Gewinnverteilungsbeschluss zurückzuführen ist; vgl. VON BECKERATH, H. in: KIRCHHOF, P.: EStG KompaktKommentar, § 20, Rdnr. 71.

[573] Vgl. BMF-Schreiben vom 28.04.2003, IV A 2 – S 2750a – 7/03, in: BStBl. I 2003, S. 292, Tz. 4.

[574] Vgl. GOSCH, D. in: GOSCH, D.: KStG, § 8b, Rdnr. 40.

[575] Vgl. FROTSCHER, G. in: FROTSCHER, G. / MAAS, E.: KStG - UmwStG, KStG § 8b, Rdnr. 28.

ten oder Kosten der Verwaltung der Beteiligung.[576] Ohne die Regelung des § 8b Abs. 5 KStG wären die korrespondierenden Betriebsausgaben in exakter Höhe zu ermitteln und außerbilanziell hinzuzurechnen, da sie gem. § 3c Abs. 1 EStG als mit steuerfreien Einnahmen in unmittelbarem wirtschaftlichen Zusammenhang stehende Ausgaben nicht abzugsfähig wären. Dies wird durch § 8b Abs. 5 KStG vermieden, da gem. Satz 2 der Vorschrift § 3c Abs. 1 EStG nicht anzuwenden ist.

Die pauschale Ermittlung der nicht-abziehbaren Betriebsausgaben erfolgt unabhängig davon, ob und in welcher Höhe tatsächlich Aufwendungen entstanden sind. Die tatsächlichen Aufwendungen der Muttergesellschaft, die mit der Beteiligung an der ausländischen Tochtergesellschaft im wirtschaftlichen Zusammenhang stehen, sind vollständig abzugsfähig. Dies erweist sich als vorteilhaft, sofern diese höher als 5 % der im betreffenden Wirtschaftsjahr bezogenen Dividende sind. Unterschreiten die tatsächlichen Aufwendungen dagegen die pauschalen nicht abzugsfähigen Betriebsausgaben i.H.v. 5 % der Dividende, resultiert aus der Regelung ein Nachteil für die Muttergesellschaft. Daher wird in der Literatur ein Verstoß gegen den Gleichheitsgrundsatz des Art. 3 Abs. 1 GG angenommen. Begründet wird dies damit, dass die Frage, ob und in welcher Höhe Betriebsausgaben einen unmittelbaren wirtschaftlichen Zusammenhang zu steuerfreien Einnahmen aufweisen, einen nicht-typisierbaren Sachverhalt darstellt. Daher sollte dem Anteilseigner die Möglichkeit eingeräumt werden, seine geringeren Betriebsausgaben nachzuweisen.[577] Die Regelung des § 8b Abs. 5 KStG wirkt der Intention des Gesetzgebers, mit § 8b Abs. 1 KStG einen Kaskadeneffekt zu vermeiden, entgegen, da innerhalb einer Beteiligungskette auf jeder Ebene faktisch 5 % der Bezüge zu versteuern sind.[578] Hieraus resultiert eine Kumulationswirkung, die in Extremfällen zur völligen Neutralisierung der aus § 8b Abs. 1 KStG resultierenden Steuerfreistellung führen kann.[579]

---

[576]   Vgl. BT-Drucksache 14/443, S. 35 f., „Zu Nummer 1 Buchstabe b".

[577]   Vgl. SCHEIPERS, T.: Betriebsausgabenabzug bei Schachteldividenden - Änderung des § 8b Abs. 7 KStG durch das Steuerbereinigungsgesetz 1999, in: DStR 2000, S. 93.

[578]   Vgl. DÖTSCH, E. / PUNG, A. in: DÖTSCH, E. et al.: Die Körperschaftsteuer, KStG n.F. § 8b, Rdnr. 108c.

[579]   Vgl. MENCK, T. in: BLÜMICH, W.: EStG – KStG – GewStG, § 8b KStG, Rdnr. 60k; GOSCH, D. in: GOSCH, D.: KStG, § 8b, Rdnr. 505.

4.1.1.1.2.2 Kritische Würdigung der Regelung

4.1.1.1.2.2.1 Pauschalierende Höhe

In der Literatur wird die fiktive Pauschalierung der nicht abzugsfähigen Betriebsausgaben stark kritisiert, da die entsprechenden Verwaltungskosten i.d.R. eher Fixkostencharakter haben, was die Pauschalregelung vollständig außer Acht lässt.[580] Hierzu hat sich auch das FG Hamburg im Urteil vom 29.04.2004 kritisch geäußert.[581] So sei die Annahme einer Mindestpauschale als Kosten der Verwaltung unangemessen, da für derartige Kosten keine Erfahrungssätze existieren. Auch auf Ebene der EU ist diese Problematik erkannt worden, da der Vorschlag einer Änderungsrichtlinie zur EU-Mutter-Tochterrichtlinie[582] der Muttergesellschaft die Möglichkeit einräumen sollte, die tatsächlichen Verwaltungskosten nachzuweisen, die nicht als Betriebsausgabe ansetzbar sind.[583] Niedrigere Verwaltungskosten als die derzeitigen 5 % der Bezüge wären damit nachweisbar.[584] Diese im Entwurf vorgesehene Möglichkeit wurde vom EU-Ministerrat im Dezember 2003 jedoch nicht verabschiedet.[585]

4.1.1.1.2.2.2 Verhältnis zu EU-Recht

Ein weiterer Kritikpunkt bezieht sich auf die Einordnung von § 8b Abs. 5 KStG im internationalen Kontext, insbesondere in Bezug auf das Verhältnis zur EU-Mutter-Tochterrichtlinie und den europarechtlich geschützten Grundfreiheiten.

Mit der EU-Mutter-Tochterrichtlinie sollen steuerliche Mehrbelastungen bei Ausschüttungen von Konzernunternehmen im EU-Binnenmarkt verhindert werden. Die Doppelbesteuerung wird im Staat der Muttergesellschaft vermieden,

---

[580] Vgl. FROTSCHER, G. in: FROTSCHER, G. / MAAS, E.: KStG - UmwStG, KStG § 8b, Rdnr. 83.

[581] Vgl. FG Hamburg vom 29.04.2004, VI 53/02, in: IStR 2004, S. 613.

[582] Richtlinie 90/435/EWG des Rates vom 23.07.1990 über das gemeinsame Steuersystem der Mutter- und Tochtergesellschaften verschiedener Mitgliedstaaten, in: ABl. EG 1990 Nr. L 1990/225, S. 6 - 9, zuletzt geändert durch die Richtlinie 2003/123/EG des Rates vom 22.12.2003, in: ABl. EU Nr. L 2004/7, S. 41 – 44.

[583] Vgl. EU-KOMMISSION: Vorschlag für eine Richtlinie des Rates zur Änderung der Richtlinie 90/435/EWG über das gemeinsame Steuersystem der Mutter- und Tochtergesellschaften verschiedener Mitgliedstaaten, KOM(2003) 462 endg., vom 29.07.2003, in: http://europa.eu.int/eur-lex/lex/LexUriServ/site/de/com/2003/com2003_0462de01.pdf, Stand 29.07.2003, S. 6.

[584] Vgl. FROTSCHER, G. in: FROTSCHER, G. / MAAS, E.: KStG - UmwStG, KStG § 8b, Rdnr. 81a.

[585] Vgl. Richtlinie 2003/123/EG des Rates vom 22.12.2003, in: ABl. EU Nr. L 2004/7, S. 41 – 44 (im Literaturverzeichnis unter „EU-Mutter-Tochterrichtlinie" aufgeführt).

indem entweder die empfangenen Dividenden nicht besteuert werden, oder alternativ eine Besteuerung erfolgt, und hierzu der Steuerteilbetrag der von der Tochtergesellschaft und jeglicher Enkelgesellschaft für diesen Gewinn entrichteten Steuer bis zur Höhe der entsprechenden Steuerschuld der Muttergesellschaft angerechnet werden kann. Zusätzlich unterbleibt ein Quellensteuereinbehalt auf Gewinnausschüttungen im Domizilstaat der Tochtergesellschaft.[586] Da Deutschland auf Dividendenbezüge unabhängig von deren Ursprung gem. § 8b Abs. 1 KStG die Methode der Freistellung anwendet, ist zu klären, ob die faktische Freistellung von nur 95 % aufgrund von § 8b Abs. 5 KStG mit der EU-Mutter-Tochterrichtlinie vereinbar ist. Dies wurde vom FG Hamburg im Urteil vom 29.04.2004 bezüglich der früheren Regelung des § 8b Abs. 7 KStG 1999 mit Verweis auf die Niederlassungsfreiheit verneint.[587]

Nach § 8b Abs. 7 KStG 1999 galten von den Dividenden aus Anteilen an einer ausländischen Kapitalgesellschaft, die nach einem DBA von der Körperschaftsteuer befreit sind, 5 % als Betriebsausgaben, die mit den Einnahmen in unmittelbarem wirtschaftlichen Zusammenhang stehen. Unter Berücksichtigung des § 3c EStG in der für die Streitjahre maßgeblichen Fassung war die Dividende damit faktisch nur zu 95 % steuerfrei. Dies hat das FG Hamburg als Verstoß gegen die im Licht der Niederlassungsfreiheit (Art. 43 EGV n.F.) ausgelegte EU-Mutter-Tochterrichtlinie gewertet. So gestatte die Richtlinie in Art. 4 Abs. 2 zwar ausdrücklich, einen Pauschalbetrag i.H.v. 5 % der von der Tochtergesellschaft ausgeschütteten Gewinne als Kosten der Beteiligung zu behandeln, die nicht vom steuerpflichtigen Gewinn der Muttergesellschaft abgesetzt werden dürfen.[588] Allerdings habe die innerstaatliche Umsetzung dieser Richtlinie im Einklang mit den europäischen Grundfreiheiten zu erfolgen. Der Gesetzgeber dürfe von der in Art. 4 Abs. 2 der Richtlinie eingeräumten Möglichkeit nur im Rahmen der Niederlassungsfreiheit Gebrauch machen, da das Gemeinschaftsrecht Vorrang vor dem nationalen Recht genieße. Diese Prämisse war in der Vergangenheit nach Ansicht des FG Hamburg nicht erfüllt, da in den betroffenen Streitjahren für vergleichbare Beteiligungsaufwendungen einer inländischen Tochtergesellschaft keine zu § 8b Abs. 7 KStG 1999 i.V.m. § 3c EStG entsprechende Regelung existierte. Eine Vorlage an den EuGH hielt das FG Hamburg nicht für erforderlich, da die Auslegung der Bestimmungen des EG-Vertrags - insbesondere der Niederlassungsfreiheit - und der EU-Mutter-Tochterrichtlinie

---

[586]   Siehe zur EU-Mutter-Tochterrichtlinie ausführlich Kap. 4.1.2.2.1 auf S. 150 ff.
[587]   Vgl. FG Hamburg vom 29.04.2004, VI 53/02, in: IStR 2004, S. 612 f., Revision beim BFH eingelegt, AZ beim BFH: I R 78/04.
[588]   Vgl. BULLINGER, P.: Änderung der Mutter-Tochter-Richtlinie ab 2005: Erweiterung des Anwendungsbereiches und verbleibende Probleme, in: IStR 2004, S. 411; SCHEIPERS, T.: Betriebsausgabenabzug bei Schachteldividenden - Änderung des § 8b Abs. 7 KStG durch das Steuerbereinigungsgesetz 1999, a.a.O., S. 93.

seit dem sog. „*Bosal-Holding*"-Urteil des EuGH[589] nicht mehr zweifelhaft sei. Diese m.E. zutreffenden Argumentation[590] führt jedoch im Umkehrschluss dazu, dass die Nachfolgeregelung des § 8b Abs. 5 KStG nicht mit der Niederlassungsfreiheit des Art. 43 EGV kollidiert, da diese Pauschalregelung aufgrund der Neufassung durch das ProtErklG[591] ab dem VZ 2004 sowohl bei in- als auch ausländischen Dividenden gilt. Daher ist ein Verstoß gegen die Niederlassungsfreiheit des Art. 43 EGV und gegen Art. 4 Abs. 2 der EU-Mutter-Tochterrichtlinie ab dem VZ 2004 somit nicht mehr anzunehmen.[592]

4.1.1.1.2.2.3 Verhältnis zu einem bestehenden DBA-Schachtelprivileg

Im internationalen Kontext ist weiterhin der Bezug von § 8b Abs. 5 KStG zu den bestehenden DBA zu beurteilen. In den meisten DBA ist entsprechend dem sog. internationalen Schachtelprivileg die Freistellung von Dividenden vorgesehen, sofern die Beteiligung an der ausländischen Gesellschaft eine prozentuale Mindestbeteiligungsquote – i.d.R. 25 % bzw. in neueren Abkommen 10 % - überschreitet, sowie eine ggf. vorgesehene Aktivitätsklausel erfüllt ist.[593] In diesem Fall ergibt sich die Freistellung im Inland sowohl aus dem DBA, als auch aus § 8b Abs. 1 KStG, da diese Vorschriften selbständig nebeneinander stehen.[594] Dies hat jedoch zur Folge, dass auch die Regelung des § 8b Abs. 5 KStG ungeachtet eines bestehenden Schachtelprivilegs greift, da § 8b Abs. 5 S. 1 KStG auf die Bezüge im Sinne des § 8b Abs. 1 KStG Bezug nimmt. Im Ergebnis erfolgt die pauschale Hinzurechnung von 5 % der Dividende auch, sofern

[589] Vgl. EuGH-Urteil vom 18.09.2003, C-168/01, in: IStR 2003, S. 666 - 669. In diesem Urteil hat der EuGH die EU-Widrigkeit einer nationalen Regelung festgestellt, nach der bei der Besteuerung der Gewinne einer in einem Mitgliedstaat niedergelassenen Muttergesellschaft die Kosten, die mit einer von dieser gehaltenen Beteiligung an einer in einem anderen Mitgliedstaat niedergelassenen Tochtergesellschaft verbunden sind, nur dann abzugsfähig sind, wenn diese Kosten mittelbar der Erzielung von Gewinnen dienen, die in dem Mitgliedstaat, in dem die Muttergesellschaft niedergelassen ist, steuerpflichtig sind.

[590] Vgl. so auch LÜDICKE, J.: Erneut: Keine 5 % nicht abzugsfähige Betriebsausgaben bei innergemeinschaftlicher Anwendung des Schachtelprivilegs, in: IStR 2004, S. 751.

[591] Gesetz zur Umsetzung der Protokollerklärung der Bundesregierung zur Vermittlungsempfehlung zum Steuervergünstigungsabbaugesetz vom 22.12.2003, in: BGBl. I 2003, 2843.

[592] Vgl. KERSSENBROCK, O. / TIEDEMANN, S.: BB-Kommentar zum Urteil des FG Hamburg vom 29. April 2004 – VI 53/02, in: BB 2004, S. 1949; DÖTSCH, E. / PUNG, A. in: DÖTSCH, E. et al.: Die Körperschaftsteuer, KStG n.F. § 8b, Rdnr. 108b; FROTSCHER, G. in: FROTSCHER, G. / MAAS, E.: KStG - UmwStG, KStG § 8b, Rdnr. 81.

[593] Vgl. GROTHERR, S. in: BECKER, H. et al.: DBA-Kommentar, Art. 23 A / 23 B OECD-MA, Rdnr. 97.

[594] Vgl. FROTSCHER, G. in: FROTSCHER, G: / MAAS, E.: KStG - UmwStG, KStG § 8b, Rdnr. 85a.

neben § 8b Abs. 1 KStG auch aus dem DBA-Schachtelprivileg eine vollständige Freistellung der Dividende resultieren würde.

Dieses Treaty-Overriding wird in der Literatur kritisiert, da hierin ein Verstoß gegen das DBA gesehen wird, in dem die vollständige Freistellung bilateral vereinbart ist.[595] Allerdings sind diese Bedenken m.E. nur bei wirtschaftlicher Sichtweise berechtigt. Tatsächlich lässt sich kein Verstoß gegen das DBA herleiten, da auch aus § 8b Abs. 1 KStG eine vollständige Freistellung resultiert. Die Regelung in § 8b Abs. 5 KStG führt zwar wirtschaftlich betrachtet zu einer Freistellung i.H.v. nur 95 % der Dividende, jedoch bezieht sich die Vorschrift auf die im Zusammenhang mit den Bezügen stehenden Ausgaben, die nicht als Betriebsausgaben abgezogen werden dürfen. Die vollständige Freistellung der Dividende gem. § 8b Abs. 1 KStG bzw. nach Maßgabe des internationalen Schachtelprivilegs bleibt hiervon unberührt. Demgegenüber wird die Frage der Abzugsfähigkeit von Betriebsausgaben im DBA nicht behandelt.[596] Unter rechtssystematischen Gesichtspunkten ist ein Verstoß gegen das abkommensrechtliche Schachtelprivileg daher m.E. nicht gegeben.

4.1.1.2 Gewerbesteuerpflicht von ausländischen Dividenden

Der Gewerbesteuer unterliegt gem. § 2 Abs. 1, Abs. 2 GewStG jeder stehende Gewerbebetrieb, soweit er im Inland betrieben wird. Hierunter ist stets und in vollem Umfang die Tätigkeit der Kapitalgesellschaften zu erfassen. Die Besteuerungsgrundlage bildet gem. § 6 GewStG der Gewerbeertrag. Die Ausgangsgröße für dessen Ermittlung ist gem. § 7 S. 1 GewStG der nach den Vorschriften des EStG oder des KStG zu ermittelnde Gewinn aus dem Gewerbebetrieb, der bei der Ermittlung des Einkommens anzusetzen ist. Somit wirkt sich die Regelung des § 8b KStG auch auf die Gewerbesteuer aus.

Entsprechend dem Objektsteuercharakter der Gewerbesteuer, wonach die objektivierte Ertragskraft des laufenden Gewerbebetriebs als Besteuerungsgut erfasst werden soll, ist der Gewerbeertrag nach Maßgabe der Hinzurechnungen und Kürzungen in §§ 8, 9 GewStG zu modifizieren.[597] Im vorliegenden Kontext kommt neben einem eventuellen abkommensrechtlichen Schachtelprivileg, dessen Beteiligungsgrenze für Zwecke der Gewerbesteuer in § 9 Nr. 8 GewStG auf 10 % abgesenkt wird, dem gewerbesteuerrechtlichen Schachtelprivileg in § 8 Nr. 5, § 9 Nr. 7 GewStG zentrale Bedeutung zu. Nach der Intention des Ge-

---

[595]   Vgl. REITH, T.: Internationales Steuerrecht, S. 403.

[596]   Vgl. FROTSCHER, G. in: FROTSCHER, G. / MAAS, E.: KStG - UmwStG, KStG § 8b, Rdnr. 85a.

[597]   Vgl. MONTAG, H. in: TIPKE, K. / LANG, J.: Steuerrecht, S. 431.

setzgebers soll die Freistellung gem. § 8b Abs. 1 KStG grundsätzlich auch für die Ermittlung des Gewerbeertrags gelten. Allerdings sind hierbei die Restriktionen hinsichtlich der erforderlichen Beteiligungsquote zu beachten, die sowohl bei Dividenden in- als auch ausländischer Kapitalgesellschaften Anwendung finden.

Da die ausländischen Dividenden aufgrund § 8b Abs. 1 KStG nicht im Einkommen der Muttergesellschaft enthalten sind, ist zunächst die Anwendung der Hinzurechnungsvorschrift des § 8 Nr. 5 GewStG zu untersuchen. Hiernach sind die gem. § 8b Abs. 1 KStG außer Ansatz bleibenden Gewinnanteile und diesen gleichgestellte Bezüge dem Gewinn aus Gewerbebetrieb hinzuzurechnen, soweit diese nicht die Voraussetzungen des § 9 Nr. 2a oder 7 GewStG erfüllen.[598] Im vorliegenden Falle ausländischer Dividenden ist die Vorschrift des § 9 Nr. 7 GewStG relevant.

4.1.1.2.1 Allgemeine Voraussetzungen

Die Freistellung nach Maßgabe von § 8 Nr. 5 i.V.m. § 9 Nr. 7 GewStG tritt nur ein, sofern eine Schachtelbeteiligung vorliegt. Dies ist erfüllt, sofern die Beteiligung am Nennkapital der ausländischen Tochtergesellschaft seit Beginn des Erhebungszeitraums zu mindestens einem Zehntel besteht. Demnach ist ausschließlich auf die kapitalmäßige Beteiligung, nicht jedoch auf den Umfang der Stimmrechte abzustellen. Nicht näher konkretisiert wird jedoch vom Gesetzgeber, ob die Beteiligung unmittelbar bestehen muss. Nach Ansicht des BFH genügt jedwede Form der Beteiligung in dem gesetzlich bestimmten Umfang von einem Zehntel, so dass eine mittelbare Beteiligung für die Inanspruchnahme des Schachtelprivilegs ausreichend ist.[599]

Die Gewährung der Schachtelvergünstigung erfordert keinen Antrag, sondern erfolgt von Amts wegen.[600] Indes setzt § 9 Nr. 7 S. 5 GewStG voraus, dass das inländische Unternehmen alle Nachweise hinsichtlich der Erfüllung der Anwendungsvoraussetzungen erbringt. Dies umfasst die Vorlage sachdienlicher Unterlagen zu den Tätigkeiten der Tochter- sowie ggf. einzubeziehender Enkelgesellschaften, sowie die Vorlage von Bilanzen und Erfolgsrechnungen zum Nachweis des ausschüttbaren Gewinns von Tochter- bzw. Enkelgesellschaft.

---

[598] Vgl. PRINZ, U. / SIMON, S.: Kuriositäten und Ungereimtheiten des UntStFG: Ungewollte Abschaffung des gewerbesteuerlichen Schachtelprivilegs für Kapitalgesellschaften?, in: DStR 2002, S. 151.

[599] Vgl. BFH vom 17.05.2000, I R 31/99, in: BStBl. II 2001, S. 686.

[600] Vgl. R 65 Abs. 4 S. 1 GewStR 1998.

4.1.1.2.2 Tätigkeitsvoraussetzungen

Das gewerbesteuerliche Schachtelprivileg wird grundsätzlich nur gewährt, sofern die ausländische Tochtergesellschaft die in § 9 Nr. 7 S. 1 GewStG normierten Tätigkeitserfordernisse erfüllt. Dies ist der Fall, sofern sie ihre Bruttoerträge in dem Wirtschaftsjahr, für das sie eine Gewinnausschüttung vorgenommen hat, ausschließlich oder fast ausschließlich aus eigenen aktiven Tätigkeiten bezogen hat.[601] Die als aktiv geltenden Tätigkeiten werden unter Bezugnahme auf den Aktiv-Katalog des § 8 Abs. 1 AStG hinsichtlich der Hinzurechnungsbesteuerung definiert. Als aktiv für Zwecke des § 9 Nr. 7 GewStG gelten jedoch explizit nur die Tätigkeiten i.S.d. § 8 Abs. 1 Nr. 1 – 6 AStG.[602] Hiernach stellt u.a. die Herstellung, Bearbeitung, Verarbeitung und Montage von Sachen gem. § 8 Abs. 1 Nr. 2 AStG eine aktive Tätigkeit dar. Soweit die Bruttoerträge der ausländischen Kapitalgesellschaft ausschließlich oder fast ausschließlich aus dieser Tätigkeit bezogen werden, ist daher eine aktive Tätigkeit im Sinne des gewerbesteuerlichen Schachtelprivilegs gegeben.

Für die Formulierung „fast ausschließlich" ist im Gesetz keine Definition enthalten. In der Literatur werden hierzu prozentuale Mindestgrenzen von 90 % oder sogar 99 % für den Anteil der aus aktiven Tätigkeiten stammenden Bruttoerträge an den gesamten Bruttoerträgen vertreten. In Übereinstimmung mit der h.M. ist von einer Mindestgrenze von 90 % auszugehen.[603]

Ebenfalls nicht definiert ist der Begriff der „Bruttoerträge". Hierunter ist jede steuerlich relevante Vermögensmehrung einer Rechnungsperiode zu verstehen, die betrieblich veranlasst und in Geld zu bewerten ist.[604] Wird der Gewinn der Tochtergesellschaft mittels Betriebsvermögensvergleich ermittelt, handelt es sich um die Soll-Einnahmen nach Maßgabe der Gewinn- und Verlustrechnung.

---

[601]   Vgl. § 9 Nr. 7 S. 1 GewStG; vgl. auch R 65 Abs. 4 S. 3 GewStR 1998.

[602]   Zu den als aktiv i.S.d. § 8 Abs. 1 Nr. 1 – 6 AStG geltenden Tätigkeiten siehe ausführlich LEHFELDT, C. in: STRUNK, G. / KAMINSKI, B. / KÖHLER, S.: AStG – DBA, § 8 AStG, Rdnr. 44 – 134.

[603]   Vgl. GOSCH, D. in: BLÜMICH, W.: EStG – KStG – GewStG, § 9 GewStG, Rdnr. 304 i.V.m. § 26 KStG, Rdnr. 112.; zur Formulierung „fast ausschließlich" in § 8 Abs. 2 AStG vgl. auch BFH vom 30.08.1995, I R 77/94, in: BStBl. II 1996, S.124 f.; vgl. dagegen GÜROFF, G. in GLANEGGER, P. / GÜROFF, G / SELDER, J.: GewStG, § 9 Nr. 7, Rdnr. 6, wonach die Formulierung „fast ausschließlich" im Sinne von fast 100 %, also wohl 99 % zu verstehen sei.

[604]   Vgl. SCHAUMBURG, H.: Internationales Steuerrecht, S. 463.

Bei Gewinnermittlung mittels Einnahmen-Überschussrechnung sind die Ist-Einnahmen heranzuziehen.[605]

Der Verweis in § 9 Nr. 7 GewStG auf die unter § 8 Abs. 1 Nr. 1 bis 6 AStG fallenden Tätigkeiten klammert die in § 8 Abs. 1 Nr. 8 + 9 AStG normierten Gewinnausschüttungen von Kapitalgesellschaften und Gewinne aus der Veräußerung von Beteiligungen explizit aus. Dies macht deutlich, dass die Ausübung einer Holdingfunktion durch die ausländische Tochtergesellschaft – anders als es für Zwecke der Hinzurechnungsbesteuerung der Fall ist – grundsätzlich nicht als aktive Tätigkeit i.S.d. gewerbesteuerlichen Schachtelprivilegs gelten soll. Jedoch gelten Einkünfte der ausländischen Tochtergesellschaft aus Beteiligungen unter bestimmten Bedingungen dennoch als unschädlich. Hierzu ist erforderlich, dass die Tochtergesellschaft an den Untergesellschaften mindestens zu 25 % unmittelbar beteiligt ist und die Beteiligungen seit mindestens 12 Monaten vor dem Ende des maßgebenden Wirtschaftsjahres bestehen. Weiterhin muss die ausländische Tochtergesellschaft entweder die Aufgabe einer sog. Landesholding oder einer sog. Funktionsholding ausüben.[606]

Im Falle einer Landesholding befinden sich Geschäftsleitung und Sitz der Untergesellschaften im Staat der Tochtergesellschaft. Weiterhin müssen die Untergesellschaften ihrerseits ihre Bruttoerträge ausschließlich oder fast ausschließlich, d.h. zu mindestens 90 %, aus aktiven Tätigkeiten i.S.d. § 8 Abs. 1 Nr. 1 - 6 AStG beziehen.

Eine Funktionsholding ist dadurch gekennzeichnet, dass die Tochtergesellschaft selbst aktiv im Sinne des § 8 Abs. 1 Nr. 1 – 6 AStG tätig ist und die Beteiligungen an den Untergesellschaften hierzu in einem wirtschaftlichen Zusammenhang stehen. Ein bestimmtes Verhältnis der aktiven zu den passiven Tätigkeiten der Tochtergesellschaft wird nicht festgeschrieben. Eine reine Holdingtätigkeit der Tochtergesellschaft ist indes, anders als bei der Landesholding, nicht zulässig. Erforderlich ist jedoch, dass die Untergesellschaften ihrerseits ihre Bruttoerträge ausschließlich oder fast ausschließlich aus Tätigkeiten im Sinne des § 8 Abs. 1 Nr. 1 – 6 AStG beziehen.

---

[605]   Vgl. GOSCH, D. in: BLÜMICH, W.: EStG – KStG – GewStG, § 9 GewStG, Rdnr. 304 i.V.m. § 26 KStG, Rdnr. 111.

[606]   Vgl. KRÜGER, D. / KÖHLER, S. unter Mitarbeit von KÜHN, J. in: DStI e.V.: Steuerberater-Handbuch 2006, S. 1657 f.

4.1.1.2.3 Ausschüttungen von EU-Gesellschaften

Das im Rahmen des gewerbesteuerlichen Schachtelprivilegs grundsätzlich zu beachtende Aktivitätserfordernis entfaltet keine Relevanz, soweit die ausländische Tochtergesellschaft in den Anwendungsbereich der EU-Mutter-Tochterrichtlinie fällt und weder Geschäftsleitung, noch Sitz im Inland hat. Die Regelung zum gewerbesteuerlichen Schachtelprivileg bezieht sich jedoch nur hinsichtlich der Klassifikation der ausländischen Tochtergesellschaft auf die Richtlinie. Der von der EU-Mutter-Tochterrichtlinie vorgesehene Anwendungsbereich wird demgegenüber erweitert, da die Schachtelbefreiung nicht nur inländische Kapitalgesellschaften als Anteilseigner erfasst, sondern alle gewerblichen Unternehmen, die Anteile an einer EU-Kapitalgesellschaft halten. Weiterhin sieht die EU-Mutter-Tochterrichtlinie eine Mindestbeteiligungsquote von derzeit 20 %[607] vor, während das gewerbesteuerliche Schachtelprivileg eine seit Beginn des Erhebungszeitraums bestehende, ununterbrochene Beteiligung am Nennkapital von mindestens einem Zehntel erfordert.

Die Begünstigung erstreckt sich auf die Gewinnanteile der Tochtergesellschaft. Soweit diese aufgrund einer Herabsetzung des Kapitals oder nach Auflösung der Gesellschaft anfallen, sind sie jedoch ausdrücklich von der Befreiung ausgenommen.

4.1.1.2.4 Schlussfolgerung

Die Voraussetzungen von § 9 Nr. 7 GewStG sind im Rahmen der vorliegenden Untersuchung gegeben, da die Aktivitätsklausel aufgrund der produktiven Tätigkeit der Tochtergesellschaft ebenso erfüllt ist, wie die erforderliche Höhe der Beteiligung an deren Nennkapital. Eine Hinzurechnung gem. § 8 Nr. 5 GewStG ist somit nicht vorzunehmen.[608] Andererseits ist eine Kürzung gem. § 9 Nr. 7 GewStG nicht erforderlich, da die Dividenden aufgrund § 8b Abs. 1 KStG bereits in der Ausgangsgröße nicht enthalten waren.[609] Faktisch läuft daher das Schachtelprivileg in § 9 Nr. 7 GewStG hinsichtlich der eigentlich vorgesehenen Eigenschaft als Kürzungsvorschrift bei einer Kapitalgesellschaft als Anteilseigner ins Leere.[610]

---

[607] Ab. 1. Januar 2007 beträgt die Mindestbeteiligungsquote 15 %, ab 1. Januar 2009 beläuft sie sich auf 10 %; vgl. Art. 3 Abs. 1, lit. a) der EU-Mutter-Tochterrichtlinie.

[608] Vgl. HOFMEISTER, F. in: BLÜMICH, W.: EStG – KStG – GewStG, § 8 GewStG, Rdnr. 155.

[609] Vgl. JACOBS, O. Internationale Unternehmensbesteuerung, S. 543.

[610] Vgl. HOFMEISTER, F. in: BLÜMICH, W.: EStG – KStG – GewStG, § 9 GewStG, Rdnr. 293.

Demgegenüber hat die nach § 8b Abs. 5 KStG erforderliche Erhöhung des körperschaftlichen Gewinns um 5 % der Dividende auch eine äquivalente Erhöhung des Gewerbeertrags zur Folge, da der Gewerbeertrag gem. § 7 S. 1 GewStG an die nach den körperschaftsteuerlichen Vorschriften ermittelten Einkünfte aus Gewerbebetrieb anknüpft. Eine Kürzung nach Maßgabe des gewerbesteuerlichen Schachtelprivilegs unterbleibt, da es sich insoweit nicht um Gewinnanteile, sondern entsprechend dem Wortlaut von § 8b Abs. 5 KStG um nicht abziehbare Betriebsausgaben handelt. Aufgrund der Systematik von § 8 Nr. 5 GewStG i.V.m. § 9 Nr. 7 GewStG erfolgt ungeachtet der Gewerbesteuerfreiheit der Dividende insoweit keine Korrektur. Im Ergebnis sind ausländische Dividenden ungeachtet der Erfüllung des gewerbesteuerlichen Schachtelprivilegs damit faktisch nur zu 95 % von der Gewerbesteuer befreit.[611]

Die tatsächlich angefallenen Betriebsausgaben im Zusammenhang mit der Beteiligung wurden im Rahmen der Ermittlung der Einkünfte aus Gewerbebetrieb mangels Anwendbarkeit von § 3c Abs. 1 EStG gewinnmindernd angesetzt. Entsprechend mindert sich auch der Gewerbeertrag um diesen Betrag, da § 7 GewStG an die Gewinnermittlung nach EStG und KStG anknüpft. Eine generelle Hinzurechnungsvorschrift besteht in § 8 GewStG insoweit nicht. Soweit es sich bei den korrespondierenden Aufwendungen jedoch um Schuldzinsen handelt, ist die Anwendung der Hinzurechnungsvorschrift bezüglich der Hälfte der Entgelte für Dauerschulden in § 8 Nr. 1 GewStG zu prüfen.[612]

4.1.2 Ausländische Quellensteuer

4.1.2.1 Anwendungsbereiche und nationales Steuerrecht

Nimmt die ausländische Tochterkapitalgesellschaft eine Gewinnausschüttung vor, unterliegt die inländische Muttergesellschaft im Domizilstaat der Tochtergesellschaft entsprechend dessen nationalem Steuerrecht der beschränkten Steuerpflicht. Dies resultiert daraus, dass die Gewinnausschüttung für den Domizil-

---

[611] Vgl. WATERMEYER, H. in: HERRMANN, C. / HEUER, G. / RAUPACH, A.: Einkommenssteuer- und Körperschaftsteuergesetz, KStG, Jb. 2004, 8b, Rdnr. J 03-27; DÖTSCH, E. / PUNG, A. in: DÖTSCH, E. et al.: Die Körperschaftsteuer, KStG n.F. § 8b, Rdnr. 108c; HERZIG, N.: Aktuelle Entwicklungen bei § 8b KStG und § 3c EStG, in: DB 2003, S. 1467; KRAWITZ, N. / BÜTTGEN, D. / HICK, C.: Zwischenholdinggesellschaften inländisch beherrschter internationaler Konzerne unter dem Einfluss der Reformen des Unternehmenssteuerrechts, in: WPg 2002, S. 88; SCHEFFLER, W.: Besteuerung der grenzüberschreitenden Unternehmenstätigkeit, S. 148. Dieses Ergebnis stellt sich auch auf Basis des BFH-Urteils vom 25.01.2006 ein; vgl. BFH-Urteil vom 25.01.2006, I R 104/04, in: BFH/NV 2006, S. 1023 f., Tz. 2, lit. e); vgl. hierzu auch SALZMANN, S.: Anmerkung zum BFH-Urteil vom 25.01.2006, in: IStR 2006, S. 319.

[612] Vgl. GOSCH, D. in: GOSCH, D.: KStG, § 8b, Rdnr. 517 + 505.

staat der Tochtergesellschaft aufgrund des Territorialprinzips ein Anknüp-
fungsmerkmal zur Besteuerung des Dividendenempfängers bildet.[613] Die beschränkte Steuerpflicht ist jedoch i.d.R. mit der Erhebung einer Quellensteuer
i.H.v. 15 – 35 % der Bruttoausschüttung abgegolten. Aufgrund der Gleichstel-
lung mit Dividenden unterliegen auch besondere Vorteile und verdeckte Gewinnausschüttungen an die Muttergesellschaft nach Maßgabe der Rechtsnormen
des ausländischen Domizilstaats der beschränkten Steuerpflicht. Demnach greift
der Quellensteuerabzug auf alle Vermögensmehrungen, die bei wirtschaftlicher
Betrachtung einen Beteiligungsertrag darstellen. Weiterhin kann aus steuerlich
anerkannten schuldrechtlichen Leistungsbeziehungen zwischen Mutter- und
Tochtergesellschaft eine beschränkte Steuerpflicht der Muttergesellschaft resultieren. Zahlt die Tochtergesellschaft Zinsen oder Lizenzgebühren an die Muttergesellschaft, kommt es im Ausland daher i.d.R. ebenfalls zu einem Einbehalt
von Quellensteuer.

Die konkrete Ausgestaltung des Quellensteuerabzugs richtet sich nach den jeweiligen Vorschriften des Domizilstaates der Tochtergesellschaft.[614] Jedoch ist
in Abkommensfällen zu beachten, dass das jeweils geltende DBA i.d.R. eine
Begrenzung der nationalen Quellensteuersätze auf Dividenden, Zinsen und Lizenzen vorsieht, soweit nicht bereits aufgrund von EU-Richtlinien eine Quel-
lensteuerentlastung erfolgt.

4.1.2.2 Auswirkungen von EU-Richtlinien

4.1.2.2.1 EU-Mutter-Tochterrichtlinie

Die Europäische Kommission hat sich das Ziel gesetzt, die steuerliche Benachteiligung der Beziehungen zwischen Mutter- und Tochtergesellschaften verschiedener Mitgliedstaaten gegenüber Konzernunternehmen desselben Mitgliedstaates zu beseitigen. Die Errichtung und das Funktionieren des gemeinsamen
Marktes soll nicht durch Beschränkungen oder Benachteiligungen aus nationalen steuerlichen Vorschriften der Mitgliedstaaten behindert werden. Dies soll
hinsichtlich Gewinnausschüttungen im Konzernverbund mit der EU-Mutter-
Tochterrichtlinie sichergestellt werden. Der Grundgedanke der EU-Mutter-
Tochterrichtlinie besteht daher darin, den Gewinn einer in einem Mitgliedstaat
ansässigen Tochtergesellschaft ausschließlich in diesem Staat der Besteuerung
zu unterwerfen. Eine Besteuerung der Gewinnausschüttungen an die in einem
anderen Mitgliedstaat ansässige Muttergesellschaft soll bei Erfüllung der Min-

---

[613] Vgl. WÖHE, G.: Betriebswirtschaftliche Steuerlehre, Bd. II, 2. Halbband, S. 258.
[614] Vgl. JACOBS, O.: Internationale Unternehmensbesteuerung, S. 526.

destbeteiligungsquote von derzeit 20 %[615] im Wege der Freistellungs- oder alternativ der Anrechnungsmethode vermieden werden. Gleichzeitig wird dem Ansässigkeitsstaat der Tochtergesellschaft die Erhebung einer Quellensteuer auf Ausschüttungen an ihre Muttergesellschaft in Art. 5 Abs. 1 der EU-Mutter-Tochterrichtlinie grundsätzlich untersagt. Die Mitgliedstaaten haben jedoch die Möglichkeit, die Quellensteuerbefreiung unter Anwendung von Art. 3 Abs. 2 der Richtlinie auszuschließen, wenn das entsprechende Beteiligungsverhältnis nicht während eines ununterbrochenen Zeitraums von mindestens zwei Jahren besteht. Allerdings hat es der EuGH für ausreichend befunden, wenn diese Mindesthaltedauer in der Folgezeit erfüllt wird. Eine Erfüllung der Mindesthaltedauer im Zeitpunkt der Gewinnausschüttung ist demnach nicht erforderlich.[616] Stattdessen steht es den Mitgliedstaaten frei, die Quellensteuerbefreiung zunächst vorläufig zu gewähren, oder alternativ die zunächst einbehaltene Quellensteuer nach Ablauf der Mindesthaltedauer zu erstatten. Im Ergebnis lässt sich feststellen, dass die Problematik der Quellenbesteuerung von Gewinnausschüttungen bei Mutter- und Tochtergesellschaften innerhalb der EU mit der EU-Mutter-Tochterrichtlinie größtenteils beseitigt wurde.

4.1.2.2.2 EU-Zins-/ Lizenzgebührenrichtlinie

Der Anwendungsbereich der EU-Mutter-Tochterrichtlinie beschränkt sich auf Gewinnausschüttungen. Der Quellensteuerabzug auf andere Einnahmen der Muttergesellschaft aus Leistungsbeziehungen zur Tochtergesellschaft, insbesondere Zinszahlungen oder Lizenzgebühren, wird nicht berührt, so dass derartige Zahlungen zwischen verbundenen Unternehmen in verschiedenen Mitgliedstaaten häufig an der Quelle besteuert würden. Entsprechend der Zielsetzung des Europäischen Binnenmarkts sollen indes bestimmte Beziehungen zwischen verbundenen Unternehmen verschiedener Mitgliedstaaten nicht benachteiligt werden gegenüber gleichartigen Beziehungen im rein nationalen Kontext.

Eine Beseitigung der im grenzüberschreitenden Kontext resultierenden Doppelbesteuerung bei Zinsen und Lizenzgebühren lässt sich auf der Basis der nationalen steuerlichen Vorschriften und der bestehenden bilateralen oder multilateralen Übereinkünfte nicht immer gewährleisten. Andererseits muss jedoch sichergestellt sein, dass derartige Einkünfte einer Einmalbesteuerung in einem Mitgliedstaat unterliegen. Daher sieht der Rat der EU mit der zum 01.01.2004 in Kraft

---

[615]   Ab. 1. Januar 2007 beträgt die Mindestbeteiligungsquote 15 %, ab 1. Januar 2009 beläuft sie sich auf 10 %; vgl. Art. 3 Abs. 1, lit. a) der EU-Mutter-Tochterrichtlinie.

[616]   Vgl. EuGH-Urteil vom 17.10.1996, C-283/94, C-291/94, C-292/94, in: HFR 1997, S. 36 - 39.

getretenen EU-Zins-/ Lizenzgebührenrichtlinie[617] vor, Zinsen und Lizenzgebühren in dem Mitgliedstaat, in dem sie anfallen, von allen in diesem Staat erhebbaren Steuern zu befreien. Diese Befreiung gilt unabhängig davon, ob die betreffenden Steuern an der Quelle abgezogen oder durch Veranlagung erhoben würden. Zur Vermeidung eines Missbrauchs ist in der Richtlinie jedoch vorgesehen, dass im Falle unangemessen hoher Zinsen bzw. Lizenzgebühren nur der angemessene Teil nach Maßgabe des Fremdvergleichs vom Anwendungsbereich der Richtlinie erfasst wird.[618] Darüber hinaus steht die Richtlinie einzelstaatlichen oder vertraglichen Bestimmungen zur Verhinderung von Betrug und Missbrauch nicht entgegen.[619]

Die Voraussetzungen der EU-Zins-/ Lizenzgebührenrichtlinie entsprechen weitgehend denen der EU-Mutter-Tochterrichtlinie. So ist es für die Anwendung erforderlich, dass es sich bei dem Nutzungsberechtigten der Zahlungen und dem Zahlungsempfänger um eine Kapitalgesellschaft handelt.[620] Die von der EU-Zins-/ Lizenzgebührenrichtlinie als Kapitalgesellschaften erfassten Rechtsformen sind in der Anlage zur Richtlinie aufgeführt. In Deutschland werden die AG, KGaA, GmbH und die bergrechtliche Gewerkschaft einbezogen. Weiterhin fallen nur solche Unternehmen in den Anwendungsbereich der Richtlinie, die nach dem Steuerrecht eines Mitgliedsstaats in diesem Mitgliedstaat niedergelassen sind und nicht aufgrund eines DBA in einem Drittstaat als niedergelassen gelten.[621] Ferner erfordert die Richtlinie, dass das Unternehmen der Körperschaftsteuer eines Mitgliedstaats unterliegt.[622]

Die Begünstigung der Richtlinie wird daran geknüpft, dass die Zahlung an ein verbundenes Unternehmen eines anderen Mitgliedstaates geleistet wird. Werden Zahlungen von einer in einem anderen Mitgliedstaat belegenen Betriebsstätte eines verbundenen Unternehmens geleistet bzw. empfangen, unterliegt dies gleichermaßen dem Anwendungsbereich der Richtlinie.[623] Ein verbundenes Unternehmen im Sinne der EU-Zins-/ Lizenzgebührenrichtlinie liegt vor, wenn ein Unternehmen mit einem zweiten Unternehmen dergestalt verbunden ist, dass das erste Unternehmen unmittelbar mindestens zu 25 % am Kapital des zweiten Un-

---

[617]   Richtlinie 2003/49/EG des Rates vom 03.06.2003 über eine gemeinsame Steuerregelung für Zahlungen von Zinsen und Lizenzgebühren zwischen verbundenen Unternehmen verschiedener Mitgliedstaaten, in: ABl. EU Nr. L 2003/157, S. 49 – 54.
[618]   Vgl. Art. 4 Abs. 2 der EU-Zins-/ Lizenzgebührenrichtlinie.
[619]   Vgl. Art. 5 Abs. 1 der EU-Zins-/ Lizenzgebührenrichtlinie.
[620]   Vgl. Art. 3, lit. a), i) der EU-Zins-/ Lizenzgebührenrichtlinie.
[621]   Vgl. Art. 3, lit. a), ii) der EU-Zins-/ Lizenzgebührenrichtlinie.
[622]   Vgl. Art. 3, lit. a), iii) der EU-Zins-/ Lizenzgebührenrichtlinie.
[623]   Vgl. Art. 1 Abs. 1, Abs. 7 der EU-Zins-/ Lizenzgebührenrichtlinie.

ternehmens beteiligt ist oder umgekehrt.[624] Auch Schwesterkapitalgesellschaften gelten gem. Art. 3 lit. b) iii) als verbundene Unternehmen, sofern ein drittes Unternehmen am Kapital beider Unternehmen unmittelbar zu mindestens 25 % beteiligt ist. Es steht den Mitgliedstaaten frei, das Kriterium der Mindestkapitalbeteiligung durch das Kriterium eines Mindestanteils an den Stimmrechten zu ersetzen. Darüber hinaus steht es den Mitgliedstaaten frei, die Anwendung der Richtlinie zu versagen, sofern die Voraussetzung des Vorliegens eines verbundenen Unternehmens nicht während eines ununterbrochenen Zeitraums von mindestens zwei Jahren erfüllt war.[625]

Die Intention der EU-Zins-/ Lizenzgebührenrichtlinie ist uneingeschränkt zu begrüßen. Aufgrund des hohen Verwaltungsaufwands, der mit der Anwendung der nationalen und bilateralen Vorschriften zur Beseitigung der Doppelbesteuerung verbunden ist, trägt die Richtlinie erheblich zu administrativen Erleichterungen bei. Weiterhin erfolgt eine steuerliche Gleichbehandlung von verbundenen Unternehmen verschiedener Mitgliedstaaten mit verbundenen Unternehmen, die im selben Mitgliedstaat ansässig sind. Dies ist vor dem Hintergrund des europäischen Binnenmarkts, der für die darin tätigen Unternehmen zunehmend die Merkmale eines Inlandsmarktes aufweist, von großer Relevanz.

4.1.2.3 DBA-Regelungen

Das Bestehen eines DBA hat auf die Besteuerung des von der Tochtergesellschaft erzielten Gewinns keine Auswirkungen. Abkommensrechtlich stellt die Tochtergesellschaft eine im ausländischen Staat ansässige Person i.S.d. Art. 4 Abs. 1 i.V.m. Art. 3 Abs. 1 lit. a) + b) OECD-MA dar, die in diesem Staat ihr Unternehmen betreibt. Demnach kann der erwirtschaftete Gewinn gem. Art. 7 Abs. 1 OECD-MA nur in diesem Staat besteuert werden. Dies resultiert auch aus Art. 10 Abs. 2 S. 3 OECD-MA, wonach die Besteuerung der Gesellschaft in Bezug auf die erzielten Gewinne von der Zuweisung des Besteuerungsrechts bezüglich gezahlter Dividenden in Art. 10 OECD-MA nicht berührt wird.

Das DBA bewirkt jedoch eine Beschränkung des Quellensteuerabzugs auf ausgeschüttete Dividenden an die im anderen Mitgliedsstaat ansässige Muttergesellschaft. So wird das Besteuerungsrecht für Dividenden nach Art. 10 Abs. 1 OECD-MA zwar dem Ansässigkeitsstaat des Empfängers der Dividenden zugewiesen, jedoch darf der Quellenstaat gem. Art. 10 Abs. 2 lit. b) OECD-MA eine Steuer erheben, deren Höhe im Falle sog. Streubesitz-Dividenden auf 15 % des Bruttobetrags der Dividenden begrenzt ist. Handelt es sich um Dividenden,

---

624 Vgl. Art. 3, lit. b), i), ii) der EU-Zins-/ Lizenzgebührenrichtlinie.
625 Vgl. Art. 1 Abs. 10 der EU-Zins-/ Lizenzgebührenrichtlinie.

die auf Schachtelbeteiligungen gezahlt werden, empfiehlt Art. 10 Abs. 2 lit. a) OECD-MA die Begrenzung des Steuersatzes im Quellenstaat auf 5 % der Bruttodividende. Eine sog. Schachteldividende liegt vor, wenn die Dividende an eine Kapitalgesellschaft gezahlt wird, die am Kapital der zahlenden Gesellschaft unmittelbar zu mindestens 25 % beteiligt ist. Unter Kapital ist das Nominalkapital im gesellschaftsrechtlichen Sinne zu verstehen, d.h. die Summe des Nennwerts der Anteile, die als Grund- bzw. Stammkapital in der Bilanz ausgewiesen ist.[626] Eine Mindesthaltefrist bezüglich des Anteils wird nicht vorausgesetzt, vielmehr ist ausreichend, dass im Zeitpunkt der Entstehung der Steuerschuld eine Beteiligung von mindestens 25 % besteht.[627] Im hier vorliegenden Fall der Errichtung einer ausländischen Tochtergesellschaft, an der die Muttergesellschaft zu 100 % beteiligt ist, beträgt der abkommensrechtlich zulässige Steuersatz im Quellenstaat somit 5 %, soweit das betreffende DBA diesbezüglich dem OECD-MA folgt. Die Art der Besteuerung im Quellenstaat wird im DBA nicht eingeschränkt. Daher steht es dem Quellenstaat zu, die Steuer mittels Abzug an der Quelle, oder im Veranlagungsweg zu erheben. Ebenso werden keine Verfahrensfragen geregelt. Es steht dem Quellenstaat frei, die von ihm erhobene Steuer unmittelbar auf die im DBA vorgesehene Begrenzung zu reduzieren. Alternativ kann zunächst die volle Steuer entsprechend des nationalen Steuerrechts erhoben werden, so dass zu einem späteren Zeitpunkt eine Erstattung in Höhe der zuviel erhobenen Steuer zu leisten ist.[628]

Bestehen zur ausländischen Tochtergesellschaft Darlehens- und Lizenzverträge, werden die entsprechenden Zahlungen an die inländische Muttergesellschaft i.d.R. ebenfalls der Quellenbesteuerung unterworfen. Das Besteuerungsrecht für Zinsen wird gem. Art. 11 Abs. 1 OECD-MA dem Ansässigkeitsstaat des Zinsempfängers zugeordnet. Dem Quellenstaat verbleibt gem. Art. 11 Abs. 2 OECD-MA ein Besteuerungsrecht, das auf den Höchstsatz i.H.v. 10 % des Bruttobetrags der Zinsen begrenzt wird. Analog zu Dividenden werden hiermit ebenso weder die Art der Besteuerung, noch die Verfahrensfragen zur Beschränkung des Quellenbesteuerungsrechts geregelt.[629] Lizenzgebühren der ausländischen Tochtergesellschaft an die inländische Muttergesellschaft können gem. Art. 12 Abs. 1 OECD-MA indes ausschließlich im Staat, in dem der Empfänger ansässig ist, d.h. in Deutschland, besteuert werden. Eine Besteuerung im Quellenstaat ist entsprechend dem OECD-MA nicht zulässig. Dennoch räumen zahlreiche deutsche DBA in Übereinstimmung mit dem UN-MA dem Quellenstaat auch bei

---

[626]   Vgl. OECD-MK zu Art. 10, Rdnr. 15.
[627]   Vgl. OECD-MK zu Art. 10, Rdnr. 16.
[628]   Vgl. OECD-MK zu Art. 10, Rdnr. 18 f.
[629]   Vgl. OECD-MK zu Art. 11, Rdnr. 9.

Lizenzgebühren ein beschränktes Quellenbesteuerungsrecht ein, wobei der Bruttobetrag der Lizenzgebühren als Bemessungsgrundlage dient.[630]

4.1.2.4 Auswirkungen im nationalen Steuerrecht der Muttergesellschaft

4.1.2.4.1 Gewinnausschüttungen der Tochtergesellschaft

Die vorigen Ausführungen haben gezeigt, dass Gewinnausschüttungen von in einem EU-Staat ansässigen Tochterkapitalgesellschaften bei Erfüllung der Mindest-Beteiligungsquote von 25 % nicht dem Quellensteuerabzug unterliegen. Soll die Verlagerung der Produktion innerhalb der EU erfolgen, ergeben sich daher hinsichtlich Quellensteuern auf Gewinnausschüttungen keine negativen Auswirkungen. Wird die Tochtergesellschaft dagegen in einem Nicht-EU-Staat errichtet, kommt die EU-Mutter-Tochterrichtlinie nicht zur Anwendung. In diesem Fall kann ein Anspruch auf Reduktion des Quellensteuerabzugs ausschließlich aus dem jeweiligen DBA nach Maßgabe des für Schachtelbeteiligungen zulässigen Prozentsatzes resultieren. Die hiernach verbleibende Quellensteuerbelastung wird für die Muttergesellschaft zur Definitivbelastung. Dies folgt aus der Regelung des § 8b Abs. 1 KStG, wonach die Gewinnausschüttung der ausländischen Tochtergesellschaft bei der Ermittlung des Einkommens der Muttergesellschaft außer Ansatz bleibt. Demnach kann die im Domizilstaat der Tochtergesellschaft erhobene Quellensteuer auf die Ausschüttung gem. § 26 Abs. 1 KStG weder auf die Körperschaftsteuer der Muttergesellschaft angerechnet werden, noch ist ein Abzug gem. § 26 Abs. 6 KStG i.V.m. § 34c Abs. 2, Abs. 3 EStG bei der Ermittlung der Einkünfte zulässig.[631]

4.1.2.4.2 Zinsen und Lizenzgebühren der Tochtergesellschaft

Entsprechend dem Welteinkommensprinzip sind die von der Tochtergesellschaft bezogenen Leistungsentgelte wie z.B. Zinsen und Lizenzgebühren in die inländische Steuerbemessungsgrundlage einzubeziehen. Bezüglich dieser Einkünfte existiert keine Steuerbefreiung, wie sie hinsichtlich Dividenden in § 8b Abs. 1 KStG enthalten ist. Daher kann eine Doppelbesteuerung eintreten, soweit die Leistungsentgelte einer Quellenbesteuerung unterliegen. Zur Vermeidung der Doppelbesteuerung kann die inländische Muttergesellschaft die festgesetzte, gezahlte und keinem Ermäßigungsanspruch unterliegende ausländische Quellensteuer gem. § 26 Abs. 1 KStG bei Erfüllung der normierten Voraussetzungen auf die deutsche Körperschaftsteuer anrechnen. Hierbei ist zu beachten, dass die

---

[630] Vgl. REITH, T.: Internationales Steuerrecht, S. 228.

[631] Vgl. FROTSCHER, G.: Internationales Steuerrecht, S. 203; SCHEFFLER, W.: Besteuerung der grenzüberschreitenden Unternehmenstätigkeit, S. 205.

Anrechnung gem. § 26 Abs. 1 KStG, § 26 Abs. 6 KStG i.V.m. § 34c Abs. 1 S. 2 – 5 EStG entsprechend der sog. per-country-limitation nur möglich ist, soweit die inländische Körperschaftsteuer auf die Einkünfte aus dem betreffenden Staat entfällt. Alternativ zur Anrechnungsmethode kann die Muttergesellschaft gem. § 26 Abs. 6 KStG i.V.m. § 34c Abs. 2 EStG den Abzug der ausländischen Steuer bei der Ermittlung der Einkünfte beantragen.

Besteht mit dem betreffenden Staat ein DBA, so haben dessen Regelungen gem. § 2 AO Vorrang gegenüber den unilateralen Vorschriften zur Vermeidung der Doppelbesteuerung. In diesem Fall erfolgt die Vermeidung der Doppelbesteuerung entsprechend Art. 23 B Abs. 1 OECD-MA ebenfalls im Wege der Anrechnungsmethode, deren Rechtsgrundlage der Methodenartikel des jeweiligen DBA bildet. Die Modalitäten zur Durchführung der Steueranrechnung ergeben sich aus dem nationalen Steuerrecht. Demnach erfolgt die Anrechnung der ausländischen Quellensteuer gem. § 26 Abs. 6 KStG i.V.m. § 34c Abs. 6 S. 2, § 34c Abs. 1 S. 2 – 5 EStG ebenfalls unter Beachtung des Anrechnungshöchstbetrages nach Maßgabe der per-country-limitation.

In Abkommensfällen ist die Anrechnung gem. § 26 Abs. 6 KStG i.V.m. § 34c Abs. 6 S. 2 EStG zusätzlich auf die in abkommensrechtlich zulässiger Höhe erhobene ausländische Steuer begrenzt.[632] Dies beruht auf der Überlegung, dass die Anrechnung nicht auf Steuerbeträge erweitert werden soll, die dem Quellenstaat auf Basis der abkommensrechtlichen Zuteilungsnorm nicht zustehen. Soweit der Quellensteuerabzug im Domizilstaat der Tochtergesellschaft den im jeweiligen DBA vorgesehenen Steuersatz übersteigt, ist eine Anrechnung demnach nicht zulässig. Dies gilt auch für den Fall, dass ein entsprechender Erstattungsanspruch gegenüber dem ausländischen Staat aufgrund versäumter Fristen nicht mehr durchsetzbar ist.[633]

Ungeachtet der im DBA vorgesehenen Anrechnungsmethode kann die Muttergesellschaft alternativ gem. § 26 Abs. 6 KStG i.V.m. § 34c Abs. 6 S. 2, § 34c Abs. 2 EStG den Abzug der in abkommensrechtlich zulässiger Höhe erhobenen ausländischen Steuer bei der Ermittlung der Einkünfte beantragen.

4.1.3 Einkünftekorrektur bei konzerninternen Leistungsbeziehungen

Aufgrund der rechtlichen Selbständigkeit der ausländischen Tochtergesellschaft werden schuldrechtliche Leistungsbeziehungen zwischen Mutter- und Tochtergesellschaft sowohl zivil- als auch steuerrechtlich grundsätzlich anerkannt. Die

---

[632]   Vgl. GEURTS, M. in: ERNST & YOUNG (Hrsg.): KStG, § 26, Rdnr. 183.
[633]   Vgl. BFH-Urteil vom 15.03.1995, I R 98/94, in: BStBl. II 1995, S. 581 f.

Folgen derartiger Leistungsbeziehungen bei der Muttergesellschaft entsprechen grundsätzlich denen von Leistungsbeziehungen mit fremden Dritten, d.h., im Ausland tritt bezüglich empfangener Vergütungen ggf. beschränkte Steuerpflicht ein, während im Inland eine Erfassung im Rahmen der unbeschränkten Steuerpflicht geboten ist.[634]

Konzerninterne Leistungsbeziehungen werden jedoch nur insoweit steuerlich anerkannt, als der Fremdvergleichsgrundsatz erfüllt ist. Dies erfordert, dass die Leistungsbeziehungen derart ausgestaltet sind, dass sie unter gleichen oder ähnlichen Verhältnissen auch von unabhängigen Dritten vereinbart worden wären. Hintergrund hiervon ist das Gewinnverlagerungspotential, das aus der Gestaltung der konzerninternen Verrechnungspreise resultiert. So ist es denkbar, die Gewinne der beteiligten Konzernunternehmen durch eine gezielte Vereinbarung hoher bzw. niedriger Verrechnungspreise steuerlich zu optimieren. Dadurch wäre es im Konzern möglich, steuerpflichtige Erträge in das niedrig besteuerte Ausland, bzw. spiegelbildlich den abzuziehenden Aufwand in das Inland zu verlagern. Als Beispiel kommt die verbilligte Lieferung von Waren und Dienstleistungen an die Tochtergesellschaft im Ausland resp. der überteuerte Bezug derartiger Leistungen durch die inländische Muttergesellschaft von dieser Tochtergesellschaft in Betracht. Der ökonomische Hintergrund des Gewinnverlagerungspotentials im Konzern ist im Fehlen des bei fremden Dritten vorhandenen Interessengegensatzes begründet. Dem festgelegten Verrechnungspreis kommt aus Sicht des Konzerns nur die Funktion der Verteilung des Gewinns auf die beteiligten Konzernunternehmen zu. Für den Gesamtgewinn des Konzerns vor Steuern ist die Höhe des Verrechnungspreises dagegen irrelevant.[635]

Zur Korrektur einer gezielten Gewinnverlagerung ins Ausland bzw. der Verlustverlagerung ins Inland kommen im deutschen Steuerrecht neben der allgemeinen Missbrauchsvorschrift des § 42 Abs. 1 AO, die in dieser Arbeit nicht weiter vertieft werden soll, die Rechtsinstitute der verdeckten Gewinnausschüttung und der verdeckten Einlage zur Anwendung. Parallel dazu sieht § 1 AStG bei grenzüberschreitenden Geschäftsbeziehungen zu nahestehenden Personen die Berichtigung von Einkünften vor. Im Falle eines DBA ist darüber hinaus das Verhältnis der nationalen Korrekturvorschriften zu den abkommensrechtlichen Korrekturvorschriften zu beachten.

---

[634]   Vgl. SCHEFFLER, W.: Besteuerung der grenzüberschreitenden Unternehmenstätigkeit, S. 201.

[635]   Vgl. FROTSCHER, G.: Internationales Steuerrecht, S. 277.

4.1.3.1 Verdeckte Gewinnausschüttung

Das Rechtsinstitut der verdeckten Gewinnausschüttung ist nicht speziell auf grenzüberschreitende Sachverhalte fokussiert, sondern stellt ein allgemeines Rechtsinstitut zur Berichtigung von Einkünften dar. Daher kommt es bei reinen Inlandssachverhalten und im grenzüberschreitenden Kontext gleichermaßen zur Anwendung. Als Rechtsgrundlage im deutschen Steuerrecht regelt § 8 Abs. 3 S. 2 KStG, dass verdeckte Gewinnausschüttungen das Einkommen nicht mindern. Allgemein stellt eine verdeckte Gewinnausschüttung einen Vermögensvorteil dar, den eine Kapitalgesellschaft ihrem Gesellschafter oder einer zu diesem nahestehenden Person außerhalb eines gesellschaftsrechtlich wirksamen Gewinnverteilungsbeschlusses zuwendet, der sich auf die Höhe des Einkommens auswirkt, und der einem unabhängigen Dritten unter sonst gleichen Umständen nicht gewährt worden wäre.[636] Als Maßstab hierfür dient grundsätzlich das Kriterium, ob ein ordentlicher und gewissenhafter Geschäftsleiter den Vermögensvorteil einem Nichtgesellschafter ebenfalls zugewendet hätte.[637] Jedoch hat der BFH festgestellt, dass das Kriterium des ordentlichen und gewissenhaften Geschäftsleiters nicht für alle Fälle als Beurteilungsmaßstab geeignet sei. Vielmehr sei auch darauf abzustellen, ob fremde Dritte untereinander derartige Vereinbarungen getroffen hätten.[638]

Im Kontext einer ausländischen Tochtergesellschaft ist für die Annahme einer verdeckten Gewinnausschüttung der Fall relevant, dass die Muttergesellschaft der Tochtergesellschaft Wirtschaftsgüter zu einem unangemessen hohen Entgelt veräußert bzw. Dienstleistungen oder Kapital gegen ein unangemessen hohes Entgelt überlässt. Umgekehrt ist es denkbar, dass die Tochtergesellschaft derartige Leistungen an die Muttergesellschaft zu einem unangemessen niedrigen Entgelt erbringt.

Da eine ausländische Kapitalgesellschaft vorliegt, bestimmt sich der Umfang der aus der verdeckten Gewinnausschüttung resultierenden Einkommenskorrektur auf der Ebene der Tochtergesellschaft nach dem nationalen Steuerrecht ihres Sitzstaates. Die Beurteilung auf Ebene der inländischen Muttergesellschaft erfolgt indes nach deutschen steuerlichen Grundsätzen. In diesem Zusammenhang ist zu beachten, dass keine Verknüpfung zwischen den Rechtsfolgen beim Gesellschafter mit den Rechtsfolgen bei der Gesellschaft besteht. Dies bedeutet, dass die verdeckte Gewinnausschüttung auf der Ebene des Gesellschafters einen

---

[636] Vgl. z.B. BFH-Urteil vom 24.01.1989, VIII R 74/84, in: BStBl. II 1989, S. 419 f.
[637] Vgl. BFH-Urteil vom 02.12.1992, I R 54/91, in: BStBl. II 1993, S. 312.
[638] Vgl. BFH-Urteil vom 17.05.1995, I R 147/93, in: BStBl. II 1996, S. 205 sowie BFH-Urteil vom 06.12.1995, I R 88/94, in: BStBl. II 1996, S. 384.

eigenständigen Besteuerungstatbestand darstellt, der unabhängig von der Behandlung des Sachverhalts auf der Ebene der Kapitalgesellschaft ist.[639] Die Finanzverwaltung führt hierzu aus, dass eine verdeckte Gewinnausschüttung beim Gesellschafter nach den für ihn geltenden steuerlichen Grundsätzen unabhängig davon zu erfassen sei, ob sie auf der Ebene der Gesellschaft dem Einkommen hinzugerechnet wurde.[640]

Eine nach deutschem Steuerrecht angenommene verdeckte Gewinnausschüttung der Tochtergesellschaft an die inländische Muttergesellschaft zählt bei dieser zu den Bezügen aus der Beteiligung an der Tochtergesellschaft. Daher ist die verdeckte Gewinnausschüttung bei der Muttergesellschaft gemäß der Regelung des § 8b Abs. 1 S. 1 KStG i.V.m. § 20 Abs. 1 Nr. 1 S. 2 EStG steuerfrei, wobei jedoch 5 % der Bezüge gem. § 8b Abs. 5 KStG als nicht abzugsfähige Betriebsausgaben gelten. Gleiches gilt aufgrund des gewerbesteuerlichen Schachtelprivilegs gem. § 8 Nr. 5 i.V.m. § 9 Nr. 7 GewStG auch für Zwecke der Gewerbesteuer.[641] Da verdeckte Gewinnausschüttungen in der Regel unter den Dividendenbegriff des Art. 10 Abs. 3 OECD-MA fallen[642], ist der Sitzstaat der Tochtergesellschaft abkommensrechtlich gem. Art. 10 Abs. 2 OECD-MA zur Erhebung einer der Höhe nach begrenzten Quellensteuer berechtigt. Diese stellt für die Muttergesellschaft eine Definitivbelastung dar, da sie aufgrund der Dividendenfreistellung des § 8b Abs. 1 KStG weder auf die Körperschaftsteuer anrechenbar, noch im Rahmen der Einkünfteermittlung abziehbar ist.[643] Im Anwendungsbereich der EU-Mutter-Tochterrichtlinie unterbleibt jedoch eine Quellenbesteuerung.[644]

4.1.3.2 Verdeckte Einlage

Eine verdeckte Einlage ist dadurch gekennzeichnet, dass ein Gesellschafter bzw. eine ihm nahestehende Person der Kapitalgesellschaft einen Vermögensvorteil außerhalb einer gesellschaftsrechtlichen Einlage zuwendet, und diese Zuwendung durch das Gesellschaftsverhältnis verursacht ist. Eine Veranlassung im Gesellschaftsverhältnis liegt vor, wenn ein Nichtgesellschafter bei Anwendung der Sorgfalt eines ordentlichen Kaufmanns den Vermögensvorteil nicht eingeräumt

---

[639] Vgl. LANG, B. in: ERNST & YOUNG (Hrsg.): KStG, § 8, Rdnr. 985.
[640] Vgl. BMF-Schreiben vom 28.05.2002, IV A 2 – S 2742 – 32/02, in: BStBl. I 2002, S. 603, Tz. 6; dieser Zusammenhang ist von zentraler Bedeutung in Kap. 4.2.2.2.2 auf S. 206 ff. und wird dort vertieft analysiert.
[641] Siehe hierzu ausführlich Kap. 4.1.1.2 auf S. 144 ff.
[642] Vgl. OECD-MK zu Art. 10, Rdnr. 28.
[643] Siehe hierzu die Ausführungen in Kap. 4.1.2.1 auf S. 149 ff.
[644] Siehe hierzu die Ausführungen in Kap. 4.1.2.2.1 auf S. 150 ff.

hätte.[645] Dies ist grundsätzlich durch Fremdvergleich festzustellen.[646] Die Bewertung der verdeckten Einlage hat gem. § 8 Abs. 1 KStG i.V.m. § 6 Abs. 1 Nr. 5 und Abs. 6 EStG grundsätzlich mit dem Teilwert zu erfolgen.[647] Als Teilwert gilt der Betrag, „den ein Erwerber des ganzen Betriebs im Rahmen des Gesamtkaufpreises für das einzelne Wirtschaftsgut ansetzen würde; dabei ist davon auszugehen, dass der Erwerber den Betrieb fortführt."[648] Im Rahmen der Teilwertbewertung bilden die Wiederbeschaffungskosten, die im Wesentlichen den Herstellungskosten entsprechen, die Obergrenze.[649]

Die Qualifizierung als verdeckte Einlage setzt nach § 4 Abs. 1 S. 5 EStG voraus, dass es sich bei dem Vermögensvorteil um ein einlagefähiges Wirtschaftsgut handelt. Der zugewendete Vermögensvorteil muss bei der empfangenden Kapitalgesellschaft in der Bilanz erfasst werden können, d.h., er muss zum Ansatz oder zur Erhöhung eines Aktivpostens oder zum Wegfall bzw. der Verminderung eines Passivpostens führen.[650] Anwendungsfälle einer verdeckten Einlage sind z.B. die unentgeltliche Übertragung von Rechten oder materiellen Wirtschaftsgütern von der Muttergesellschaft auf die Tochtergesellschaft. Ebenso stellt die Übertragung bzw. Übereignung derartiger Wirtschaftsgüter unter dem Marktpreis eine verdeckte Einlage dar.[651] Dagegen stellt die unentgeltliche oder verbilligte Nutzungsüberlassung von Geld oder anderen Wirtschaftsgütern keine verdeckte Einlage dar, da dies nicht die Mehrung des Gesellschaftsvermögens zur Folge hat.

Auf Ebene der empfangenden Kapitalgesellschaft ist die Rechtsfolge der verdeckten Einlage im deutschen Steuerrecht eine außerbilanzielle Korrektur des steuerlichen Gewinns in Höhe der eingetretenen Vermögensmehrung, sofern diese zuvor den Steuerbilanzgewinn der Kapitalgesellschaft erhöht hat.[652] Im vorliegenden Fall einer ausländischen Tochtergesellschaft bestimmen sich Art

---

[645]   Vgl. R 40 Abs. 1 KStR 2004; H 40 KStH 2004, „Gesellschaftsrechtliche Veranlassung".

[646]   Vgl. R 40 Abs. 3 S. 2 KStR 2004.

[647]   Vgl. R 40 Abs. 4 S. 1 KStR 2004.

[648]   § 6 Abs. 1 Nr. 1 S. 3 EStG.

[649]   Vgl. BFH-Urteil vom 19.05.1998, I R 54/97, in: BStBl. II 1999, S. 277; vgl. auch WASSERMEYER, F.: Einkünftekorrekturnormen im Steuersystem, a.a.O., S. 637; GLANEGGER, P. in: SCHMIDT, L.: EStG, § 6, Rdnr. 226; FISCHER, P. in: KIRCHHOF, P.: EStG KompaktKommentar, § 6, Rdnr. 94.

[650]   Vgl. BFH-Urteil vom 24.05.1984, I R 166/78, in: BStBl. II 1984, S. 749; BFH-Beschluss vom 26.10.1987, GrS 2/86, in: BStBl. II 1988, S. 351 - 355; vgl. auch SCHWEDHELM, R. in: STRECK, M.: KStG, § 8, Rdnr. 48.

[651]   Vgl. LANG, B. in: ERNST & YOUNG (Hrsg.): KStG, § 8, Rdnr. 504.

[652]   Vgl. R 40 Abs. 2 S. 2 KStR 2004.

und Umfang der Gewinnkorrektur indes ausschließlich nach dem Steuerrecht ihres Sitzstaates.[653]

Bei der inländischen Muttergesellschaft führt die verdeckte Einlage zu nachträglichen Anschaffungskosten auf die Beteiligung an der ausländischen Tochtergesellschaft.[654] Die Bewertung erfolgt hierbei gem. § 6 Abs. 6 S.2 EStG zum Teilwert des verdeckt eingelegten Wirtschaftsguts. Weiterhin tritt bei der einlegenden Kapitalgesellschaft eine Ergebniserhöhung um den Teilwert des verdeckt eingelegten Wirtschaftsguts ein, der eine Ergebnisminderung um den Buchwert dieses Wirtschaftsguts gegenüber steht.[655] Dies beruht darauf, dass die verdeckte Einlage eines Wirtschaftsguts einem gewinnrealisierenden Vorgang gleichgestellt ist.[656] Im Ergebnis ergibt sich in Höhe der Differenz zwischen dem Buchwert und dem Teilwert des eingelegten Wirtschaftsguts ein laufender Gewinn.[657] Ob das Wirtschaftsgut bei der inländischen Muttergesellschaft aktiviert war, ist für die Annahme einer verdeckten Einlage irrelevant.[658] Daher können auch unentgeltlich erworbene immaterielle Wirtschaftsgüter des Anlagevermögens, die bei der inländischen Muttergesellschaft unter das Aktivierungsverbot des § 5 Abs. 2 EStG bzw. § 248 Abs. 2 HGB fallen, Gegenstand einer verdeckten Einlage sein.

Eine Ausnahme von der Aufdeckung der stillen Reserven bei der inländischen Muttergesellschaft im Falle einer verdeckten Einlage ergibt sich aus § 6 Abs. 6 S. 3 EStG. Der Zweck dieser Vorschrift besteht analog zur Regelung des § 6 Abs. 1 Nr. 5 EStG in der Vermeidung einer Übermaßbesteuerung.[659] Wurde das zugeführte Wirtschaftsgut innerhalb der letzten drei Jahre vor dem Zeitpunkt der Zuführung angeschafft oder hergestellt, so erhöhen sich die Anschaffungskosten der Beteiligung an der Tochtergesellschaft gem. § 6 Abs. 6 S. 3 i.V.m. § 6 Abs. 1 Nr. Nr. 5 S. 1, lit. a) EStG um den Einlagewert des Wirtschaftsguts.[660] Als Einlagewert ist gem. § 6 Abs. 1 Nr. 5 EStG der

[653] Vgl. JACOBS, O.: Internationale Unternehmensbesteuerung, S. 677.
[654] Vgl. LANG, B. in: ERNST & YOUNG (Hrsg.): KStG, § 8, Rdnr. 482, 484.
[655] Vgl. KORN, K. / STRAHL, M. in: KORN, K. et al.: EStG, § 6, Rdnr. 537.
[656] Vgl. SEEGER, S. in: SCHMIDT, L.: EStG, § 6, Rdnr. 550.
[657] Vgl. FISCHER, P. in: KIRCHHOF, P.: EStG KompaktKommentar, § 6, Rdnr. 167.
[658] Vgl. BFH-Urteil vom 20.08.1986, I R 150/82 , in: BStBl. II 1987, S. 458.
[659] Vgl. BT-Drucksache 14/23, S. 173, „Zu § 6 Abs. 5".
[660] Vgl. GLANEGGER, P. in: SCHMIDT, L.: EStG, § 6, Rdnr. 568 sowie § 6, Rdnr. 440, „Verdeckte Einlagen"; ECKSTEIN, H. in: HERRMANN, C. / HEUER, G. / RAUPACH, A.: Einkommensteuer- und Körperschaftsteuergesetz, EStG § 6, Rdnr. 1489a; FISCHER, P. in: KIRCHHOF, P.: EStG KompaktKommentar, § 6, Rdnr. 191; HERRMANN, H. in: FROTSCHER, G.: EStG: § 6, Rdnr. 536; BAUMHOFF, H. in: MÖSSNER, G. et al.: Steuerrecht international tätiger Unternehmen, S. 422.

Teilwert anzusetzen, maximal jedoch die niedrigeren nach § 6 Abs. 1 Nr. 5 S. 2 EStG fortentwickelten Anschaffungs- bzw. Herstellungskosten. Somit unterbleibt in diesem Fall eine Aufdeckung der stillen Reserven bei der inländischen Muttergesellschaft.[661] Dies hat zur Folge, dass die Aufdeckung der stillen Reserven nicht im Betriebsvermögen der inländischen Muttergesellschaft, sondern allenfalls bei der ausländischen Tochtergesellschaft erfolgt, sofern diese das empfangene Wirtschaftsgut nach Maßgabe ihres nationalen Steuerrechts zu den niedrigeren Anschaffungs- oder Herstellungskosten aktiviert.[662]

4.1.3.3 Berichtigung von Einkünften nach § 1 AStG

4.1.3.3.1 Anwendungsbereich

Die Regelung des § 1 AStG stellt eine eigenständige Rechtsgrundlage zur Einkünfteberichtigung bei grenzüberschreitenden Beziehungen zwischen nahestehenden Personen dar. Nach dieser Vorschrift erfolgt eine Ergebniskorrektur, sofern Einkünfte eines Steuerpflichtigen aus Geschäftsbeziehungen mit einer ihm nahestehenden Person dadurch gemindert werden, dass er im Rahmen solcher Geschäftsbeziehungen zum Ausland Bedingungen vereinbart, die voneinander unabhängige Dritte unter gleichen oder ähnlichen Verhältnissen nicht vereinbart hätten. Sind die Anwendungsvoraussetzungen von § 1 AStG erfüllt, so sind die Einkünfte des Steuerpflichtigen unbeschadet anderer Vorschriften so anzusetzen, wie sie unter den zwischen unabhängigen Dritten vereinbarten Bedingungen angefallen wären. Den Vergleichsmaßstab bildet die verkehrsübliche Sorgfalt eines ordentlichen und gewissenhaften Geschäftsleiters gegenüber Fremden. Maßgebend hierfür sind die Preise des Marktes, auf dem Fremde die Geschäftsbedingungen aushandeln würden.[663] Damit normiert § 1 AStG eine Gewinnabgrenzung anhand des im internationalen Steuerrecht üblichen Grundsatz des Dealing-at-arm's-Length-Prinzip[664], der im deutschen Steuerrecht ansonsten nicht explizit verankert ist.[665] Allerdings wird auch für das Rechtsinstitut der verdeckten Gewinnausschüttung von der einschlägigen Rechtsprechung ein Fremdvergleich als Maßstab herangezogen, der mit demjenigen in § 1 AStG zumindest inhaltlich übereinstimmt.[666]

---

[661] Vgl. SEEGER, S, in: SCHMIDT, L.: EStG, § 6, Rdnr. 568.

[662] Vgl. JACOBS, O.: Internationale Unternehmensbesteuerung, S. 677.

[663] Vgl. BFH-Beschluss vom 17.12.1997, I B 96/97, in: BStBl. II 1998, S. 324.

[664] Vgl. SCHAUMBURG, H.: Internationales Steuerrecht, S. 1216.

[665] Vgl. VÖGELE, A. / RAAB, J. in: VÖGELE, A. / BORSTELL, T. / ENGLER, G.: Handbuch der Verrechnungspreise, S. 74.

[666] Vgl. WASSERMEYER, F.: Einkünftekorrekturnormen im Steuersystem, a.a.O., S. 636.

Das Ziel der Vorschrift besteht darin, eine aus Geschäftsbeziehungen zwischen nahestehenden Personen resultierende Gewinnverlagerung ins Ausland zu vermeiden. Dies betrifft jedoch nur unangemessene Vertragsbedingungen bei nahestehenden Personen. Halten die vereinbarten Vertragsbedingungen einem Drittvergleich stand und gelten somit als angemessen, ergeben sich keine Folgen aus § 1 AStG. Dies bedeutet, dass die reale Verlagerung von Erfolgsbestandteilen ins Ausland, bei der die vereinbarten Bedingungen einem Fremdvergleich standhalten, von der Finanzverwaltung grundsätzlich anerkannt wird. Zu beachten ist auch, dass bei der Regelung des § 1 AStG, anders als bei dem Rechtsinstitut der verdeckten Gewinnausschüttung und der verdeckten Einlage, nicht die Einkünfteabgrenzung zwischen Kapitalgesellschaft und Anteilseigner im Vordergrund steht, sondern die Verhinderung der Gewinnverlagerung ins Ausland. Daher findet § 1 AStG nur Anwendung, wenn aufgrund der Geschäftsbeziehungen eine Gewinnminderung im Inland eintritt. Im Falle einer Erhöhung der inländischen Bemessungsgrundlage ist § 1 AStG nicht einschlägig.[667]

4.1.3.3.2 Tatbestandsmerkmale

Zentrales Kriterium für die Anwendung von § 1 AStG ist eine Geschäftsbeziehung zu einer nahestehenden Person des Steuerpflichtigen im Ausland. Der Begriff der nahestehenden Person wird in § 1 Abs. 2 AStG definiert. Erfasst werden eine unmittelbare oder mittelbare Beteiligung zu mindestens 25 %, ein beherrschender Einfluss, eine besondere Einflussmöglichkeit, oder eine Verflechtung aufgrund Interessenidentität. Im Rahmen dieser Arbeit wäre die ausländische Tochtergesellschaft somit eine nahestehende Person zur inländischen Muttergesellschaft, da die unterstellte 100 %-Beteiligung an der ausländischen Tochtergesellschaft die Mindest-Beteiligungshöhe von 25 % gem. § 1 Abs. 2 Nr. 1 AStG erfüllt.

Entsprechend der Formulierung in § 1 Abs. 1 AStG umfasst der Anwendungsbereich der Vorschrift Geschäftsbeziehungen, worunter gem. § 1 Abs. 4 AStG jede den Einkünften zugrunde liegende schuldrechtliche Beziehung zu verstehen ist, die keine gesellschaftsvertragliche Vereinbarung ist. Zusätzlich muss die schuldrechtliche Beziehung entweder beim Steuerpflichtigen oder bei der nahestehenden Person Teil einer Tätigkeit sein, auf die die §§ 13, 15, 18 oder § 21 EStG anzuwenden sind, oder, im Fall eines ausländischen Nahestehenden, anzuwenden wären, wenn die Tätigkeit im Inland vorgenommen würde. Diese im Rahmen des StVergAbG 2003 gegenüber der früheren Fassung des § 1 Abs. 4 AStG deutlich erweiterte Definition der Geschäftsbeziehung impliziert, dass jegliche

---

[667] Vgl. SCHEFFLER, W.: Besteuerung der grenzüberschreitenden Unternehmenstätigkeit, S. 403 f.

Beziehung erfasst wird, die auf einer schuldrechtlichen Vereinbarung beruht.[668] Dem Ausschluss gesellschaftsvertraglicher Vereinbarungen kommt lediglich klarstellende Bedeutung zu, da diese ohnehin keine schuldrechtlichen Vereinbarungen darstellen.[669] Die Änderung von § 1 Abs. 4 AStG erfolgte aufgrund eines BFH-Urteils, wonach eine Garantiererklärung bzw. harte Patronatserklärung einer inländischen Muttergesellschaft gegenüber ihrer unterkapitalisierten Tochtergesellschaft nicht als Geschäftsbeziehung i.S.d. bisherigen Regelung zu werten sei.[670] Dies begründete der BFH damit, dass die begünstigte Gesellschaft mangels ausreichender Eigenkapitalausstattung ohne die Garantieerklärung ihre konzerninterne Funktion nicht erfüllen könne. Eine Korrektur nach Maßgabe des Fremdvergleichs lehnte der BFH ab, da derartige Leistungen immer nur im Verhältnis zwischen Gesellschaft und Gesellschafter erbracht werden und somit generell durch die Besonderheiten dieses Verhältnisses gekennzeichnet seien. Die Patronatserklärung ersetze die Kapitalausstattung, so dass aufgrund der gesellschaftsrechtlichen Veranlassung keine Geschäftsbeziehung vorliegen würde.

Entsprechend der Neufassung von § 1 Abs. 4 AStG, der ein das BFH-Urteil betreffender Nichtanwendungserlass des BMF[671] voraus ging, soll es für das Bestehen einer Geschäftsbeziehung nunmehr irrelevant sein, ob ihr betriebliche oder gesellschaftsrechtliche Interessen zugrunde liegen. Dies entspricht der Ansicht des BMF im Nichtanwendungserlass, wonach die formale Struktur des Vereinbarten entscheidend sei. Daher werden von der Neuregelung ausweislich der Gesetzesbegründung auch z.B. verbindliche Kreditgarantien, zinslose oder zinsgünstige Darlehen sowie die unentgeltliche oder teilentgeltliche Gewährung anderer Leistungen einer inländischen Kapitalgesellschaft an ihre ausländische Tochtergesellschaft erfasst. Hierfür ist es irrelevant, ob die Leistungen fehlendes Eigenkapital der Tochtergesellschaft ersetzen oder die wirtschaftliche Betätigung dieser Gesellschaft stärken sollen.[672]

4.1.3.3.3   Rechtsfolgen von § 1 AStG

Treffen die oben beschriebenen Voraussetzungen zu, sind die Einkünfte der inländischen Muttergesellschaft gem. § 1 AStG so anzusetzen, wie sie im Falle der Zugrundelegung von Bedingungen unabhängiger Dritter angefallen wären. Damit bildet der Grundsatz des Fremdvergleichs einerseits die Tatbestandsvoraus-

---

[668] Vgl. VÖGELE, A. / RAAB, J. in: VÖGELE, A. / BORSTELL, T. / ENGLER, G.: Handbuch der Verrechnungspreise, S. 77.

[669] Vgl. REITH, T.: Internationales Steuerrecht, S. 545.

[670] Vgl. BFH-Urteil vom 29.11.2000, I R 85/99, in: BStBl. II 2002, S. 721 f.

[671] Vgl. BMF-Schreiben vom 17.10.2002, IV B 4 – S 1341 – 14/02, in: BStBl. I 2002, S. 1025 f.

[672] Vgl. BT-Drucksache 15/119, S. 53, „Zu Artikel 12 – zu Nummer 1".

setzung für die Anwendung von § 1 AStG und bestimmt gleichzeitig auch den Umfang der vorzunehmenden Einkünftekorrektur.[673] Die bestehende Einkünfteermittlung als solche ist von der Korrektur jedoch nicht betroffen. Die Berichtigung erfolgt durch einen Zuschlagposten außerhalb der Bilanz für das Jahr, in dem sich die Vorteilsgewährung auf den Gewinn ausgewirkt hat.[674] Anders als im Falle der verdeckten Einlage führt die Einkünftekorrektur gem. § 1 AStG jedoch nicht zu einer Erhöhung des Buchwerts der Beteiligung an der ausländischen Tochtergesellschaft, da keine Einlage vorliegt.[675] Dabei entsteht das Problem, dass im Falle einer späteren Ausschüttung der Tochtergesellschaft eine Doppelbesteuerung resultieren kann. Für den Fall, dass die Beteiligten durch Ausgleichszahlungen den Zustand herbeiführen, der bei Beachtung des Fremdvergleichs bestehen würde, sieht die Finanzverwaltung daher vor, den Ausgleich außerhalb der Bilanz mit dem zuvor gem. § 1 AStG vorgenommenen Zuschlag zu verrechnen.[676] Wird die Beteiligung veräußert oder liquidiert, gestattet die Finanzverwaltung ebenfalls eine Kürzung des Veräußerungs- oder Liquidationserlöses um den gem. § 1 AStG vorgenommenen Zuschlag, soweit dieser noch nicht verrechnet worden ist.[677] Daher wird in der Praxis ein Ausgleichsposten außerhalb der Bilanz gebildet, der mit Ausgleichszahlungen und einem Veräußerungs- bzw. Liquidationserlös verrechnet wird.[678] Die Vornahme einer Teilwert-Abschreibung auf den Ausgleichsposten ist jedoch nicht zulässig.[679]

4.1.3.3.4 Verhältnis zur verdeckten Gewinnausschüttung und verdeckten Einlage

4.1.3.3.4.1 Literaturmeinung

Das Verhältnis der Vorschrift des § 1 AStG zu den Rechtsinstituten der verdeckten Gewinnausschüttung bzw. der verdeckten Einlage ist umstritten, soweit sich die jeweiligen Regelungsbereiche überschneiden. In der Literatur wird hierzu teilweise argumentiert, § 1 AStG verdränge als lex specialis die anderen Gewinnberichtigungsnormen, mithin auch die Anwendung des Rechtsinstituts der

---

[673] Vgl. WASSERMEYER, F.: Einkünftekorrekturnormen im Steuersystem, a.a.O., S. 637.

[674] Vgl. MENCK, T. in: BLÜMICH, W.: EStG – KStG – GewStG, § 1 AStG, Rdnr. 36+38.

[675] Vgl. BFH-Urteil vom 30.05.1990, I R 97/88, in: BStBl. II 1990, S. 876; vgl. auch JACOBS, O.: Internationale Unternehmensbesteuerung, S. 681 f.

[676] Vgl. BMF-Schreiben vom 12.04.2005, IV B 4 – S 1341 – 1/05, in: BStBl. I 2005, S. 597, Tz. 5.5.1, lit. d).

[677] Vgl. BMF-Schreiben vom 12.04.2005, IV B 4 – S 1341 – 1/05, in: BStBl. I 2005, S. 597, Tz. 5.5.2.

[678] Vgl. MENCK, T. in: BLÜMICH, W.: EStG – KStG – GewStG, § 1 AStG, Rdnr. 38.

[679] Vgl. BFH-Urteil vom 30.05.1990, I R 97/88, in: BStBl. II 1990, S. 877 f.

verdeckten Einlage.[680] Demnach stelle § 1 AStG die grundlegende Rechtsnorm zur Einkünftekorrektur zwischen internationalen verbundenen Unternehmen dar, hinter die die anderen Korrekturvorschriften zurückzutreten haben.

Eine andere Auffassung sieht in § 1 AStG indes einen subsidiären Anwendungsbereich. Die Rechtsinstitute der verdeckten Einlage und der verdeckten Gewinnausschüttung seien sowohl hinsichtlich der Voraussetzungen, als auch hinsichtlich der Rechtsfolgen stets vorrangig vor § 1 AStG anzuwenden.[681] Demnach würde eine Anwendung von § 1 AStG nicht in Betracht kommen, sofern die Voraussetzungen einer anderen Vorschrift erfüllt sind.

Dagegen geht die Theorie der sog. Idealkonkurrenz davon aus, dass alle Gewinnkorrekturvorschriften selbständige Regelungen sind, die nebeneinander anwendbar sind. Somit kann ein Sachverhalt unter mehrere Bestimmungen fallen, wobei sich die Rechtsfolge nach der Vorschrift mit den für den Steuerpflichtigen am weitesten reichenden Rechtsfolgen bestimmt.[682]

4.1.3.3.4.2 Position der Finanzverwaltung

Die Finanzverwaltung geht grundsätzlich davon aus, dass § 1 AStG die Berichtigung von Einkünften nach Maßgabe der Rechtsinstitute der verdeckten Gewinnausschüttung und verdeckten Einlage unberührt lässt. Daher soll die Anwendung dieser Regelungen grundsätzlich vorrangig erfolgen, soweit die jeweiligen Voraussetzungen gleichzeitig gegeben sind.[683] Gewährt ein inländischer Steuerpflichtiger einer ausländischen Tochtergesellschaft Nutzungen oder Dienstleistungen ohne ein angemessenes Entgelt, kann eine Berichtigung indes mangels Einlagefähigkeit nicht nach Maßgabe einer verdeckten Einlage vorgenommen werden. Daher stützt die Finanzverwaltung in diesem Fall eine Berichtigung auf § 1 AStG. Weiterhin fordert die Finanzverwaltung eine Anwendung

---

[680]   Vgl. JACOBS, O.: Internationale Unternehmensbesteuerung, S. 681; BARANOWSKI, K.:
       Besteuerung von Auslandsbeziehungen, S. 307 f.

[681]   Vgl. BAUMHOFF, H. in: MÖSSNER, J. et al.: Steuerrecht international tätiger Unternehmen, S. 437 f.; SCHAUMBURG, H.: Internationales Steuerrecht, S. 1204.

[682]   Vgl. WASSERMEYER, F. in: FLICK, H. / WASSERMEYER, F. / BAUMHOFF, H.: Außensteuerrecht, AStG § 1, Rdnr. 76 f.; WASSERMEYER, F.: Normen zur Einkünftekorrektur, in: PILTZ, D. / SCHAUMBURG, H. (Hrsg.): Internationale Einkünfteabgrenzung, S. 15; MENCK, T. in: BLÜMICH, W.: EStG – KStG – GewStG, § 1 AStG, Rdnr. 14a; SCHREIBER, R. in: KROPPEN, H.: Handbuch Internationale Verrechnungspreise, VerwGr.Verf., Rdnr. 368; RAUPACH, A.: Außensteuerrechtliche Wirkungen der Steuerreformgesetze, in: JbFSt 1977/1978, S. 430; MANKE, K.: Korreferat und Stellungnahme zum Referat Dr. RAUPACH, in: JbFSt 1977/1978, S. 445 – 447.

[683]   Vgl. BMF-Schreiben vom 23.02.1983, IV C 5 – S 1341 – 4/83, in: BStBl. I 1983, S. 218, Tz. 1.1.3.

der Rechtsfolgen aus § 1 AStG neben den Rechtsfolgen einer Entnahme und einer verdeckten Einlage, soweit dies notwendig ist, um dem Maßstab des Fremdverhaltens Rechnung zu tragen.[684] Im Ergebnis bedeutet dies, dass die Finanzverwaltung der Theorie der Idealkonkurrenz folgt.

Die Auffassung der Finanzverwaltung hat insbesondere bezüglich der Konkurrenz zwischen verdeckter Einlage und § 1 AStG gravierende Auswirkungen, da sich hierbei die Wertmaßstäbe unterscheiden. So erfolgt eine Einkünftekorrektur auf Basis der verdeckten Einlage mit dem Wertmaßstab des Teilwerts.[685] Die Obergrenze für den Teilwert bilden die Wiederbeschaffungskosten. Diese entsprechen im Wesentlichen den Herstellungskosten und beinhalten somit keinen Gewinnaufschlag.[686] Demgegenüber sieht § 1 AStG eine Korrektur auf Basis des Fremdvergleichspreises vor, der einen unter fremden Dritten üblichen Gewinnaufschlag auf die Wiederbeschaffungskosten berücksichtigt.[687] Dies hat zur Folge, dass im Falle der verbilligten Veräußerung eines Wirtschaftsguts einer inländischen Kapitalgesellschaft an ihre ausländische Tochtergesellschaft eine Korrektur nach Maßgabe einer verdeckten Einlage bis zur Höhe des Teilwerts erfolgt. Der darüber hinausgehende fremdübliche Gewinnaufschlag wäre sodann auf Basis von § 1 AStG zu korrigieren.

4.1.3.3.4.3 Rechtsprechung des BFH

Seitens des BFH ist zur vorstehenden Problematik keine explizite Aussage ersichtlich.[688] Indes lässt der Beschluss[689] vom 21.06.2001 implizit die Feststellung zu, dass der BFH wohl ebenfalls von Idealkonkurrenz ausgeht. Somit wäre neben den Rechtsfolgen aus der verdeckten Gewinnausschüttung bzw. der verdeckten Einlage eine weitergehende Berichtigung der Einkünfte nach § 1 AStG zulässigerweise durchzuführen, soweit dies für ein fremdvergleichskonformes Resultat erforderlich ist.

In dem Streitfall, der dem BFH-Beschluss vom 21.06.2001 zugrunde lag, hatte ein französischer Staatsangehöriger Waren seines deutschen Gewerbebetriebs zu

---

[684] Vgl. für den Absatz BMF-Schreiben vom 14.05.2004, IV B 4 – S 1340 – 11/04, in: BStBl. I 2004, Sondernummer 1, S. 3, Tz. 1.1.2.

[685] Vgl. R 40 Abs. 4 S. 1 KStR 2004.

[686] Vgl. BFH-Urteil vom 19.05.1998, I R 54/97, in: BStBl. II 1999, S. 277; vgl. auch WASSERMEYER, F.: Einkünftekorrekturnormen im Steuersystem, a.a.O., S. 637; GLANEGGER, P. in: SCHMIDT, L.: EStG, § 6, Rdnr. 226; FISCHER, P. in: KIRCHHOF, P.: EStG KompaktKommentar, § 6, Rdnr. 94.

[687] Vgl. BFH-Beschluss vom 21.06.2001, I B 141/00, in: HFR 2001, S. 949.

[688] Vgl. BFH-Beschluss vom 17.12.1997, I B 96/97, in: BStBl. II 1998, S. 323 f.

[689] Vgl. BFH-Beschluss vom 21.06.2001, I B 141/00, in: HFR 2001, S. 949 f.

einem Preis, der über den Wiederbeschaffungskosten, jedoch unter dem Fremd-vergleichspreis liegt, an seine Betriebe in Frankreich und Martinique veräußert. Das Finanzamt nahm auf der Basis von § 1 Abs. 1 AStG eine Einkünftekorrektur in Höhe des fremdüblichen Gewinnaufschlags vor. Das zuständige Finanzgericht lehnte einen zuvor bereits vom Finanzamt abgelehnten Antrag auf Aussetzung der Vollziehung ab, wogegen sich die Beschwerde des Steuerpflichtigen beim BFH richtet. Der BFH erachtete die Beschwerde des Steuerpflichtigen als begründet und verweist hierzu in seiner Urteilsbegründung auf ernstliche Zweifel an der Vereinbarkeit von § 1 AStG mit der Niederlassungsfreiheit nach Art. 43 ff. EGV sowie der Kapitalverkehrsfreiheit nach Art. 56 ff. EGV.[690] Aus der Würdigung dieses Sachverhalts unter europarechtlichen Gesichtspunkten muss jedoch im Umkehrschluss gefolgert werden, dass der BFH die Vorschrift des § 1 AStG im vorliegenden Sachverhalt nach Maßgabe der Theorie der Idealkonkurrenz für grundsätzlich anwendbar hält.[691] Anderenfalls wäre die europarechtliche Prüfung nicht erforderlich gewesen, da in diesem Fall ein Hinweis auf die Nichtanwendbarkeit des § 1 AStG aufgrund des Konkurrenzverhältnisses zur verdeckten Einlage genügt hätte.

4.1.3.3.4.4 Eigene Ansicht

Eine Anwendung der Theorie der Idealkonkurrenz ist m.E. aufgrund der in § 1 AStG vorhandenen Formulierung, wonach die Regelung „unbeschadet anderer Vorschriften" zur Anwendung kommt, zutreffend. Unter Bezugnahme auf diese Formulierung ist WASSERMEYER zuzustimmen, dass § 1 AStG die Rechtsfolgen einer anderen Vorschrift zwar nicht einschränke, jedoch nachrangig anzuwenden sei, soweit die andere Vorschrift zu einer Gewinnkorrektur führt, die der des § 1 AStG entspricht. Die Regelung des §1 AStG komme jedoch mit verschärfender Wirkung zur Anwendung, soweit dessen Gewinnkorrekturmöglichkeit weitreichender ist.[692] Zwar ist die Kritik KAMINSKIs berechtigt, wonach die insoweit unklare Rechtslage zu Lasten des Steuerpflichtigen geht.[693] Demgegenüber lässt jedoch der BFH-Beschluss vom 21.06.2001 m.E. keine Zweifel offen, dass der BFH von einer Idealkonkurrenz ausgeht und § 1 AStG somit für anwendbar hält, soweit dessen Rechtsfolgen weitreichender sind als diejenigen einer verdeckten Einlage.

---

[690] Siehe hierzu im Detail die Ausführungen in Kap. 4.1.3.3.5 auf S. 170 ff.

[691] Vgl. BORSTELL, T. / BRÜNINGHAUS, D. / DWORACZEK, M.: Zweifel an der Rechtmäßigkeit von Verrechnungspreiskorrekturen nach § 1 AStG – Ausblick nach dem BFH-Beschluss vom 21.6.2001, in: IStR 2001, S. 759.

[692] Vgl. WASSERMEYER, F. in: FLICK, H. / WASSERMEYER, F. / BAUMHOFF, H.: Außensteuerrecht, AStG § 1, Rdnr. 76 f.

[693] Vgl. KAMINSKI, B. in: STRUNK, G. / KAMINSKI, B. / KÖHLER, S.: AStG – DBA, § 1 AStG, Rdnr. 53, Fn. 3.

Auch die Gesetzesbegründung zu § 1 AStG lässt m.E. nur den Schluss zu, dass von einer Idealkonkurrenz auszugehen ist. So wollte der Gesetzgeber mit der Regelung des § 1 AStG den im Abkommensrecht vorgesehenen Fremdvergleichsgrundsatz in nationales Recht transferieren und insoweit eine nationale Rechtsgrundlage für entsprechende Gewinnkorrekturen schaffen.[694] Im Sachverhalt der Veräußerung eines Wirtschaftsguts von der inländischen Muttergesellschaft an die ausländische Tochtergesellschaft zu einem Preis unterhalb des Teilwertes würde eine Korrektur mittels der verdeckten Einlage auf Basis des Teilwertes ohne zusätzlich Berichtigung des fremdvergleichskonformen Gewinnaufschlags diesem Ziel jedoch nicht gerecht. Dieses Ziel kann vielmehr nur erreicht werden, wenn in diesem Fall nach Maßgabe der Theorie der Idealkonkurrenz auf den Fremdvergleichspreis in § 1 AStG abgestellt wird und insoweit eine weitergehende Einkünftekorrektur erfolgt. Daher ist m.E. der Position der Finanzverwaltung und der h.M. zuzustimmen, wonach eine Idealkonkurrenz der Vorschrift des § 1 AStG einerseits und der Rechtsinstitute der verdeckten Gewinnausschüttung und der verdeckten Einlage andererseits vorliegt.[695]

Als Folge hieraus ist die Regelung des § 1 AStG im vorliegenden Kontext von Leistungsbeziehungen zwischen einer inländischen Muttergesellschaft und ihrer ausländischen Tochtergesellschaft in zwei Fällen relevant. Zum einen wird der Fall erfasst, dass die Muttergesellschaft ihrer ausländischen Tochtergesellschaft unentgeltlich oder zu einem nicht fremdvergleichskonformen Preis Nutzungen oder Dienstleistungen erbringt. In diesem Fall ist das Rechtsinstitut der verdeckten Einlage mangels Einlagefähigkeit nicht anwendbar[696], so dass – insoweit wohl unzweifelhaft – bei der Muttergesellschaft eine Einkünftekorrektur nach § 1 AStG im Rahmen des Fremdvergleichspreises zulässig und geboten ist. Andererseits wird von § 1 AStG auch der Sachverhalt erfasst, dass die Muttergesellschaft ihrer Tochtergesellschaft Wirtschaftsgüter zu einem nicht fremdvergleichskonformen Preis veräußert.[697] Soweit der Veräußerungspreis in dieser Konstellation unterhalb des Teilwertes liegt, erfolgt zunächst bis zur Höhe des Teilwertes eine Korrektur nach Maßgabe einer verdeckten Einlage. Darüber hin-

---

[694]   Vgl. BT-Drucksache 6/2883, S. 16 f., Tz. 16 f.

[695]   Vgl. WASSERMEYER, F. in: FLICK, H. / WASSERMEYER, F. / BAUMHOFF, H.: Außensteuerrecht, AStG § 1, Rdnr. 76 f.; MENCK, T. in: BLÜMICH, W.: EStG – KStG – GewStG, § 1 AStG, Rdnr. 14a; SCHREIBER, R. in: KROPPEN, H.: Handbuch Internationale Verrechnungspreise, VerwGr.Verf., Rdnr. 368; BORSTELL, T. / BRÜNINGHAUS, D. / DWORACZEK, M.: Zweifel an der Rechtmäßigkeit von Verrechnungspreiskorrekturen nach § 1 AStG – Ausblick nach dem BFH-Beschluss vom 21.6.2001, a.a.O., S. 759.

[696]   Vgl. BFH-Beschluss vom 26.10.1987, GrS 2/86, in: BStBl. II 1988, S. 351 - 355.

[697]   Vgl. SCHREIBER, R. in: KROPPEN, H.: Handbuch Internationale Verrechnungspreise, VerwGr.Verf., Rdnr. 368.

aus führt § 1 AStG zu einer Einkünfteberichtigung in Höhe des fremdvergleichskonformen Gewinnaufschlags.

4.1.3.3.5 Europarechtliche Wertung

Die Vereinbarkeit von § 1 Abs. 1 AStG mit den europarechtlich geschützten
Grundfreiheiten stellt sich als problematisch dar. So werden Geschäftsbeziehungen eines Steuerpflichtigen zu nahestehenden Personen im Ausland im Vergleich zu entsprechenden inländischen Geschäftsbeziehungen unterschiedlich
behandelt. Insoweit sei auf die im vorigen Kapitel dargestellten Anwendungsfälle von § 1 AStG verwiesen. So tritt zum einen eine Ungleichbehandlung grenzüberschreitender Sachverhalte im Fall der unentgeltlichen Überlassung von Nutzungen und Leistungen durch die inländische Muttergesellschaft an die
ausländische Tochtergesellschaft ein, da in dieser Konstellation eine Einkünfteberichtigung nach Maßgabe von § 1 AStG erfolgt. Der vergleichbare reine Inlandssachverhalt verursacht indes keine steuerlichen Konsequenzen, da der Anwendungsbereich der verdeckten Einlage mangels Einlagefähigkeit von
Nutzungen und Leistungen nicht eröffnet ist. Gleichermaßen ergibt sich eine
Ungleichbehandlung von grenzüberschreitenden Sachverhalten, sofern die inländische Muttergesellschaft ihrer ausländischen Tochtergesellschaft Wirtschaftsgüter veräußert und hierbei auf die Verrechnung eines Gewinnaufschlags
verzichtet. In diesem Fall erfolgt nach § 1 AStG eine Korrektur unter Berücksichtigung des fremdüblichen Gewinnaufschlags. Im vergleichbaren reinen Inlandssachverhalt ist dies im Rahmen der verdeckten Einlage indes nicht vorgesehen, da diese auf Ebene des Gesellschafters zum Teilwert bewertet wird.[698]

Der BFH hat zu dieser Problematik im Beschluss vom 21.06.2001 für den
zugrunde liegenden Sachverhalt einer Unterpreis-Lieferung von Wirtschaftsgütern ernsthafte Zweifel geäußert, ob § 1 Abs. 1 AStG mit der Niederlassungsfreiheit in Art. 43 ff. EGV sowie der Kapitalverkehrsfreiheit in Art. 56 ff. EGV
vereinbar ist. Hierzu stellt der BFH fest, dass „derjenige Steuerpflichtige, der
Geschäfte mit einem nahe stehenden Geschäftspartner in einem anderen EU-
Mitgliedstaat tätigt, steuerlich ungünstiger behandelt wird als ein solcher Steuerpflichtiger, der entsprechende Geschäfte im Inland betreibt."[699] Der Grund liege darin, dass dem einen Steuerpflichtigen ein fiktives Entgelt als Gewinnaufschlag hinzugerechnet wird, wogegen dies bei dem anderen Steuerpflichtigen
unterbleibt. In diesem Zusammenhang verweist der BFH darauf, dass im vergleichbaren rein inländischen Sachverhalt zwar die fehlende Gewinnerhöhung

---

[698]   Vgl. EIGELSHOVEN, A.: Gemeinschaftsrechtliche Bedenken des BFH gegen § 1 AStG,
in: IWB, F. 3, Deutschland, Gr. 1, S. 1763.

[699]   BFH-Beschluss vom 21.06.2001, I B 141/00, in: HFR 2001, S. 949.

bei dem leistenden Steuerpflichtigen mit der fehlenden Gewinnminderung bei dem Leistungsempfänger ausgeglichen wird. Gleichwohl sei es ernstlich zweifelhaft, dieses Argument zur Rechtfertigung der abweichenden Behandlung von Auslandssachverhalten anzuführen. Darüber hinaus sei es nicht zulässig, die Vorschrift mit dem Argument der ansonsten resultierenden Ausnutzung eines innerhalb der EU bestehenden „Steuergefälles" bei den direkten Steuern zu rechtfertigen. Vielmehr seien die Mitgliedstaaten verpflichtet, die ihnen verbliebenen Befugnisse gemeinschaftsrechtskonform auszuüben. Abschließend betont der BFH, auch die im Abkommensrecht vorgesehene Gewinnkorrekturvorschrift des Art. 9 OECD-MA könne die Schlechterstellung von grenzüberschreitenden Geschäftsbeziehungen nicht rechtfertigen. Dies führt der BFH zutreffend darauf zurück, dass die abkommensrechtliche Vorschrift keine Besteuerung begründen könne, sondern vielmehr ausschließlich eine nach nationalem Steuerrecht bestehende Berichtigungsmöglichkeit beschränkt. Darüber hinaus sei das Gemeinschaftsrecht gleichermaßen gegenüber dem Völkervertragsrecht, als auch dem innerstaatlichen Recht vorrangig.[700]

Die Zweifel des BFH an der europarechtlichen Zulässigkeit von § 1 Abs. 1 AStG sind m.E. berechtigt. Auf die Einholung einer Vorabentscheidung des EuGH hat der BFH zwar verzichtet. Indes ist davon auszugehen, dass der EuGH bezüglich § 1 AStG eine Diskriminierung bejahen würde, worauf WASSERMEYER explizit hinweist.[701] Seiner Ansicht nach sei die Regelung nur dann europarechtlich zulässig, wenn sie bei Inlands- und Auslandssachverhalten Anwendung finden würde. Hingegen ist § 1 AStG in der gegenwärtigen Fassung ausschließlich auf grenzüberschreitende Sachverhalte ausgerichtet. Daher ist m.E. der h.M. zuzustimmen, wonach § 1 AStG mit der Niederlassungsfreiheit sowie der Kapitalverkehrsfreiheit nicht vereinbar ist.[702] Eine Entscheidung des EuGH hierzu bleibt indes abzuwarten.

---

[700] Vgl. für den Absatz BFH-Beschluss vom 21.06.2001, I B 141/00, in: HFR 2001, S. 949 f.

[701] Vgl. WASSERMEYER, F. in: FLICK, H. / WASSERMEYER, F. / BAUMHOFF, H.: Außensteuerrecht, AStG § 1, Rdnr. 96 + 816.1.

[702] Vgl. WASSERMEYER, F. in: FLICK, H. / WASSERMEYER, F. / BAUMHOFF, H.: Außensteuerrecht, AStG § 1, Rdnr. 96 + 816.1; SCHREIBER, R. in: KROPPEN, H.: Handbuch Internationale Verrechnungspreise, VerwGr.Verf., Rdnr. 371 – 374; BAUMHOFF, H. in: MÖSSNER, J. et al.: Steuerrecht international tätiger Unternehmen, S. 429; KÖHLER, S.: Aktuelles Beratungs-Know-How Internationales Steuerrecht, in: DStR 2005, S. 228; PFLÜGER, H.: Hinzurechnungsbesteuerung nach § 1 AStG ist europarechtlich bedenklich, in: PIStB 2001, S. 260; KÖPLIN, M. / SEDEMUND, J.: Quod erat expectandum! – Einige Überlegungen zum Beschluss des BFH vom 21.6.2001, I B 141/00, in: IStR 2002, S. 122; EIGELSHOVEN, A.: Gemeinschaftsrechtliche Bedenken des BFH gegen § 1 AStG, a.a.O., S. 1763 f.; BORSTELL, T. / BRÜNINGHAUS, D. / DWORACZEK, M.:

4.1.3.4   Abkommensrechtliche Korrekturvorschriften

4.1.3.4.1   Art. 9 OECD-MA

Sofern mit dem Sitzstaat der Tochterkapitalgesellschaft ein DBA besteht, sind zusätzlich zu den vorgenannten unilateralen Einkünftekorrekturnormen die abkommensrechtlichen Korrekturvorschriften zu beachten. Letztere entfalten jedoch keine self-executing-Wirkung, d.h., sie stellen kein unmittelbar anwendbares nationales Recht dar, da ein DBA keinen Steuertatbestand schaffen kann.[703] Vielmehr kommt den abkommensrechtlichen Korrekturvorschriften eine Schrankenwirkung zu, da der nach nationalem Steuerrecht bestehende Steueranspruch des Vertragsstaates gegebenenfalls eingeschränkt wird. Andererseits implizieren die abkommensrechtlichen Korrekturvorschriften jedoch, dass der Vertragsstaat, dem das Besteuerungsrecht im DBA zugewiesen wird, dieses durch eine nationale Korrekturvorschrift ausfüllt.[704]

4.1.3.4.1.1   Erstberichtigung gem. Art. 9 Abs. 1 OECD-MA

Die zentrale abkommensrechtliche Regelung zur Gewinnberichtigung verbundener Unternehmen bildet Art. 9 OECD-MA. Die Vorschrift gliedert sich in zwei Teile. Gemäß Art. 9 Abs. 1 OECD-MA ist es den Steuerbehörden eines Vertragsstaates gestattet, den Gewinn eines Unternehmens zu berichtigen, wenn aufgrund der besonderen Beziehungen zwischen den verbundenen Unternehmen der tatsächlich in diesem Staat entstandene steuerliche Gewinn nicht ausgewiesen wird.[705] Der Vorschrift liegt die Überlegung zugrunde, dass verbundene Unternehmen „in ihren kaufmännischen oder finanziellen Beziehungen an vereinbarte oder auferlegte Bedingungen gebunden sind, die von denen abweichen, die unabhängige Unternehmen miteinander vereinbaren würden"[706]. In diesem Fall wird dem Vertragsstaat abkommensrechtlich gestattet, den Gewinn des Unternehmens in der Höhe ansetzen, den das Unternehmen erzielt hätte, wenn dessen vertragliche Beziehungen zu dem verbundenen Unternehmen so gestaltet wären, wie sie unabhängige Unternehmen miteinander vereinbaren würden. Damit bestätigt Art. 9 Abs. 1 OECD-MA den Grundsatz des Fremdvergleichs, der auch der Gewinnberichtigung nach § 1 AStG zugrunde liegt.[707]

Zweifel an der Rechtmäßigkeit von Verrechnungspreiskorrekturen nach § 1 AStG – Ausblick nach dem BFH-Beschluss vom 21.6.2001, a.a.O., S. 760.

[703]   Vgl. BFH-Urteil vom 12.03.1980, I R 186/76, in: BStBl. II 1980, S. 532 f.

[704]   Vgl. BECKER, H. in: BECKER, H. et al.: DBA-Kommentar, Art. 9 OECD-MA, Rdnr. 69.

[705]   Vgl. OECD-MK zu Art. 9, Rdnr. 2.

[706]   Art. 9 Abs. 1 OECD-MA.

[707]   Vgl. BECKER, H. in: BECKER, H. et al.: DBA-Kommentar, Art. 9 OECD-MA, Rdnr. 1.

Die Verbundenheit von Unternehmen liegt gem. Art. 9 Abs. 1 lit. a) OECD-MA vor, wenn ein Unternehmen eines Vertragsstaates unmittelbar oder mittelbar an der Geschäftsleitung, der Kontrolle oder dem Kapital eines Unternehmens des anderen Vertragsstaates beteiligt ist. Weiterhin ist die Verbundenheit auch bei Schwestergesellschaften gem. Art. 9 Abs. 1 lit. b) OECD-MA erfüllt. Entsprechend der Themenstellung dieser Untersuchung führt das Merkmal der Mutter- und Tochtergesellschaft im vorliegenden Sachverhalt somit zur Bejahung der Verbundenheit.

Die Regelung des Art. 9 Abs. 1 OECD-MA gestattet eine Erstberichtigung bei dem Unternehmen, bei dem von einer Gewinnminderung auszugehen ist. Dies bedeutet, dass zunächst der eine Vertragsstaat eine Berichtigung des Gewinns beim betroffenen Unternehmen vornehmen darf und sodann zur Vermeidung einer Doppelbesteuerung im anderen Vertragsstaat eine Zweitberichtigung geboten ist.[708]

4.1.3.4.1.2 Zweitberichtigung gem. Art. 9 Abs. 2 OECD-MA

Die Zweitberichtigung im anderen Vertragsstaat erfolgt nach Maßgabe des Art. 9 Abs. 2 OECD-MA. Dadurch soll eine wirtschaftliche Doppelbesteuerung vermieden werden, die entstehen würde, wenn der Gewinn aus der Transaktion nur einseitig im einen Staat korrigiert wird, während eine äquivalente Korrektur beim verbundenen Unternehmen im anderen Staat unterbleibt. Sofern bei dem Unternehmen im einen Vertragsstaat eine Zurechnung und Besteuerung von Gewinnen nach Maßgabe des Fremdvergleichs erfolgt, sieht Art. 9 Abs. 2 OECD-MA daher für das Unternehmen im anderen Vertragsstaat eine entsprechende Änderung der von diesem Gewinn erhobenen Steuer vor.

Anders als bei Art. 9 Abs. 1 OECD-MA, dessen Inhalt in fast alle deutschen DBA mit identischem oder geringfügig geändertem Wortlaut übernommen wurde, ist die Regelung des Art. 9 Abs. 2 OECD-MA in den wenigsten deutschen DBA enthalten.[709] Hieraus ist jedoch nicht zu schließen, dass Deutschland einer Gegenberichtigung ablehnend gegenüber steht. Zwar wurde von Deutschland ursprünglich ein Vorbehalt gegen die Regelung angemeldet, jedoch ist dieser inzwischen weggefallen, so dass von einer abgeschwächten Verpflichtung für Deutschland auszugehen ist, eine Regelung zur Gegenberichtigung in die deutschen DBA aufzunehmen. Auf Seiten anderer Vertragsstaaten haben Belgien,

---

[708] Vgl. VÖGELE, A. / RAAB, J. in: VÖGELE, A. / BORSTELL, T. / ENGLER, G.: Handbuch der Verrechnungspreise, S. 128.

[709] Vgl. die Übersicht bei EIGELSHOVEN, A. in: VOGEL, K. / LEHNER, M.: DBA, Art. 9, Rdnr. 145.

Finnland, Norwegen, Portugal und die Schweiz Vorbehalte gegen Art. 9 Abs. 2 OECD-MA angemeldet, was zur Folge hat, dass diese Staaten von der Verpflichtung enthoben sind, die Gegenberichtigung in ihre Abkommen aufzunehmen.[710]

4.1.3.4.2   Art. 11 Abs. 6 und Art. 12 Abs. 4 OECD-MA

Bei den Korrekturvorschriften des Art. 11 Abs. 6 OECD-MA betreffend Zinsen und Art. 12 Abs. 4 OECD-MA betreffend Lizenzgebühren handelt es sich um Spezialregelungen, die der Korrekturvorschrift des Art. 9 OECD-MA vorgehen. Der Anwendungsbereich der Vorschriften beschränkt sich indes auf überhöhte Zinsen bzw. Lizenzgebühren. Demnach erfolgt die Berichtigung von zu niedrigen Zinsen oder Lizenzgebühren nach Art. 9 OECD-MA.[711]

Die beiden Regelungen schränken den sachlichen Anwendungsbereich von Art. 11 OECD-MA bzw. Art. 12 OECD-MA insoweit ein, als die darin getroffenen Regelungen zur Zuweisung des Besteuerungsrechts an den einen resp. den anderen Vertragsstaat nur anwendbar sind, soweit die Höhe der Zinsen bzw. Lizenzgebühren als angemessen gelten. Sofern zwischen dem Schuldner und dem Nutzungsberechtigten bzw. einem zwischengeschaltetem Dritten[712] besondere Beziehungen bestehen, die kausal zu Bedingungen führen, welche nicht dem Fremdvergleich standhalten, wird der Betrag, der die hiernach angemessene Vergütung übersteigt, aus dem Anwendungsbereich von Art. 11 OECD-MA bzw. Art. 12 OECD-MA ausgenommen.

Der Begriff der „besonderen Beziehung" wird nicht näher definiert. Der OECD-MK nennt hierzu beispielhaft die Fälle der unmittelbaren bzw. mittelbaren Beherrschung, das Vorliegen eines Abhängigkeitsverhältnisses zu einem Konzern sowie allgemein jede Interessengemeinschaft, die neben der Darlehens- resp. Lizenzvereinbarung besteht.[713] Somit besteht eine Ähnlichkeit zur Definition des Begriffs der „nahestehenden Person" in § 1 AStG.[714]

Der aus dem Anwendungsbereich von Art. 11 Abs. 1 bzw. Art. 12 Abs. 1 OECD-MA herausgenommene überhöhte Teil der Vergütung wird ent-

[710]   Vgl. für den Absatz BECKER, H. in: BECKER, H. et al.: DBA-Kommentar, Art. 9 OECD-MA, Rdnr. 206 - 210.
[711]   Vgl. BECKER, H. in: BECKER, H. et al.: DBA-Kommentar, Art. 9 OECD-MA, Rdnr. 62.
[712]   Vgl. PORTNER, R. in: BECKER, H. et al.: DBA-Kommentar, Art. 11 OECD-MA, Rdnr. 163.
[713]   Vgl. OECD-MK zu Art. 11, Rdnr. 33 f.; OECD-MK zu Art. 12, Rdnr. 23 f.
[714]   Vgl. PORTNER, R. in: BECKER, H. et al.: DBA-Kommentar, Art. 11 OECD-MA, Rdnr. 161.

sprechend dem Wortlaut des OECD-MA unter Berücksichtigung der anderen Bestimmungen des DBA eingeordnet. Demnach ist diejenige Abkommensbestimmung einschlägig, die ihrem Charakter entspricht.[715] Die Ermittlung des Charakters des übersteigenden Betrags hat nach den Umständen des Einzelfalls zu erfolgen.[716] Wurde beispielsweise ein überhöhter Zinssatz bzw. ein überhöhtes Lizenzentgelt aufgrund eines beherrschenden Einflusses des Gesellschafters vereinbart, so handelt es sich im innerstaatlichen Steuerrecht des Quellenstaates um eine verdeckte Gewinnausschüttung. Demnach finden abkommensrechtlich die Grundsätze des Art. 10 OECD-MA Anwendung.[717] Ist es den beiden Vertragsstaaten aufgrund ihres innerstaatlichen Steuerrechts nicht möglich, denselben Artikel auf die Besteuerung des überhöhten Betrags anzuwenden, empfiehlt der OECD-MK die Einleitung eines Verständigungsverfahrens.[718]

4.1.3.5 Das EU-Schiedsübereinkommen

Die Ausführungen zur abkommensrechtlichen Korrekturvorschrift des Art. 9 OECD-MA machen deutlich, dass eine korrespondierende Gewinnberichtigung in den Vertragsstaaten nicht in jedem Fall gewährleistet ist. Als Folge hiervon tritt eine Doppelbelastung auf. Das gem. Art. 25 OECD-MA für derartige Fälle vorgesehene Verständigungsverfahren ist jedoch wenig erfolgversprechend, da es weder obligatorisch von den Finanzbehörden einzuleiten ist, noch notwendigerweise zu einer Einigung der Behörden führt.[719]

Ist die Tochtergesellschaft in einem Mitgliedstaat der EU ansässig, so findet das EU-Schiedsübereinkommen[720] vom 23.07.1990 Anwendung, das einen multilateralen Vertrag der Mitgliedstaaten darstellt. Damit soll die Beseitigung einer Doppelbelastung sichergestellt werden, die aus abweichenden zwischenstaatlichen Erfolgszuordnungen resultiert. Das EU-Schiedsübereinkommen erfasst gleichermaßen die Gewinnabgrenzung zwischen Tochtergesellschaft und Anteilseigner, wie auch zwischen Betriebsstätte und Stammhaus. Mit Ausnahme von Art. 4, worin auf den Fremdvergleichsgrundsatz Bezug genommen wird,

---

[715] Vgl. PÖLLATH, R. in: VOGEL, K. / LEHNER, M.: DBA, Art. 11, Rdnr. 130; Art. 12, Rdnr. 100.
[716] Vgl. OECD-MK zu Art. 11, Rdnr. 35; OECD-MK zu Art. 12, Rdnr. 25.
[717] Vgl. PORTNER, R. in: BECKER, H. et al.: DBA-Kommentar, Art. 11 OECD-MA, Rdnr. 158; GRÜTZNER, D. in: BECKER, H. et al.: DBA-Kommentar, Art. 12 OECD-MA, Rdnr. 125.
[718] Vgl. OECD-MK zu Art. 11, Rdnr. 36; OECD-MK zu Art. 12, Rdnr. 26.
[719] Vgl. LEHNER, M. in: VOGEL, K. / LEHNER, M.: DBA, Art. 25, Rdnr. 89 f., 115.
[720] Übereinkommen über die Beseitigung der Doppelbesteuerung im Falle von Gewinnberichtigungen zwischen verbundenen Unternehmen (90/436/EWG) vom 23.07.1990, in: ABl. EG Nr. L 1990/225, S. 10 – 24.

enthält es keinerlei materielle Vorschriften zu Verrechnungspreisen, sondern ausschließlich verfahrensrechtliche Bestimmungen zur Beseitigung einer Doppelbesteuerung.

Sofern ein Staat beabsichtigt, die Gewinne eines Unternehmens nach Maßgabe des Fremdvergleichs zu berichtigen, so hat er das Unternehmen rechtzeitig zu unterrichten. Das Unternehmen kann dann das verbundene Unternehmen in Kenntnis setzen, damit dieses die Steuerbehörden in dessen Domizilstaat informieren kann. Stimmen die beiden Unternehmen und der andere Staat der Gewinnberichtigung zu, ist das Vorverfahren gem. Art. 5 des Schiedsübereinkommens beendet und eine einvernehmliche Lösung gefunden. Lässt sich in diesem Vorverfahren dagegen keine einvernehmliche Lösung finden, kann eines der Unternehmen den Fall binnen drei Jahren der zuständigen Finanzbehörde unterbreiten. Sofern diese keine befriedigende Lösung herbeiführen kann, ist sie gem. Art. 6 verpflichtet, ein Verständigungsverfahren mit der Finanzbehörde des anderen betroffenen Mitgliedstaates einzuleiten. Ergibt sich in diesem Verständigungsverfahren innerhalb von zwei Jahren keine einvernehmliche Lösung zur Beseitigung der Doppelbesteuerung, ist gem. Art. 7 im Rahmen eines Schlichtungsverfahrens von einem beratenden Ausschuss eine Stellungnahme einzuholen, wie die Doppelbesteuerung beseitigt werden soll. Lässt sich auf Basis dieser Stellungnahme binnen sechs Monaten dennoch keine einvernehmliche Lösung erzielen, erlangt die Stellungnahme gem. Art. 12 verbindlichen Charakter. Die Doppelbesteuerung der betreffenden Gewinne wird gem. Art. 14 als beseitigt betrachtet, wenn die Gewinne entweder nur in einem Staat zur Besteuerung herangezogen werden oder wenn die in einem Staat erhobene Steuer im anderen Staat angerechnet wird.

Der Vorteil des Schiedsübereinkommens gegenüber dem abkommensrechtlichen Verständigungsverfahren besteht darin, dass der Steuerpflichtige auf dessen Durchführung einen Anspruch hat und nicht vom Ermessen der Finanzbehörden abhängig ist. Weiterhin können die beteiligten Unternehmen aktiv am Verfahren mitwirken und ihre Sichtweise darlegen. Ein weiterer Vorteil des Schiedsübereinkommens ist darin zu sehen, dass es zu einer für alle Seiten verbindlichen Lösung führt.[721] Als Nachteil des Schiedsübereinkommens ist jedoch der Zeitbedarf zu bedenken, den das Verfahren in Anspruch nimmt. Aufgrund dieses Zeitbedarfs werden die beteiligten Unternehmen tendenziell eher die Doppelbesteuerung aufgrund uneinheitlicher Gewinnberichtigung in Kauf nehmen.[722]

---

[721]	Vgl. FROTSCHER, G.: Internationales Steuerrecht, S. 372.

[722]	Vgl. SCHEFFLER, W.: Besteuerung der grenzüberschreitenden Unternehmenstätigkeit, S. 314.

4.1.3.6 Konkretisierung des Korrekturmaßstabs

Die Ausführungen zu den Korrekturvorschriften machen deutlich, dass die Geschäftsbeziehungen zwischen der inländischen Muttergesellschaft und ihrer ausländischen Tochtergesellschaft daraufhin zu untersuchen sind, ob die vereinbarten Bedingungen einem Fremdvergleich standhalten. Anders als im Falle einer Transaktion zwischen fremden Dritten bildet sich der Verrechnungspreis im Konzern nicht am Markt. Daher ist es denkbar, zur Reduzierung der Gesamtsteuerlast im Konzernverbund eine Verlagerung von Einkünften vorzunehmen. Indes verlangt der Grundsatz des Fremdvergleichs, dass die im Konzernverbund vereinbarten Bedingungen denjenigen entsprechen, die fremde, unabhängige dritte Unternehmen vereinbart hätten. Die Konkretisierung des Fremdvergleichs erfolgt mittels bestimmter Verrechnungspreismethoden, die es ermöglichen, einen fremdvergleichskonformen Preis in einer bestimmten Höhe oder zumindest in einer Bandbreite zu ermitteln. Hierbei ist zu unterscheiden zwischen den geschäftsfallbezogenen Standardmethoden und den gewinnbezogenen Methoden, wenngleich deren Bedeutung geringer ist.

Im Rahmen der Anwendung der Verrechnungspreismethoden sind die aus § 90 Abs. 3 AO i.V.m. der GAufzV[723] resultierenden Aufzeichnungspflichten zu beachten. So ist der Steuerpflichtige bei Sachverhalten mit Auslandsbezug gem. § 90 Abs. 3 AO verpflichtet, über die Art und den Inhalt seiner Geschäftsbeziehungen mit nahestehenden Personen Aufzeichnungen zu erstellen. Hierbei sind sowohl eine Dokumentation der verwirklichten Sachverhalte (Sachverhaltsdokumentation), als auch eine Dokumentation der Fremdvergleichskonformität der vereinbarten Preise (Angemessenheitsdokumentation) erforderlich.

Im Rahmen der Sachverhaltsdokumentation sind über die Art, den Umfang und die Abwicklung sowie über die wirtschaftlichen und rechtlichen Rahmenbedingungen der Geschäftsbeziehungen Aufzeichnungen vorzunehmen. So ist u.a. aufzuzeichnen, wie die vereinbarten Preise zwischen dem Steuerpflichtigen und den nahestehenden Personen zustande gekommen sind, welche Funktionen und Risiken im einzelnen übernommen wurden und welche Fremdvergleiche durchgeführt wurden.[724]

---

[723] Verordnung zu Art, Inhalt und Umfang von Aufzeichnungen im Sinne des § 90 Abs. 3 der Abgabenordnung (Gewinnabgrenzungsaufzeichnungsverordnung - GAufzV) vom 13.11.2003, in: BGBl. I 2003, S. 2296 - 2299.

[724] Vgl. BMF-Schreiben vom 12.04.2005, IV B 4 – S 1341 – 1/05, in: BStBl. I 2005, S. 582, Tz. 3.4.11.1.

Die Angemessenheitsdokumentation erfordert eine Darstellung der Markt- und Wettbewerbsverhältnisse, die für die Tätigkeiten des Steuerpflichtigen und die vereinbarten Bedingungen von Bedeutung sind. Die Aufzeichnungen sollen einem sachverständigen Dritten innerhalb einer angemessenen Frist eine Überprüfung ermöglichen, ob und inwieweit die Abgrenzung der Einkünfte zwischen den verbundenen Unternehmen dem Grundsatz des Fremdvergleichs entspricht. Die Aufzeichnungen über die Angemessenheit der Verrechnungspreise beziehen sich auf die wirtschaftlichen und rechtlichen Grundlagen, aus denen sich ergibt, dass der Steuerpflichtige den Grundsatz des Fremdvergleichs im Rahmen der Einkünfteabgrenzung beachtet hat.[725]

Demnach muss aus den nach § 90 Abs. 3 AO zu erstellenden Aufzeichnungen[726] gem. § 1 Abs. 1 GAufzV ersichtlich sein, welchen Sachverhalt die inländische Kapitalgesellschaft im Rahmen ihrer Geschäftsbeziehungen mit der ausländischen Tochtergesellschaft verwirklicht hat. Weiterhin ist darzulegen, ob und inwieweit diesen Geschäftsbeziehungen fremdvergleichskonforme Bedingungen zugrunde gelegt wurden. Hierbei müssen die Aufzeichnungen das ernsthafte Bemühen der Kapitalgesellschaft erkennen lassen, ihre Geschäftsbeziehungen zu der ausländischen Tochtergesellschaft unter Beachtung des Fremdvergleichsgrundsatzes zu gestalten. Im Hinblick darauf führt § 2 Abs. 2 GAufzV aus, dass sich Art, Inhalt und Umfang der zu erstellenden Aufzeichnungen nach den Umständen des Einzelfalls bestimmen, insbesondere nach der angewandten Verrechnungspreismethode. Die Kapitalgesellschaft hat hierbei aufzuzeichnen, weshalb sie die angewandte Methode hinsichtlich der Art ihrer Geschäfte und der sonstigen Verhältnisse für geeignet hält.

4.1.3.6.1 Geschäftsfallbezogene Standardmethoden

4.1.3.6.1.1 Preisvergleichsmethode

4.1.3.6.1.1.1 Vorgehensweise

Grundgedanke der Preisvergleichsmethode ist es, den zwischen den Konzernunternehmen vereinbarten Preis für Lieferungen oder Dienstleistungen mit dem Preis zu vergleichen, der bei vergleichbaren Geschäften zwischen unabhängigen Unternehmen unter vergleichbaren Bedingungen im Markt vereinbart worden

---

[725]   Vgl. BMF-Schreiben vom 12.04.2005, IV B 4 – S 1341 – 1/05, in: BStBl. I 2005, S. 583, Tz. 3.4.12.1.

[726]   Hinsichtlich der allgemein zu erstellenden Aufzeichnungen siehe im Einzelnen § 4 GAufzV.

wäre.[727] Ergeben sich Unterschiede zwischen diesen beiden Preisen, so kann dies darauf hindeuten, dass die zwischen den Konzernunternehmen vereinbarten Bedingungen nicht dem Fremdvergleichsgrundsatz entsprechen.[728]

Die Anwendung der Preisvergleichsmethode setzt voraus, dass die Vergleichsgeschäfte sowohl hinsichtlich ihrer Art und Ausgestaltung, als auch hinsichtlich ihrer Nebenbedingungen mit der konzerninternen Transaktion übereinstimmen. Ist diese Bedingung nicht in allen wesentlichen Details erfüllt, ist es zur Anwendung der Methode zwingend erforderlich, abweichende Merkmale mittels Korrekturen zu eliminieren.[729]

4.1.3.6.1.1.2 Arten des Preisvergleichs

Zur Durchführung der Preisvergleichsmethode kommen sowohl ein äußerer Preisvergleich, als auch ein innerer Preisvergleich in Betracht. Im Rahmen des äußeren Preisvergleichs werden die Bedingungen der zu untersuchenden Transaktion mit den Bedingungen verglichen, die fremde, voneinander unabhängige Unternehmen unter vergleichbaren Bedingungen miteinander vereinbaren würden. Dies kommt insbesondere bei homogenen Gütern, standardisierten, marktgängigen Dienstleistungen sowie standardisierten, massenhaft gehandelten Waren in Betracht.[730] Der Vergleich erfolgt anhand von Marktpreisen, die aufgrund von Börsennotierungen, branchenüblichen Preisen oder aufgrund von Vertragsabschlüssen unter voneinander unabhängigen Unternehmen festgestellt werden.

Im Rahmen des inneren Preisvergleichs wird das zu prüfende Geschäft den Vereinbarungen gegenübergestellt, die das betreffende Konzernunternehmen mit konzernfremden Unternehmen getroffen hat. Grundvoraussetzung dieses Vergleichs ist es somit, dass das Unternehmen die betreffende Lieferung oder Dienstleistung sowohl konzernintern, als auch unter marktkonformen, plausiblen Bedingungen an fremde Dritte erbringt.[731]

---

[727] Vgl. BMF-Schreiben vom 23.02.1983, IV C 5 – S 1341 – 4/83, in: BStBl. I 1983, S. 218, Tz. 2.2.2.

[728] Vgl. OECD: Verrechnungsgrundsätze für Multinationale Unternehmen und Steuerverwaltungen, abgedruckt in: VÖGELE, A. / BORSTELL, T. / ENGLER, G.: Handbuch der Verrechnungspreise, S. 2001 – 2116, Tz. 2.6.

[729] Vgl. BAUMHOFF, H. in: FLICK, H. / WASSERMEYER, F. / BAUMHOFF, H.: Außensteuerrecht, AStG § 1, Rdnr. 396.

[730] Vgl. SIEKER, K. in: DEBATIN, H. / WASSERMEYER, F.: Doppelbesteuerung, Art. 9 MA, Rdnr. 233.

[731] Vgl. VÖGELE, A. / RAAB, J. in: VÖGELE, A. / BORSTELL, T. / ENGLER, G.: Handbuch der Verrechnungspreise, S. 206 f.

In sachlicher Hinsicht kann der Vergleich sowohl anhand tatsächlich abgeschlossener Geschäfte erfolgen, als auch mittels fiktiver oder hypothetischer Geschäfte in einer vergleichbaren Situation. Der hypothetische Fremdvergleich ist hilfsweise heranzuziehen, sofern innerhalb des Konzernverbunds spezifische Geschäftsvorgänge vollzogen werden, für die keine vergleichbaren Marktdaten existieren und somit weder ein äußerer, noch ein innerer Preisvergleich möglich ist. Die Preisbestimmung erfolgt in diesem Fall als Überleitungsrechnung anhand der Fremdvergleichspreise der in die Transaktion eingeflossenen Teillieferungen und Teilleistungen und der jeweils zuzuordnenden Funktionen und Risiken.[732] Hierbei ist auf den Maßstab der verkehrsüblichen Sorgfalt ordentlicher und gewissenhafter Geschäftsleiter abzustellen.[733]

4.1.3.6.1.2 Wiederverkaufspreismethode

4.1.3.6.1.2.1 Vorgehensweise

Im Rahmen der Wiederverkaufspreismethode, die überwiegend im Bereich der Warenlieferungen Anwendung findet[734], bestimmt sich der Verrechnungspreis für eine Ware bzw. Leistung, die von einem Konzernunternehmen bezogen wurde, ausgehend von dem Preis, zu dem der Wiederverkauf des erwerbenden Unternehmens an einen unabhängigen Abnehmer erfolgt.[735] Anhand dieses Preises wird der angemessene Verrechnungspreis für die konzerninterne Transaktion im Wege der retrograden Methode ermittelt. Hierzu ist eine Subtraktion einer angemessenen Marge vom Wiederverkaufspreis vorzunehmen. Mit der Marge werden dem erwerbenden Unternehmen die angefallenen Vertriebskosten und sonstigen Aufwendungen, z.B. Kosten der Weiterbearbeitung oder Verwaltungskosten abgegolten. Weiterhin ist dem erwerbenden Unternehmen im Rahmen der Marge ein angemessener Gewinn im Hinblick auf dessen Funktionen, den Kapitaleinsatz und die übernommenen Risiken zuzuweisen.

---

[732]   Vgl. KROMER, C. in: KESSLER, W. / KRÖNER, M. / KÖHLER, S.: Konzernsteuerrecht, S. 292.

[733]   Vgl. BECKER, H. in: BECKER, H. et al.: DBA-Kommentar, Art. 9 OECD-MA, Rdnr. 42 f.

[734]   Vgl. SIEKER, K. in: DEBATIN, H. / WASSERMEYER, F.: Doppelbesteuerung, Art. 9 MA, Rdnr. 241.

[735]   Vgl. BMF-Schreiben vom 23.02.1983, IV C 5 – S 1341 – 4/83, in: BStBl. I 1983, S. 218, Tz. 2.2.3.

4.1.3.6.1.2.2 Bestimmung der Marge

Da der am Markt mit einem unabhängigen Käufer erzielte Wiederverkaufspreis als Datum objektiv und eindeutig feststellbar ist, besteht die eigentliche Zielsetzung der Methode in der Ermittlung der Marge.[736] Eine Korrektur ist demnach geboten, soweit die tatsächlich realisierte Marge von der fremdüblichen Marge abweicht.

Die Marge ist in derjenigen Höhe anzusetzen, die ein ordentlicher und gewissenhafter Geschäftsleiter in einer vergleichbaren Transaktion mit einem fremden Dritten erzielt hätte. Zur Vermeidung einer Doppelbesteuerung ist sicherzustellen, dass die Marge von allen beteiligten Finanzverwaltungen akzeptiert wird.[737] Analog zur Vorgehensweise bei der Preisvergleichsmethode erfolgt die Ermittlung auf der Basis eines tatsächlichen Fremdvergleichs unter Heranziehung branchenzugehöriger, unabhängiger Vergleichsunternehmen der gleichen Handelsstufe.[738] Beim inneren Spannenvergleich werden hierzu die vom verbundenen Unternehmen im Verhältnis zu fremden Dritten erzielten Handelsspannen als Vergleichsmaßstab verwendet. Der äußere Spannenvergleich stellt auf die Handelsspannen zwischen konzernfremden Unternehmen unter vergleichbaren Verhältnissen ab.[739] Da der innere Spannenvergleich zu einer Berücksichtigung der betriebsinternen Einflussfaktoren des zu betrachtenden verbundenen Unternehmens führt, ist diesem m.E. der Vorzug zu geben, zumal in der Regel keine genauen und verlässlichen Daten über die Margen konzernfremder Vergleichsunternehmen bekannt sein dürften. Soweit ein tatsächlicher Fremdvergleich nicht möglich ist, kommt hilfsweise ein hypothetischer Fremdvergleich in Betracht, indem die in die Marge einzubeziehenden Plankosten des zu beurteilenden verbundenen Unternehmens ermittelt und um einen angemessenen Risiko- und Gewinnzuschlag erhöht werden.[740]

Wenngleich der klassische Anwendungsbereich der Wiederverkaufspreismethode im Bereich der Vertriebsgesellschaften liegt, ist grundsätzlich auch eine Anwendung auf Produktionsgesellschaften denkbar, die die Ware weiterbearbeiten

---

[736] Vgl. SIEKER, K. in: DEBATIN, H. / WASSERMEYER, F.: Doppelbesteuerung, Art. 9 MA, Rdnr. 234.

[737] Vgl. KAMINSKI, B. in: STRUNK, G. / KAMINSKI, B. / KÖHLER, S.: AStG – DBA, § 1 AStG, Rdnr. 209.

[738] Vgl. BAUMHOFF, H. in: FLICK, H. / WASSERMEYER, F. / BAUMHOFF, H.: Außensteuerrecht, AStG § 1, Rdnr. 421.

[739] Vgl. SIEKER, K. in: DEBATIN, H. / WASSERMEYER, F.: Doppelbesteuerung, Art. 9 MA, Rdnr. 235.

[740] Vgl. BAUMHOFF, H. in: FLICK, H. / WASSERMEYER, F. / BAUMHOFF, H.: Außensteuerrecht, AStG § 1, Rdnr. 429.

oder verändern. Hiermit sind jedoch Schwierigkeiten und Ungenauigkeiten bei der Bestimmung der Marge verbunden, da die anfallenden Kosten nur schwer quantifizierbar sind und dazu in der Regel keine Fremdvergleichswerte existieren. Im Ergebnis wird eine Anwendung der Methode in diesen Fällen nur bedingt möglich sein. Weiterhin resultieren Probleme, wenn ein längerer Zeitraum zwischen Erwerb und Weiterveräußerung des Produkts liegt. In diesem Fall wären im Rahmen der retrograden Wertermittlung zusätzlich Faktoren wie Refinanzierungszinsen, Kostenänderungen oder Konjunktureinflüsse zu berücksichtigen.[741] Demgegenüber weist die Methode den Vorteil auf, dass der als Ausgangspunkt dienende Wiederverkaufspreis als Datum objektiv bestimmbar ist und somit dem Fremdvergleich standhält.

4.1.3.6.1.3 Kostenaufschlagsmethode

4.1.3.6.1.3.1 Vorgehensweise

Ausgangspunkt der Kostenaufschlagsmethode sind die Selbstkosten des liefernden bzw. leistenden Konzernunternehmens, die anhand derjenigen Kalkulationsmethoden zu ermitteln sind, die das Unternehmen auch gegenüber fremden Dritten zu Grunde legt. Werden keine vergleichbaren Lieferungen bzw. Leistungen gegenüber fremden Dritten erbracht, sollen die Selbstkosten fremdvergleichskonform anhand betriebswirtschaftlicher Grundsätze ermittelt werden.[742] Zur Bestimmung des fremdvergleichskonformen Verrechnungspreises sind die Selbstkosten um einen angemessenen Gewinnaufschlag in der betriebs- oder branchenüblichen Höhe zu erhöhen. Somit orientieren sich beide zur Ermittlung des Fremdvergleichspreises relevanten Faktoren – die Kosten- und die Gewinnkomponente – am Fremdvergleichsgrundsatz.

Der typische Anwendungsbereich der Kostenaufschlagsmethode betrifft Lieferungen und Leistungen, für die keine Marktpreise ermittelt werden können. Dies ist der Fall im Bereich von Produktionsgesellschaften, die nicht marktfähige Halbfabrikate von Unternehmen im Konzernverbund beziehen und die Weiterverarbeitung übernehmen. Weiterhin kommt dieses Verfahren zur Anwendung, sofern die vom nahestehenden Unternehmen erbrachten spezifischen Lieferungen oder Dienstleistungen nicht Gegenstand einer Weiterveräußerung sind, sondern bei diesem Unternehmen verbleiben. Denkbar wäre dies z.B. bei Spezialaufträgen oder im Falle des Verkaufs oder der Lizenzierung von Patenten oder

---

[741]   Vgl. KROMER, C. in: KESSLER, W. / KRÖNER, M. / KÖHLER, S.: Konzernsteuerrecht, S. 294.

[742]   Vgl. BMF-Schreiben vom 23.02.1983, IV C 5 – S 1341 – 4/83, in: BStBl. I 1983, S. 218, Tz. 2.2.4.

sonstigem technischen Wissen, das die inländische Muttergesellschaft der ausländischen Tochtergesellschaft gegen Entgelt überträgt.[743] Eine Anwendung der Preisvergleichsmethode oder der Wiederverkaufspreismethode würde in diesem Fall nicht in Betracht kommen.

4.1.3.6.1.3.2 Kostenbasis – Ist-, Plan- oder Normal-Kosten

Aufgrund der knappen Ausführungen der Finanzverwaltung über die anzuwendende Kalkulationsmethode in den Verwaltungsgrundsätzen ist eine generelle Aussage zur Kostenermittlung nicht möglich. Vielmehr ist hierfür der Maßstab des Verhaltens eines ordentlichen und gewissenhaften Geschäftsleiters gegenüber fremden Dritten maßgeblich. Da sich die Finanzverwaltung an den Kosten nach betriebswirtschaftlichen Grundsätzen orientiert, wird in der Literatur vertreten, vom wertmäßigen Kostenbegriff auszugehen. Dieser Kostenbegriff umfasst auch kalkulatorische Kostenarten, z.B. kalkulatorische Zinsen oder kalkulatorische Abschreibungen.[744] Dies ist m.E. zutreffend, da nur insoweit eine Produktbezogenheit gewährleistet ist.

In den Verwaltungsgrundsätzen der Finanzverwaltung findet sich dagegen keine explizite Aussage über den Zeitbezug der zu verrechnenden Kosten, so dass dieser im Ermessen des ordentlichen und gewissenhaften Geschäftsleiters steht.[745] Grundsätzlich kommen hierzu die Ist-Kosten, die Plan-Kosten sowie die Normal-Kosten in Betracht. Kennzeichen der Ist-Kostenrechnung ist es, die mit Ist-Preisen bewerteten Ist-Verbrauchsmengen der Produktionsfaktoren zugrunde zu legen.[746] Bedenklich ist hierbei, dass bei Verwendung der Ist-Kosten zwar eine leichtere Ermittlung und Nachprüfbarkeit gegeben ist, jedoch andererseits auch Kostenschwankungen aufgrund von Änderungen des Mengenverbrauchs oder der Inputpreise Auswirkungen auf die anzusetzenden Selbstkosten entfalten. Somit würden Ineffizienzen des leistenden Unternehmens, ebenso wie Leerkosten, an das empfangende Unternehmen weiterbelastet werden. Ein fremder dritter Abnehmer würde diese zusätzliche Kostenbelastung in der Regel nicht akzeptieren.[747] Andererseits würden auch Kostenvorteile aufgrund einer

---

[743] Vgl. KAMINSKI, B. in: STRUNK, G. / KAMINSKI, B. / KÖHLER, S.: AStG – DBA, § 1 AStG, Rdnr. 244.

[744] Vgl. BAUMHOFF, H. in: FLICK, H. / WASSERMEYER, F. / BAUMHOFF, H.: Außensteuerrecht, AStG § 1, Rdnr. 467 f.

[745] Vgl. KAMINSKI, B. in: STRUNK, G. / KAMINSKI, B. / KÖHLER, S.: AStG – DBA, § 1 AStG, Rdnr. 254, 270.

[746] Vgl. VÖGELE, A. / RAAB, J. in: VÖGELE, A. / BORSTELL, T. / ENGLER, G.: Handbuch der Verrechnungspreise, S. 256.

[747] Vgl. OECD: Verrechnungsgrundsätze für Multinationale Unternehmen und Steuerverwaltungen, a.a.O., Tz. 2.45.

Verbesserung der Wirtschaftlichkeit an das empfangende Unternehmen weitergereicht werden, obwohl diese unter unabhängigen Geschäftspartnern zugunsten des leistenden Unternehmens anfallen würden.[748] Eine Verwendung der Ist-Kosten ist daher m.E. unter Fremdvergleichsgesichtspunkten abzulehnen. Vielmehr ist der Fremdvergleichspreis m.E. grundsätzlich unter Verwendung der Plankosten zu ermitteln. Hierzu wird auf Basis einer zukunftsorientierten Betrachtung eine Kostenvorgabe mittels des erwarteten Mengenverbrauchs und der erwarteten Beschaffungspreise erstellt. Soweit eine Schätzung der Planverbrauchsmengen in der Praxis Komplikationen verursacht oder unmöglich ist, kommt als „Kompromisslösung"[749] der Einsatz der Normalkosten in Betracht, denen zwar die erwarteten Beschaffungspreise, jedoch die Ist-Verbrauchsmenge zugrunde liegt.[750] Diese Methode weist den Vorteil auf, Schwankungen in einzelnen Jahren zu eliminieren.[751]

4.1.3.6.1.3.3 Kostenbasis – Voll- oder Teilkosten

Ein weiteres Problem bei der Anwendung der Kostenaufschlagsmethode resultiert aus der Frage, ob ein Ansatz der Voll- oder der Teilkosten zu erfolgen hat, um den angemessenen Verrechnungspreis zu bestimmen. So ist zwar der Überlegung KAMINSKIs zuzustimmen, dass ein ordentlicher und gewissenhafter Geschäftsleiter bei längerfristiger Betrachtung einer Auftragsannahme grundsätzlich nur zustimmen würde, wenn sämtliche anfallenden Kosten gedeckt sind.[752] Jedoch ist auch unter fremden Dritten eine Preisfestsetzung denkbar, die nur die Teilkosten umfasst, so z.B. zur Auslastung ungenutzter Restkapazitäten oder als Folge einer Markteroberungsstrategie.[753] Darüber hinaus ist zu bedenken, dass eine verursachungsgerechte Zuordnung echter Gemeinkosten nicht möglich ist, und somit als Willkür zu werten ist.[754] Als Folge hiervon bestünde beim Vollkostenansatz die Möglichkeit, durch gezielte Schlüsselung der Gemeinkosten Verrechnungspreisgestaltungen vorzunehmen. Daher kann m.E. eine Ermittlung

---

[748] Vgl. BAUMHOFF, H. in: FLICK, H. / WASSERMEYER, F. / BAUMHOFF, H.: Außensteuerrecht, AStG § 1, Rdnr. 493.

[749] BAUMHOFF, H. in: FLICK, H. / WASSERMEYER, F. / BAUMHOFF, H.: Außensteuerrecht, AStG § 1, Rdnr. 497.

[750] Vgl. SIEKER, K. in: DEBATIN, H. / WASSERMEYER, F.: Doppelbesteuerung, Art. 9 MA, Rdnr. 252.

[751] Vgl. KAMINSKI, B. in: STRUNK, G. / KAMINSKI, B. / KÖHLER, S.: AStG – DBA, § 1 AStG, Rdnr. 254, 272.

[752] Vgl. KAMINSKI, B. in: STRUNK, G. / KAMINSKI, B. / KÖHLER, S.: AStG – DBA, § 1 AStG, Rdnr. 254, 283.

[753] Vgl. SIEKER, K. in: DEBATIN, H. / WASSERMEYER, F.: Doppelbesteuerung, Art. 9 MA, Rdnr. 251.

[754] Vgl. BAUMHOFF, H. in: FLICK, H. / WASSERMEYER, F. / BAUMHOFF, H.: Außensteuerrecht, AStG § 1, Rdnr. 507.

des Fremdvergleichspreises auf der Basis von Teilkosten nicht abgelehnt werden, was auch die OECD ausdrücklich klarstellt.[755]

4.1.3.6.1.3.4 Bemessung des Gewinnaufschlags

Das Hauptproblem bei der Anwendung der Kostenaufschlagsmethode liegt in der Bemessung des Gewinnaufschlags. Nach der Finanzverwaltung ist der Gewinnaufschlag in betriebs- oder branchenüblicher Höhe zu bemessen.[756] Hierbei ist der Verwendung betriebsüblicher Zuschlagssätze m.E. eine größere Relevanz beizumessen. Branchenvergleichswerte werden demgegenüber i.d.R. nicht existieren, da für die Unternehmen insoweit keine Veröffentlichungspflicht besteht. In Betracht käme allenfalls die Berechnung einer durchschnittlichen Gewinnmarge anhand der Gewinn- und Verlustrechnung von vergleichbaren Unternehmen. Dieser Ansatz ist jedoch aufgrund der zugrunde liegenden Durchschnittsbetrachtung zweifelhaft, da er unterstellen würde, dass konzerninterne Transaktionen nur eine Rendite in der durchschnittlichen Höhe aller Vergleichsunternehmen abwerfen. Hiervon kann nicht per se ausgegangen werden. Sinnvoller erscheint es daher m.E., den Gewinnaufschlag nach den Umständen des Einzelfalls und entsprechend vergleichbarer Fremdgeschäfte unter Berücksichtigung der von Mutter- und Tochterunternehmen jeweils konkret übernommenen Funktionen und Risiken zu ermitteln.[757]

Die Höhe des anzusetzenden Gewinnaufschlags kann jedoch nicht isoliert betrachtet werden. Denn es ist zu prüfen, inwieweit die Kostenermittlung bereits Bestandteile enthält, die als Gewinnbestandteile zu qualifizieren sind.[758] Wird eine geringere Kostenbasis zugrunde gelegt, ist ein entsprechend höherer Gewinnaufschlag gerechtfertigt, um eine Deckung der nicht berücksichtigten Kostenbestandteile zu gewährleisten. Über die konkrete Höhe des Gewinnaufschlags ist in den Verwaltungsgrundsätzen keine Aussage enthalten. Ein tendenzieller Richtwert für den maximal zulässigen Gewinnaufschlag lässt sich auch nicht anhand der BFH-Rechtsprechung erkennen. So geht der BFH im Urteil vom 12.03.1980[759] von einem Reingewinnsatz i.H.v. 3 – 5 % aus, wogegen im Urteil

---

[755] Vgl. OECD: Verrechnungsgrundsätze für Multinationale Unternehmen und Steuerverwaltungen, a.a.O., Tz. 2.44.

[756] Vgl. BMF-Schreiben vom 23.02.1983, IV C 5 – S 1341 – 4/83, in: BStBl. I 1983, S. 218, Tz. 2.2.4.

[757] Vgl. VÖGELE, A. / RAAB, J. in: VÖGELE, A. / BORSTELL, T. / ENGLER, G.: Handbuch der Verrechnungspreise, S. 273.

[758] Vgl. KAMINSKI, B. in: STRUNK, G. / KAMINSKI, B. / KÖHLER, S.: AStG – DBA, § 1 AStG, Rdnr. 249.

[759] Vgl. BFH-Urteil vom 12.03.1980, I R 186/76, in: BStBl. II 1980, 532.

vom 02.02.1960[760] ein Gewinnaufschlag von 10 - 15 % als nicht unangemessen betrachtet wurde. Da in der Regel weder für den Steuerpflichtigen, noch für die Finanzverwaltung eine direkte Vergleichsmöglichkeit gegeben ist, besteht für den Steuerpflichtigen bei der Bemessung des Gewinnaufschlags ein gewisser Spielraum. Sofern der Steuerpflichtige am Markt die Existenz von Vergleichsmöglichkeiten geprüft hat und eine einwandfreie Dokumentation i.S.v. § 90 Abs. 3 AO i.V.m. der GAufzV zur Bemessung des Gewinnaufschlags besteht, kann dieser von der Finanzverwaltung nicht in Frage gestellt werden, zumal die Finanzverwaltung aufgrund des Steuergeheimnisses keine ihr konkret bekannten Vergleichswerte offenbaren darf.[761]

4.1.3.6.1.4 Anwendbarkeit der Standardmethoden

Im Rahmen der Umsetzung des Fremdvergleichsgrundsatzes eröffnet sich für den als Maßstab dienenden ordentlichen und gewissenhaften Geschäftsleiter ein Entscheidungsspielraum. Dies beinhaltet einerseits die Entscheidung über die anzuwendende Standardmethode und andererseits die Ausnutzung von Ermessensspielräumen, welche sich innerhalb der jeweiligen angewandten Methode bieten.

4.1.3.6.1.4.1 Bestimmung der anzuwendenden Methode

Während die OECD bei Vorhandensein vergleichbarer Fremdgeschäfte grundsätzlich der Preisvergleichsmethode den Vorrang einräumt[762], scheitert die Anwendung dieser Methode in der Praxis zumeist aufgrund der in der Regel nicht marktüblichen und marktfähigen konzernspezifischen Lieferungen und Leistungen, für die ein entsprechender fremdüblicher Vergleichspreis nicht zur Verfügung steht.[763] Schon geringfügige Unterschiede der betrachteten Wirtschaftsgüter, z.B. unterschiedliche Warenzeichen, sowie Unterschiede der Liefer- und Leistungsbedingungen können den Preis bedeutsam beeinflussen.[764] Derartige Einflussfaktoren sind zwar zu korrigieren, jedoch kann eine ausreichend genaue

---

[760]   Vgl. BFH-Urteil vom 02.02.1960, I 194/59, in: BB 1960, 731.

[761]   Vgl. KAMINSKI, B. in: STRUNK, G. / KAMINSKI, B. / KÖHLER, S.: AStG – DBA, § 1 AStG, Rdnr. 308.

[762]   Vgl. OECD: Verrechnungsgrundsätze für Multinationale Unternehmen und Steuerverwaltungen, a.a.O., Tz. 2.7.

[763]   Vgl. BAUMHOFF, H. in: FLICK, H. / WASSERMEYER, F. / BAUMHOFF, H.: Außensteuerrecht, AStG § 1, Rdnr. 411.

[764]   Vgl. SIEKER, K. in: DEBATIN, H. / WASSERMEYER, F.: Doppelbesteuerung, Art. 9 MA, Rdnr. 233.

Berichtigung mit Schwierigkeiten verbunden sein.[765] Sind die Voraussetzungen der Anwendung indes erfüllt, ist die Preisvergleichsmethode aufgrund des direkten Vergleichs der Preise nach h.M. am besten geeignet, einen angemessenen Verrechnungspreis zu ermitteln.[766] Dies liegt zum einen daran, dass Preisunterschiede zwischen dem konzerninternen Geschäft und dem vergleichbaren Fremdgeschäft in der Regel auf der Vereinbarung abweichender Bedingungen beruhen. Zum anderen gestattet es die Verwendung des als Vergleichsmaßstab dienenden fremdüblichen Preises unmittelbar, das konzerninterne Geschäft an fremdübliche Bedingungen anzupassen.[767] Die Kostenaufschlagsmethode sowie die Wiederverkaufspreismethode verwenden demgegenüber schwächere Indizes zur Konkretisierung des Fremdvergleichs. Da die im Rahmen dieser Methoden im Mittelpunkt stehenden Gewinnmargen auch von anderen, für den Fremdvergleich irrelevanten Faktoren beeinflusst werden, ist die Aussagekraft dieser Methoden im Vergleich zur Preisvergleichsmethode wohl eher eingeschränkt.[768]

In den Verwaltungsgrundsätzen[769] sowie den Verwaltungsgrundsätze-Verfahren[770] lässt sich keine Präferenz der Finanzverwaltung erkennen, welcher der Standardmethoden generell der Vorzug zu geben ist. Daher ist davon auszugehen, dass sich diese Methoden gleichberechtigt gegenüber stehen.[771] Die Finanzverwaltung stellt klar, dass es dem Unternehmen obliegt, die anzuwendende Vergleichsmethode eigenständig zu bestimmen.[772] Hierbei kann in Übereinstimmung mit den OECD-Richtlinien[773] gem. § 2 Abs. 2 S. 3 GAufzV die Anwendung von mehr als einer Methode nicht verlangt werden. Einschränkungen bestehen jedoch insoweit, als die Finanzverwaltung fordert, dass diejenige Me-

---

[765]   Vgl. OECD: Verrechnungsgrundsätze für Multinationale Unternehmen und Steuerverwaltungen, a.a.O., Tz. 2.9.

[766]   Vgl. SIEKER, K. in: DEBATIN, H. / WASSERMEYER, F.: Doppelbesteuerung, Art. 9 MA, Rdnr. 233; BAUMHOFF, H. in: FLICK, H. / WASSERMEYER, F. / BAUMHOFF, H.: Außensteuerrecht, AStG § 1, Rdnr. 387; BREZING, K. in: BREZING, K. et al.: Außensteuerrecht, § 1 AStG, Rdnr. 130 – 133.

[767]   Vgl. OECD: Verrechnungsgrundsätze für Multinationale Unternehmen und Steuerverwaltungen, a.a.O., Tz. 2.5.

[768]   Vgl. VÖGELE, A. / RAAB, J. in: VÖGELE, A. / BORSTELL, T. / ENGLER, G.: Handbuch der Verrechnungspreise, S. 248 f., S. 272 f.

[769]   Vgl. BMF-Schreiben vom 23.02.1983, IV C 5 – S 1341 – 4/83, in: BStBl. I 1983, S. 218, Tz. 2.4.1.

[770]   Vgl. BMF-Schreiben vom 12.04.2005, IV B 4 – S 1341 – 1/05, in: BStBl. I 2005, S. 581, Tz. 3.4.10.3, lit. a).

[771]   Vgl. BFH-Urteil vom 17.10.2001, I R 103/00, in: BFH/NV 2002, S. 138.

[772]   Vgl. BMF-Schreiben vom 23.02.1983, IV C 5 – S 1341 – 4/83, in: BStBl. I 1983, S. 218, Tz. 2.4.1.

[773]   Vgl. OECD: Verrechnungsgrundsätze für Multinationale Unternehmen und Steuerverwaltungen, a.a.O., Tz. 1.69.

thode zu wählen ist, die den Verhältnissen des Sachverhalts unter Fremdvergleichsgesichtspunkten am nächsten kommt. Insbesondere ist es nicht zulässig, eine der Standardmethoden anzuwenden, wenn diese zu den Gegebenheiten des Marktes und des Unternehmens im Widerspruch steht. Jedoch ist es denkbar, das anhand der jeweils gewählten Methode erhaltene Ergebnis anhand einer anderen Methode zu verproben.[774]

Wenngleich die Ausführungen der Finanzverwaltung erkennen lassen, dass eine qualitative Rangfolge der Standardmethoden nicht existiert, ist die Sachnähe der Methoden einzelfallbezogen im Hinblick auf die konkrete Transaktion zu beurteilen.[775] Demnach ist die anzuwendende Methode anhand der tatsächlichen Funktionen und übernommenen Risiken der nahestehenden Unternehmen zu bestimmen.[776] Hintergrund hiervon ist, dass die Kostenaufschlagsmethode aufgrund ihrer Systematik dem liefernden Unternehmen stets einen sicheren Gewinn zuteilt, so dass die darüber hinausgehenden Chancen bzw. übernommenen Risiken beim Leistungsempfänger allokiert werden.[777] Demgegenüber führt die Wiederverkaufspreismethode dazu, dass das empfangende Unternehmen einen sicheren Gewinn in Höhe der marktüblichen Handelsspanne erzielt, während die mit der Transaktion verbundenen Chancen und Risiken ebenso wie bei Anwendung der Preisvergleichsmethode dem liefernden Unternehmen zugeordnet werden.[778] Daher kommt im Falle der Warenlieferung zwischen Konzernunternehmen u.a. den Funktionen und Handelsstufen der beteiligten Unternehmen, sowie den mit den Lieferbeziehungen einhergehenden Vorteilen und Risiken eine zentrale Bedeutung zu.[779] Nach Ansicht der Finanzverwaltung soll stets das Produktionsunternehmen das Marktrisiko und die Marktchancen tragen.[780] Daher komme bei Lieferungen eines Produktions- an das Vertriebsunternehmen stets die Wiederverkaufspreismethode zur Anwendung. Dies ergibt sich daraus, dass nach dieser Methode dem vertreibenden Unternehmen eine feste Vertriebsspan-

---

[774]   Vgl. GOSCH, D. in: GOSCH, D.: KStG, § 8, Rdnr. 387.
[775]   Vgl. BAUMHOFF, H. in: FLICK, H. / WASSERMEYER, F. / BAUMHOFF, H.: Außensteuerrecht, AStG § 1, Rdnr. 388.
[776]   Vgl. BMF-Schreiben vom 23.02.1983, IV C 5 – S 1341 – 4/83, in: BStBl. I 1983, S. 218, Tz. 2.4.4.
[777]   Vgl. BAUMHOFF, H. in: FLICK, H. / WASSERMEYER, F. / BAUMHOFF, H.: Außensteuerrecht, AStG § 1, Rdnr. 536.
[778]   Vgl. BAUMHOFF, H. / BODENMÜLLER, R.: Verrechnungspreispolitik bei der Verlagerung betrieblicher Funktionen ins Ausland, a.a.O., S. 354 f., 361.
[779]   Vgl. BMF-Schreiben vom 23.02.1983, IV C 5 – S 1341 – 4/83, in: BStBl. I 1983, S. 218, Tz. 3.1.2.1.
[780]   Vgl. BMF-Schreiben vom 23.02.1983, IV C 5 – S 1341 – 4/83, in: BStBl. I 1983, S. 218, Tz. 3.1.3 Beispiel 1, Tz. 3.4.3; vgl. auch BORSTELL, T.: Verrechnungspreispolitik bei konzerninternen Lieferungsbeziehungen, in: GROTHERR, S. (Hrsg.): Handbuch der internationalen Steuerplanung, S. 329.

ne verbleibt, wie es auch unter Fremden üblich ist, während Marktrisiko und -chancen dem Produktionsunternehmen zugeordnet werden.[781]

Wird die Produktion eines vom Tochterunternehmen abzusetzenden Produkts gleichermaßen von Mutter- und Tochterunternehmen wahrgenommen, soll der Verrechnungspreis für die vom Mutterunternehmen gelieferten Halbfabrikate anhand der Kostenaufschlagsmethode bestimmt werden, da fremde Dritte in diesem Fall den Preis anhand der Kosten zuzüglich eines Gewinnaufschlags bestimmen würden.[782] Dadurch verbleibt dem Mutterunternehmen, das einen Teil der Herstellung übernommen hat, ein garantierter Gewinn in Höhe eines Gewinnaufschlags auf die Kosten. Diese Ansicht vertritt auch die OECD, da sie im Falle der Lieferung von Halbfabrikaten zwischen verbundenen Unternehmen die Kostenaufschlagsmethode als „am zweckmäßigsten"[783] einordnet.

Die generelle Zuordnung von Marktrisiko und –chancen zum Produktionsunternehmen wird in der Literatur indes abgelehnt.[784] Begründet wird dies m.E. zutreffend mit dem Hinweis auf das Ermessen des ordentlichen und gewissenhaften Geschäftsleiters, der die Funktions- und Risikoverteilung auf die betreffenden Konzernunternehmen unter betriebswirtschaftlichen Gesichtspunkten frei bestimmen kann. Sofern es die funktionsmäßige und finanzielle Ausstattung der betreffenden Gesellschaft zulässt, obliegt es einzig und allein der Konzernunternehmung, welcher der einbezogenen Gesellschaften Marktrisiko und Marktchancen im Rahmen der Produktionstätigkeit zuzuordnen sein soll. Demnach entscheidet die Allokation des Marktrisikos entsprechend der übertragenen Funktionen über die anzuwendende Standardmethode im Verhältnis der ausländischen Tochtergesellschaft zur inländischen Muttergesellschaft. Ist der Funktions- und Risikoumfang der Tochtergesellschaft eher beschränkt, hat sie die Funktion eines Lohnfertigers. Bei einem Lohnfertiger, für den auch teilweise der Begriff der „verlängerten Werkbank"[785] verwendet wird, handelt es sich um eine Konzerngesellschaft, die einzelne, für das Gesamtprodukt unwesentliche Fertigungsschritte gegen ein stück- oder mengenorientiertes Entgelt übernimmt. Aufgrund eines langfristigen Abnahmevertrags, häufig verbunden mit einem Just-in-time-Konzept, ist beim Lohnfertiger nur eine geringe Lagerhaltung vor-

---

[781] Vgl. BAUMHOFF, H. in: FLICK, H. / WASSERMEYER, F. / BAUMHOFF, H.: Außensteuerrecht, AStG § 1, Rdnr. 392.

[782] Vgl. BMF-Schreiben vom 23.02.1983, IV C 5 – S 1341 – 4/83, in: BStBl. I 1983, S. 218, Tz. 3.1.3.

[783] OECD: Verrechnungsgrundsätze für Multinationale Unternehmen und Steuerverwaltungen, a.a.O., Tz. 2.32.

[784] Vgl. BORSTELL, T.: Verrechnungspreispolitik bei konzerninternen Lieferungsbeziehungen, a.a.O., S. 329.

[785] Vgl. KLUGE, V.: Das internationale Steuerrecht, S. 828 f.

handen, so dass kein oder nur ein eingeschränktes Absatz- und Lagerrisiko vorhanden ist. Die Tätigkeit des Lohnfertigers besteht daher im Wesentlichen in der Erbringung einer Dienstleistung. Ein weiteres charakteristisches Merkmal des Lohnfertigers ist die Vorgabe der wesentlichen Fertigungsschritte durch den Auftraggeber, welcher auch die Produktentwicklung übernimmt und die hiermit verbundenen Rechte hält. Eine eigene Forschung ist beim Lohnfertiger nicht vorhanden, vielmehr wird die Technologie vom Auftraggeber zur Verfügung gestellt.[786] Ist demnach die Tochtergesellschaft als Lohnfertiger zu klassifizieren, so erfolgt deren Vergütung regelmäßig auf Basis der Kostenaufschlagsmethode.[787] Die Höhe des Gewinnaufschlags bemisst sich hierbei nach branchenüblichen Maßstäben anhand der übernommenen Funktionen von Mutter- und Tochtergesellschaft.

Anders ist dies zu beurteilen, sofern die Tochtergesellschaft die zur Lohnfertigung entgegengesetzte Funktion des Eigenproduzenten wahrnimmt. Ein Eigenproduzent kennzeichnet sich dadurch, dass er in vollem Umfang die Funktionen der Fertigung, Beschaffung, Forschung und Entwicklung, Lagerhaltung sowie Vertrieb und Verwaltung übernimmt. In diesem Fall trägt der Eigenproduzent in vollem Umfang das Absatz- und Beschaffungsrisiko sowie die Dispositionsbefugnis über das Produkt und über immaterielle Wirtschaftsgüter, die aus Forschungsaktivitäten resultieren.[788] Demnach erfolgt die Bestimmung der Verrechnungspreise zur Bemessung der Vergütung des Eigenproduzenten in dieser Konstellation nach Maßgabe der Preisvergleichsmethode oder der Wiederverkaufspreismethode, wodurch gewährleistet wird, dass das Gewinnpotential der Tochtergesellschaft mit dem Umfang ihrer übernommenen Funktionen korrespondiert.

4.1.3.6.1.4.2 Spielräume innerhalb der jeweiligen Methode

Es bestehen jedoch auch innerhalb der angewandten Methode Ermessensspielräume bei der Ermittlung des Verrechnungspreises, da in allen drei Fällen regelmäßig nicht ein exakter Verrechnungspreis, sondern eine Bandbreite von fremdvergleichskonformen Verrechnungspreisen resultiert. Während dies bei der Preisvergleichsmethode darauf zurückzuführen ist, dass für den betrachteten Geschäftsvorfall in der Regel eine Bandbreite fremdüblicher Marktpreise exis-

---

[786] Vgl. KAMINSKI, B. in: STRUNK, G. / KAMINSKI, B. / KÖHLER, S.: AStG – DBA, § 1 AStG, Rdnr. 511 f.

[787] Vgl. KUCKHOFF, H. / SCHREIBER, R.: Verrechnungspreise in der Betriebsprüfung, S. 100.

[788] Vgl. BAUMHOFF, H. / BODENMÜLLER, R.: Verrechnungspreispolitik bei der Verlagerung betrieblicher Funktionen ins Ausland, a.a.O., S. 358.

tiert, ist der Spielraum im Rahmen der Wiederverkaufspreismethode und der Kostenaufschlagsmethode auf eine Bandbreite von marktüblichen Gewinnmargen zurückzuführen.[789]

Soweit davon auszugehen ist, dass diese Bandbreite aus nur eingeschränkt vergleichbaren Werten besteht, ist nach Auffassung der Finanzverwaltung keine ausreichende Vergleichbarkeit gegeben. Die Spanne der Bandbreite ist in diesen Fällen regelmäßig zu groß, um sie sinnvoll der Verrechnungspreisfestsetzung oder der Prüfung zu Grunde zu legen. In diesem Fall ist es nach Auffassung der Finanzverwaltung erforderlich, eine Einengung der Bandbreite vorzunehmen. Führt der Versuch einer notwendigen Einengung der Bandbreite mit Hilfe anderer Verrechnungspreismethoden und Plausibilitätserwägungen nicht zum Ziel, kann die Einengung durch mathematische Verfahren vorgenommen werden, um nur eingeschränkt vergleichbare Werte nicht insgesamt verwerfen zu müssen. Die Finanzbehörde führt hierzu – wenn keine andere Einengung möglich ist – die Einengung im Wege des Ausscheidens von 25 % der kleinsten und 25 % der größten Werte nach Maßgabe der so genannten Quartilsmethode durch.[790]

Sollte die komplette Bandbreite der ermittelten Fremdvergleichspreise dagegen als uneingeschränkt vergleichbar in Betracht kommen, so ist jeder innerhalb dieser Bandbreite befindliche Preis als fremdvergleichskonform einzuordnen. Eine uneingeschränkte Vergleichbarkeit ist dadurch gekennzeichnet, dass die Geschäftsbedingungen der Vergleichstransaktionen identisch sind, oder eventuelle Unterschiede keine wesentliche Auswirkung auf die Preisgestaltung haben bzw. durch hinreichend genaue Anpassungen beseitigt worden sind.[791] Somit eröffnet sich den beteiligten Konzernunternehmen im Falle einer Bandbreite uneingeschränkt vergleichbarer Fremdvergleichspreise die Möglichkeit zur strategischen Verrechnungspreispolitik.[792] Dies ist darauf zurückzuführen, dass im Falle einer Bandbreite von Fremdvergleichspreisen bei uneingeschränkter Vergleichbarkeit der Geschäftsbeziehungen grundsätzlich jeder Preis innerhalb der Bandbreite steuerlich anzuerkennen ist, was die Finanzverwaltung in den Verwaltungsgrundsätze-Verfahren explizit ausführt.[793] Die noch in den Verwaltungs-

---

[789] Vgl. BORSTELL, T.: Verrechnungspreispolitik bei konzerninternen Lieferungsbeziehungen, a.a.O., S. 326.

[790] Vgl. BMF-Schreiben vom 12.04.2005, IV B 4 – S 1341 – 1/05, in: BStBl. I 2005, S. 585 f., Tz. 3.4.12.5, lit. c), d).

[791] Vgl. BMF-Schreiben vom 12.04.2005, IV B 4 – S 1341 – 1/05, in: BStBl. I 2005, S. 589, Tz. 3.4.12.7, lit. a).

[792] Vgl. BORSTELL, T.: Verrechnungspreispolitik bei konzerninternen Lieferungsbeziehungen, a.a.O., S. 326 f.

[793] Vgl. BMF-Schreiben vom 12.04.2005, IV B 4 – S 1341 – 1/05, in: BStBl. I 2005, S. 589, Tz. 3.4.12.7, lit. a).

grundsätzen aus 1983 vorhandene gegenteilige Auffassung[794], wonach in diesem
Fall eine ausgewogene Preisgestaltung erforderlich sei, wurde demnach offenbar
aufgegeben. Dies ist zu begrüßen, da die Forderung nach einer ausgewogenen
Preisgestaltung gleichbedeutend ist mit der Forderung, bei Konzernunternehmen
sei ein noch strengerer Fremdvergleichsgrundsatz anzuwenden, als es bei fremden Dritten der Fall wäre. So betont auch der BFH hinsichtlich einer Bandbreite
angemessener Verrechnungspreise, dass sich eine Schätzung an dem für den
Steuerpflichtigen günstigeren Ober- oder Unterwert der Bandbreite von Fremdvergleichspreisen zu orientieren habe.[795] Dies entspreche nach Auffassung des
BFH der Überlegung, dass innerhalb der letztlich maßgebenden Bandbreite jeder
Preis dem Fremdvergleich entspreche und eine Rechtsgrundlage für eine Gewinnkorrektur nur insoweit bestehe, als eine Abweichung vom Fremdvergleichspreis festgestellt werden kann. Sollte die komplette Bandbreite der ermittelten Fremdvergleichspreise daher grundsätzlich als tatsächlich vergleichbar in
Betracht kommen, so ist demnach jeder innerhalb dieser Bandbreite befindliche
Preis – auch die Ober- und Untergrenze – als fremdvergleichskonform einzuordnen.

4.1.3.6.2   Gewinnmethoden

4.1.3.6.2.1   Geschäftsfallbezogene Nettomargenmethode

4.1.3.6.2.1.1   Vorgehensweise

Die geschäftsfallbezogene Nettomargenmethode wurde erstmals in den OECD-
Verrechnungspreis-Richtlinien 1995 aufgeführt. Grundgedanke dieser Methode
ist der Vergleich der Nettomarge, die ein Konzernunternehmen aus einem Geschäft mit einem nahestehenden Unternehmen erzielt hat, mit der Nettomarge,
die das betreffende Unternehmen mit fremden Dritten erzielt hat, bzw. mit der
Nettomarge, die fremde Dritte untereinander erzielen. Hierzu bildet der der Nettogewinn aus dem konkreten konzerninternen Geschäft den Ausgangspunkt der
Anwendung.[796] Eine Zusammenfassung von Geschäftsvorfällen oder die Betrachtung sämtlicher Geschäftsvorfälle einer Periode ist nicht zulässig, da die
Geschäftsvorfallbezogenheit als zentrales Merkmal dieser Methode gilt.[797] Die
OECD gestattet eine Zusammenfassung nur, soweit einzelne Geschäfte so eng

---

[794]   Vgl. BMF-Schreiben vom 23.02.1983, IV C 5 – S 1341 – 4/83, in: BStBl. I 1983,
        S. 218, Tz. 2.1.8 f.

[795]   Vgl. BFH-Urteil vom 17.10.2001, I R 103/00, in: BFH/NV 2002, S. 138.

[796]   Vgl. OECD: Verrechnungsgrundsätze für Multinationale Unternehmen und Steuerver-
        waltungen, a.a.O., Tz. 3.26.

[797]   Vgl. BAUMHOFF, H. in: FLICK, H. / WASSERMEYER, F. / BAUMHOFF, H.: Außensteuer-
        recht, AStG § 1, Rdnr. 562 f.

miteinander verbunden sind oder zeitlich aufeinander folgen, dass es nicht möglich wäre, die einzelnen Geschäfte sachgerecht zu beurteilen.[798]

Als Kennziffer zur Überprüfung der Fremdvergleichsüblichkeit dient die Nettomarge. Zur Ermittlung der Nettomarge ist der Nettogewinn ins Verhältnis zu einer geeigneten Bezugsgröße zu setzen. Hierbei ist ein Durchschnitt mehrerer Jahre zu bilden, um kurzfristige konjunkturelle Einflüsse sowie Produktlebenszyklen zu berücksichtigen.[799] Der Nettogewinn repräsentiert das transaktionsbezogene Betriebsergebnis vor Finanzergebnis, außerordentlichem Ergebnis und Ertragsteuern.[800] Als Bezugsgröße kommen z.b. Kosten, Umsatz oder betriebsnotwendiges Kapital in Betracht.[801] Zur Überprüfung der Angemessenheit favorisiert die OECD einen inneren Betriebsvergleich. Hierzu ist die Nettomarge, die das Konzernunternehmen im Verhältnis zu fremden Dritten erzielt, mit der Nettomarge aus der konzerninternen Transaktion zu vergleichen. Nur soweit der innere Betriebsvergleich nicht möglich ist, gestattet die OECD subsidiär, Nettomargen, die unabhängige Unternehmen bei vergleichbaren Geschäften erzielen, als Vergleichsmaßstab heranzuziehen.[802] Die Vergleichbarkeit der jeweiligen Transaktionen bei inneren bzw. äußeren Betriebsvergleich ist im Wege einer Funktionsanalyse zu gewährleisten.

4.1.3.6.2.1.2 Anwendbarkeit

Die Anwendung der geschäftsfallbezogenen Nettomargenmethode wird von der Finanzverwaltung in den Verwaltungsgrundsätze-Verfahren unter bestimmten Voraussetzungen zugelassen. So wird die Anwendbarkeit generell unter den Vorbehalt[803] einer Neuregelung der Bestimmungen zur Anwendung von Verrechnungspreismethoden in den allgemeinen Verwaltungsgrundsätzen[804] aus

---

[798] Vgl. OECD: Verrechnungsgrundsätze für Multinationale Unternehmen und Steuerverwaltungen, a.a.O., Tz. 1.42.

[799] Vgl. OECD: Verrechnungsgrundsätze für Multinationale Unternehmen und Steuerverwaltungen, a.a.O., Tz. 3.44.

[800] Ungeachtet der begrifflichen Unterschiede ist der Nettogewinn mit dem der Gewinnaufteilungsmethode zugrunde liegenden Betriebsgewinn identisch, vgl. VÖGELE, A. / RAAB, J. in: VÖGELE, A. / BORSTELL, T. / ENGLER, G.: Handbuch der Verrechnungspreise, S. 282.

[801] Vgl. BAUMHOFF, H. / DITZ, X. / GREINERT, M.: Die Dokumentation internationaler Verrechnungspreise nach den „Verwaltungsgrundsätze-Verfahren", in: DStR 2005, S. 1552.

[802] Vgl. OECD: Verrechnungsgrundsätze für Multinationale Unternehmen und Steuerverwaltungen, a.a.O., Tz. 3.26.

[803] Kritisch hierzu KAMINSKI, B. / STRUNK, G.: Die Verwaltungsgrundsätze-Verfahren vom 12. April 2005, in: StBp 2005, S. 248 f.

[804] Vgl. BMF-Schreiben vom 23.02.1983, IV C 5 – S 1341 – 4/83, in: BStBl. I 1983, S. 218.

1983 gestellt.[805] Zusätzlich lässt die Finanzverwaltung eine Anwendung nur bei Erfüllung mehrerer sachlicher und persönlicher Voraussetzungen zu.

In sachlicher Hinsicht soll eine Anwendung der geschäftsfallbezogenen Netto-margenmethode nur in Betracht kommen, wenn eine Anwendung der Standard-methoden wegen des Fehlens oder der Mängel von Fremdvergleichsdaten nicht möglich ist. In persönlicher Hinsicht soll die Methode nur auf Unternehmen mit Routinefunktionen anwendbar sein. Unter Routinefunktionen erfasst die Finanz-verwaltung beispielhaft konzerninterne Dienstleistungen, die ohne weiteres am Markt auch bei Dritten in Auftrag gegeben werden könnten, oder einfache Ver-triebsfunktionen. Zu diesem Zweck darf das betreffende Unternehmen nur in geringem Umfang Wirtschaftsgüter einsetzen und nur geringe Risiken tragen, so dass bei üblichem Geschäftsablauf keine Verluste, sondern regelmäßig geringe, aber relativ stabile Gewinne erzielt werden.[806] Hierunter ist der sog. Lohnfertiger zu klassifizieren. Dagegen könne die Methode auf einen sog. Entrepreneur nicht angewandt werden. Ein Entrepreneur i.S.d. Definition der Finanzverwaltung ist ein Unternehmen, „das über die zur Durchführung von Geschäften wesentlichen materiellen und immateriellen Wirtschaftsgüter verfügt, die wesentlichen, für den Unternehmenserfolg entscheidenden Funktionen ausübt und die wesentli-chen Risiken übernimmt"[807]. Diese Einschränkung der Finanzverwaltung ist als konsequent und zutreffend einzuordnen, da sich der Gewinn bzw. Verlust des Entrepreneurs regelmäßig als Residualgröße ermittelt.[808]

Auch bei Unternehmen, die mehr als Routinefunktionen ausüben, ohne Entre-preneur zu sein, soll die geschäftsfallbezogene Nettomargenmethode nach Auf-fassung der Finanzverwaltung nicht anwendbar sein.[809] Die Finanzverwaltung erfasst hierunter Unternehmen mit erheblichen individuellen Risiken sowie komplexen Aktivitäten. In diesem Fall soll regelmäßig nicht feststellbar sein, ob eine ausreichende Entsprechung in den Renditekennziffern der Vergleichsunter-nehmen gegeben ist. Weiterhin soll eine Zusammenfassung und Gewichtung der komplexen Geschäftsvorfälle in diesem Fall nicht möglich sein. Daher komme

---

[805] Vgl. BMF-Schreiben vom 12.04.2005, IV B 4 – S 1341 – 1/05, in: BStBl. I 2005, S. 581, Tz. 3.4.10.3, lit. b).

[806] Vgl. BMF-Schreiben vom 12.04.2005, IV B 4 – S 1341 – 1/05, in: BStBl. I 2005, S. 580, Tz. 3.4.10.2, lit. a).

[807] BMF-Schreiben vom 12.04.2005, IV B 4 – S 1341 – 1/05, in: BStBl. I 2005, S. 580, Tz. 3.4.10.2, lit. b).

[808] Vgl. BAUMHOFF, H. / DITZ, X. / GREINERT, M.: Die Dokumentation internationaler Ver-rechnungspreise nach den „Verwaltungsgrundsätze-Verfahren", a.a.O., S. 1552.

[809] Vgl. BMF-Schreiben vom 12.04.2005, IV B 4 – S 1341 – 1/05, in: BStBl. I 2005, S. 581, Tz. 3.4.10.3, lit. b), 3. Absatz.

die geschäftsfallbezogene Nettomargenmethode bei derartigen Unternehmen allenfalls zur Verprobung bzw. Plausibilisierung in Betracht.

Im Falle von Unternehmen mit Routinefunktionen, die nur eine Art von ggf. zusammenfassbaren Geschäftsvorfällen abwickeln, lasse sich dagegen ein ausreichender Bezug der heranzuziehenden Renditekennziffern der Vergleichsunternehmen zum Ergebnis des zu prüfenden Unternehmens herstellen. In diesem Fall sei eine Anwendung der Methode grundsätzlich zulässig, jedoch nur, wenn eine zumindest eingeschränkte Vergleichbarkeit der Vergleichsunternehmen nachgewiesen wird. Weiterhin sind besondere, tatsächlich entstandene Gewinne oder Verluste des zu prüfenden Unternehmens mittels Anpassungsrechnung zu berücksichtigen, da diese anhand der Renditekennziffern der Vergleichsunternehmen nicht hergeleitet werden können.

Der Vorteil der geschäftsfallbezogenen Nettomargenmethode liegt nach Ansicht der OECD darin, dass Funktionsunterschiede zwischen konzerninternen Geschäften und Fremdgeschäften auf die Nettogewinnspanne eine geringere Auswirkung entfalten als auf den Preis, der der Preisvergleichsmethode zugrunde liegt. Dies beruht darauf, dass auch die zur Ermittlung des Nettogewinns einzubeziehenden Aufwendungen entsprechend unterschiedlich hoch ausfallen.[810] Daher ist die Haltung der Finanzverwaltung zur Anerkennung der geschäftsfallbezogenen Nettomargenmethode m.E. grundsätzlich zu begrüßen. Ein weiterer Vorteil der Methode ist darin begründet, dass nur das Ergebnis eines einzelnen Konzernunternehmens betrachtet wird, so dass eine Funktions- und Risikoanalyse anderer beteiligter Konzernunternehmen entbehrlich ist.[811] Diese einseitige Betrachtung führt jedoch dazu, dass die Gesamtrentabilität des Konzerns außer Betracht bleibt, was eine unangemessene Gewinnaufteilung verursachen kann. In diesem Fall kann die Situation auftreten, dass anhand der Nettomarge zwar ein fremdvergleichskonformer Verrechnungspreis bestätigt wird, jedoch bei dem anderen Konzernunternehmen ein unplausibel niedriger bzw. hoher Gewinn resultiert.[812] Hinsichtlich der Position der Finanzverwaltung in den Verwaltungsgrundsätze-Verfahren dürfte weiterhin die vorgenommene Unterteilung der Unternehmen in drei Kategorien in der Praxis zu Abgrenzungsschwierigkeiten führen. So wird eine zweifelsfreie Zuordnung aufgrund teilweise fließender

---

[810] Vgl. OECD: Verrechnungsgrundsätze für Multinationale Unternehmen und Steuerverwaltungen, a.a.O., Tz. 3.27.

[811] Vgl. OECD: Verrechnungsgrundsätze für Multinationale Unternehmen und Steuerverwaltungen, a.a.O., Tz. 3.28.

[812] Vgl. KROMER, C. in: KESSLER, W. / KRÖNER, M. / KÖHLER, S.: Konzernsteuerrecht, S. 301.

Grenzen nur selten gewährleistet sein.[813] Daher wird es im Einzelfall problematisch sein, darzulegen, dass ein Unternehmen nur Routinefunktionen ausübt, so dass eine Anwendung der Methode zulässig ist. Aufgrund dieser Probleme, sowie der Tatsache, dass es die Vorgehensweise nicht zulässt, die Methode zu Kalkulationszwecken zu verwenden, kommt die Nettomargenmethode insbesondere zur Überprüfung und Verprobung sowie für den Fall der Nichtanwendbarkeit der Standardmethoden in Betracht.[814]

4.1.3.6.2.2 Gewinnaufteilungsmethode

4.1.3.6.2.2.1 Vorgehensweise

Die Gewinnaufeilungsmethode stellt eine transaktionsbezogene Gewinnmethode dar. Ziel ist es, eine Gewinnaufteilung zu bestimmen, die derjenigen von unverbundenen Unternehmen aus derartigen Geschäftsvorfällen im Rahmen eines Joint-Ventures entspricht. Hierzu wird zunächst der insgesamt über alle beteiligten Unternehmen hinweg entstandene Betriebsgewinn aus der betreffenden Transaktion ermittelt, indem sämtliche im Rahmen der Transaktion angefallenen Aufwendungen und Erträge ermittelt werden. Die internen Geschäftspartner werden somit im ersten Schritt in ihrer Gesamtheit betrachtet.[815] Gewinne, die die beteiligten Unternehmen außerhalb der zu beurteilenden Transaktion erzielt haben, werden nicht einbezogen, so dass insoweit eine Aufteilung erforderlich ist. Dies charakterisiert die Transaktionsbezogenheit dieser Methode.[816] Sodann wird der insgesamt im Hinblick auf die Transaktion ermittelte Gewinn auf die beteiligten Unternehmen dergestalt aufgeteilt, wie es unter fremdüblichen Bedingungen der Fall wäre.[817]

---

[813]   Vgl. WEHNERT, O. et al.: Dokumentation von Verrechnungspreislisten: Ausgewählte Aspekte der Verwaltungsgrundsätze-Verfahren, in: IStR 2005, S. 717.

[814]   Vgl. EGGERS, W.: Die neuen OECD-Guidelines zu den internationalen Verrechnungspreisen, in: DStR 1996, S. 398.

[815]   Vgl. KROMER, C. in: KESSLER, W. / KRÖNER, M. / KÖHLER, S.: Konzernsteuerrecht, S. 298.

[816]   Vgl. SIEKER, K. in: DEBATIN, H. / WASSERMEYER, F.: Doppelbesteuerung, Art. 9 MA, Rdnr. 262.

[817]   Vgl. BECKER, H. in: BECKER, H. et al.: DBA-Kommentar, Art. 9 OECD-MA, Rdnr. 179 f.

4.1.3.6.2.2.2 Durchführung der Gewinnaufteilung

Für die fremdvergleichskonforme Aufteilung kommen zwei Varianten in Betracht. Die Aufteilung kann im Rahmen der Beitragsmethode transaktionsbezogen im Verhältnis der von den Unternehmen wahrgenommenen Funktionen und der hieraus resultierende Beiträge der einzelnen Unternehmen erfolgen. Hierbei sind die Beiträge der Unternehmen mit dem jeweiligen Marktpreis anzusetzen, soweit dies möglich ist. Die Restgewinnmethode weist den Unternehmen dagegen in einem ersten Schritt eine fremdvergleichskonforme Mindestrendite zur Abgeltung der von ihnen ausgeübten Funktionen zu. Der verbleibende Restgewinn bzw. -verlust ist sodann unter Würdigung der Umstände des Einzelfalls nach dem Maßstab fremder dritter Unternehmen aufzuteilen, wobei z.B. die Marktwerte der zur Geschäftsbeziehung beigetragenen immateriellen Wirtschaftsgüter sowie die Verhandlungsmacht der Unternehmen ausschlaggebend sind.[818] Alternativ kommt zum Zweck der Restgewinnaufteilung das Verhältnis der abdiskontierten künftigen erwarteten Zahlungsströme aus der betrachteten Geschäftstätigkeit in Betracht.[819]

4.1.3.6.2.2.3 Anwendbarkeit der Methode

Die Anwendung der Gewinnaufteilungsmethode ist umstritten. Die Finanzverwaltung lässt eine Heranziehung dieser Methode nur zu, wenn die Standardmethoden nicht oder nicht verlässlich anwendbar sind.[820] Dies betrifft insbesondere den Fall der Gewinnaufteilung bei grenzüberschreitenden Geschäftsbeziehungen zwischen mehreren Konzernunternehmen mit „Entrepreneur"-Funktion[821], denen keine Einzelbeiträge aus den Gewinnen einer Transaktion zugerechnet werden können. Auch die h.M. in der Literatur befürwortet einen Vorzug der Standardmethoden.[822]

---

[818] Vgl. SIEKER, K. in: DEBATIN, H. / WASSERMEYER, F.: Doppelbesteuerung, Art. 9 MA, Rdnr. 263.

[819] Vgl. OECD: Verrechnungsgrundsätze für Multinationale Unternehmen und Steuerverwaltungen, a.a.O., Tz. 3.22.

[820] Vgl. BMF-Schreiben vom 12.04.2005, IV B 4 – S 1341 – 1/05, in: BStBl. I 2005, S. 581, Tz. 3.4.10.3, lit. c).

[821] Zum Begriff des „Entrepreneurs" siehe die Ausführungen in Kap. 4.1.3.6.2.1.2 auf S. 193 ff.

[822] Vgl. MENCK, T. in: BLÜMICH, W.: EStG – KStG – GewStG, § 1 AStG, Rdnr. 100; SIEKER, K. in: DEBATIN, H. / WASSERMEYER, F.: Doppelbesteuerung, Art. 9 MA, Rdnr. 260; BAUMHOFF, H. in: FLICK, H. / WASSERMEYER, F. / BAUMHOFF, H.: Außensteuerrecht, AStG § 1, Rdnr. 550.

Der Vorteil der Methode im Vergleich zu den Standardmethoden liegt m.E. darin, dass als Ausgangspunkt der tatsächlich von den verbundenen Unternehmen im Verhältnis zu konzernfremden Dritten erzielte Gewinn aus der Transaktion ausschlaggebend ist, welcher sodann auf die beteiligten Unternehmen aufgeteilt wird. Dies berücksichtigt die spezifischen Besonderheiten innerkonzernlicher Lieferungs- und Leistungsbeziehungen, die aus der Funktionsteilung im Konzern resultieren. Hiermit verbunden ist auch der Vorteil, dass das mit den Standardmethoden verbundene Problem, einem der beiden Konzernunternehmen einen extrem hohem und demgegenüber dem anderen Unternehmen einen extrem niedrigen Gewinn zuzuweisen, vermindert wird, da eine Gewinnaufteilung anhand der wahrgenommen Funktionen und Risiken erfolgt.[823] Die Anwendbarkeit der Methode wird jedoch dann erschwert, wenn die beteiligten Konzernunternehmen in verschiedenen Staaten mit unterschiedlichen Bilanzierungsvorschriften ansässig sind. In diesem Fall ist es erforderlich, zunächst das zur Gewinnermittlung maßgebliche Bilanzrecht festzulegen. Gleiches gilt bei unterschiedlichen Währungen in den Ansässigkeitsstaaten der einzubeziehenden Konzernunternehmen.[824] Darüber hinaus können in der Praxis Probleme bei der Zuordnung der Aufwendungen der verbundenen Unternehmen zu der zu betrachtenden Transaktion auftreten, da diese Aufwendungen von den insgesamt angefallenen Aufwendungen abzugrenzen sind. Von diesen aus der Vorgehensweise der Gewinnaufteilungsmethode resultierenden Problemen abgesehen, kann dieser Methode insbesondere in den Fällen der Vorzug gegeben werden, in denen die Anwendung der Standardmethoden aufgrund fehlender Marktdaten über Fremdgeschäfte nicht möglich ist.[825]

4.1.3.6.2.3 Gewinnvergleichsmethode

4.1.3.6.2.3.1 Vorgehensweise

Bei der Gewinnvergleichsmethode wird der zu prüfende operative Gewinn einer Konzerngesellschaft mit demjenigen operativen Gewinn verglichen, der sich anhand von Rendite-Kennziffern unabhängiger Vergleichsunternehmen, bezo-

---

[823]   Vgl. OECD: Verrechnungsgrundsätze für Multinationale Unternehmen und Steuerverwaltungen, a.a.O., Tz. 3.6 f.

[824]   Vgl. SIEKER, K. in: DEBATIN, H. / WASSERMEYER, F.: Doppelbesteuerung, Art. 9 MA, Rdnr. 266.

[825]   Vgl. OECD: Verrechnungsgrundsätze für Multinationale Unternehmen und Steuerverwaltungen, a.a.O., Tz. 3.50; BECKER, H.: Bemessungsmethoden für Verrechnungspreise, in: RAUPACH, A. (Hrsg.): Verrechnungspreissysteme multinationaler Unternehmen in betriebswirtschaftlicher, gesellschafts- und steuerrechtlicher Sicht, S. 113 f.

gen auf die jeweilige Basis der Konzerngesellschaft, ergeben würde.[826] Anders als bei Anwendung der geschäftsfallbezogenen Nettomargenmethode ist somit ausschließlich ein äußerer Fremdvergleich, d.h. ein Vergleich mit fremden Dritten zulässig. Ein weiterer Unterschied zur Nettomargenmethode besteht darin, dass die Gewinnvergleichsmethode grundsätzlich auf die Gesamttätigkeit des Unternehmens abstellt, während die Nettomargenmethode die einzelne konzerninterne Transaktion betrachtet.[827]

Es werden für die in Betracht kommenden Vergleichsunternehmen zunächst Renditekennziffern, wie z.B. Umsatzrendite oder Kapitalrendite ermittelt. Anhand dieser Kennziffern wird, bezogen auf die Höhe der verwendeten Basis beim Konzernunternehmen, derjenige operative Gewinn ermittelt, der sich ergeben würde, wenn beide Unternehmen eine identische Renditekennziffer aufweisen würden. Eine Abweichung des auf diese Weise erhaltenen operativen Gewinns von dem tatsächlich ausgewiesenen operativen Gewinns impliziert eine Korrektur des zur Diskussion stehenden Verrechnungspreises.[828]

4.1.3.6.2.3.2 Anwendbarkeit

Wenngleich der Gewinnvergleichsmethode in den USA eine erhebliche praktische Bedeutung beizumessen ist[829], wird diese Methode als nicht mit Art. 9 OECD-MA vereinbar angesehen.[830] Die OECD empfiehlt, die Gewinnvergleichsmethode grundsätzlich nicht anzuwenden.[831] Auch die Finanzverwaltung lehnt diese Methode explizit ab und betont, die Methode führe nicht zu fremdvergleichskonformen Ergebnissen, da sie keinen geschäftsvorfallbezogenen Ansatz verfolge.[832] Diese ablehnende Haltung ist m.E. berechtigt. So erscheint die Methode willkürlich und wird den besonderen Verhältnissen der beteiligten Konzernunternehmen im Einzelfall, speziell ihrer Funktions- und Risikoaufteilung, nicht gerecht. Bedenklich ist m.E. insbesondere, einem Kon-

---

[826] Vgl. VÖGELE, A. / RAAB, J. in: VÖGELE, A. / BORSTELL, T. / ENGLER, G.: Handbuch der Verrechnungspreise, S. 276.

[827] Vgl. VÖGELE, A. / RAAB, J. in: VÖGELE, A. / BORSTELL, T. / ENGLER, G.: Handbuch der Verrechnungspreise, S. 283 f.

[828] Vgl. BECKER, H.: Diskussionsbeitrag zu BECKER, H.: Bemessungsmethoden für Verrechnungspreise, a.a.O., S. 118.

[829] Vgl. BAUMHOFF, H. / DITZ, X. / GREINERT, M.: Die Dokumentation internationaler Verrechnungspreise nach den „Verwaltungsgrundsätze-Verfahren", a.a.O., S. 1553.

[830] Vgl. BECKER, H. in: BECKER, H. et al.: DBA-Kommentar, Art. 9 OECD-MA, Rdnr. 47.

[831] Vgl. OECD: Verrechnungsgrundsätze für Multinationale Unternehmen und Steuerverwaltungen, a.a.O., Tz. 3.1.

[832] Vgl. BMF-Schreiben vom 12.04.2005, IV B 4 – S 1341 – 1/05, in: BStBl. I 2005, S. 581, Tz. 3.4.10.3, lit. d).

zernunternehmen den gleichen Gewinn in Bezug auf eine bestimmte Basisgröße zu unterstellen, den ein anderes Unternehmen vergleichbarer Größenordnung in derselben Branche erzielt. Da sich dieser Vergleich auf den insgesamt im Unternehmen erzielten Gewinn bezieht, ist ein Bezug zu der zu untersuchenden konzerninternen Transaktion und insbesondere zu dem interessierenden Verrechnungspreis nur sehr begrenzt gegeben.[833] Zwar ließe sich dieser Kritikpunkt dadurch vermeiden, dass auf den operativen Gewinn der einzelnen Transaktion abgestellt wird. Dies ist in der Praxis hinsichtlich der Vergleichsunternehmen mangels Verfügbarkeit entsprechender Vergleichsdaten indes wohl nicht möglich, so dass lediglich ein Vergleich anhand des gesamten Geschäftsbereichs in Betracht kommt.[834] Darüber hinaus erscheint die Methode m.E. aufgrund des zur Anwendung kommenden äußeren Fremdvergleichs in Bezug auf Renditegrößen grundsätzlich bedenklich, da nicht unterstellt werden kann, dass beide Unternehmen den gleichen, gewinnrelevanten Rahmenbedingungen ausgesetzt sind. So bleiben insbesondere weiche gewinnrelevante Faktoren wie Produktivität, Auslastung des Maschinenparks, Managementeffizienz, Marktstrategien oder die Qualität und die Fähigkeiten des Personals unberücksichtigt, obgleich das Konzernunternehmen und das unabhängige Unternehmen diesbezüglich Unterschiede aufweisen können.[835] Ein weiterer Problempunkt im internationalen Kontext besteht darin, dass bei realistischer Sichtweise nicht unterstellt werden kann, dass sich zahlreiche Staaten auf eine gemeinsame Gewinnzerlegungsformel einigen. Die Folge hiervon sind zwangsläufig Doppel- bzw. Nichtbesteuerungen.[836] Daher ist eine Anwendung der Gewinnvergleichsmethode, ungeachtet ihres hohen Stellenwerts in den USA, m.E. abzulehnen, zumal nur ein eingeschränkter Bezug der Methode zum betrachteten Geschäftsvorfall besteht und die Methode damit nicht in Einklang mit dem Fremdvergleichsgrundsatz steht.[837] In Betracht kommt die Methode allenfalls zum Zwecke der Verprobung, jedoch nicht als eigenständige Verrechnungspreis-Methode.

---

[833]   Vgl. HERZIG, N.: Diskussionsbeitrag zu BECKER, H.: Bemessungsmethoden für Verrechnungspreise, a.a.O., S. 119.

[834]   Vgl. VÖGELE, A. / RAAB, J. in: VÖGELE, A. / BORSTELL, T. / ENGLER, G.: Handbuch der Verrechnungspreise, S. 276.

[835]   Vgl. VÖGELE, A. / RAAB, J. in: VÖGELE, A. / BORSTELL, T. / ENGLER, G.: Handbuch der Verrechnungspreise, S. 280 f.

[836]   Vgl. BAUMHOFF, H. in: FLICK, H. / WASSERMEYER, F. / BAUMHOFF, H.: Außensteuerrecht, AStG § 1, Rdnr. 574.

[837]   Vgl. BAUMHOFF, H. in: FLICK, H. / WASSERMEYER, F. / BAUMHOFF, H.: Außensteuerrecht, AStG § 1, Rdnr. 570.

4.2   Steuerliche Fragen bei Errichtung der Tochtergesellschaft

Im Folgenden soll untersucht werden, welche steuerlichen Folgen bei der inländischen Kapitalgesellschaft im Zusammenhang mit der Errichtung der ausländischen Tochtergesellschaft auftreten. Die Analyse fokussiert sich auf die Themenkomplexe der steuerlichen Behandlung von Aufwendungen, die in der Gründungsphase anfallen. Weiterhin ist die Finanzierung der Tochtergesellschaft und hierbei insbesondere der Einfluss von Unterkapitalisierungsregeln zu betrachten. Im Anschluss daran wird analysiert, welche steuerlichen Folgen im Zusammenhang mit der Überführung von Wirtschaftsgütern auftreten. Abschließend werden die steuerlichen Folgen von Anlaufverlusten der Tochtergesellschaft bei der Muttergesellschaft diskutiert.

4.2.1   Behandlung von vorlaufenden Aufwendungen der Muttergesellschaft in der Gründungsphase

Im Rahmen der Errichtung der ausländischen Tochterkapitalgesellschaft fallen auf Ebene der Muttergesellschaft in der Regel hohe Aufwendungen an. In Betracht kommen hierbei etwa Vorprüfungskosten im Rahmen von ersten Gedankenfindungen und Grundsatzüberlegungen, aber auch bei Durchführung von Erfolgschancenanalysen. Denkbar sind auch Vorbereitungskosten, die aus konkreten Planungsaufwendungen resultieren und ab dem Zeitpunkt des offiziellen Investitionsbeschlusses entstehen.

Für die steuerlich wirksame Berücksichtigung von vorlaufenden Aufwendungen, die bei der inländischen Muttergesellschaft anfallen, gelten die gleichen Überlegungen, wie im Falle der Errichtung einer ausländischen Betriebsstätte. Tätigt die Muttergesellschaft Aufwendungen, die im wirtschaftlichen Zusammenhang mit der Gründung der ausländischen Tochterkapitalgesellschaft stehen, ergibt sich deren Abzugsfähigkeit, soweit keine aktivierungspflichtigen Anschaffungs- oder Herstellungskosten vorliegen, aus der steuerlichen Erfassung künftiger Gewinnausschüttungen. Hierzu sind die Regelungen von § 8b KStG i.V.m. § 3c EStG zu beachten. Während die Abzugsfähigkeit für vorlaufende Aufwendungen im Fall der Betriebsstätte aufgrund der Regelung des § 3c EStG umstritten ist, ergeben sich im Fall der Gründung einer ausländischen Tochterkapitalgesellschaft diesbezüglich keine Einschränkungen. Die Anwendung von § 3c Abs. 1 EStG ist in diesem Kontext aus zwei Gründen ausgeschlossen. Nach ständiger Rechtsprechung des I. Senats des BFH, die sich auf abkommensrechtlich freigestellte Schachteldividenden bezieht, ist die Regelung des § 3c EStG nur insoweit anwendbar, als tatsächlich Einnahmen fließen.[838] Da eine Beteiligung nicht nur zur Erzielung von Dividendeneinkünften gehalten wird, sondern auch, um Einfluss im Tochterunternehmen auszuüben oder einen Konkurrenten auszuschalten, sei im Kontext von § 3c EStG auf den tatsächlichen, und nicht auf den möglichen Zufluss von Einnahmen abzustellen.[839]

Darüber hinaus ist zu beachten, dass die Anwendung der Vorschrift des § 3c EStG im vorliegenden Fall einer Beteiligung an einer Kapitalgesellschaft explizit per Gesetz ausgeschlossen ist. So bleiben die Ausschüttungen der Tochtergesellschaft gem. § 8b Abs. 1 KStG bei der Ermittlung des Einkommens außer Ansatz. Gleichzeitig gelten 5 % der Dividende als nicht-abzugsfähige Betriebsausgaben. Das in § 3c Abs. 1 EStG vorgesehene Abzugsverbot für Aufwendungen, die in unmittelbarem wirtschaftlichen Zusammenhang zu steuerfreien Einnahmen stehen, ist gem. § 8b Abs. 5 S. 2 KStG ausdrücklich nicht anzuwenden. Daher sind vorlaufende Aufwendungen bei der inländischen Muttergesellschaft als Betriebsausgabe abzugsfähig.[840] Dies gilt auch, falls die Gründung der ausländischen Tochter-Gesellschaft scheitern sollte. Denn wenngleich aus deutscher Sicht bis zum Abschluss des Gesellschaftsvertrags eine Vorgründungsgesellschaft und im Anschluss daran bis zum Entstehen der Kapitalgesellschaft eine Vorgesellschaft besteht, liegt kein ausländisches Rechtssubjekt vor. Daher sind die vergeblichen Aufwendungen als inländische Verluste steuerlich abzugsfähig.[841]

4.2.2   Finanzierung der Tochtergesellschaft

4.2.2.1 Analyse der Vorteilhaftigkeit

Eine zentrale Fragestellung im Rahmen der Errichtung der ausländischen Tochtergesellschaft ist deren Kapitalausstattung, d.h. die Festlegung der Höhe von Eigen- und Fremdkapital. Anders als im Fall der ausländischen Betriebsstätte, für die die Finanzverwaltung eine fremdvergleichskonforme Ausstattung mit Dotationskapital fordert, bestehen bei einer ausländischen Tochtergesellschaft zumindest aus Sicht des deutschen Steuerrechts keinerlei Beschränkungen oder

---

[838]   Vgl. BFH-Urteil vom 29.05.1996, I R 167/94, in: HFR 1996, S. 641; BFH-Urteil vom 29.05.1996, I R 21/95, in: BStBl. II 1997, S. 67; BFH-Urteil vom 16.03.1994, I R 42/93, in: BStBl. II 1994, S. 802.

[839]   Vgl. auch REITH, T.: Steuerliche Behandlung von verlorenen Aufwendungen bei Investitionstätigkeiten deutscher Unternehmen in DBA-Ländern, a.a.O., S. 675.

[840]   Vgl. KRAWITZ, N. / HICK, C.: Wahl zwischen ausländischer Betriebsstätte oder Kapitalgesellschaft: Einfluss der Reformen des Unternehmenssteuerrechts, a.a.O., S. 748.

[841]   Vgl. SCHOSS, N.: Betriebsstätte oder Tochtergesellschaft im Ausland, a.a.O., S. 54.

Vorgaben hinsichtlich der Höhe des erforderlichen Eigenkapitals.[842] Jedoch resultiert aus den Vorschriften des ausländischen Gesellschaftsrechts regelmäßig eine Mindestausstattung mit Eigenkapital. Sofern diese Mindesthöhe eingehalten wird, ist eine darüber hinausgehende Ausstattung mit Fremdkapital gesellschaftsrechtlich zulässig. Hieraus ergibt sich als Konsequenz die grundsätzlich steuerlich wirksame Abzugsfähigkeit der Zinsaufwendungen im Domizilstaat der Tochtergesellschaft, sofern die vereinbarten Bedingungen dem Fremdvergleichsgrundsatz entsprechen. Daher ist auf Ebene der inländischen Muttergesellschaft abzuwägen, ob der über die Mindesteigenkapitalausstattung hinausgehende Finanzmittelbedarf der ausländischen Tochterkapitalgesellschaft mittels der Zufuhr von Eigenkapital oder durch die Gewährung von Gesellschafterdarlehen gedeckt werden soll.

Das Verhältnis der Eigen- zur Fremdkapitalausstattung der Tochtergesellschaft durch die inländische Muttergesellschaft hängt von mehreren Faktoren ab. Wenngleich der steuerliche Aspekt den maßgebenden Rahmen dieser Untersuchung bilden soll, kommen grundsätzlich auch außersteuerliche Gesichtspunkte in Betracht.[843] So weist die Fremdfinanzierung z.B. eine höhere Flexibilität auf und führt ggf. zur Nutzung eines Leverage-Effekts.[844] Demgegenüber besteht bei der Eigenfinanzierung der Vorteil, dass es je nach Erfolgslage der Tochtergesellschaft möglich wäre, auf Gewinnausschüttungen zu verzichten, während ein Gesellschafterdarlehen zum vereinbarten Zeitpunkt zu verzinsen ist. Die steuerliche Beurteilung der Vorteilhaftigkeit der gewählten Finanzierung hängt vom gewählten Entscheidungsparameter ab, d.h., ob ausschließlich die Tochtergesellschaft betrachtet wird, oder stattdessen auf die Gesamtsteuerbelastung des Konzerns abgestellt wird. Die ausschließliche Betrachtung der Tochtergesellschaft zieht unmittelbar die Vorteilhaftigkeit der Fremdfinanzierung nach sich, da der hieraus resultierende Zinsaufwand grundsätzlich steuerlich abzugsfähig ist. Demgegenüber unterliegt der Gewinn der Tochterkapitalgesellschaft, der als Residualgröße den Anteilseignern zusteht, der ausländischen Körperschaftsteuer.

Wird die Ebene der inländischen Muttergesellschaft einbezogen, so sind der Einbehalt von Quellensteuer im Ausland, sowie die Besteuerung der Bezüge im Inland zu berücksichtigen. Vorbehaltlich der EU-Mutter-Tochterrichtlinie unterliegen Dividenden dem Quellensteuerabzug. Ebenso unterliegen, je nach Aus-

---

[842]   Vgl. KRAWITZ, N. / HICK, C.: Wahl zwischen ausländischer Betriebsstätte oder Kapitalgesellschaft: Einfluss der Reformen des Unternehmenssteuerrechts, a.a.O., S. 746.

[843]   Vgl. JACOBS, O.: Internationale Unternehmensbesteuerung, S. 796.

[844]   Der Leverage-Effekt ist dadurch gekennzeichnet, dass die Eigenkapitalrendite mit steigender Verschuldung zunimmt, solange die Gesamtkapitalrendite, d.h. die Rendite aus dem Einsatz aller Aktiva, den Fremdkapitalzins übersteigt; vgl. BETSCH, O. / GROH, A. / LOHMANN, L.: Corporate Finance, S. 280.

gestaltung des ausländischen Steuerrechts auch Zinsen ggf. der Quellenbesteuerung, was jedoch im Falle einer EU-Tochtergesellschaft nach Maßgabe der EU-Zins-/ Lizenzgebührenrichtlinie unterbleibt. In beiden Fällen wird der anzuwendende Steuersatz nach Maßgabe des einschlägigen DBA der Höhe nach begrenzt. Hinsichtlich Dividenden wäre insoweit ein bestehendes DBA-Schachtelprivileg einschlägig, da im Rahmen dieser Arbeit eine 100 % - Beteiligung an der ausländischen Tochtergesellschaft angenommen wurde.

Im Inland gehen die Zinserträge in voller Höhe in die körperschaftsteuerliche und gewerbesteuerliche Bemessungsgrundlage ein. Die Muttergesellschaft kann die auf die Zinsen ggf. erhobene Quellensteuer auf die Körperschaftsteuer anrechnen, so dass sich die vorliegende Doppelbesteuerung im Idealfall vollständig beseitigen lässt. Im Ergebnis würden die Zinsen sodann ausschließlich dem inländischen Besteuerungsniveau unterliegen. Wird c.p. die Beteiligungsfinanzierung gewählt, sind die daraus erzielten Dividenden im Inland gem. § 8b Abs. 1 KStG i.V.m. § 8b Abs. 5 KStG zu 95 % von der Körperschaftsteuer, und - aufgrund der unterstellten 100 % - Beteiligung und der angenommenen aktiven Tätigkeit - gem. § 8 Nr. 5; § 9 Nr. 7 GewStG zu 95 % von der Gewerbesteuer befreit. Die Steuerfreistellung hat jedoch zur Folge, dass eine im Ausland ggf. erhobene Quellensteuer eine Definitivbelastung darstellt.

Im Ergebnis lässt sich festhalten, dass die Gesamtsteuerbelastung auf Zinsen i.d.R. derjenigen von inländischen Einkünften entspricht. Demgegenüber sind die erzielten Dividenden steuerlich mit der ausländischen Körperschaftsteuer und ggf. einer ausländischen Quellensteuer vorbelastet und unterliegen im Inland zu 5 % der Körperschaft- und Gewerbesteuer sowie dem SolZ. Die Vorteilhaftigkeit von Eigen- oder Fremdfinanzierung wird somit durch den Vergleich von inländischem und ausländischem Steuerniveau, sowie der Einbeziehung der Quellensteuer auf Dividenden bestimmt. Die Absenkung des inländischen Körperschaftsteuersatzes auf 25 % hat zur Folge, dass sich der bis zu diesem Zeitpunkt tendenziell bestehende Steuertarifvorteil des Auslands vermindert hat. Im Ergebnis stellt daher für die Abwägung zwischen Eigen- und Fremdfinanzierung insbesondere die ausländische Quellensteuer auf Dividenden einen entscheidenden Einflussfaktor dar. Aus der hier interessierenden Sichtweise des Gesamtkonzerns ist daher tendenziell davon auszugehen, dass im Geltungsbereich der Mutter-Tochter-Richtlinie mangels Erhebung einer Quellensteuer die Beteiligungsfinanzierung vorteilhafter ist. Bei Erhebung einer Quellensteuer auf Dividenden ist dagegen in der Regel eine Fremdfinanzierung vorzuziehen.[845]

---

[845] Vgl. JACOBS, O.: Internationale Unternehmensbesteuerung, S. 798 – 801 inkl. des enthaltenen Fallbeispiels; vgl. auch ausführlich GROTHERR, S.: Beteiligungs- oder Gesell-

4.2.2.2 Gesellschafter-Fremdfinanzierung

4.2.2.2.1 Regelungen des jeweiligen ausländischen Steuerrechts

Die Ausführungen in Kap. 4.2.2.1 zeigen, dass aus Sicht des Domizilstaats der Tochtergesellschaft eine Besteuerungsdivergenz zwischen Eigenfinanzierung und Fremdfinanzierung besteht. Diese Divergenz resultiert aus der Tatsache, dass Vergütungen für Eigenkapital einer höheren steuerlichen Belastung unterliegen, als Vergütungen für Fremdkapital. Bei Eigenfinanzierung unterliegt die hierfür gewährte Vergütung, d.h. der als Residualgröße ermittelte Gewinn der Tochtergesellschaft, der Besteuerung im Domizilstaat. Im Falle der Fremdfinanzierung mindern die zu entrichtenden Zinsen aufwandswirksam den zu versteuernden Gewinn der darlehensnehmenden Gesellschaft. Sofern die Zinszahlungen im Ausland aufgrund des dortigen nationalen Steuerrechts nicht dem Quellensteuerabzug unterliegen, können die Zinsen damit steuerlich unbelastet an die inländische Muttergesellschaft gezahlt werden. Durch die Wahl der Finanzierung kann das Steuersubstrat im Domizilstaat der Tochtergesellschaft demnach deutlich beeinflusst werden.[846] Daher existieren in vielen Ländern Maßnahmen, mit denen eine ausgedehnte Gesellschafter-Fremdfinanzierung bekämpft werden soll. Ungeachtet der wünschenswerten gemeinschaftsrechtlichen Harmonisierung ist dabei festzustellen, dass die existierenden Regelungen in den einzelnen Mitgliedstaaten keine koordinierte Vorgehensweise erkennen lassen, obwohl dies unter dem Gesichtspunkt des Europäischen Binnenmarkts wünschenswert wäre.

Die Voraussetzungen für die Anwendung der in den einzelnen Staaten bestehenden Missbrauchsvorschriften weichen zum Teil beachtlich voneinander ab, so dass an dieser Stelle detaillierte Ausführungen unterbleiben. Es lassen sich jedoch insoweit Gemeinsamkeiten feststellen, als analog zur inländischen Regelung des § 8a KStG in der Regel starre Fremdkapital-Eigenkapital-Relationen, sowie eine Mindestbeteiligungshöhe festgelegt sind. Soweit die Anwendung der Unterkapitalisierungsvorschrift erfolgt, ist teilweise, wie im Falle Italiens oder Portugals, analog zu § 8a KStG eine Entlastung durch Fremdvergleich möglich. Im Hinblick auf die Rechtsfolge der Nichtanerkennung können die bestehenden Regelungen danach unterschieden werden, ob der Domizilstaat, wie im Falle Dänemarks, Portugals oder der Niederlande, die steuerlich wirksame Abzugsfähigkeit des nicht anerkannten Betrags verweigert, oder ob, wie in den meisten Fällen (z.B. Belgien, Luxemburg, Frankreich, Irland, Italien) insoweit eine Um-

---

[846] schafterfremdfinanzierung einer ausländischen Tochtergesellschaft unter steuerlichen Vorteilhaftigkeitsüberlegungen, in: IWB, F. 3, Deutschland, Gr. 2, S. 1209 – 1252.
Vgl. FROTSCHER, G.: Internationales Steuerrecht, S. 314.

qualifizierung in Dividenden nach Maßgabe einer verdeckten Gewinnausschüttung vorgenommen wird.[847]

4.2.2.2.2 Auswirkungen von § 8a KStG n.F.

4.2.2.2.2.1 Grundlagen

Nach § 8a KStG werden Vergütungen für Fremdkapital, die ein wesentlich beteiligter Anteilseigner sowie eine nahestehende Person oder ein rückgriffsberechtigter Dritter für die Überlassung von Fremdkapital an eine Kapitalgesellschaft erhält, unter bestimmten Voraussetzungen[848] in eine verdeckte Gewinnausschüttung umqualifiziert. Eine wesentliche Beteiligung wird hierbei gem. § 8a Abs. 3 KStG bei einer unmittelbaren oder mittelbaren Beteiligung am Grund- oder Stammkapital von mehr als einem Viertel angenommen. Weiterhin erforderlich für die Anwendung des §8a KStG ist insbesondere, dass das Fremdkapital nicht nur kurzfristig überlassen wurde. Sind die Voraussetzungen von § 8a KStG insoweit erfüllt, erfolgt eine Umqualifizierung der betreffenden Vergütungen für Fremdkapital in eine verdeckte Gewinnausschüttung, soweit das überlassene Fremdkapital eine erfolgsabhängige Vergütung aufweist. Dies betrifft einerseits Vergütungen, die von den Erwerbschancen und –risiken der Kapitalgesellschaft abhängen, was i.d.R. bei gewinn- und umsatzabhängigen Vergütungen der Fall ist.[849] Liegt dagegen eine erfolgsunabhängige Vergütung vor, stellt diese insoweit eine verdeckte Gewinnausschüttung dar, als das Gesellschafter-Fremdkapital zu einem Zeitpunkt des Wirtschaftsjahrs das Eineinhalbfache des anteiligen Eigenkapitals des Anteilseigners übersteigt (sog. „Safe Haven"[850]). Eine Umqualifizierung der Vergütung hinsichtlich des den Safe Haven überschreitenden Fremdkapitals unterbleibt in diesem Fall jedoch, wenn die Kapitalgesellschaft dieses Fremdkapital bei sonst gleichen Umständen auch von einem fremden Dritten hätte erhalten können (sog. Drittvergleich). Sowohl bei erfolgsabhängigen, als auch bei erfolgsunabhängigen Vergütungen erfolgt gene-

---

[847] Einzelheiten zu den Unterkapitalisierungsregeln der europäischen Mitgliedstaaten siehe bei KESSLER, W. / OBSER, R.: Überblick zur Gesellschafter-Fremdfinanzierung in den Mitgliedstaaten der Europäischen Union, in: IStR 2004, S. 187 – 191; vgl. auch die Übersicht bei JACOBS, O.: Internationale Unternehmensbesteuerung, S. 807 sowie THÖMMES, O.: EG-rechtliche Aspekte einer Auslandsinvestition, in: IWB, F. 11, Gr. 2, S. 550 f.

[848] Zu den Voraussetzungen und Rechtsfolgen der Anwendung von § 8a KStG siehe ausführlich GROTHERR, S.: International relevante Änderungen durch das Gesetz zur Umsetzung der Protokollerklärung zum Steuervergünstigungsabbaugesetz („Korb II-Gesetz"), in: IWB, F. 3, Gr. 1, S. 2017 – 2045.

[849] Vgl. BMF-Schreiben vom 15.12.1994, IV B 7 – S 2742a – 63/94, in: BStBl. I 1994, S. 25, berichtigt S. 176, Tz. 53.

[850] BT-Drucksache 15/1518, S. 14, „Zu Artikel 3 – zu Nummer 1".

rell nur dann eine Umqualifizierung, wenn die Vergütungen pro Veranlagungszeitraum insgesamt die gesellschaftsbezogene Freigrenze von 250.000 Euro
übersteigen.[851]

Auf der Ebene der Kapitalgesellschaft hat die Anwendung von § 8a KStG im
Rahmen der körperschaftsteuerlichen Einkommensermittlung eine Einkom-
menserhöhung außerhalb der Steuerbilanz zur Folge. Gleichzeitig sollen die
Rechtsfolgen einer verdeckten Gewinnerhöhung auf der Ebene des wesentlich
beteiligten Anteilseigners eintreten, was der Gesetzgeber mit einer ausdrückli-
chen Deklaration der betreffenden Vergütungen als verdeckte Gewinnausschüttung in § 8a KStG sicherstellen will.[852]

Während in der Fassung des § 8a KStG für vor dem 1.1.2004 beginnende Wirtschaftsjahre nur unbeschränkt steuerpflichtige Kapitalgesellschaften in den per-
sönlichen Anwendungsbereich des § 8a KStG fielen, wurde diese Eingrenzung
für nach dem 31.12.2003 beginnende Wirtschaftsjahre aufgehoben. So erfasst
die Vorschrift nach ihrem Wortlaut nunmehr Vergütungen für Fremdkapital, das
eine „Kapitalgesellschaft" nicht nur kurzfristig von einem Anteilseigner erhalten
hat. Diese Formulierung bezieht neben unbeschränkt steuerpflichtigen Kapitalgesellschaften auch beschränkt steuerpflichtige Kapitalgesellschaften in den
Anwendungsbereich von § 8a KStG ein. Damit werden auch ausländische Gesellschaften erfasst, deren Rechtsform auf Basis des Typenvergleichs einer der
unter § 1 Abs. 1 Nr. 1 KStG zu erfassenden deutschen Kapitalgesellschaften entspricht und die in Deutschland der beschränkten Steuerpflicht unterliegen.[853]
Hierunter sollen insbesondere ausländische Kapitalgesellschaften erfasst werden, die im Inland eine Betriebsstätte unterhalten oder sonstige steuerpflichtige
Inlandseinkünfte erzielen und Gesellschafterfremdmittel aufnehmen.[854]

Findet § 8a KStG auf eine ausländische Kapitalgesellschaft Anwendung, sieht
§ 8a Abs. 2 S. 5 KStG eine Sonderregelung hinsichtlich der Bestimmung des
Safe Havens vor. So ist bei Kapitalgesellschaften, die nach den Vorschriften des

---

[851]   Vgl. BMF-Schreiben vom 15.07.2004, IV A 2 – S 2742a – 20/04, in: BStBl. I 2004,
        S. 593, Tz. 28; vgl. auch DÖTSCH, E. / PUNG, A.: Die Neuerungen bei der Körper-
        schaftsteuer und bei der Gewerbesteuer durch das Steuergesetzgebungspaket vom De-
        zember 2003, in: DB 2004, S. 93.

[852]   Vgl. HERZIG, N.: Gesellschafter-Fremdfinanzierung – Analyse und Perspektiven, in:
        WPg-Sonderheft 2003, S. S-198.

[853]   Vgl. BT-Drucksache 15/1518, S. 14, „Zu Artikel 3 – zu Nummer1"; vgl. auch BMF-
        Schreiben vom 15.07.2004, IV A 2 – S 2742a – 20/04, in: BStBl. I 2004, S. 593, Tz. 3.

[854]   Vgl. PRINZ, U. / LEY, T.: Geplante Gesetzesänderungen zur Gesellschafterfremdfinan-
        zierung nach § 8a KStG – Erste Analyse und Gestaltungsüberlegungen, in: FR 2003,
        S. 934.

Handelsgesetzbuchs nicht zur Führung von Büchern verpflichtet sind, das erforderliche anteilige Eigenkapital unter Zugrundelegung der mit den inländischen Einkünften in wirtschaftlichem Zusammenhang stehenden Wirtschaftsgütern zu ermitteln.

Auf der Basis des geänderten Wortlauts des § 8a KStG umfasst der Anwendungsbereich der Regelung somit nun generell die Vergabe von Fremdkapital an „Kapitalgesellschaften". Das Erfordernis ihrer unbeschränkten Steuerpflicht ist damit weggefallen. Daher ist im Folgenden zu untersuchen, ob § 8a KStG auch hinsichtlich der Finanzierung einer ausländischen Kapitalgesellschaft durch einen inländischen Gesellschafter Anwendung findet, die weder der unbeschränkten, noch der beschränkten Körperschaftsteuerpflicht unterliegt.

Zunächst ist hierbei festzustellen, dass die inländische Regelung des § 8a KStG auf Ebene einer ausländischen Kapitalgesellschaft, die keinerlei inländische Einkünfte aufweist, keine originären Auswirkungen entfalten kann.[855] Die Einkommensermittlung der ausländischen Kapitalgesellschaft kann ausschließlich nach Maßgabe des in ihrem Ansässigkeitsstaat geltenden Steuerrechts erfolgen. Demnach ist auch die steuerliche Abzugsfähigkeit der Finanzierungsaufwendungen im Rahmen der Einkommensermittlung der Tochtergesellschaft ausschließlich nach Maßgabe des Steuerrechts ihres Ansässigkeitsstaats zu beurteilen.

Dessen ungeachtet setzt der Wortlaut des § 8a KStG lediglich voraus, dass eine Kapitalgesellschaft ein Darlehen von einem Anteilseigner erhalten hat. Eine Einschränkung des Anwendungsbereichs auf im Inland unbeschränkt und / oder beschränkt steuerpflichtige Kapitalgesellschaften ist im Gesetzeswortlaut nicht vorhanden.[856] Demnach tritt die Frage auf, ob die in § 8a KStG vorgesehene Umqualifizierung von Zinsaufwendungen in eine verdeckte Gewinnausschüttung auf Ebene des inländischen Anteilseigners isoliert zur Anwendung kommt, obwohl auf Ebene der ausländischen Kapitalgesellschaft aus § 8a KStG mangels Anwendbarkeit keinerlei Rechtsfolgen resultieren können. Hierbei ist in die Überlegung einzubeziehen, dass der Gesetzgeber im Rahmen der Neufassung des § 8a KStG anstelle der bisher vorliegenden Fiktion einer verdeckten Gewinnausschüttung nunmehr eine explizite Umqualifizierung der erfassten Zinsen in eine verdeckte Gewinnausschüttung vornimmt.

---

[855]   Vgl. PRINZ, U. in: HERRMANN, C. / HEUER, G. / RAUPACH, A.: Einkommensteuer- und Körperschaftsteuergesetz, KStG, Jb. 2004, 8a, Rdnr. J 03-14.

[856]   Vgl. FROTSCHER, G. in: FROTSCHER, G. / MAAS, E.: KStG - UmwStG, KStG § 8a, Rdnr. 33.

Ist der Gesellschafter der ausländischen Kapitalgesellschaft eine Kapitalgesellschaft, ergäbe sich aus der Anwendbarkeit von § 8a KStG die Konsequenz der Steuerfreistellung i.H.v. effektiv 95 % der Bezüge nach § 8b Abs. 1 i.V.m. Abs. 5 KStG. Unter der Annahme, dass die Zinsen auf Ebene der ausländischen Kapitalgesellschaft in voller Höhe steuerwirksam abzugsfähig sind und insofern keine Umqualifizierung nach ausländischen Unterkapitalisierungsregeln erfolgt, würden damit i.H.v. 95 % der Zinsen sog. „weiße" Einkünfte resultieren.[857] Sofern diese Auffassung zutrifft, wäre § 8a KStG auf Basis der Neufassung sogar als ungewolltes „Steuersparmodell"[858] zu bezeichnen.

Fraglich ist indes, ob diese Rechtsfolge tatsächlich aus der Neufassung des § 8a KStG hergeleitet werden kann. Im Mittelpunkt der Diskussion steht zum einen die Frage, ob sich der Anwendungsbereich des § 8a KStG im Rahmen der Neufassung auch auf die Finanzierung ausländischer Kapitalgesellschaften erstreckt. Andererseits ist auch umstritten, ob § 8a KStG isoliert beim Gesellschafter Anwendung finden kann, wenngleich bei der ausländischen Kapitalgesellschaft keine entsprechenden Rechtsfolgen vorliegen. Hiermit verbunden ist zunächst auch die generelle Frage zu klären, ob die Regelung des § 8a KStG überhaupt auf die Ebene des Anteilseigners durchschlägt.

4.2.2.2.2.2 Ausländische Kapitalgesellschaften im Anwendungsbereich des § 8a KStG

Die Regelung des § 8a KStG soll ausweislich ihrer Gesetzesbegründung vermeiden, dass Gewinne von im Inland tätigen Kapitalgesellschaften der deutschen Besteuerung entzogen werden.[859] Demnach setzt § 8a KStG zunächst als Einkommensermittlungsvorschrift auf der Ebene des Fremdkapitalempfängers an.[860] In der Gesetzesbegründung werden als Fremdkapitalempfänger unbeschränkt steuerpflichtige Kapitalgesellschaften, sowie beschränkt steuerpflichtige Kapitalgesellschaften mit inländischen Einkünften genannt. Eine Einbeziehung ausländischer Kapitalgesellschaften in den Anwendungsbereich von § 8a KStG, die weder der unbeschränkten, noch der beschränkten Steuerpflicht im Inland unterliegen, ist vom Gesetzgeber jedenfalls auf Basis der Gesetzesbe-

---

[857] Vgl. GROTHERR, S.: International relevante Änderungen durch das Gesetz zur Umsetzung der Protokollerklärung zum Steuervergünstigungsabbaugesetz („Korb II-Gesetz"), a.a.O., S. 2023.

[858] DÖTSCH, E. / PUNG, A.: Die Neuerungen bei der Körperschaftsteuer und bei der Gewerbesteuer durch das Steuergesetzgebungspaket vom Dezember 2003, a.a.O., S. 96.

[859] Vgl. BT-Drucksache 15/1518, S. 14, „Zu Artikel 3 – zu Nummer 1".

[860] Vgl. PRINZ, U. in: HERRMANN, C. / HEUER, G. / RAUPACH, A.: Einkommensteuer- und Körperschaftsteuergesetz, KStG, Jb. 2004, § 8a, Rdnr. J 03-14.

gründung wohl nicht beabsichtigt gewesen.[861] Dies ist grundsätzlich nahe liegend, da die Einkommensermittlung dieser Kapitalgesellschaften ausschließlich nach dem für sie maßgeblichen Steuerrecht ihres Ansässigkeitsstaats erfolgt.

Gleichwohl ist der Wortlaut des § 8a KStG insofern eindeutig, als er auf die Überlassung von Fremdkapital an eine Kapitalgesellschaft abstellt und diesbezüglich keine weitere Eingrenzung erfolgt. Insbesondere werden von § 8a KStG keine Einschränkungen im Hinblick auf die Ansässigkeit der Kapitalgesellschaft im In- oder Ausland getroffen.[862] Dem Gesetz ließe sich zwar insofern eine Einschränkung entnehmen, als § 8a Abs. 2 S. 5 KStG Regelungen zur Bestimmung des Eigenkapitals und somit des Safe Havens im Falle einer nicht unbeschränkt steuerpflichtigen Kapitalgesellschaft vorsieht. Für diesen Fall wird auf das Erzielen inländischer Einkünfte und damit das Vorliegen der beschränkten Steuerpflicht abgestellt. Eine Regelung zur Ermittlung des Safe Havens bei ausländischen Kapitalgesellschaften ohne inländische Einkünfte ist im Gesetz damit nicht explizit ersichtlich. Infolgedessen argumentiert FROTSCHER, dass die Verweigerung eines Safe Havens für nicht steuerbare, ausländische Kapitalgesellschaften vom Gesetzgeber nicht gewollt gewesen sein kann. Hieraus lasse sich nach FROTSCHER im Wege der einschränkenden Interpretation schließen, dass der Gesetzgeber ausländische, nicht steuerbare Kapitalgesellschaften nicht in den Anwendungsbereich der Regelung einbeziehen wollte.[863] Auch andere Stimmen in der Literatur leiten aus § 8a Abs. 2 S. 5 KStG für die Anwendung des § 8a KStG teilweise ein vom Gesetzgeber intendiertes Erfordernis eines expliziten Inlandsbezuges der Kapitalgesellschaft ab. Dies setze bei einer ausländischen Kapitalgesellschaft demnach zumindest deren beschränkte Steuerpflicht voraus.[864] Diese Ansichten sind m.E. jedoch nicht überzeugend. So ist der Gesetzeswortlaut insofern eindeutig, als er ausschließlich die Kapitalüberlassung an eine Kapitalgesellschaft fordert und diese gleichermaßen im Inland, wie auch im Ausland ansässig sein kann.[865] Darüber hinaus lässt in der Regelung über die

---

[861]   Vgl. SCHENKE, R.: Die Position der Finanzverwaltung zur Gesellschafter-Fremdfinanzierung im Outbound-Fall – Europarechtliche Achillesferse des § 8a KStG?, in: IStR 2005, S. 191.

[862]   Vgl. HERZIG, N.: Gesellschafter-Fremdfinanzierung – Analyse und Perspektiven, a.a.O., S. S-199.

[863]   Vgl. FROTSCHER, G. in: FROTSCHER, G. / MAAS, E.: KStG - UmwStG, KStG § 8a, Rdnr. 33.

[864]   Vgl. GOSCH, D. in: GOSCH, D.: KStG, § 8a, Rdnr. 18; vgl. auch PRÄTZLER, O.: Ausgewählte Zweifelsfragen zum neuen § 8a KStG bei konzerntypischen Holdingstrukturen sowie zu dessen Anwendung auf in Deutschland nicht der Besteuerung unterliegende Kapitalgesellschaften, in: DB 2004, S. 624.

[865]   Vgl. HERZIG, N.: Gesellschafter-Fremdfinanzierung – Analyse und Perspektiven, a.a.O., S. S-199; GOLÜCKE, M. / FRANZ, M.: Der Entwurf eines neuen BMF-Schreibens zur

Ermittlung des Safe Havens bei beschränkt steuerpflichtigen Kapitalgesellschaften kein zwingender Grund erkennen, § 8a KStG auf Kapitalgesellschaften, die weder unbeschränkt, noch beschränkt steuerpflichtig sind, nicht anzuwenden.[866] So ist die Regelung in § 8a Abs. 2 S. 5 KStG über die Ermittlung des Safe Havens m.E. nicht geeignet, den weiten Anwendungsbereich des § 8a Abs. 1 S. 1 KStG, der auf Kapitalgesellschaften insgesamt abstellt, wieder auf ausländische Kapitalgesellschaften mit inländischen Einkünften einzugrenzen. Eine derartige Wirkung von § 8a Abs. 2 S. 5 KStG ist aufgrund des systematischen Verhältnisses zu § 8a Abs. 1 S. 1 KStG abzulehnen.[867]

Im Ergebnis ist daher m.E. davon auszugehen, dass aus dem Gesetzeswortlaut von § 8a KStG keine Einschränkung von dessen Anwendbarkeit auf inländische Kapitalgesellschaften abgeleitet werden kann.[868] Demnach findet § 8a KStG auch im Kontext der Finanzierung einer nicht steuerbaren, ausländischen Kapitalgesellschaft Anwendung. Diese Ansicht vertritt offenbar auch die Finanzverwaltung, da sich die Ausführungen[869] in Tz. 27 des BMF-Schreibens vom 15.07.2004 explizit auf die Rechtsfolgen beim inländischen Anteilseigner im Falle der Fremdfinanzierung einer im Inland nicht steuerpflichtigen Kapitalgesellschaft beziehen.[870]

4.2.2.2.2.3 Anwendung von § 8a KStG auf der Ebene des Anteilseigners

Auf Basis der vorigen Überlegungen ist festzustellen, dass auch die Finanzierung einer nicht steuerbaren, ausländischen Kapitalgesellschaft in den Anwendungsbereich von § 8a KStG fällt. Im nächsten Schritt ist daher zu klären, ob § 8a KStG isoliert beim inländischen Anteilseigner Anwendung finden kann, obwohl auf Ebene der ausländischen Kapitalgesellschaft mangels Anwendbarkeit keine Rechtsfolgen aus § 8a KStG resultieren können. Hiermit verbunden ist die Frage, ob § 8a KStG überhaupt beim Anteilseigner Rechtsfolgen auslösen kann.

Gesellschafter-Fremdfinanzierung (§ 8a KStG) – eine erste Übersicht, in: GmbHR 2004, S. 710.

[866] Vgl. BENECKE, A. / SCHNITGER, A.: Anwendung des § 8a KStG – Ein Diskussionsbeitrag, in: IStR 2004, S. 45.

[867] Vgl. RÖDDER, T. / RITZER, C.: § 8a KStG n.F. im Outbound-Fall, in: DB 2004, S. 892.

[868] Vgl. KÖHLER, S. / EICKER, K.: Aktuelles Beratungs-Know-How Internationales Steuerrecht - § 8a KStG n.F.: Eckpunkte der grenzüberschreitenden Relevanz, in: DStR 2004, S. 675.

[869] Vgl. BMF-Schreiben vom 15.07.2004, IV A 2 – S 2742a – 20/04, in: BStBl. I 2004, S. 593, Tz. 27.

[870] Vgl. BOOTEN, V. / SCHNITGER, A. / ROMETZKI, S.: Finanzierung ausländischer Tochterkapitalgesellschaften durch ausländische nahe stehende Personen – Tz. 27 des BMF-Schreibens zu § 8a KStG n.F., in: DStR 2005, S. 908.

So argumentiert WASSERMEYER für den reinen Inlandssachverhalt, dass sich § 8a KStG generell nur auf Ebene der darlehensnehmenden Kapitalgesellschaft auswirken kann. Weder in der Vorschrift selbst, noch in der Gesetzesbegründung sei ein Hinweis ersichtlich, dass sich die Regelung auf die Erfassung der verdeckten Gewinnausschüttung nach § 20 Abs. 1 Nr. 1 S. 2 EStG auswirken soll.[871] Weiterhin stelle § 8a KStG eine Gewinnermittlungsvorschrift für die Kapitalgesellschaft dar. Daher schlage § 8a KStG nicht auf die Anteilseignerebene durch, zumal eine verdeckte Gewinnausschüttung nach § 8 Abs. 3 KStG rechtssystematisch ein anderer Sachverhalt sei als eine verdeckte Gewinnausschüttung nach § 20 Abs. 1 Nr. 1 S. 2 EStG. Dieser Ansicht wird m.E. zutreffend von FROTSCHER widersprochen. Es handele sich vielmehr um den gleichen Sachverhalt, der auf Gesellschafts- und Gesellschafterebene als verdeckte Gewinnausschüttung qualifiziert würde.[872] So sei das von WASSERMEYER als abweichend zu beurteilende Merkmal der gesellschaftsrechtlichen Veranlassung entweder sowohl aus Sicht von Gesellschaft und Gesellschafter erfüllt, oder aus Sicht von beiden nicht. Im Fall des § 8a KStG bestehe nach FROTSCHER eine unwiderlegbare Vermutung der gesellschaftsrechtlichen Veranlassung. Auch RÖDDER / SCHUMACHER betonen, dass eine verdeckte Gewinnausschüttung nach § 8 Abs. 3 KStG und nach § 20 Abs. 1 Nr. 1 S. 2 EStG übereinstimmen.[873] So läge ein Beteiligungsertrag i.S.d. § 20 Abs. 1 Nr. 1 S. 2 EStG vor, wenn aufgrund der Beteiligung des Gesellschafters an der Kapitalgesellschaft diesem oder einer nahe stehenden Person ein Vermögensvorteil zufließe. Diese Voraussetzung sei auch im Fall der von § 8a KStG betroffenen Gesellschafterdarlehen erfüllt, da das Gesetz insoweit widerlegbar die Vermutung einer gesellschaftsrechtlichen Veranlassung aufstelle.

Im Ergebnis bedeutet dies für den reinen Inlandssachverhalt, dass aus § 8a KStG eine verdeckte Gewinnausschüttung mit Wirkung sowohl auf Gesellschafts- als auch auf Gesellschafterebene resultiert. Für den grenzüberschreitenden Sachverhalt ist daher zu klären, ob beim inländischen darlehensgebenden Gesellschafter die Rechtsfolgen einer verdeckten Gewinnausschüttung eintreten, obgleich auf Ebene der darlehensempfangenden ausländischen Kapitalgesellschaft mangels inländischer Steuerpflicht keine Rechtsfolgen aus § 8a KStG abgeleitet werden können.

---

[871]   Vgl. WASSERMEYER, F.: § 8a KStG n.F. und die gescheiterte Rückkehr zur Fiktionstheorie – keine Auswirkung auf Gesellschafterebene, in: DStR 2004, S. 750 f.

[872]   Vgl. FROTSCHER, G.: Zu den Wirkungen des § 8a KStG n.F., in: DStR 2004, S. 755 f.

[873]   Vgl. RÖDDER, T. / SCHUMACHER, A.: Rechtsfolgen des § 8a KStG n.F., in: DStR 2004, S. 759 f.

Zu dieser Frage führen PUNG / DÖTSCH aus, dass § 8a KStG n.F. bei dem darlehensgebenden Anteilseigner nur dann Anwendung finden könne, wenn auch bei
dem Darlehensnehmer § 8a KStG anzuwenden sei.[874] Denn erst die Anwendung
von § 8a KStG bei der darlehensnehmenden Kapitalgesellschaft führe zur Umqualifizierung der Zinsen in Dividenden. Demnach wäre § 8a KStG beim inländischen Anteilseigner einer im Inland nicht steuerpflichtigen Kapitalgesellschaft
nicht anzuwenden. Ebenso argumentiert MENCK, dass für die Anwendung von
§ 8a KStG beim Anteilsinhaber einer ausländischen Kapitalgesellschaft die hierfür zu unterstellende Qualifikationswirkung fehle, wenn ein im Inland zu ver-
steuernder Gewinn der Kapitalgesellschaft fehle.[875] Diese Auffassungen lassen
jedoch m.E. den insoweit eindeutigen Wortlaut von § 8a KStG außer Betracht.
Insbesondere ist der Vorschrift keine Verknüpfung zu entnehmen, wonach die
Annahme einer verdeckten Gewinnausschüttung auf Ebene des darlehensgebenden Gesellschafters die Anwendung bei der darlehensnehmenden Kapitalgesellschaft voraussetzt. So führt auch HERZIG aus, dass die Rechtsfolge einer verdeckten Gewinnausschüttung nach § 8a KStG beim inländischen Gesellschafter
ungeachtet der Tatsache eintritt, dass § 8a KStG bei der ausländischen Kapitalgesellschaft keine Wirkung entfaltet.[876] RÖDDER / RITZER und HAHN argumentieren m.E. zutreffend, dass die Wirkungen des § 8a KStG beim Gesellschafter
nicht Reflex steuerlicher Auswirkungen bei der Gesellschaft seien, sondern selbständig entstehen.[877] Das Erfordernis einer derartigen Verknüpfung der steuerlichen Folgen beim Gesellschafter mit den steuerlichen Folgen auf Gesellschaftsebene sei dem Gesetz nicht zu entnehmen.

Zudem ist beachtlich, dass die Norm des § 8a KStG eine Definition der verdeckten Gewinnausschüttung enthält, die gegenüber der Tochtergesellschaft ebenso
wie gegenüber der Muttergesellschaft gilt. HAHN führt dies zutreffend auf den
Charakter einer Definition zurück, die allseitig wirke und sich gleichermaßen an
alle in Betracht kommenden Rechtssubjekte richte.[878] Auch BENECKE / SCHNIT-
GER argumentieren, das Gesetz sehe in § 8a KStG keinen Kausalzusammenhang
vor. Vielmehr sei auf Ebene des Anteilseigners ausschließlich relevant, dass die
ausländische Tochtergesellschaft bei einer fiktiven Anwendung des § 8a KStG
als unterkapitalisiert gelte. Weiterhin sei erforderlich, dass bei der inländischen

---

[874] Vgl. PUNG, A. / DÖTSCH, E. in: DÖTSCH, E. et al.: Die Körperschaftsteuer, KStG n.F.
       § 8a, Rdnr. 274.
[875] Vgl. MENCK, T. in: BLÜMICH, W.: EStG – KStG – GewStG, § 8a KStG, Rdnr. 98.
[876] Vgl. HERZIG, N.: Gesellschafter-Fremdfinanzierung – Analyse und Perspektiven, a.a.O.,
       S. S-199.
[877] Vgl. RÖDDER, T. / RITZER, C.: § 8a KStG n.F. im Outbound-Fall, a.a.O., S. 892;
       HAHN, H.: Europarechtswidrigkeit des neuen § 8a KStG?, in: GmbHR 2004, S. 278.
[878] Vgl. HAHN, H.: Europarechtswidrigkeit des neuen § 8a KStG?, a.a.O., S. 278.

Muttergesellschaft eine Vermögensmehrung eintrete, was aufgrund der erhaltenen Zinszahlung erfüllt sei.[879]

In diesem Zusammenhang sei betont, dass auch allgemein bei einer verdeckten
Gewinnausschüttung nach § 8 Abs. 3 S. 2 KStG keine Verknüpfung zwischen
den Rechtsfolgen beim Gesellschafter mit den Rechtsfolgen bei der Gesellschaft
besteht. Die Finanzverwaltung führt hierzu aus, dass eine verdeckte Gewinnausschüttung beim Gesellschafter nach den für ihn geltenden steuerlichen Grundsätzen unabhängig davon zu erfassen sei, ob sie auf der Ebene der Gesellschaft
dem Einkommen hinzugerechnet wurde.[880] Konsequenterweise kann eine derartige Verknüpfung auch im Fall des § 8a KStG nicht gefordert werden.

Die Anwendbarkeit von § 8a KStG auf den inländischen darlehensgebenden Gesellschafter einer ausländischen Kapitalgesellschaft muss sich darüber hinaus
auch im Wege einer gemeinschaftsrechtskonformen Auslegung der Vorschrift
ergeben. Denn bei Verneinung der Anwendbarkeit von § 8a KStG im vorgenannten Fall würde die Darlehensgewährung einer inländischen Muttergesellschaft an eine inländische Tochtergesellschaft steuerlich günstiger behandelt
werden, als die Darlehensgewährung an eine ausländische Tochtergesellschaft.[881] Im erstgenannten Fall unterliegen die Darlehenszinsen auf Ebene der
Muttergesellschaft bei Umqualifizierung in steuerbefreite Beteiligungserträge
nur zu effektiv 5 % der Besteuerung, während im zweiten Fall eine generelle
Steuerpflicht zu 100 % eintreten würde. Vor dem Hintergrund der Niederlassungsfreiheit des Art. 43 EGV würde dies nach m.E. zutreffender h.M. eine
nicht zu rechtfertigende Schlechterstellung der ausländischen Tochtergesellschaft gegenüber der inländischen Tochtergesellschaft bedeuten.[882] Daher ist
HAHN und PRINZ zuzustimmen, wonach die Norm aufgrund ihrer Unschärfen
gemeinschaftsrechtskonform auszulegen sei, so dass auch in Fällen ausländi-

---

[879] Vgl. BENECKE, A. / SCHNITGER, A.: Anwendung des § 8a KStG – Ein Diskussionsbei-
       trag, a.a.O., S. 45.
[880] Vgl. BMF-Schreiben vom 28.05.2002, IV A 2 – S 2742 – 32/02, in: BStBl. I 2002,
       S. 603, Tz. 6.
[881] Vgl. PUNG, A. / DÖTSCH, E. in: DÖTSCH, E. et al.: Die Körperschaftsteuer, KStG n.F.
       § 8a, Rdnr. 274.
[882] Vgl. FROTSCHER, G. in: FROTSCHER, G. / MAAS, E.: KStG - UmwStG, KStG § 8a,
       Rdnr. 33; PUNG, A. / DÖTSCH, E. in: DÖTSCH, E. et al.: Die Körperschaftsteuer,
       KStG n.F. § 8a, Rdnr. 274; GOSCH, D. in GOSCH, D.: KStG, § 8a, Rdnr. 32; PRINZ, U.
       in: HERRMANN, C. / HEUER, G. / RAUPACH, A.: Einkommensteuer- und Körperschaft-
       steuergesetz, KStG, Jb. 2004, § 8a, Rdnr. J 03-14; KESSLER, W.: Die Gesellschafter-
       Fremdfinanzierung im Spannungsfeld zum Recht der Doppelbesteuerungsabkommen
       und Europarecht, in: DB 2003, S. 2512; PRINZ, U.: Ausgewählte Einzelfragen zu
       § 8a KStG mit internationalem Bezug, in: FR 2004, S. 1253; HERZIG, N.: Gesellschaf-
       ter-Fremdfinanzierung – Analyse und Perspektiven, a.a.O., S. S-199.

scher Tochtergesellschaften auf der Ebene der Muttergesellschaft eine Umqualifizierung in Dividenden und somit die Freistellung des § 8b Abs. 1 KStG
greift.[883] Das Entstehen „weißer Einkünfte" sei nach HAHN jedenfalls kein Argument gegen eine derartige Auslegung, da nur eine Schlechterstellung gemeinschaftsrechtlich problematisch sei, nicht jedoch eine Besserstellung.

In diesem Zusammenhang ist weiterhin zu bedenken, dass die proklamierte Entstehung „weißer Einkünfte" bei wirtschaftlicher Betrachtung zwar zutreffend ist.
Rechtlich betrachtet stellen die ausländische Tochtergesellschaft, bei der der
Zinsaufwand steuermindernd erfasst wird, und die inländische Muttergesellschaft, bei der eine Umqualifizierung nach Maßgabe von § 8a KStG in eine verdeckte Gewinnausschüttung erfolgt, jedoch zwei verschiedene Steuerpflichtige
dar.[884] Dies ergibt sich unmittelbar dem Urteil des EuGH in der Rechtssache
„Bosal Holding". In diesem Urteil hat der EuGH hinsichtlich der Besteuerung
von Mutter- und Tochtergesellschaften eine Berufung auf die Koheränz des
Steuersystems ausgeschlossen, da Mutter- und Tochtergesellschaft verschiedene
juristische Personen darstellten, die jeweils einer eigenen Besteuerung unterliegen.[885] Darüber hinaus dürfte sich das Argument der Entstehung „weißer Einkünfte" ohnehin in den meisten Fällen als nicht stichhaltig erweisen, da eine
Vielzahl ausländischer Staaten Unterkapitalisierungsregeln eingeführt haben.
Somit würde auch im Ansässigkeitsstaat der Tochtergesellschaft eine Umqualifizierung der Zinsaufwendungen bzw. des nicht angemessenen Fremdkapitals
erfolgen, so dass bei der Tochtergesellschaft insoweit eine Hinzurechnung im
Rahmen ihrer Einkommensermittlung erfolgt.[886]

4.2.2.2.2.4 Konsequenzen der Anwendbarkeit des § 8a KStG im Outbound-Fall

Als Ergebnis der vorigen Ausführungen kann festgestellt werden, dass
§ 8a KStG im Outbound-Fall bei der darlehensgebenden Muttergesellschaft im
Inland eine Umqualifizierung der betreffenden Zinserträge in eine verdeckte
Gewinnausschüttung bewirkt. Diese Rechtsfolge ergibt sich ungeachtet dessen,
dass aus der Vorschrift auf Ebene der ausländischen Tochtergesellschaft man-

---

[883] Vgl. HAHN, H.: Europarechtswidrigkeit des neuen § 8a KStG?, a.a.O., S. 278 f.;
PRINZ, U.: Ausgewählte Einzelfragen zu § 8a KStG mit internationalem Bezug, a.a.O.,
S. 1253.
[884] Vgl. KESSLER, W.: Die Gesellschafter-Fremdfinanzierung im Spannungsfeld zum Recht
der Doppelbesteuerungsabkommen und Europarecht, a.a.O., S. 2513.
[885] Vgl. EuGH-Urteil vom 18.09.2003, C-168/01, in: IStR 2003, S. 668, Tz. 32.
[886] Vgl. GROTHERR, S.: International relevante Änderungen durch das Gesetz zur Umsetzung der Protokollerklärung zum Steuervergünstigungsabbaugesetz („Korb II-
Gesetz"), a.a.O., S. 2023.

gels Anwendbarkeit keine Rechtsfolgen resultieren können. Die verdeckte Gewinnausschüttung ist aufgrund der Subsumtion als Beteiligungsertrag i.S.d. § 20 Abs. 1 Nr. 1 S. 2 EStG nach Maßgabe des § 8b Abs. 1 KStG i.V.m. § 8b Abs. 5 KStG im Ergebnis zu 95 % steuerfrei.[887]

Zur Ermittlung der Höhe der von § 8a KStG erfassten Darlehenszinsen ist nach dessen allgemeiner Systematik danach zu unterscheiden, ob die vereinbarte Vergütung in einem Bruchteil des überlassenen Kapitals, d.h. erfolgsunabhängig bemessen ist, oder ob eine gewinn- bzw. umsatzabhängige Verzinsung vereinbart ist. Zu beachten ist hierbei entsprechend einer virtuellen Anwendung des § 8a KStG auf die ausländische Kapitalgesellschaft, dass eine Umqualifizierung gem. § 8a Abs. 1 S. 1 KStG nur erfolgen kann, wenn die Vergütungen insgesamt mehr als 250.000 Euro betragen.[888]

Bei Vereinbarung einer gewinn- bzw. umsatzabhängigen Verzinsung des Darlehens ist bei der darlehensgebenden Muttergesellschaft gem. § 8a Abs. 1 Nr. 1 KStG generell eine Umqualifizierung der betreffenden Zinserträge in eine verdeckte Gewinnausschüttung und damit in Beteiligungserträge i.S.d. § 20 Abs. 1 Nr. 1 S. 2 EStG vorzunehmen. Die Inanspruchnahme eines Safe Havens ist in diesem Fall nicht möglich.[889] Unter diesem Gesichtspunkt wäre es daher aus steuergestalterischer Sicht zu erwägen, durch Aufnahme eines variablen Elements in die Darlehensvereinbarung ein i.S.d. § 8a KStG „schädliches

---

[887]   Vgl. HERZIG, N.: Gesellschafter-Fremdfinanzierung – Analyse und Perspektiven, a.a.O., S. S-199; GROTHERR, S.: International relevante Änderungen durch das Gesetz zur Umsetzung der Protokollerklärung zum Steuervergünstigungsabbaugesetz („Korb II-Gesetz"), a.a.O., S. 2023 f.; GROTHERR, S.: Anwendungsgrundsätze und Zweifelsfragen der neuen Freigrenze in Höhe von 250.000 Euro bei der Gesellschafter-Fremdfinanzierung (§ 8a KStG), in: BB 2004, S. 414; KÖHLER, S. / EICKER, K.: Aktuelles Beratungs-Know-How Internationales Steuerrecht - § 8a KStG n.F.: Eckpunkte der grenzüberschreitenden Relevanz, a.a.O., S. 675; HAHN, H.: Europarechtswidrigkeit des neuen § 8a KStG?, a.a.O., S. 278 f.; BENECKE, A. / SCHNITGER, A.: Anwendung des § 8a KStG – Ein Diskussionsbeitrag, a.a.O., S. 45; RÖDDER, T. / SCHUMACHER, A.: Das BMF-Schreiben zu § 8a KStG, in: DStR 2004, S. 1454; RÖDDER, T. / RITZER, C.: § 8a KStG n.F. im Outbound-Fall, a.a.O., S. 892; HENKEL, U. in: MÖSSNER, M. et al.: Steuerrecht international tätiger Unternehmen, S. 779; im Ergebnis auch PRINZ, U.: Ausgewählte Einzelfragen zu § 8a KStG mit internationalem Bezug, a.a.O., S. 1253; GOLÜCKE, M. / FRANZ, M.: Der Entwurf eines neuen BMF-Schreibens zur Gesellschafter-Fremdfinanzierung (§ 8a KStG) – eine erste Übersicht, a.a.O., S. 710.

[888]   Vgl. PRINZ, U.: Ausgewählte Einzelfragen zu § 8a KStG mit internationalem Bezug, a.a.O., S. 1253.

[889]   Vgl. RÖDDER, T. / RITZER, C.: § 8a KStG n.F. im Outbound-Fall, a.a.O., S. 892.

Darlehen"[890] zu generieren. Dadurch würde bei der inländischen Muttergesellschaft gem. § 8b Abs. 1 i.V.m. Abs. 5 KStG die Freistellung zu 95 % eintreten.

Eine andere Beurteilung ergibt sich für den Fall der Vereinbarung einer in einem Bruchteil des überlassenen Kapitals vereinbarten Vergütung, d.h., bei einer festen Verzinsung des Kapitals. Eine Umqualifizierung der Darlehenszinsen in eine verdeckte Gewinnausschüttung und damit in Beteiligungserträge kann in diesem Fall nur insoweit erfolgen, als das überlassene Fremdkapital beim Darlehensempfänger den Safe Haven übersteigt und keinem Drittvergleich standhält. Zur Ermittlung des Safe Havens ist in diesem Fall auf § 8a Abs. 2 S. 5 KStG abzustellen, da entsprechend dem Wortlaut dieser Regelung eine Kapitalgesellschaft vorliegt, die nach den Vorschriften des HGB nicht zur Führung von Büchern verpflichtet ist. Dies bedeutet, dass der Safe Haven anhand der mit den inländischen Einkünften in wirtschaftlichem Zusammenhang stehenden Wirtschaftsgüter zu ermitteln ist. Somit resultiert in der vorliegenden Konstellation einer ausländischen Tochtergesellschaft, die über keine inländischen Einkünfte verfügt, ein Safe Haven von Null.[891]

Diskussionswürdig erscheint in diesem Kontext die Position der Finanzverwaltung. So lässt Tz. 27 des BMF-Schreibens zu § 8a KStG zwar erkennen, dass die Finanzverwaltung die Vorschrift des § 8a KStG auf der Ebene des inländischen Anteilseigners einer ausländischen, im Inland nicht steuerpflichtigen Kapitalgesellschaft ebenfalls für einschlägig hält. Die Finanzverwaltung sieht für diesen Fall jedoch eine Qualifikationsverkettung mit der steuerlichen Behandlung der Darlehensvergütung bei der ausländischen Tochtergesellschaft vor. So sollen die Rechtsfolgen einer verdeckten Gewinnausschüttung bei der inländischen Muttergesellschaft nur in dem Umfang eintreten, als die gezahlten Vergütungen nach dem Recht des anderen Staates tatsächlich nicht die steuerliche Bemessungsgrundlage der Kapitalgesellschaft gemindert haben und dies im Einzelfall nachgewiesen wird.[892] Im Ergebnis würde dies bedeuten, dass im Inland nur in-

---

[890] KÖHLER, S. / EICKER, K.: Aktuelles Beratungs-Know-How Internationales Steuerrecht - § 8a KStG n.F.: Eckpunkte der grenzüberschreitenden Relevanz, a.a.O., S. 675.

[891] Vgl. PRINZ, U. in: HERRMANN, C. / HEUER, G. / RAUPACH, A.: Einkommensteuer- und Körperschaftsteuergesetz, KStG, Jb. 2004, § 8a, Rdnr. J 03-14; RÖDDER, T. / RITZER, C.: § 8a KStG n.F. im Outbound-Fall, a.a.O., S. 892; vgl. dagegen PRINZ, U.: Ausgewählte Einzelfragen zu § 8a KStG mit internationalem Bezug, a.a.O., S. 1253; GROTHERR, S.: Anwendungsgrundsätze und Zweifelsfragen der neuen Freigrenze in Höhe von 250.000 Euro bei der Gesellschafter-Fremdfinanzierung (§ 8a KStG), a.a.O., S. 414, die den Safe Haven wie für eine inländische Gesellschaft ermitteln wollen, was m.E. jedoch mit dem Wortlaut von § 8a Abs. 2 S. 5 KStG nicht vereinbar ist.

[892] Vgl. BMF-Schreiben vom 15.07.2004, IV A 2 – S 2742a – 20/04, in: BStBl. I 2004, S. 593, Tz. 27.

soweit eine verdeckte Gewinnausschüttung und damit ein Beteiligungsertrag
i.S.d. § 20 Abs. 1 Nr. 1 S. 2 EStG vorliegen soll, als eine Ergebniskorrektur bei
der ausländischen Tochtergesellschaft entsprechend der dort bestehenden Unterkapitalisierungsregeln nachgewiesen wird. Kann dieser Nachweis nicht erbracht
werden, wären dem inländischen Anteilseigner die Rechtsfolgen einer verdeckten Gewinnausschüttung verwehrt.

Diese Position der Finanzverwaltung erscheint zwar systematisch grundsätzlich
nachvollziehbar, als die Finanzverwaltung mit diesem Ansatz das Entstehen
„weißer Einkünfte" verhindern will. Insofern wäre RÖDDER / SCHUMACHER
grundsätzlich beizupflichten, wonach der Ansatz der Finanzverwaltung als systematisch vertretbare, vermittelnde Lösung einzuordnen sei.[893] So wird der inländische Anteilseigner mittels des Lösungsansatzes der Finanzverwaltung aus
europarechtlicher Perspektive einerseits so gestellt, als würde er einer inländischen Tochtergesellschaft ein i.S.d. § 8a KStG schädliches Darlehen ausreichen.
Dadurch wird eine ansonsten resultierende, europarechtlich bedenkliche Diskriminierung der Darlehensfinanzierung einer ausländischen Tochtergesellschaft
vermieden. Andererseits wird mit der Lösung der Finanzverwaltung auch verhindert, dass die Darlehensfinanzierung einer ausländischen Tochtergesellschaft
– sofern im ausländischen Staat keine Unterkapitalisierungsregeln greifen – ggf.
sogar besser gestellt wird als die Darlehensfinanzierung einer inländischen
Tochtergesellschaft. Dessen ungeachtet fehlt für die Qualifikationsverkettung
der Finanzverwaltung jedoch jegliche gesetzliche Grundlage.[894] Hinzu treten
erneute europarechtliche Bedenken, da die Rechtsfolgen der verdeckten Gewinnausschüttung auf Basis des Ansatzes der Finanzverwaltung dem inländischen Anteilseigner bei fehlendem Nachweis der Besteuerung im Ausland versagt werden. In diesem Fall würde die europarechtlich unzulässige
Benachteiligung der Beteiligung an einer ausländischen Tochtergesellschaft gegenüber der Beteiligung an einer inländischen Tochtergesellschaft bestehen
bleiben.[895] Ein weiteres praktisches Problem bei Anwendung der Position der
Finanzveraltung ergibt sich bei einer späteren Betriebsprüfung im Ausland, worauf PRINZ m.E. zutreffend hinweist. Sofern aus einer Betriebsprüfung bei der

---

[893]   Vgl. RÖDDER, T. / SCHUMACHER, A.: Das BMF-Schreiben zu § 8a KStG, a.a.O.,
         S. 1454; vgl. auch zustimmend PUNG, A. / DÖTSCH, E. in: DÖTSCH, E. et al.: Die Kör-
         perschaftsteuer, KStG n.F. § 8a, Rdnr. 274.

[894]   Vgl. BOOTEN, V. / SCHNITGER, A. / ROMETZKI, S.: Finanzierung ausländischer Tochter-
         kapitalgesellschaften durch ausländische nahe stehende Personen – Tz. 27 des BMF-
         Schreibens zu § 8a KStG n.F., a.a.O., S. 908; PRINZ, U.: Ausgewählte Einzelfragen zu
         § 8a KStG mit internationalem Bezug, a.a.O., S. 1254; KRÖNER, I. in: ERNST & YOUNG
         (Hrsg.): KStG, § 8a, Rdnr. 173.26; RÖDDER, T. / SCHUMACHER, A.: Das BMF-
         Schreiben zu § 8a KStG, a.a.O., S. 1454.

[895]   Vgl. KRÖNER, I. in: ERNST & YOUNG (Hrsg.): KStG, § 8a, Rdnr. 173.26.

ausländischen Tochtergesellschaft Änderungen resultieren, ist unklar, wie diese im Hinblick auf § 8a KStG inhaltlich und verfahrensrechtlich bei der inländischen Muttergesellschaft zu berücksichtigen wären.[896] Der Ansatz der Finanzverwaltung ist m.E. daher generell problematisch und beim gegenwärtigen Wortlaut des § 8a KStG jedenfalls nicht haltbar. Daher bleibt eine erneute Anpassung des § 8a KStG abzuwarten.

4.2.3 Überführung von Wirtschaftsgütern in die Tochtergesellschaft

4.2.3.1 Grundlagen der Überführung

Im Gegensatz zur ausländischen Betriebsstätte, bei der die Zuordnung der Wirtschaftsgüter entsprechend ihrer Tätigkeit unter Berücksichtigung des Fremdvergleichs vorzunehmen ist, kann die ausländische Kapitalgesellschaft aufgrund ihrer rechtlichen Selbständigkeit grundsätzlich uneingeschränkt mit Wirtschaftsgütern ausgestattet werden. Hierbei ist weder nach der Art der Wirtschaftsgüter zu differenzieren, noch ist ein Zusammenhang der Wirtschaftsgüter zur Tätigkeit der Kapitalgesellschaft erforderlich.[897]

Die von der ausländischen Tochtergesellschaft benötigten Wirtschaftsgüter sind zunächst anhand der ihr übertragenen Aufgaben zu identifizieren. In Betracht kommen grundsätzlich sowohl materielle Wirtschaftsgüter wie Produktionsanlagen und Wirtschaftsgüter der Betriebs- und Geschäftsausstattung, aber auch immaterielle Wirtschaftsgüter. Inwieweit hinsichtlich der benötigten Wirtschaftsgüter sodann tatsächlich eine Überführung von der Muttergesellschaft auf die Tochtergesellschaft erfolgt, ist im Einzelfall zu entscheiden, da hierbei insbesondere auch wirtschaftliche und technische Faktoren zu berücksichtigen sind. So wird insbesondere in Bezug auf umfangreiche Produktionsanlagen anstelle der Überführung eine Neuanschaffung oder Neuherstellung durch die Tochtergesellschaft zu erwägen sein.[898] Werden die benötigten Wirtschaftsgüter dagegen von der Muttergesellschaft auf die Tochtergesellschaft übertragen, so stellt dies dem Grunde nach einen entgeltpflichtigen Vorgang dar. Die zivilrechtliche Ausgestaltung der Überführung der Wirtschaftsgüter auf die Tochtergesellschaft bleibt den Vertragsparteien überlassen. In Betracht kommt sowohl eine Übertragung des Eigentums, als auch eine Vermietung bzw. Lizenzierung. In beiden

---

[896] Vgl. PRINZ, U.: Ausgewählte Einzelfragen zu § 8a KStG mit internationalem Bezug, a.a.O., S. 1254.

[897] Vgl. KRAWITZ, N. / HICK, C.: Wahl zwischen ausländischer Betriebsstätte oder Kapitalgesellschaft: Einfluss der Reformen des Unternehmenssteuerrechts, a.a.O., S. 745.

[898] Vgl. BAUMHOFF, H. / BODENMÜLLER, R.: Verrechnungspreispolitik bei der Verlagerung betrieblicher Funktionen ins Ausland, a.a.O., S. 366.

Fällen bildet der Fremdvergleichsgrundsatz den Maßstab für die Beurteilung der Angemessenheit der Vertragsbedingungen.

4.2.3.1.1 Veräußerung von Wirtschaftsgütern

Werden die von der Tochtergesellschaft benötigten Wirtschaftsgüter von der Muttergesellschaft im Wege der Veräußerung übertragen, tritt nach dem allgemeinen Grundsatz des Realisationsprinzips unmittelbar eine Realisierung sämtlicher enthaltener stiller Reserven ein. Diese ermitteln sich als Differenz zwischen dem Veräußerungserlös und dem Buchwert der betreffenden Wirtschaftsgüter.[899]

Da bei den beteiligten Konzernunternehmen, anders als es bei unabhängigen Geschäftspartnern der Fall ist, nicht von einem natürlichen Interessengegensatz ausgegangen werden kann, birgt dieser Vorgang das Risiko einer Gewinnverlagerung ins Ausland, sofern das festgesetzte Entgelt nicht nach fremdüblichen Bedingungen bemessen wurde. So stellen KUCKHOFF und SCHREIBER fest, dass die deutsche Finanzverwaltung die Produktionsverlagerung ins Ausland „mit steuerlichem Argwohn"[900] sieht. Ihre Behörden vor Ort, insbesondere die Betriebsprüfung, seien daher angewiesen, derartige Sachverhalte auf eine steuerlich unzulässige Gewinnverlagerung ins Ausland zu überprüfen. Als Maßstab für die Überprüfung dient hierbei das Dealing-at-arm's-Length-Prinzip, wonach die zwischen den verbundenen Unternehmen vereinbarten Bedingungen denjenigen entsprechen müssen, die voneinander unabhängige Dritte unter gleichen oder ähnlichen Verhältnissen vereinbart hätten.

Die Beurteilung der Fremdüblichkeit erfolgt anhand einer Referenztransaktion, deren Vergleichbarkeit zur untersuchten Transaktion entsprechend der Funktionen und Risiken der beteiligten Unternehmen sicherzustellen ist. Bei der Referenztransaktion kann es sich um eine Transaktion handeln, die zwischen der zu betrachtenden inländischen Kapitalgesellschaft und einem fremden Unternehmen durchgeführt wurde, oder die zwei fremde Unternehmen vereinbart hatten.[901] Unterschreitet das Veräußerungsentgelt das fremdübliche Entgelt, ist nach Maßgabe der Differenz eine Einkünftekorrektur vorzunehmen. Demnach resultiert eine verdeckte Einlage der Muttergesellschaft in die ausländische Tochtergesellschaft, falls Wirtschaftsgüter zu einem unter dem Teilwert liegen-

---

[899]   Vgl. BAUMHOFF, H. / BODENMÜLLER, R.: Verrechnungspreispolitik bei der Verlagerung betrieblicher Funktionen ins Ausland, a.a.O., S. 350.

[900]   KUCKHOFF, H. / SCHREIBER, R.: Verrechnungspreise in der Betriebsprüfung, S. 99.

[901]   Vgl. BAUMHOFF, H. / BODENMÜLLER, R.: Verrechnungspreispolitik bei der Verlagerung betrieblicher Funktionen ins Ausland, a.a.O., S. 348.

den Preis an die Tochtergesellschaft veräußert wurden.[902] Entsprechend der Theorie der Idealkonkurrenz ist bei der Muttergesellschaft darüber hinaus eine Korrektur nach Maßgabe von § 1 AStG in Höhe des fremdüblichen Gewinnaufschlags geboten.[903]

4.2.3.1.2 Offene Einlage gegen Gewährung von Gesellschaftsrechten

4.2.3.1.2.1 Erfassung als steuerpflichtiger Veräußerungsvorgang

Im Falle der Übertragung von Wirtschaftsgütern in die ausländische Tochtergesellschaft gegen Gewährung von Gesellschaftsrechten liegt eine offene Sacheinlage vor. Es findet ein Wechsel des rechtlichen und wirtschaftlichen Eigentums an den betreffenden Wirtschaftsgütern statt, da nach dem Trennungsprinzip die Vermögenssphären von Gesellschaft und Gesellschafter strikt zu trennen sind. Dieser Vorgang wird nach den Grundsätzen eines Tauschgeschäfts und damit als steuerpflichtiger Veräußerungsvorgang gewertet, da die Muttergesellschaft die Wirtschaftsgüter hingibt und als Gegenleistung Anteile der ausländischen Kapitalgesellschaft erwirbt. Auf Basis der Regelung des § 6 Abs. 6 S. 1 EStG, die die Bewertung beim Tausch einzelner Wirtschaftsgüter zum Gegenstand hat, resultiert grundsätzlich zwingend eine Realisierung der in den Wirtschaftsgütern enthaltenen stillen Reserven.

Nach § 6 Abs. 6 S. 1 EStG bemessen sich die Anschaffungskosten der im Wege der Sacheinlage erhaltenen Anteile nach dem gemeinen Wert des hingegebenen Wirtschaftsguts. Hierbei handelt es sich um den Preis, der auf dem Absatzmarkt unter Berücksichtigung der aus dem Wirtschaftsgut resultierenden Gewinnchancen zu erzielen ist.[904] Gleichzeitig hat die Muttergesellschaft die stillen Reserven der übertragenen Wirtschaftsgüter in Höhe der Differenz zwischen deren gemeinem Wert und dem korrespondierenden Buchwert aufzudecken.[905] Eine steuerneutrale Fortführung des Buchwertes der Wirtschaftsgüter nach Maßgabe des § 6 Abs. 5 EStG ist nicht möglich. Dies ist darauf zurückzuführen, dass die Übertragung auf eine andere Kapitalgesellschaft erfolgt, so dass die für die Anwendung von § 6 Abs. 5 EStG erforderliche Identität des Steuerpflichtigen nicht erfüllt ist.[906]

---

[902]   Siehe hierzu die Ausführungen in Kap. 4.1.3.2 auf S. 159 ff.

[903]   Siehe hierzu detailliert die Ausführungen in Kap. 4.1.3.3.4 auf S. 165 ff.

[904]   Vgl. WERNDL, J. in: KIRCHHOF, P. / SÖHN, H. / MELLINGHOFF, R.: EStG § 6, Rdnr. B332.

[905]   Vgl. VÖGELE, A. / FISCHER, W. in: VÖGELE, A. / BORSTELL, T. / ENGLER, G.: Handbuch der Verrechnungspreise, S. 51.

[906]   Vgl. FISCHER, P. in: KIRCHHOF, P.: EStG KompaktKommentar, § 6, Rdnr. 186a.

4.2.3.1.2.2 Folgerungen aus dem Umwandlungsteuergesetz

In der vorliegenden Konstellation kommt eine steuerneutrale Einbringung der Wirtschaftsgüter nach den Vorschriften des UmwStG nicht in Betracht, wenngleich dies grundsätzlich denkbar wäre, falls die Tochtergesellschaft eine sog. EU-Kapitalgesellschaft im Sinne der EU-Fusionsrichtlinie ist. In diesem Fall ist zwar dem Grunde nach die Anwendung der Regelung des § 23 Abs. 1 UmwStG zu erwägen, falls die Wirtschaftsgüter in ihrer Gesamtheit die Definition eines Betriebs bzw. Teilbetriebs erfüllen.[907] Die nachfolgenden Ausführungen zeigen jedoch, dass diese Vorschrift im vorliegenden Kontext nicht einschlägig ist.

Die Regelung des § 23 Abs. 1 UmwStG setzt einen Teilbereich der EU-Fusionsrichtlinie in nationales Recht um und erfasst den Sachverhalt der Einbringung eines im Inland belegenen Betriebs oder Teilbetriebs einer unbeschränkt körperschaftsteuerpflichtigen Kapitalgesellschaft in eine ausländische EU-Kapitalgesellschaft gegen Gewährung von Gesellschaftsrechten. Entsprechend der Zielsetzung der EU-Fusionsrichtlinie, Umstrukturierungen im gemeinsamen europäischen Markt steuerneutral zu gestalten, besteht gem. § 23 Abs. 1 S. 1 i.V.m. § 20 Abs. 2 S. 1 – 4, S. 6 und § 20 Abs. 4 S. 1 UmwStG ein Wahlrecht, die Aufdeckung der stillen Reserven im Wege der Einbringung zum Buchwert zu vermeiden. Dies ergibt sich aus dem Wahlrecht der aufnehmenden EU-Kapitalgesellschaft, das Betriebsvermögen zum Buchwert oder einem darüber liegenden Wert, maximal jedoch zum Teilwert anzusetzen, sowie der Wertverknüpfung, wonach der angesetzte Wert für die einbringende Kapitalgesellschaft als Veräußerungspreis gilt.

Die Regelung der EU-Fusionsrichtlinie kommt indes nur zur Anwendung, soweit die stillen Reserven der betroffenen Wirtschaftsgüter, die von der Aufdeckung verschont wurden, nach der Umstrukturierung Teil einer Betriebsstätte in demselben Staat sind, wie zuvor. Nur in diesem Fall ist der Steueranspruch für den bisher berechtigten Staat gesichert.[908] Das eingebrachte Betriebsvermögen wechselt in diesem Fall zwar von der unbeschränkten in die beschränkte Steuerpflicht.[909] Die Erfassung der stillen Reserven in den eingebrachten Wirtschaftsgütern des Betriebs oder Teilbetriebs ist bei einer späteren Gewinnrealisierung in Deutschland aufgrund des Betriebsstättenprinzips i.S.d. Art. 7 Abs. 1 OECD-MA jedoch nach wie vor sichergestellt.[910]

---

[907] Zu den Definitionen siehe Kap. 3.3.2.2.1.1 auf S. 129 ff.
[908] Vgl. KLUGE, V.: Das internationale Steuerrecht, S. 353.
[909] Vgl. KLUGE, V.: Das internationale Steuerrecht, S. 356.
[910] Vgl. JACOBS, O.: Internationale Unternehmensbesteuerung, S. 171.

Demnach findet auch § 23 Abs. 1 UmwStG nur Anwendung, sofern der Betrieb bzw. Teilbetrieb gegen Gewährung von Gesellschaftsrechten in eine inländische Betriebsstätte der aufnehmenden EU-Kapitalgesellschaft eingebracht wird, unabhängig davon, ob diese Betriebsstätte bereits besteht oder durch die Einbringung entsteht.[911] Es ist unmittelbar klar, dass § 23 Abs. 1 UmwStG bei der Verlagerung der Produktion ins Ausland mittels Errichtung einer ausländischen Tochtergesellschaft demnach nicht greift. Denn es erfolgt annahmegemäß eine tatsächliche, räumliche Verlagerung des Produktionsvorgangs einschließlich der erforderlichen Wirtschaftsgüter in das Ausland. Demgegenüber erfasst der Anwendungsbereich von § 23 Abs. 1 UmwStG den Sachverhalt, dass der Betrieb bzw. Teilbetrieb zwar einer EU-Kapitalgesellschaft rechtlich zugeordnet wird, aber als deren Betriebsstätte im Inland verbleibt.[912] Daher ist es nicht möglich, die Aufdeckung der stillen Reserven bei der Sacheinlage von Wirtschaftsgütern in eine ausländische Tochtergesellschaft mittels § 23 UmwStG zu vermeiden.

4.2.3.1.3 Überführung von Wirtschaftsgütern ohne Gegenleistung

Werden im Rahmen der Produktionsverlagerung Wirtschaftsgüter ohne Gegenleistung in die ausländische Tochtergesellschaft überführt, stellt dies eine verdeckte Einlage dar. Diese ist dadurch gekennzeichnet, dass der Gesellschafter seiner Kapitalgesellschaft einen einlagefähigen Vermögensvorteil zuwendet, diese Zuwendung ihre Ursache im Gesellschaftsverhältnis hat und von der empfangenden Kapitalgesellschaft keine Gegenleistung in Form neuer Gesellschaftsrechte gewährt wird.[913] Die Verursachung im Gesellschaftsverhältnis liegt vor, wenn ein Nichtgesellschafter den Vermögensvorteil der Gesellschaft bei Anwendung der Sorgfalt eines ordentlichen Kaufmanns nicht eingeräumt hätte.[914]

Die Ausführungen zu den steuerlichen Folgen der verdeckten Einlage bei der ausländischen Tochtergesellschaft und der inländischen Muttergesellschaft in Kap. 4.1.3.2 auf S. 159 ff. zeigen, dass im Betriebsvermögen der einlegenden inländischen Kapitalgesellschaft grundsätzlich ein laufender Gewinn in Höhe der Differenz zwischen Teilwert und Buchwert realisiert wird. Wurde das überführte Wirtschaftsgut dagegen innerhalb der letzten drei Jahre vor dem Zeitpunkt der Zuführung angeschafft oder hergestellt, unterbleibt eine Aufdeckung der stillen Reserven bei der Muttergesellschaft gem. § 6 Abs. 6 S. S. 3 EStG. In diesem Fall ist als Einlagewert gem. § 6 Abs. 1 Nr. 5 EStG der Teilwert anzu-

---

[911]   § 23 Abs. 1 S. 2 UmwStG.
[912]   Vgl. BAUMHOFF, H. / BODENMÜLLER, R.: Verrechnungspreispolitik bei der Verlagerung betrieblicher Funktionen ins Ausland, a.a.O., S. 351 f.
[913]   Vgl. BFH-Urteil vom 21.09.1989, IV R 115/88, in: BStBl. II 1990, S. 86 f.
[914]   Vgl. R 40 Abs. 3 S. 2 KStR 2004.

setzen, maximal jedoch die niedrigeren nach § 6 Abs. 1 Nr. 5 S. 2 EStG fortentwickelten Anschaffungs- bzw. Herstellungskosten. Als Folge hiervon würde die
Aufdeckung der stillen Reserven nicht im Betriebsvermögen der Muttergesellschaft erfolgen, sondern allenfalls bei der ausländischen Tochtergesellschaft,
sofern diese das Wirtschaftsgut nach ihrem nationalen Steuerrecht zu den niedrigeren Anschaffungs- oder Herstellungskosten aktiviert.[915]

Diese Lösung kann jedoch m.E. systematisch nicht überzeugen, da hierdurch
stille Reserven der deutschen Besteuerung entgehen würden. In diesem Kontext
ist die Regelung des § 1 AStG und dessen Verhältnis zum Rechtsinstitut der
verdeckten Einlage zu beachten. Entsprechend der von der Finanzverwaltung
und der herrschenden Meinung vertretenen Theorie der Idealkonkurrenz kommen die Rechtsfolgen des § 1 AStG zusätzlich zum Rechtsinstitut der verdeckten Einlage zur Anwendung, soweit dies notwendig ist, um dem Maßstab des
Fremdverhaltens Rechnung zu tragen.[916] Da die Überführung von Wirtschaftsgütern ohne Gegenleistung auf die ausländische Tochtergesellschaft von der tat-
bestandlichen Reichweite des § 1 AStG erfasst wird, ist bei der inländischen
Muttergesellschaft demnach eine Einkünftekorrektur unter Fremdvergleichsgesichtspunkten geboten.[917] Entsprechend der Theorie der Idealkonkurrenz erfolgt
vorrangig eine Anwendung des Rechtsinstituts der verdeckten Einlage. Darüber
hinaus ist eine Korrektur gem. § 1 AStG erforderlich. Die Höhe der Korrektur
bemisst sich nach Maßgabe der Differenz zwischen dem Fremdvergleichspreis
des überführten Wirtschaftsguts und dem im Rahmen der verdeckten Einlage
angesetzten Einlagewert.

4.2.3.1.4   Vermietung oder Lizenzierung von Wirtschaftsgütern

Anstelle der Übertragung des Eigentums ist auch eine Vermietung oder Lizenzierung von materiellen und insbesondere immateriellen Wirtschaftsgütern an
die ausländische Tochtergesellschaft denkbar. Eine Aufdeckung der in den betreffenden Wirtschaftsgütern enthaltenen stillen Reserven tritt bei der Muttergesellschaft in diesem Falle nicht ein. Jedoch resultiert bei der Muttergesellschaft
in den Folgeperioden eine Ergebnisauswirkung aus dem von der Tochtergesellschaft entrichteten Entgelt.

---

[915]   Vgl. JACOBS, O.: Internationale Unternehmensbesteuerung, S. 677; siehe hierzu aus-
        führlich Kap. 4.1.3.2 auf S. 159 ff.
[916]   Vgl. BMF-Schreiben vom 14.05.2004, IV B 4 – S 1340 – 11/04, in: BStBl. I 2004, Son-
        dernummer 1, Tz. 1.1.2; siehe hierzu ausführlich Kap. 4.1.3.3.4 auf S. 165 ff.
[917]   Vgl. MENCK, T. in: BLÜMICH, W.: EStG – KStG – GewStG, § 1 AStG, Rdnr. 15.

Das Dealing at arm's length-Prinzip erfordert in diesem Fall, dass das von der ausländischen Tochtergesellschaft zu entrichtende Nutzungsentgelt dem Fremdvergleich standhält.[918] Soweit das vereinbarte Entgelt nicht als fremdvergleichskonform angesehen werden kann und eine Einkünfteminderung bei der Muttergesellschaft eintritt, kommen die Regelungen zur Einkünftekorrektur nach § 1 AStG zur Anwendung.[919]

Handelt es sich bei den zur Nutzung überlassenen Wirtschaftsgütern um immaterielle Wirtschaftsgüter, ist nach Ansicht der Finanzverwaltung grundsätzlich die Preisvergleichsmethode heranzuziehen, indem eine sachgerechte Bemessungsgrundlage zur Ermittlung des fremdvergleichskonformen Entgelts zugrunde gelegt wird. In Betracht kommen dabei z.B. Umsatz, Menge oder ein Einmalbetrag.[920] Soweit die Preisvergleichsmethode keine hinreichende Beurteilung zulässt, kann die Wertermittlung auch nach einer gewinnorientierten Methode erfolgen. Hierzu wird unterstellt, dass der ordentliche Geschäftsleiter eines Lizenznehmers eine Lizenzgebühr nur insoweit zahlen würde, als aus dem lizenzierten Produkt ein angemessener Betriebsgewinn verbleibt. In Ausnahmefällen lässt die Finanzverwaltung darüber hinaus die Anwendung der Kostenaufschlagsmethode zu.[921]

Der Auffassung der Finanzverwaltung kann m.E. jedoch nur bedingt zugestimmt werden. So wird die Anwendung der im BMF-Schreiben grundsätzlich präferierten Preisvergleichsmethode in der Praxis daran scheitern, dass aufgrund des individuellen Charakters keine vergleichbaren Technologien oder Patente existieren. Auch die Kostenaufschlagsmethode wird dem wirtschaftlichen Gehalt der Überlassung von immateriellen Wirtschaftsgütern nicht gerecht, da sie auf den entstandenen Kosten aufbaut und insofern eine Bewertung der geistigen Leistung unterbleibt. Darüber hinaus würde ein fremder Dritter bei der Bemessung des Entgelts für die Überlassung immaterieller Wirtschaftsgüter nicht die entstandenen Kosten, sondern die auf den betreffenden Wirtschaftsgütern aufbauenden Gewinnerwartungen zugrunde legen. Demgegenüber würde ein Lizenzgeber als angemessenes Entgelt für das betreffende immaterielle Wirtschaftsgut den erwarteten entgangenen Gewinn ansetzen. Anders als nach Auffassung der Finanzverwaltung, die ausschließlich auf den Betriebsgewinn des Lizenznehmers abstellt, wäre unter fremden Dritten somit von einem Zwischenwert auszu-

---

[918] Vgl. KUCKHOFF, H. / SCHREIBER, R.: Verrechnungspreise in der Betriebsprüfung, S. 99.

[919] Siehe hierzu die Ausführungen in Kap. 4.1.3.3 auf S. 162 ff.

[920] Vgl. BMF-Schreiben vom 23.02.1983, IV C 5 – S 1341 – 4/83, in: BStBl. I 1983, S. 218, Tz. 5.2.2.

[921] Vgl. BMF-Schreiben vom 23.02.1983, IV C 5 – S 1341 – 4/83, in: BStBl. I 1983, S. 218, Tz. 5.2.3 f.

gehen, der die beiderseitigen Ertragserwartungen der Vertragspartner aus den immateriellen Wirtschaftsgütern berücksichtigt.[922] Diese Überlegungen sind auf die Ermittlung eines angemessenen Verrechnungspreises bei immateriellen Wirtschaftsgütern zu übertragen. Daher kommt m.E. für die Bewertung konzernintern überlassener immaterieller Wirtschaftsgüter insbesondere eine gewinnorientierte Sichtweise unter Berücksichtigung der beiderseitigen Gewinnerwartungen in Betracht.

4.2.3.2 Zuordnung einzelner Wirtschaftsgüter

4.2.3.2.1 Grundlagen

Die Art und der Mindestumfang der von der Tochtergesellschaft benötigten Wirtschaftsgüter ergeben sich unmittelbar aus den von ihr übernommenen Funktionen und den daraus resultierenden Chancen und Risiken.[923] Hieraus folgt, dass die Durchführung der Produktionsverlagerung zunächst eine Funktionsanalyse erfordert. Zu diesem Zweck sind die wahrgenommenen Funktionen und getragenen Risiken von Mutter- und Tochtergesellschaft zu ermitteln. Es besteht insoweit grundsätzlich Übereinstimmung zur allgemeinen Vorgehensweise der Einkünfteberichtigung bei konzerninternen Lieferungsbeziehungen[924], so dass hierzu auf die Ausführungen in Kap. 4.1.3 verwiesen werden kann. Dies gilt auch hinsichtlich der anzuwendenden Verrechnungspreismethode zur Ermittlung eines fremdvergleichskonformen Preises für die überführten Wirtschaftsgüter.

Übernimmt die Tochtergesellschaft die Funktion der Eigenfertigung, so kommt ihr die vollständige Verfügungsgewalt zu. Demnach trägt sie die mit der Produktionsverlagerung verbundenen Chancen und Risiken nach Maßgabe eines Entrepreneurs. Die Transaktion ist daher mit der Produktionsverlagerung auf einen fremden Eigenproduzenten zu vergleichen. Demnach ist die Tochtergesellschaft mit sämtlichen hierfür benötigten materiellen und immateriellen Wirtschaftsgüter auszustatten, z.B. Produktionsmaschinen, Rechten und Lizenzen, einem eventuellen Kundenstamm sowie dem bei der Muttergesellschaft vorhandenen Produktions- und Vertriebs-Know-How.[925]

---

[922] Vgl. KROMER, C. in: KESSLER, W. / KRÖNER, M. / KÖHLER, S.: Konzernsteuerrecht, S. 311.

[923] Vgl. BAUMHOFF, H.: Verwaltungserlass zu Funktionsverlagerungen über die Grenze, in: PILTZ, D. / SCHAUMBURG, H. (Hrsg.): Internationale Einkünfteabgrenzung, S. 77 f.

[924] Vgl. KAMINSKI, B. in: STRUNK, G. / KAMINSKI, B. / KÖHLER, S.: AStG – DBA, § 1 AStG, Rdnr. 500.

[925] Vgl. RAUPACH, A.: „Steuermanagement" zwischen „Globalisierung" und „Regionalisierung", in: JbFSt 1997/1998, S. 418.

Wird dagegen nur ein Teil des Aufgabenbereichs auf die Tochtergesellschaft übertragen, wovon in der Regel insbesondere kostenintensive Aufgaben betroffen sind, so konzentriert sich die Muttergesellschaft auf die Dispositions- und Koordinationsfunktion. Dadurch übt die Tochtergesellschaft die Funktion eines Lohnfertigers aus, da die mit der übertragenen Funktion verbundenen Chancen und Risiken größtenteils bei der inländischen Muttergesellschaft verbleiben. Diese Konstellation ist dadurch gekennzeichnet, dass der Umfang der von der Tochtergesellschaft benötigten – insbesondere immateriellen – Wirtschaftsgüter eher geringer ist.[926] Ist die Tochtergesellschaft als Lohnfertiger zu charakterisieren, werden die zur Produktion benötigten Wirtschaftsgüter an die ausländische Tochtergesellschaft darüber hinaus in der Regel unentgeltlich zur Nutzung überlassen.[927] Dies steht im Einklang mit den charakteristischen Merkmalen der Lohnfertigung, wonach der Lohnfertiger nur ein geringes Risiko zu übernehmen hat. Weiterhin ist dies insoweit konsequent, als die als Lohnfertiger zu charakterisierende ausländische Tochtergesellschaft die Produktionsanlagen nur im Rahmen der verlagerten Funktionen einsetzen darf. Daher wäre ein fremder Dritter unter vergleichbaren Bedingungen nicht bereit, ein Entgelt für die Bereitstellung zu entrichten. Schließlich ist auch zu beachten, dass die Abrechnung der laufenden Lieferungs- und Leistungsbeziehungen bei der Qualifikation als Lohnfertiger auf Basis der Kostenaufschlagsmethode erfolgt, die auf den beim Lohnfertiger entstandenen Kosten aufbaut. Da die Bereitstellung unentgeltlich erfolgt, sind die an die Muttergesellschaft verrechneten Kosten insoweit geringer, so dass die unentgeltliche Bereitstellung der Produktionsanlagen zu fremdvergleichskonformen Bedingungen führt und insofern ein Vorteilsausgleich eintritt.[928]

4.2.3.2.2 Übertragung immaterieller Werte

4.2.3.2.2.1 Zuordnungskriterien

Ein Kernproblem im Rahmen der Produktionsverlagerung ins Ausland besteht hinsichtlich der Frage, ob neben materiellen Wirtschaftsgütern auch immaterielle Wirtschaftsgüter auf die ausländische Tochtergesellschaft übergehen. Dieser Thematik kommt besondere Relevanz zu, da immaterielle Werte zumeist primär

---

[926] Vgl. BAUMHOFF, H. / BODENMÜLLER, R.: Verrechnungspreispolitik bei der Verlagerung betrieblicher Funktionen ins Ausland, a.a.O., S. 371 f.

[927] Vgl. JACOBS, O.: Internationale Unternehmensbesteuerung, S. 1039; BAUMHOFF, H. / BODENMÜLLER, R.: Verrechnungspreispolitik bei der Verlagerung betrieblicher Funktionen ins Ausland, a.a.O., S. 371.

[928] Vgl. BAUMHOFF, H. / BODENMÜLLER, R.: Verrechnungspreispolitik bei der Verlagerung betrieblicher Funktionen ins Ausland, a.a.O., S. 371 f.; BMF-Schreiben vom 23.02.1983, IV C 5 – S 1341 – 4/83, in: BStBl. I 1983, S. 218, Tz. 2.3.

den Wert von Unternehmen bestimmen, gleichwohl jedoch körperlich nicht greifbar und daher zumeist nicht eindeutig zuzuordnen sind.

Bei immateriellen Wirtschaftsgütern, die von der Verlagerung ins Ausland betroffen sein können, kann es sich einerseits um rechtlich geschützte immaterielle Wirtschaftsgüter handeln, z.b. Patente, Warenzeichen, Marken- oder Urheberrechte.[929] Darüber hinaus kann es sich bei immateriellen Wirtschaftsgütern auch um rechtlich nicht geschützte Werte handeln, so z.b. um Fertigungs-Know-How, kaufmännisches Wissen sowie einen Teil des Kundenstamms.[930] Immaterielle Wirtschaftsgüter liegen zum Teil in verkörperter Form vor, z.B. in Plänen, Aufzeichnungen oder technischen Zeichnungen. In diesem Fall steht gleichwohl die zugrunde liegende geistige Leistung, nicht dagegen der materielle Datenträger, im Vordergrund.

Die Produktionsverlagerung ins Ausland führt im Hinblick auf materielle Wirtschaftsgüter zu keinen wesentlichen Identifikations- und Zuordnungsschwierigkeiten, da diese Wirtschaftsgüter körperlich greifbar sind und deren physische Überführung zweifelsfrei festgestellt werden kann. Demnach ist entsprechend feststellbar, ob die Nutzung bei der Muttergesellschaft oder bei der im Ausland errichteten Tochtergesellschaft erfolgt. Probleme resultieren jedoch in Bezug auf immaterielle Werte der inländischen Kapitalgesellschaft. Wurde ein immaterielles Wirtschaftsgut vor der Produktionsverlagerung bei der inländischen Muttergesellschaft genutzt und führt die Produktionsverlagerung zu einer Zuordnung zur Tochtergesellschaft, ist dieser Vorgang nach Maßgabe des Fremdvergleichs dem Grunde nach entgeltpflichtig. Die Zuordnung zur Tochtergesellschaft lässt sich indes hinsichtlich immaterieller Wirtschaftsgüter nur bedingt feststellen. Eine eindeutige Aussage hierzu ist in der Regel allenfalls bei in verkörperter Form vorliegenden immateriellen Wirtschaftsgütern möglich. In diesem Fall kann bei einem Übergang des jeweiligen Informationsträgers regelmäßig davon ausgegangen werden, dass das zugrunde liegende immaterielle Wirtschaftsgut auf die Tochtergesellschaft übergegangen ist.[931]

Liegen die immateriellen Wirtschaftsgüter dagegen nicht in verkörperter Form vor, so ist die Zuordnung zur Mutter- resp. Tochtergesellschaft anhand der Analyse der von Mutter- und Tochtergesellschaft übernommenen Funktionen und

---

[929]   Vgl. FÖRSCHLE, G. in: ELLROTT, H. et al.: Beck'scher Bilanzkommentar, § 248, Rdnr. 7.

[930]   Vgl. VÖGELE, A. / BREM, M. in: VÖGELE, A. / BORSTELL, T. / ENGLER, G.: Handbuch der Verrechnungspreise, S. 764.

[931]   Vgl. BAUMHOFF, H. / BODENMÜLLER, R.: Verrechnungspreispolitik bei der Verlagerung betrieblicher Funktionen ins Ausland, a.a.O., S. 366.

Risiken vorzunehmen. Als Ergebnis dieser Analyse lässt sich feststellen, ob die Tochtergesellschaft die Funktion eines Entrepreneurs übernimmt, oder ob der Tochtergesellschaft eher die Funktion eines Lohnfertigers zukommt. Ist die Tochtergesellschaft als Entrepreneur einzuordnen, trägt sie sämtliche aus der Produktion resultierenden Marktchancen und Marktrisiken. In diesem Fall sind ihr die hierzu erforderlichen immateriellen Wirtschaftsgüter zur Verfügung zu stellen. Die Übertragung stellt demnach einen entgeltpflichtigen Vorgang dar, da die betreffenden immateriellen Wirtschaftsgüter einem fremden Dritten nicht unentgeltlich überlassen worden wären. Hierunter ist neben Patenten, Marken-rechten, Gebrauchsmustern und Know-How[932] auch die Übertragung eines bei der Muttergesellschaft vorhandenen Kundenstamms[933] zu erfassen, sofern dieser von anderen immateriellen Wirtschaftsgütern und dem Geschäftswert abgrenz-bar ist und einen selbständig bewertbaren immateriellen Wert darstellt.[934]

Übt die Tochtergesellschaft im Rahmen der Produktionsverlagerung dagegen die Funktion eines Lohnfertigers aus, kommt es allenfalls in geringem Umfang zur Übertragung von immateriellen Wirtschaftsgütern. In diesem Fall werden die aus der Produktion resultierenden Marktrisiken und Marktchancen und somit auch die mit der Produktion in Zusammenhang stehenden immateriellen Wirt-schaftsgüter weiterhin der inländischen Muttergesellschaft zugeordnet.[935]

4.2.3.2.2.2 Besonderheiten bei Geschäftschancen

Der Behandlung von Geschäftschancen wird im Rahmen der Produktionsverla-gerung auf eine ausländische Tochtergesellschaft von der Finanzverwaltung be-sondere Aufmerksamkeit beigemessen. Soweit im Rahmen der Produktionsver-lagerung Geschäftschancen, die eine vergleichsweise risikolose Gewinner-zielung ermöglichen, von der inländischen Muttergesellschaft auf die ausländische Tochtergesellschaft überführt werden, liegt ein entgeltpflichtiger Vorgang vor, wenn die Geschäftschance von einem ordentlichen und gewissen-haften Geschäftsleiter tatsächlich wahrgenommen worden wäre.[936]

---

[932] Vgl. BFH-Urteil vom 23.11.1988, II R 209/82, in: BStBl. II 1989, S. 82 f.

[933] Vgl. BFH-Urteil vom 16.09.1970, I R 196/67, in: BStBl. II 1971, S. 176; BFH-Urteil vom 14.02.1973, I R 89/71, in: BStBl. II 1973, S. 580; BFH-Urteil vom 26.07.1989, I R 49/85, in: BFH/NV 1990, S. 443.

[934] Vgl. RAUPACH, A.: „Steuermanagement" zwischen „Globalisierung" und „Regionalisie-rung", a.a.O., S. 421.

[935] Vgl. BAUMHOFF, H. in: WASSERMEYER, F. / BAUMHOFF, H.: Verrechnungspreise inter-national verbundener Unternehmen, § 1, Rdnr. 592.

[936] Vgl. BAUMHOFF, H.: Verwaltungserlass zu Funktionsverlagerungen über die Grenze, a.a.O., S. 87; ENDRES, D. / OESTREICHER, A.: Grenzüberschreitende Ergebnisabgren-

Eine präzise und greifbare Definition des Begriffs der Geschäftschance im internationalen Kontext ist in der Rechtsprechung sowie seitens der Finanzverwaltung indes nicht ersichtlich. Gewisse Anhaltspunkte bietet allenfalls die BFH-Rechtsprechung zur Geschäftschancenlehre im Kontext der verdeckten Gewinnausschüttung einer Kapitalgesellschaft.[937] In den zugrunde liegenden Sachverhalten war die Frage der Überlassung von Geschäftschancen durch die Kapitalgesellschaft an einen Gesellschafter oder eine diesem nahe stehende Person sowie ein in diesem Zusammenhang bestehendes Wettbewerbsverbot zu beurteilen. So hat der BFH die Annahme einer verdeckten Gewinnausschüttung bejaht, sofern ein Gesellschafter-Geschäftsführer Leistungen unmittelbar an Dritte erbringt, während konkrete Anhaltspunkte darauf hindeuten, dass die aus dem einzelnen Auftrag resultierenden Chancen der Kapitalgesellschaft zuzurechnen sind.[938] Ein Transfer dieser Rechtsprechung auf den internationalen Kontext der Produktionsverlagerung ist indes nur begrenzt möglich, da insoweit unterschiedliche Sachverhalte zugrunde liegen.[939]

In der Literatur wird eine Geschäftschance umschrieben als die Möglichkeit einer künftigen Vermögensmehrung, die noch nicht realisiert wurde.[940] Hierbei wird unterschieden, ob es sich um eine singuläre Geschäftschance oder eine unternehmerische Geschäftschance handelt. Eine singuläre Geschäftschance stellt ein gewinnträchtiges Einzelgeschäft dar, dessen Vorliegen in der Regel unproblematisch festgestellt werden kann. Eine unternehmerische Geschäftschance ist dagegen dadurch gekennzeichnet, dass die Ausübung einer betrieblichen Funktion ein Gewinnerzielungspotential bietet. In Betracht kommt hierbei z.B. die Möglichkeit, einen bestimmten Markt zu beliefern, oder aufgrund bereits bestehender Wareneinkaufsbeziehungen Gewinne zu erzielen.[941]

Umstritten ist indes, ob eine Geschäftschance bereits ein Wirtschaftsgut darstellt. So gehen u.a. KAMINSKI und BAUMHOFF davon aus, dass eine Geschäftschance noch nicht als Wirtschaftsgut qualifiziert werden kann, jedoch gleich-

---

zung: Verrechnungspreise, Konzernumlagen, Betriebsstättengewinnermittlung – Bestandsaufnahme und Neuentwicklungen, in: IStR 2003, S. 12.

[937] Siehe hierzu GOSCH, D.: Wettbewerbsverbot, Geschäftschancenlehre und verdeckte Gewinnausschüttung: Checkliste und Prüfungsschema, in: DStR 1997, S. 442 – 444.

[938] Vgl. BFH-Urteil vom 13.11.1996, I R 149/94, in: HFR 1997, S. 327.

[939] Vgl. SERG, O.: Die Behandlung von Geschäftschancen bei grenzüberschreitenden Funktionsverlagerungen, in: DStR 2006, S. 1916.

[940] Vgl. VÖGELE, A. / BREM, M. in: VÖGELE, A. / BORSTELL, T. / ENGLER, G.: Handbuch der Verrechnungspreise, S. 763.

[941] Vgl. BAUMHOFF, H. / BODENMÜLLER, R.: Verrechnungspreispolitik bei der Verlagerung betrieblicher Funktionen ins Ausland, a.a.O., S. 379; BAUMHOFF, H. in: FLICK, H. / WASSERMEYER, F. / BAUMHOFF, H.: Außensteuerrecht, AStG § 1, Rdnr. 595.4.

wohl hinreichend konkretisiert und damit einer Bewertung zugänglich ist.[942] Demgegenüber findet sich in der Literatur teilweise die Auffassung, eine hinreichend konkretisierte Geschäftschance stelle aufgrund ihrer Bewertbarkeit ein immaterielles Wirtschaftsgut dar.[943] Die Beantwortung dieser Frage ist im Kontext der internationalen Einkünfteabgrenzung bei unentgeltlicher Zuwendung an die Tochtergesellschaft sowohl hinsichtlich der Korrektur dem Grunde nach, als auch in Bezug auf die Korrektur der Höhe nach relevant. Bezüglich der Korrektur dem Grunde nach würde im Fall der Einordnung als Wirtschaftsgut eine Einkünftekorrektur bei der Muttergesellschaft nach Maßgabe einer verdeckten Einlage erfolgen, so dass nachträgliche Anschaffungskosten auf die Beteiligung an der ausländischen Tochtergesellschaft resultieren. Wird eine Qualifikation als Wirtschaftsgut abgelehnt, erfolgt die Korrektur demgegenüber außerbilanziell nach Maßgabe des § 1 AStG. Darüber hinaus treten auch im Hinblick auf die Korrektur der Höhe nach Unterschiede in der Vorgehensweise auf. So ist für die Einkünftekorrektur bei Annahme einer verdeckten Einlage der Teilwert maßgeblich, mit der Folge einer weitergehenden Korrektur unter Fremdvergleichsgesichtspunkten gem. § 1 AStG nach Maßgabe der Theorie der Idealkonkurrenz.[944] Im Falle der Ablehnung einer Qualifikation als Wirtschaftsgut und der hieraus resultierenden Einkünftekorrektur nach § 1 AStG ist demgegenüber unmittelbar der Fremdvergleichspreis relevant. Daher ist die Diskussion insoweit berechtigt. Nach meiner Auffassung ist hierzu der Ansicht von KAMINSKI und BAUMHOFF zuzustimmen, wonach eine Geschäftschance kein Wirtschaftsgut darstellt. Denn ungeachtet der Bewertbarkeit ist die Geschäftschance dadurch gekennzeichnet, dass es sich lediglich um die noch nicht realisierte, bloße Möglichkeit für eine künftige Vermögensmehrung handelt. Eine Wirtschaftsguteigenschaft ist daher gerade nicht gegeben. Daher kann die Korrektur im Falle der Überlassung von Geschäftschancen ausschließlich nach Maßgabe von § 1 AStG erfolgen.

Eine Einkünftekorrektur kann bei der Muttergesellschaft jedoch nur eintreten, wenn ihr die Geschäftschance auch konkret zugeordnet war. Eine konkrete Zuordnung ist insbesondere dann gegeben, wenn bereits Maßnahmen zur Durchführung des Geschäfts getroffen wurden. Dies ist z.B. der Fall, wenn bereits Kunden akquiriert wurden oder wenn bereits Aufwendungen für die Durchführung des Geschäfts angefallen sind. Dagegen ist eine konkrete Zuordnung zu verneinen, wenn der Gesellschaft die personellen, technischen oder finanziellen

---

[942] Vgl. KAMINSKI, B. in: STRUNK, G. / KAMINSKI, B. / KÖHLER, S.: AStG – DBA, § 1 AStG, Rdnr. 504; BAUMHOFF, H.: Verwaltungserlass zu Funktionsverlagerungen über die Grenze, a.a.O., S. 85; vgl. auch VÖGELE, A. / BREM, M. in: VÖGELE, A. / BORSTELL, T. / ENGLER, G.: Handbuch der Verrechnungspreise, S. 763.

[943] Vgl. SERG, O.: Die Behandlung von Geschäftschancen bei grenzüberschreitenden Funktionsverlagerungen, a.a.O., S. 1917.

[944] Siehe hierzu detailliert die Ausführungen in Kap. 4.1.3.3.4 auf S. 165 ff.

Ressourcen fehlen, um das Geschäft durchzuführen.[945] Ebenso ist eine konkrete Zuordnung zu verneinen, sofern die Muttergesellschaft nicht bereit ist, das mit dem Geschäft verbundene Risiko zu tragen.

Ist dagegen davon auszugehen, dass eine konkrete, werthaltige Geschäftschance vorhanden ist, ist nach Maßgabe der Funktionsanalyse zu untersuchen, ob die ausländische Tochtergesellschaft die Geschäftschance auf eigene Rechnung nutzen kann. Im Falle der Einordnung der ausländischen Tochtergesellschaft nach Maßgabe der ihr eingeräumten Chancen und Risiken als Lohnfertiger ist die Übertragung von Geschäftschancen nicht möglich. In diesem Fall verbleiben die Geschäftschancen bei der inländischen Muttergesellschaft. Wird die ausländische Tochtergesellschaft dagegen als Entrepreneur klassifiziert, der sämtliche mit der Produktion verbundenen Chancen und Risiken trägt, kommt eine entgeltpflichtige Verlagerung der mit der Produktion verbundenen Geschäftschancen in Betracht.[946] Sofern in diesem Fall der Fremdvergleichsgrundsatz nicht beachtet wurde, ist bei der inländischen Muttergesellschaft eine Einkünftekorrektur nach Maßgabe des § 1 AStG erforderlich. Dies ist darauf zurückzuführen, dass die wirtschaftliche Möglichkeit zur Wahrnehmung des Geschäfts einem fremden Dritten nicht ohne Entschädigung überlassen worden wäre.

Entsprechend der Systematik des § 1 AStG bildet der Fremdvergleichsgrundsatz hierzu einerseits die Grundlage für die Vornahme einer Einkünftekorrektur. Gleichermaßen bestimmt sich jedoch auch die Höhe der Korrektur nach Maßgabe des Fremdvergleichs. So ist für die Übertragung von Geschäftschancen der Preis zu vergüten, den ein ordentlicher Geschäftsleiter einer fiktiv unabhängigen übernehmenden Gesellschaft dem ordentlichen Geschäftsleiter der übertragenden Gesellschaft vergütet hätte.[947] Der Wert ermittelt sich nach Maßgabe des Beitrags, den die Geschäftschance zum Gesamtergebnis der Tochtergesellschaft leistet. Hierzu sind die künftigen Erfolgsbeiträge nach Maßgabe des Lebenszyklus der übertragenen Funktion zu kapitalisieren.[948] Sofern hierbei eine Bandbreite von fremdvergleichskonformen Preisen in Betracht kommt, ist entsprechend

---

[945]   Vgl. BFH-Urteil vom 13.11.1996, I R 149/94, in: HFR 1997, S. 327; vgl. auch THIEL, J.: Die verdeckte Gewinnausschüttung im Spannungsfeld zwischen Zivil- und Steuerrecht, in: DStR 1993, S. 1804; GOSCH, D.: Wettbewerbsverbot, Geschäftschancenlehre und verdeckte Gewinnausschüttung: Checkliste und Prüfungsschema, a.a.O., S. 443.

[946]   Vgl. BAUMHOFF, H. / BODENMÜLLER, R.: Verrechnungspreispolitik bei der Verlagerung betrieblicher Funktionen ins Ausland, a.a.O., S. 382.

[947]   Vgl. BAUMHOFF, H.: Verwaltungserlass zu Funktionsverlagerungen über die Grenze, a.a.O. S. 87.

[948]   Vgl. im einzelnen SERG, O.: Die Behandlung von Geschäftschancen bei grenzüberschreitenden Funktionsverlagerungen, a.a.O., S. 1916 – 1920.

der BFH-Rechtsprechung der für den Steuerpflichtigen günstigste Bandbreiten-
wert maßgeblich.[949]

Es ist denkbar, dass im Rahmen der Verlagerung der Produktion auf eine ausländische Tochtergesellschaft keine entgeltpflichtige Übertragung von Geschäftschancen eintritt. Dies ist z.b. der Fall, wenn die ausländische Tochtergesellschaft, auf die die Produktion verlagert wird, einen lokalen Produktions-
kostenvorteil aufweist, während die Produktion bei der inländischen Muttergesellschaft nur mit einem ausgeglichenen Ergebnis oder womöglich mit Verlust
erfolgen würde. In diesem Fall hat die Geschäftschance für die Muttergesellschaft keinen Wert. Gleiches gilt, sofern die Produktion aufgrund eines drohen-
den Marktverlustes verlagert wird, oder wenn die inländischen Produktionskapazitäten ausgelastet sind. In diesen Fällen ist bei der inländischen
Muttergesellschaft ein objektiver Wert der Geschäftschance nicht vorhanden, da
sie zu deren Nutzung ohnehin nicht in der Lage gewesen wäre.[950]

4.2.3.2.3   Übertragung eines Geschäfts- oder Firmenwertes

Im Rahmen der Verlagerung der Produktion einer inländischen Kapitalgesellschaft auf eine ausländische Tochtergesellschaft ist weiterhin zu untersuchen, ob
im Wege des Verlagerungsvorgangs ins Ausland ein Geschäfts- oder Firmenwert realisiert und übertragen wurde. Beim Geschäfts- oder Firmenwert handelt
es sich um den „Mehrwert, der einem gewerblichen Unternehmen über den Sub-
stanzwert der einzelnen materiellen und immateriellen Wirtschaftsgüter abzüglich Schulden hinaus innewohnt".[951] Er wird bestimmt durch die Gewinnaus-
sichten des Unternehmens, die aufgrund bestimmter Vorteile des Unternehmens,
wie z.B. dessen Ruf, dessen Kundenstamm oder dessen Organisation angenommen werden.

Entsprechend der Feststellung des BFH, dass ein Geschäftswert nur „mit der
Übernahme eines ganzen lebenden und eingeführten Betriebs (oder Teilbetriebs)
erworben werden"[952] kann, ist im Rahmen der Produktionsverlagerung ins Ausland nur dann die Realisierung und Übertragung eines Geschäfts- oder Firmenwerts denkbar, sofern die zur Produktionsausübung übertragenen Wirtschaftsgü-

---

[949] Vgl. BFH-Urteil vom 17.10.2001, I R 103/00, in: BFH/NV 2002, S. 138.
[950] Vgl. VÖGELE, A. / BREM, M. in: VÖGELE, A. / BORSTELL, T. / ENGLER, G.: Handbuch
       der Verrechnungspreise, S. 763 f.; BAUMHOFF, H. in: WASSERMEYER, F. / BAUM-
       HOFF, H.: Verrechnungspreise international verbundener Unternehmen, § 1, Rdnr. 596 -
       599.
[951] BFH-Urteil vom 29.07.1982, IV R 49/78, in: BStBl. II 1982, S. 651.
[952] BFH-Urteil vom 18.02.1993, IV R 40/92, in: BStBl. II 1994, S. 225.

ter zumindest einen Teilbetrieb darstellen.[953] Ein Teilbetrieb ist definiert als „organisch geschlossener, mit einer gewissen Selbständigkeit ausgestatteter Teil eines Gesamtbetriebs, der - für sich betrachtet - alle Merkmale eines Betriebs im Sinne des EStG aufweist und als solcher lebensfähig ist"[954]. Es muss somit ein für sich lebensfähiger Organismus vorliegen.[955] Dies ist erfüllt, wenn es sich um einen Teil eines Gesamtbetriebs handelt, dessen Struktur die Ausübung einer eigenständigen betrieblichen Tätigkeit ermöglicht. Dazu ist es regelmäßig erforderlich, dass ein eigener Kundenkreis und eigene Einkaufsbeziehungen vorliegen.[956] Die Übertragung eines Geschäfts- oder Firmenwerts auf eine ausländische Tochtergesellschaft, der lediglich die Funktion eines Lohnfertigers beizumessen ist, ist daher in der Regel nicht denkbar. Eine als Lohnfertiger zu charakterisierende Tochtergesellschaft verfügt weder über einen eigenen Kundenkreis, noch weist diese eigene Einkaufsbeziehungen auf. In Betracht kommt die Übertragung eines Geschäfts- oder Firmenwerts vielmehr ausschließlich dann, wenn die ausländische Tochtergesellschaft die Funktion eines Entrepreneurs ausübt.

Ist von der Übertragung eines Geschäfts- oder Firmenwerts auszugehen, ist es erforderlich, den Fremdvergleichspreis des übertragenen Teilbetriebs anhand der Grundsätze zur Unternehmensbewertung unter Anwendung der Ertragswertmethode zu ermitteln.[957] Dies beruht auf der Überlegung, dass auch ein fremder Dritter diesen Wertmaßstab heranziehen würde. Der Wert des Geschäfts- oder Firmenwerts, der übertragen wurde, ergibt sich sodann entsprechend der Regelung des § 255 Abs. 4 HGB, indem von dem Wert des Teilbetriebs die Werte der übertragenen Vermögensgegenstände abzüglich der Schulden subtrahiert werden.[958] Der auf diese Art und Weise ermittelte Geschäfts- oder Firmenwert beinhaltet die Gesamtheit der geschäftswertbildenden Faktoren, die im Rahmen der Übertragung nicht gesondert in Erscheinung treten. In diesem Fall kommt der Identifizierung einzelner immaterieller Wirtschaftsgüter sowie Geschäftschan-

---

[953] Vgl. BAUMHOFF, H. / BODENMÜLLER, R.: Verrechnungspreispolitik bei der Verlagerung betrieblicher Funktionen ins Ausland, a.a.O., S. 368 f., 383; BAUMHOFF, H. in: WASSERMEYER, F. / BAUMHOFF, H.: Verrechnungspreise international verbundener Unternehmen, § 1, Rdnr. 594.

[954] BFH-Urteil vom 13.02.1996, VIII R 39/92, in: BStBl. II 1996, S. 410.

[955] Vgl. STUHRMANN, G. in: BLÜMICH, W.: EStG – KStG – GewStG, § 16 EStG, Rdnr. 126.

[956] Vgl. BAUMHOFF, H. / BODENMÜLLER, R.: Verrechnungspreispolitik bei der Verlagerung betrieblicher Funktionen ins Ausland, a.a.O., S. 367.

[957] Vgl. BAUMHOFF, H.: Verwaltungserlass zu Funktionsverlagerungen über die Grenze, a.a.O., S. 90.

[958] Vgl. KAMINSKI, B. in: STRUNK, G. / KAMINSKI, B. / KÖHLER, S.: AStG – DBA, § 1 AStG, Rdnr. 501.

cen nur eine eingeschränkte Bedeutung zu, da diese Werte – sofern sie nicht einzeln identifiziert werden – im Geschäfts- oder Firmenwert aufgehen.[959]

4.2.4 Anlaufverluste der Tochtergesellschaft

4.2.4.1 Grundlagen

Anlaufverluste entstehen bei der Tochtergesellschaft, wenn deren Aufwendungen in der Anlaufphase die erwirtschafteten Erträge übersteigen. Hierunter fallen insbesondere Aufwendungen für die Einrichtung und Organisation des Geschäftsbetriebs, z.b. Aufwendungen für den Aufbau der Betriebs-, Verwaltungs- und Vertriebsorganisation, für die Beschaffung von Arbeitskräften, die Durchführung von Marktstudien oder für die Vornahme von Einführungswerbung.[960] Diese Aufwendungen werden in Kauf genommen, da erwartet wird, dass die neu gegründete ausländische Tochtergesellschaft in späteren Wirtschaftsjahren Gewinne erzielt.[961]

Der Besteuerung von Kapitalgesellschaften und ihren Gesellschaftern liegt das Trennungsprinzip zugrunde.[962] Demnach stellt die ausländische Tochterkapitalgesellschaft ein eigenständiges Steuersubjekt dar, so dass diese die Anlaufverluste aufgrund ihrer rechtlichen Selbständigkeit selbst zu tragen hat.[963] Je nach Ausgestaltung der im ausländischen Steuerrecht bestehenden Vorschriften zur Verlustverrechnung können die Anlaufverluste bei der Tochtergesellschaft durch spätere Gewinne ausgeglichen werden.[964] Für eine detaillierte Analyse der Regelungen zur Verlustverrechnung in einzelnen Staaten ist an dieser Stelle kein Raum. Es sei lediglich die zeitliche Komponente der Verlustberücksichtigung in den Folgejahren gewürdigt. So ist innerhalb der EU ein interperiodischer Verlustvortrag grundsätzlich in allen Mitgliedstaaten zulässig. Jedoch wird dieser teilweise auf wenige Jahre beschränkt. So sehen Griechenland, Italien, Lettland, Litauen, Polen, die Slowakei, Slowenien und die Tschechische Republik eine Beschränkung auf fünf Jahre, sowie Portugal eine Beschränkung auf sechs Jahre vor. Finnland und Norwegen gestatten einen auf zehn Jahre begrenzten Verlust-

---

[959]   Vgl. BAUMHOFF, H. / BODENMÜLLER, R.: Verrechnungspreispolitik bei der Verlagerung betrieblicher Funktionen ins Ausland, a.a.O., S. 369, 378.

[960]   Vgl. ENGLER, G. in: VÖGELE, A. / BORSTELL, T. / ENGLER, G.: Handbuch der Verrechnungspreise, S. 1287.

[961]   Vgl. BMF-Schreiben vom 23.02.1983, IV C 5 – S 1341 – 4/83, in: BStBl. I 1983, S. 218, Tz. 3.5. S. 1.

[962]   Vgl. HEY, J. in: TIPKE, K. / LANG, J.: Steuerrecht, S. 712.

[963]   Vgl. BMF-Schreiben vom 23.02.1983, IV C 5 – S 1341 – 4/83, in: BStBl. I 1983, S. 218, Tz. 3.5 S. 2; vgl. auch FROTSCHER, G.: Internationales Steuerrecht, S. 304.

[964]   Vgl. SCHOSS, N.: Betriebsstätte oder Tochtergesellschaft im Ausland, a.a.O., S. 53.

vortrag und Spanien einen Zeitraum von 15 Jahren. Ein zeitlich unbeschränkter Verlustvortrag ist in Belgien, Dänemark, Frankreich, Großbritannien, Irland, Luxemburg, Malta, den Niederlanden, Österreich, Schweden, Ungarn und in Zypern vorgesehen. In den USA ist der Verlustvortrag grundsätzlich auf 20 Jahre und in China auf fünf Jahre beschränkt.[965]

4.2.4.2 Berücksichtigung der Verluste im Wege der Teilwertabschreibung auf die Beteiligung

4.2.4.2.1 Anzuwendende Rechtsgrundlagen

Ungeachtet des Trennungsprinzips wäre bei der Muttergesellschaft grundsätzlich eine mittelbare Verlustberücksichtigung im Wege einer Teilwertabschreibung auf die Beteiligung an der Tochtergesellschaft denkbar. Vom Vorliegen einer Beteiligung ist auszugehen, da der Anteil an der Tochtergesellschaft dazu bestimmt ist, dem Geschäftsbetrieb der Muttergesellschaft durch Herstellung einer dauernden Verbindung zu dienen.[966] Steuerbilanziell besteht gem. § 6 Abs. 1 Nr. 2 EStG bei einer voraussichtlich dauernden Wertminderung ein Wahlrecht, anstelle der Anschaffungskosten den niedrigeren Teilwert anzusetzen. Da handelsrechtlich aufgrund des gemilderten Niederstwertprinzips im Anlagevermögen bei einer voraussichtlich dauernden Wertminderung zwingend der niedrigere beizulegende Wert anzusetzen ist[967], resultiert aus dem Maßgeblichkeitsprinzip gem. § 5 Abs. 1 S. 1 EStG bei voraussichtlich dauernder Wertminderung steuerrechtlich eine Pflicht zur Teilwertabschreibung.[968] Im Fall der vorübergehenden Wertminderung ist eine Teilwertabschreibung steuerbilanziell demgegenüber nicht zulässig, wenngleich handelsrechtlich gem. §§ 253 Abs. 2 S. 3, 1. Hs.; 279 Abs. 1 S. 2 HGB für Finanzanlagen diesbezüglich ein Wahlrecht besteht.

---

[965] Vgl. zu den einzelnen Staaten: ERNST & YOUNG (Hrsg.): Worldwide Corporate Tax Guide 2005, a.a.O., S. 317 (Griechenland), S. 430 (Italien), S. 491 (Lettland), S. 508 (Litauen), S. 728 (Polen), S. 822 (Slowakei), S. 830 (Slowenien), S. 189 (Tschechische Republik), S. 739 (Portugal), S. 241 (Finnland), S. 678 (Norwegen), S. 859 (Spanien), S. 77 (Belgien), S. 200 (Dänemark), S. 255 (Frankreich), S. 976 (Großbritannien), S. 393 (Irland), S. 514 (Luxemburg), S. 549 (Malta), S. 626 (Niederlande), S. 44 (Österreich), S. 887 (Schweden), S. 353 (Ungarn), S. 185 (Zypern), S. 1022 (USA), S. 149 (China).

[966] Vgl. § 271 Abs. 1 S. 1 HGB; EHMCKE, T. in: BLÜMICH, W.: EStG – KStG – GewStG, § 6 EStG, Rdnr. 804.

[967] §§ 253 Abs. 2 S. 3, 2. Hs., 279 Abs. 1 S. 2 HGB.

[968] Vgl. FISCHER, P. in: KIRCHHOF, P.: EStG KompaktKommentar, § 6, Rdnr. 107.

4.2.4.2.2 Besonderheiten bei einer neu gegründeten Gesellschaft

Eine voraussichtlich dauernde Wertminderung wird vom BMF dahingehend konkretisiert, dass der Wert des Wirtschaftsguts voraussichtlich nachhaltig unter den maßgeblichen Buchwert absinkt.[969] Hiervon ist auszugehen, wenn der Wert des Wirtschaftsguts während eines erheblichen Teils der voraussichtlichen Verweildauer im Unternehmen die Bewertungsobergrenze nicht erreichen wird. Bei Beteiligungen, die nicht-abnutzbares Anlagevermögen darstellen, ist zu untersuchen, ob die Gründe für die niedrigere Bewertung voraussichtlich anhalten werden.[970] Eine Teilwertabschreibung auf eine Beteiligung an einer Kapitalgesellschaft ist zulässig, sofern ihr Wert aufgrund der Erwirtschaftung von Verlusten unter den Buchwert gesunken ist.[971]

Bei einer neu gegründeten Gesellschaft im Ausland gelten hinsichtlich von Verlusten in der Anlaufphase Besonderheiten. Derartige Verluste sind danach zu unterscheiden, ob es sich um bloße Anlaufverluste handelt, oder ob eine Fehlmaßnahme vorliegt. Ein Anlaufverlust in diesem Sinne stellt einen in der Anlaufphase eines neu gegründeten Unternehmens auftretenden Verlust dar. Der Ansatz eines niedrigeren Teilwerts bei Anlaufverlusten einer neu gegründeten Kapitalgesellschaft wurde vom BFH explizit ausgeschlossen, da mit derartigen Verlusten in der Anlaufphase zu rechnen sei und das Unternehmen nach seiner Gründung unter Zugrundelegung betriebswirtschaftlicher Grundsätze voraussehbar in naher Zukunft nachhaltig mit Gewinn arbeiten wird.[972] Anlaufverluste stellen demnach keine Rechtfertigung für eine Teilwertabschreibung dar, da ungeachtet dieser Verluste erwartet wird, dass das neu gegründete Unternehmen langfristig Gewinne erzielt. Dies ist auf die Teilwert-Vermutung zurückzuführen, wonach der Teilwert einer Beteiligung den hierfür getätigten Aufwendungen im Zeitpunkt des Erwerbs der Beteiligung entspricht.[973] Als Anlaufphase soll im Falle einer im Ausland gegründeten Kapitalgesellschaft im Regelfall ein Zeitraum von fünf Jahren angenommen werden.[974] Innerhalb dieser Anlaufphase von fünf Jahren kommt eine Teilwertabschreibung auf die Beteiligung demnach in der Regel nicht in Betracht.[975]

---

[969] Vgl. BMF-Schreiben vom 25.02.2000, IV C 2 – S 2171b – 14/00, in: BStBl. I 2000, S. 372, Tz. 3 f.

[970] Vgl. BMF-Schreiben vom 25.02.2000, IV C 2 – S 2171b – 14/00, in: BStBl. I 2000, S. 372, Tz. 11.

[971] Vgl. BFH-Urteil vom 06.11.1985, I R 56/82, in: BStBl. II 1986, S. 75.

[972] Vgl. BFH-Urteil vom 23.09.1969, I R 71/67, in: BStBl. II 1970, S. 89.

[973] Vgl. BFH-Urteil vom 27.07.1988, I R 104/84, in: BStBl. II 1989, S. 274.

[974] Vgl. BFH-Urteil vom 27.07.1988, I R 104/84, in: BStBl. II 1989, S. 275.

[975] Vgl. BFH-Beschluss vom 02.11.1994, I B 84/94, in: BFH/NV 1995, S. 791.

4 Errichtung einer ausländischen Kapitalgesellschaft

Liegt demgegenüber im Investitionszeitpunkt eine Fehlmaßnahme vor, so ist der Ansatz des niedrigeren Teilwerts berechtigt. Die Abgrenzung beurteilt sich danach, ob „zum Bilanzstichtag entsprechend dem Erkenntnisstand eines ordentlichen und gewissenhaften Kaufmanns nach betriebswirtschaftlichen Grundsätzen eine Erfolgsaussicht bestand oder ob die Fehlmaßnahme als solche schon zu erkennen war."[976] Hierbei ist auf die Gesamtumstände abzustellen. Eine Fehlmaßnahme ist zu bejahen, wenn der getätigte Aufwand den wirtschaftlichen Nutzen im Zeitpunkt der Investition objektiv betrachtet deutlich übersteigt.[977] Dies ist beispielsweise der Fall, wenn sich die Erwartungen der Gesellschafter aufgrund der Konkurrenz am Markt nicht erfüllen. Das wirtschaftliche Ergebnis der Gesellschaft wird hierdurch anhaltend beeinflusst, mit der Folge, dass es nachhaltig nicht möglich ist, mit Gewinn zu arbeiten.[978] In diesem Fall ist eine Teilwertabschreibung bilanzsteuerlich zu bejahen, da das Kriterium der voraussichtlich dauernden Wertminderung aufgrund der fehlenden Möglichkeit, nachhaltig mit Gewinn zu arbeiten, erfüllt ist.

4.2.4.2.3 Beschränkungen durch § 8b Abs. 3 S. 3 KStG

Sollte im Einzelfall eine Teilwertabschreibung auf die Beteiligung in der Anlaufphase bilanzsteuerlich zulässig sein, z.B. aufgrund einer investiven Fehlmaßnahme, entfaltet diese keine steuerliche Ergebnisauswirkung. Dies ist darauf zurückzuführen, dass die Gewinnausschüttungen der ausländischen Kapitalgesellschaft gem. § 8b Abs. 1 KStG i.V.m. § 20 Abs. 1 Nr. 1 EStG auf Ebene der empfangenden inländischen Kapitalgesellschaft bei deren Einkommensermittlung außer Ansatz bleiben. Ebenso werden Gewinne aus der Veräußerung des Anteils an einer anderen Körperschaft gem. § 8b Abs. 2 S. 1 KStG grundsätzlich von der Besteuerung ausgenommen. Infolgedessen besagt die Regelung des § 8b Abs. 3 S. 3 KStG, dass Gewinnminderungen, die im Zusammenhang mit dem Anteil stehen, bei der Ermittlung des Einkommens der Muttergesellschaft ebenfalls nicht zu berücksichtigen sind. Diese Regelung basiert auf dem Gedanken, Gewinne und Verluste im Rahmen der Gewinnermittlung symmetrisch zu behandeln.[979]

Die Nichtberücksichtigung von Gewinnminderungen wird als „Kehrseite"[980] oder auch „systemgerechtes Korrelat"[981] der umfassenden Steuerbefreiung von

---

BFH-Urteil vom 27.07.1988, I R 104/84, in: BStBl. II 1989, S. 275.

Vgl. ROSENBACH, G.: Planungsmaßnahmen zur steuerlichen Verlustnutzung im Konzern, in: GROTHERR, S. (Hrsg.): Handbuch der internationalen Steuerplanung, S. 303.

Vgl. BFH-Urteil vom 31.10.1978, VIII R 124/74, in: BStBl. II 1979, S. 109.

Vgl. MENCK, T. in: BLÜMICH, W.: EStG – KStG – GewStG, § 8b KStG, Rdnr. 132.

ROSENBACH, G.: Planungsmaßnahmen zur steuerlichen Verlustnutzung im Konzern, a.a.O., S. 299.

laufenden und einmaligen Erträgen aus Beteiligungen an Kapitalgesellschaften bezeichnet. Mit der Regelung des § 8b Abs. 3 S. 3 KStG soll auch eine doppelte Verlustberücksichtigung vermieden werden. Erzielt die Tochtergesellschaft einen Verlust, führt dieser auf ihrer Ebene zu einer steuerlichen Entlastung im Wege des interperiodischen Verlustabzugs. Eine zusätzliche Verlustberücksichtigung auf Ebene der Muttergesellschaft würde zu einer doppelten Verlustberücksichtigung führen.[982]

Diese Sichtweise wird jedoch m.E. zu Recht in der Literatur als mit dem Leistungsfähigkeitsprinzip für unvereinbar befunden. Problematisch sei insbesondere, dass der Gesetzgeber in § 8b Abs. 3 S. 3 KStG ein generelles Abzugsverbot für Teilwertabschreibungen auf Ebene der Muttergesellschaft normiert, obwohl nicht sichergestellt ist, dass dem Verlust der Tochtergesellschaft auf deren Ebene eine entsprechende Steuerentlastung gegenübersteht. BAREIS führt hierzu zutreffend aus, dass eine Steuernachbelastung auf Ebene der Muttergesellschaft ohne eine korrespondierende Steuervorentlastung auf Ebene der Tochtergesellschaft systemwidrig sei.[983] Sofern die Verluste der Tochtergesellschaft andauern und zu deren Liquidation führen, bleiben die Verluste steuerlich unberücksichtigt, da sie auf Ebene der Tochtergesellschaft mit der Liquidation untergehen und auf Ebene der Muttergesellschaft aufgrund von § 8b Abs. 3 S. 3 KStG keine Einkommensauswirkung entfalten. Daher ist die Grenze einer noch akzeptablen Pauschalierung diesbezüglich m.E. überschritten. Die Einmalberücksichtigung der wirtschaftlich entstandenen Verluste muss in jedem Fall sichergestellt sein.[984]

Im Hinblick auf das Leistungsfähigkeitsprinzip ist weiterhin zu bedenken, dass ein Veräußerungsverlust, ungeachtet der für erforderlich erachteten korrespondierenden Behandlung zu steuerfreien Gewinnen, die steuerliche Leistungsfähigkeit in gleicher Weise wie ein sonstiger Verlust mindert. Dies stellt eine Ungleichbehandlung im Vergleich zu Steuerpflichtigen mit anderweitigen Verlusten dar, welche steuerlich wirksam berücksichtigt werden können. Das Argument der Doppelberücksichtigung von Verlusten, sowohl auf Ebene der Tochtergesellschaft im Wege der Verlustverrechnung, als auch bei der Muttergesellschaft mittels steuerlich wirksamer Teilwertabschreibung, ist grundsätzlich nicht haltbar, vielmehr erscheint dies lediglich vor dem Hintergrund des Korres-

---

[981] BERTTRAM, T. in: HAUBER, B. / PASCH, H.: Die Unternehmenssteuerreform, S. 125.

[982] Vgl. SPENGEL, C. / SCHADEN, M.: Besteuerung von Erfolgen aus der Veräußerung von Anteilen an Kapitalgesellschaften durch Kapitalgesellschaften – Eine ökonomische und verfassungsrechtliche Analyse, in: DStR 2003, S. 2196.

[983] Vgl. BAREIS, P.: Probleme mit der Hälfte, in: BB 2003, S. 2316 f.

[984] Vgl. HERZIG, N.: Aktuelle Entwicklungen bei § 8b KStG und § 3c EStG, a.a.O., S. 1467.

pondenzprinzips für geboten. Allerdings ist es im Falle einer Teilwertabschreibung auf eine von einer anderen Kapitalgesellschaft erworbenen Beteiligung
nicht begründbar, wieso dieser Verlust bei der erwerbenden Kapitalgesellschaft
ungeachtet der Minderung ihrer Leistungsfähigkeit nicht steuerlich geltend gemacht werden darf, während die veräußernde Kapitalgesellschaft einen erzielten
Gewinn nicht versteuern musste, obwohl deren Leistungsfähigkeit hierdurch erhöht wurde.[985]

In der Regelung des § 8b Abs. 3 S. 3 KStG lässt sich m.E. eine Analogie zur
Behandlung von Verlusten einer ausländischen Betriebsstätte bei DBA-
Freistellung herstellen. Die Nichtberücksichtigung von Gewinnminderungen
aufgrund der Freistellung der Beteiligungserträge ist zwar vordergründig konsequent, aber wirtschaftlich unbegründet. Die Freistellung von Dividenden und
Einmalerträgen in Form von Veräußerungsgewinnen soll eine Mehrbelastung
mit Körperschaftsteuer bei innerkonzernlichen Gewinnausschüttungen verhindern, was auf Veräußerungsgewinne ausgeweitet wurde, da diese regelmäßig auf
bereits versteuerten offenen bzw. künftig zu versteuernden stillen Reserven beruhen.[986] Die Versagung der steuerlichen Berücksichtigung von Gewinnminderungen im Zusammenhang mit dem Anteil weist zu dieser ökonomischen
Grundüberlegung keinerlei Zusammenhang auf. Zwar würde sich aus der steuerlich wirksamen Vornahme einer Teilwertabschreibung und der späteren Steuerbefreiung eines Veräußerungsgewinns gem. § 8b Abs. 2 KStG ein doppelter
Vorteil für die Kapitalgesellschaft ergeben.[987] Dieser unerwünschte Nebeneffekt
ließe sich m.E. indes alternativ nach Maßgabe einer Nachversteuerung vermeiden, die in dieser Arbeit bereits im Zusammenhang mit Betriebsstättenverlusten
bei DBA-Freistellung, vergleichbar zu § 2a Abs. 3 und 4 EStG a.F., vertreten
wurde. Damit würden steuerbilanziell erforderliche Teilwertabschreibungen das
Einkommen mindern, andererseits wären eventuelle Wertaufholungen sowie
Veräußerungsgewinne insoweit körperschaftsteuererhöhend zu erfassen. Diese
Vorgehensweise würde wirtschaftlich zum gleichen gewünschten Ergebnis - der
Vermeidung eines doppelten Vorteils - führen, andererseits würde aber gleich-
zeitig auch dem Leistungsfähigkeitsprinzip entsprochen.

Von den Ausführungen zur steuerlichen Anerkennung einer Teilwertabschreibung auf die Beteiligung an der Tochterkapitalgesellschaft ist die steuerliche
Behandlung von wertgeminderten Gesellschafterforderungen strikt zu unter-

---

[985]   Vgl. SPENGEL, C. / SCHADEN, M.: Besteuerung von Erfolgen aus der Veräußerung von
        Anteilen an Kapitalgesellschaften durch Kapitalgesellschaften – Eine ökonomische und
        verfassungsrechtliche Analyse, a.a.O., S. 2199 f.

[986]   Vgl. MENCK, T. in: BLÜMICH, W.: EStG – KStG – GewStG, § 8b KStG, Rdnr. 20 f.

[987]   Vgl. REITH, T.: Internationales Steuerrecht, S. 409.

scheiden. Soweit der ausländischen Tochterkapitalgesellschaft im Wege der Gründung ein Gesellschafterdarlehen durch die Muttergesellschaft eingeräumt wurde, ist dieses bei dauerhafter Wertminderung in der Steuerbilanz gem. § 6 Abs. 1 Nr. 2 EStG fakultativ und unter Berücksichtigung der handelsrechtlichen Maßgeblichkeit gem. § 5 Abs. 1 S. 1 EStG, § 253 Abs. 3 S. 1 HGB zwingend mit dem niedrigeren Teilwert zu bewerten. Die Teilwertabschreibung entfaltet Ergebnisauswirkung und ist im Rahmen der Einkommensermittlung nicht zu korrigieren, da in diesem Fall § 8b Abs. 3 S. 3 KStG nicht einschlägig ist. Das Verbot der Berücksichtigung von Gewinnminderungen im Rahmen der Einkommensermittlung gilt nur, soweit diese im Zusammenhang mit dem in § 8b Abs. 2 KStG genannten Anteil, d.h. dem Anteil an der Körperschaft, stehen. Hiervon werden Teilwertberichtigungen auf Wirtschaftsgüter, die der Kapitalgesellschaft zum Gebrauch überlassen wurden, nicht erfasst.[988] Werden der ausländischen Tochterkapitalgesellschaft von der Muttergesellschaft eigenkapitalersetzende Darlehen eingeräumt, wird eine eventuelle Teilwertabschreibung auf die entsprechenden Forderungen bei der Muttergesellschaft daher nicht vom Anwendungsbereich des § 8b Abs. 3 S. 3 KStG berührt.[989]

4.2.4.2.4 Beschränkungen durch § 2a Abs. 1 Nr. 3a EStG

Soweit der Ansatz der Beteiligung an der ausländischen Tochtergesellschaft mit einem niedrigeren Teilwert in Betracht kommt, ist grundsätzlich auch zu prüfen, ob aus der Verlustausgleichsbeschränkung des § 2a Abs. 1 Nr. 3a EStG eine Einschränkung resultiert. Diese Regelung gilt über § 8 Abs. 1 KStG auch für Körperschaftsteuersubjekte.[990] Nach der Vorschrift des § 2a Abs. 1 Nr. 3a EStG dürfen negative Einkünfte aus dem Ansatz des niedrigeren Teilwerts eines zu einem Betriebsvermögen gehörenden Anteils an einer Körperschaft, die weder ihre Geschäftsleitung, noch ihren Sitz im Inland hat, nur mit positiven Einkünften derselben Art und aus demselben Staat ausgeglichen bzw. in den nachfolgenden Veranlagungszeiträumen verrechnet werden. Hierbei ist es irrelevant, ob es sich um eine ausschüttungsbedingte Teilwertabschreibung oder um eine Teilwertabschreibung wegen nachhaltiger Verluste der ausländischen Kapitalgesellschaft handelt.[991]

Die Verlustausgleichsbeschränkung findet gem. § 2a Abs. 2 S. 2 EStG indes keine Anwendung, sofern eine Beteiligung an einer Körperschaft mit bestimm-

---

[988] Vgl. MENCK, T. in: BLÜMICH, W.: EStG – KStG – GewStG, § 8b KStG, Rdnr. 134.
[989] Vgl. REITH, T.: Internationales Steuerrecht, S. 411.
[990] Vgl. KAMINSKI, B. in: KORN K. et al.: EStG, § 2a, Rdnr. 22.
[991] Vgl. FROTSCHER, G. in: FROTSCHER, G.: EStG: § 2a, Rdnr. 23f.

ten aktiven Tätigkeiten vorliegt.[992] Dies setzt den Nachweis voraus, dass die ausländische Tochtergesellschaft im Jahr der Verlustentstehung und entweder während der letzten fünf Jahre vor dem Verlustzeitraum, oder – wenn die Körperschaft noch nicht so lange bestand – seit ihrer Gründung eine in § 2a Abs. 2 S.1 EStG näher konkretisierte aktive Tätigkeit ausgeübt hat. Die Herstellung oder Lieferung von Waren, außer Waffen, gilt als aktive Tätigkeit. Der Begriff der Waren umfasst alle körperlichen beweglichen Sachen, sowohl des Umlauf-, als auch des Anlagevermögens.[993] Nicht erfasst wird zwar die Herstellung immaterieller Wirtschaftsgüter, jedoch ist diese Tätigkeit als Bewirkung einer gewerblichen Leistung und damit ebenfalls als aktiv einzuordnen.[994] Aufgrund der in der Themenstellung angenommenen Verlagerung der Produktion auf eine ausländische Tochtergesellschaft kann aus § 2a EStG insoweit zwar keine Einschränkung resultieren, da deren Tätigkeit annahmegemäß als aktiv im Sinne von § 2a Abs. 2 S.1 EStG klassifiziert werden kann. Die Prüfung der Anwendung von § 2a EStG erfolgt jedoch nachrangig nach § 8b Abs. 3 S. 3 KStG, wonach Gewinnminderungen im Zusammenhang mit der Beteiligung an einer Kapitalgesellschaft generell bei der Ermittlung des Einkommens nicht zu berücksichtigen sind.[995] Demnach ist eine Ergebniskorrektur nach § 2a Abs. 1 Nr. 3a EStG bei einer Kapitalgesellschaft als Anteilseigner sachlich hinfällig.[996]

Der weitere Bestand der Regelung des § 2a Abs. 1 Nr. 3a EStG erscheint fragwürdig. So hat das FG Köln im EuGH-Vorlagebeschluss zum Fall *„REWE Zentralfinanz"* erhebliche Zweifel, ob die unterschiedliche steuerliche Behandlung der negativen Einkünfte aus Teilwertabschreibungen auf Beteiligungen an Toch-

---

[992]   Vgl. DREYER, T. in: LITTMANN, E. / BITZ, H. / PUST, H.: Das Einkommensteuerrecht, EStG § 2a, Rdnr. 92.

[993]   Vgl. GOSCH, D. in: KIRCHHOF, P.: EStG KompaktKommentar, § 2a, Rdnr. 62.

[994]   Vgl. KAMINSKI, B. in: KORN, K. et al.: EStG, § 2a, Rdnr. 64; FROTSCHER, G. in: FROTSCHER, G.: EStG, § 2a, Rdnr. 38.

[995]   Vgl. PROBST, U. in: HERRMANN, C. / HEUER, G. / RAUPACH, A.: Einkommensteuer- und Körperschaftsteuergesetz, EStG § 2a, Rdnr. 64; vgl. auch WIED, E. in: BLÜMICH, W.: EStG – KStG – GewStG, § 2a EStG, Rdnr. 30; HEINICKE, W. in: SCHMIDT, L.: EStG, § 2a, Rdnr. 9.

[996]   Hiervon auszunehmen wäre der im Rahmen dieser Arbeit nicht gegebene Sachverhalt, dass die Anteile an der ausländischen Tochtergesellschaft bei Kreditinstituten und Finanzdienstleistungsinstituten nach § 1 Abs. 12 des Gesetzes über das Kreditwesen dem Handelsbuch zuzurechnen sind. Gleiches gilt für Anteile, die von Finanzunternehmen im Sinne des Gesetzes über das Kreditwesen mit dem Ziel der kurzfristigen Erzielung eines Eigenhandelserfolges erworben werden. In diesen Fällen kommt das Verlustverrechnungsverbot des § 8b Abs. 3 S. 3 KStG gem. § 8b Abs. 7 KStG nicht zur Anwendung, so dass die Regelung des § 2a Abs. 1 Nr. 3a EStG bei Vorliegen ihrer Voraussetzungen die Verrechnung der negativen Einkünfte aus dem Ansatz des niedrigeren Teilwerts einschränkt.

tergesellschaften im Inland einerseits und im EG-Ausland andererseits mit den europäischen Grundfreiheiten vereinbar ist.[997] Das FG vermutet in der Vorschrift sowohl eine Verletzung der Niederlassungsfreiheit (Art. 43 EGV i.V.m. Art. 48 EGV), als auch der Kapitalverkehrsfreiheit (Art. 56 ff. EGV). Das ausnahmsweise Vorhandensein von Gründen zur Rechtfertigung der Ungleichbehandlung vermag das FG nicht festzustellen. So lehnt das FG explizit die Begründung des Gesetzgebers ab, wonach der Verlustausgleich bei Engagements ausgeschlossen sein soll, die volkswirtschaftlich nicht sinnvolle Tätigkeiten zu Lasten des inländischen Steueraufkommens verfolgen. Diese rein wirtschaftlich motivierte Schlechterstellung der Investitionen in ausländische Tochtergesellschaften könne die Beschränkung der EG-rechtlich garantierten Grundfreiheiten nicht rechtfertigen. Zudem stellten Steuermindereinnahmen nach ständiger EuGH-Rechtsprechung keinen zwingenden Grund des Allgemeininteresses dar, um eine derartige Beschränkung zuzulassen. Das FG führt weiterhin aus, dass die Vorschrift auch nicht geeignet sei, missbräuchliche, rein künstliche Konstruktionen auszuschließen, da sie weit über das zur Erreichung dieses Ziels Erforderliche hinausgehe. Da die Argumentation des FG gleichermaßen auf die übrigen, von § 2a EStG erfassten Einkunftsquellen übertragen werden kann, ist der erwarteten Entscheidung des EuGH eine große Relevanz beizumessen. Sofern der EuGH die Unvereinbarkeit von § 2a Abs. 1 Nr. 3a, Abs. 2 EStG mit dem Gemeinschaftsrecht feststellt, würden sich die Anzeichen verdichten, dass die Regelung des § 2a EStG insgesamt als europarechtswidrig zu charakterisieren ist.[998]

Der zuständige Generalanwalt M. POIARES MADURO stellt in seinen Schlussanträgen vom 31.05.2006 fest, dass die Regelung des § 2a Abs. 1 Nr. 3a EStG mit der Niederlassungsfreiheit (Art. 43 EGV i.V.m. Art. 48 EGV) sowie der Kapitalverkehrsfreiheit (Art. 56 EGV) nicht vereinbar ist.[999] So betont der Generalanwalt in seiner Erörterung klar, dass nicht jede Verlagerung einer Tätigkeit aus dem Hoheitsgebiet eines Mitgliedstaats bei isolierter Betrachtung eine Steuerumgehung darstellt. Vielmehr sei der hieraus resultierende Verlust von Steuereinnahmen allein die Folge der Ausübung der im EG-Vertrag eingeräumten Grundfreiheiten. Demgegenüber erfasse die Regelung des § 2a Abs. 1

---

[997] Vgl. FG Köln vom 15.07.2004, 13 K 1908/00, in: EFG 2004, S. 1609 - 1614.

[998] Vgl. LAUSTERER, M.: Die Beschränkung des Verlustausgleichs über die Grenze und das Gemeinschaftsrecht, in: FR 2004, S. 1111; KESSLER, W. / SPENGEL, C.: Checkliste potenziell EG-rechtswidriger Normen des deutschen direkten Steuerrechts – Update 2006, in: DB 2006, Beilage Nr. 1 zu Heft Nr. 1, S. 3; vgl. auch FROTSCHER, G. in: FROTSCHER, G.: EStG, § 2a, Rdnr. 14a; WIED, E. in: BLÜMICH, W.: EStG – KStG – GewStG, § 2a EStG, Rdnr. 13.

[999] Vgl. Schlussanträge des Generalanwalts M. POIARES MADURO vom 31.05.2006, Rechtssache C-347/04, in: DATEV LEXinform, Dok.-Nr. 5210096, Tz. 68.

Nr. 3a EStG allgemein jede Situation, in der Tochtergesellschaften eines Konzerns in anderen Mitgliedstaaten niedergelassen sind.[1000] Darüber hinaus führt der Generalanwalt aus, dass es seiner Auffassung nach nicht in den Zuständigkeitsbereich des EuGH falle, die Verringerung von Steuereinnahmen als zwingenden Grund des Allgemeininteresses und damit als Rechtfertigung des Verstoßes gegen die Grundfreiheiten anzuerkennen. Vielmehr obliege es allein den Mitgliedstaaten, eine derartige Rechtfertigung für die Behinderung von Verkehrsfreiheiten in den EG-Vertrag aufzunehmen.[1001] Im Ergebnis weist der Generalanwalt sämtliche von der deutschen Regierung vorgetragenen Gründe, mit denen die Beschränkung der Grundfreiheiten gerechtfertigt werden soll, zurück.[1002]

Wenngleich die Schlussanträge des Generalanwalts für den EuGH nicht bindend sind, weisen diese deutlich auf das Vorliegen einer Europarechtswidrigkeit hin. Die Argumentation des Generalanwalts hinsichtlich § 2a Abs. 1 Nr. 3a EStG lässt sich im Ergebnis gleichermaßen auf § 2a EStG insgesamt übertragen. So werden mit der Vorschrift des § 2a EStG bewusst grenzüberschreitende Sachverhalte zu Lasten der grundlegenden Erfordernisse des Binnenmarktes benachteiligt, was im Ergebnis allein rein wirtschaftlich motiviert ist. Die Schlussanträge des Generalanwalts stellen daher ein klares Indiz dafür dar, dass die Vorschrift insgesamt als europarechtswidrig zu betrachten ist.

4.2.4.3 Berücksichtigung der Verluste im Rahmen der Organschaft

4.2.4.3.1 Grundlagen der Organschaft im Körperschaftsteuerrecht

Ist eine Kapitalgesellschaft aufgrund der Regelung des § 14 KStG als Organgesellschaft einer anderen Kapitalgesellschaft, die den Organträger darstellt, anzusehen, wird das Trennungsprinzip durchbrochen. In diesem Fall ist das Einkommen der Organgesellschaft grundsätzlich[1003] in voller Höhe dem Organträger zuzurechnen. Hieraus ergibt sich die Konsequenz, dass Verluste der Organgesellschaft ebenfalls dem Organträger zuzurechnen sind, so dass positive und negative Einkommen von Organgesellschaft und Organträger aufgerechnet werden.[1004]

[1000]   Vgl. ebenda, Tz. 40 f.
[1001]   Vgl. ebenda, Tz. 55.
[1002]   Vgl. ebenda, Tz. 60, 67.
[1003]   Ausgenommen hiervon ist die Regelung des § 16 KStG, wonach die Organgesellschaft ihr Einkommen bei Vorhandensein von Minderheitsgesellschaftern in Höhe von $^4/_3$ der geleisteten Ausgleichszahlungen selbst zu versteuern hat.
[1004]   Vgl. DANELSING, W. in: BLÜMICH, W.: EStG – KStG – GewStG, § 14 KStG, Rdnr. 190.

Die körperschaftsteuerliche Organschaft setzt gem. § 14 KStG im Wesentlichen eine finanzielle Eingliederung der Organgesellschaft in das Unternehmen des Organträgers, sowie einen Ergebnisabführungsvertrag voraus. Die finanzielle Eingliederung ist gem. § 14 Abs. 1 Nr. 1 S. 1 KStG gegeben, wenn der Organträger an der Organgesellschaft vom Beginn ihres Wirtschaftsjahres an ununterbrochen in einem solchen Maße beteiligt ist, dass ihm die Mehrheit der Stimmrechte zusteht. Hierbei sind mittelbare Beteiligungen gem. § 14 Abs. 1 Nr. 1 S. 2 KStG zu berücksichtigen, wenn die Beteiligung an jeder vermittelnden Gesellschaft die Mehrheit der Stimmrechte gewährt. Der Ergebnisabführungsvertrag muss gem. § 14 Abs. 1 Nr. 3 KStG auf mindestens fünf Jahre abgeschlossen und während seiner gesamten Geltungsdauer durchgeführt werden. Die Gewinnabführung hat gem. § 14 Abs. 1 S. 1 KStG stets den ganzen Gewinn der Organgesellschaft zu umfassen. Eine Zuführung von Beträgen aus dem Jahresüberschuss in die Gewinnrücklagen mit Ausnahme der gesetzlichen Rücklagen ist gem. § 14 Abs. 1 Nr. 4 KStG nur zulässig, soweit dies bei vernünftiger kaufmännischer Beurteilung wirtschaftlich erforderlich ist.

Mit einer ausländischen Tochtergesellschaft kann indes keine Organschaft begründet werden, da sich sowohl die Geschäftsleitung, als auch der Sitz der als Organgesellschaft einzubeziehenden Tochtergesellschaft gem. 14 Abs. 1 S. 1 KStG im Inland befinden müssen. Darüber hinaus ist es nach deutschem Gesellschaftsrecht nicht möglich, mit einer im Ausland gegründeten und ansässigen Gesellschaft einen Ergebnisabführungsvertrag zu schließen.[1005] Aufgrund der Beschränkungen aus dem doppelten Inlandsbezug hinsichtlich Sitz und Geschäftsleitung, sowie dem erforderlichen Ergebnisabführungsvertrag ist ausländischen Tochterkapitalgesellschaften im Ergebnis der Weg in die deutsche Organschaft verschlossen. Eine Berücksichtigung der Verluste der ausländischen Tochtergesellschaft bei der inländischen Muttergesellschaft im Rahmen eines Organschaftsverhältnisses ist somit nicht möglich.

4.2.4.3.2 Auswirkungen der EuGH-Rechtsprechung im Fall „*Marks & Spencer*"

4.2.4.3.2.1 Zugrunde liegender Sachverhalt

Die Problematik der unmittelbaren Berücksichtigung von Verlusten einer ausländischen Tochtergesellschaft bei deren Muttergesellschaft im Rahmen der Organschaft wird aus europarechtlicher Sicht kontrovers diskutiert. Für diese Thematik kommt dem EuGH-Urteil zur Rechtssache „*Marks & Spencer*" große

---

[1005] Vgl. BALMES, F. / BRÜCK, M. / RIBBROCK, M.: Der EuGH-Fall Marks & Spencer: Rückschlüsse für die deutsche Organschaftsbesteuerung, in: BB 2005, S. 968.

Relevanz zu. In diesem Urteil hat der EuGH entschieden, dass ein Mitgliedstaat einer Konzern-Muttergesellschaft die steuerliche Berücksichtigung der Verluste ihrer in einem anderen Mitgliedstaat ansässigen Tochtergesellschaft nicht generell untersagen darf, wenn dies im rein nationalen Sachverhalt möglich wäre.[1006] So sei es zwar europarechtlich grundsätzlich zulässig, den Abzug von Verlusten ausländischer Tochtergesellschaften vom inländischen steuerpflichtigen Gewinn zu verwehren. Jedoch stelle eine derartige steuerliche Regelung dann einen Verstoß gegen die Niederlassungsfreiheit dar, wenn die Konzern-Muttergesellschaft nachweist, dass diese Verluste im Staat des Sitzes der Tochtergesellschaft nicht berücksichtigt worden sind und nicht berücksichtigt werden können.

Die EuGH-Entscheidung bezieht sich auf den britischen Konzernabzug (sog. „Group Relief"). Mit dieser Regelung wird es einer Gesellschaft ermöglicht, ihre Verluste auf eine andere Gesellschaft desselben Konzerns zu übertragen. Die Übertragung ist hierbei nicht nur zwischen Tochter- und Muttergesellschaft möglich, sondern – bei Erfüllung bestimmter Voraussetzungen – zwischen sämtlichen gruppenzugehörigen Gesellschaften, z.B. auch zwischen Schwestergesellschaften.[1007] Die übernehmende Gesellschaft kann damit die Verluste von ihrem steuerbaren Gewinn abziehen, während die übertragende Gesellschaft den Anspruch auf eigene Nutzung der Verluste verliert, insbesondere im Wege des Vortrags auf Gewinne späterer Steuerjahre.

Aufgrund der Inlandsbeschränkung des britischen Konzernabzugs war es der in Großbritannien ansässigen Kapitalgesellschaft „Marks & Spencer plc." indes verwehrt, die in ausländischen Tochtergesellschaften entstandenen Verluste mit eigenen inländischen Gewinnen zu verrechnen. Hintergrund hiervon ist, dass die Tochtergesellschaften in Belgien, Frankreich und Deutschland in den Geschäftsjahren 1998 bis 2001 ausschließlich Verluste erwirtschafteten. Da sich „Marks & Spencer plc." von der französischen Tochtergesellschaft trennte und den Handel in der belgischen und deutschen Tochtergesellschaft einstellte, konnten die Verluste im jeweiligen Ansässigkeitsstaat der Tochtergesellschaften nicht berücksichtigt werden. Der Antrag auf Abzug der Verluste in Großbritannien nach dem im britischen Steuerrecht vorgesehenen Konzernabzug wurde vom britischen Fiskus untersagt, da die Auslandstochtergesellschaften weder die Voraussetzung der Ansässigkeit in Großbritannien, noch des Unterhaltens einer

---

[1006] Vgl. EuGH-Urteil vom 13.12.2005, C-446/03, in: DStR 2005, S. 2168 - 2172.

[1007] Vgl. GEIGER, U.: Die Ertragsbesteuerung der Konzernunternehmung in Großbritannien im Rahmen der Einzelveranlagung, in: IWB, F. 5, Großbritannien, Gr. 2, S. 398 f.

Betriebsstätte in Großbritannien erfüllten.[1008] Somit entfalteten die Verluste effektiv keine steuerliche Wirkung.

4.2.4.3.2.2 Die Entscheidung des EuGH

Der EuGH weist zur Prüfung der Frage, ob eine Beschränkung der Niederlassungsfreiheit vorliegt, zunächst darauf hin, dass die direkten Steuern nach ständiger Rechtsprechung zwar in die Zuständigkeit der Mitgliedstaaten fielen. Diese müssten ihre Befugnisse jedoch unter Wahrung des Gemeinschaftsrechts ausüben.[1009] Nachfolgend stellt der EuGH fest, dass eine dem britischen Konzernabzug entsprechende Regelung geeignet sei, die Niederlassungsfreiheit i.S.d. Art. 43 EGV und Art. 48 EGV zu beschränken. Dies sei darauf zurückzuführen, dass die Anwendung des britischen Konzernabzugs zu einer Steuervergünstigung für die betreffenden Gesellschaften führe, die jedoch im Hinblick auf Verluste einer in einem anderen Mitgliedstaat ansässigen Tochtergesellschaft ausgeschlossen sei. Dadurch würde die Muttergesellschaft von der Gründung von Tochtergesellschaften in anderen Mitgliedstaaten abgehalten und im Ergebnis in der Ausübung ihrer Niederlassungsfreiheit behindert.[1010]

Der EuGH kommt bezüglich der Zulässigkeit einer derartigen Beschränkung jedoch zum Ergebnis, dass die britische Regelung ein berechtigtes und mit dem EG-Vertrag zu vereinbarendes Ziel verfolge und zwingenden Gründen des Allgemeininteresses entspreche.[1011] Diese Auffassung wird auf die von den beteiligten Mitgliedstaaten geäußerten Bedenken gestützt. So räumt der EuGH ein, dass es zur Aufteilung der Besteuerungsbefugnis erforderlich sein könne, sowohl auf Gewinne, als auch auf Verluste einer in einem Staat niedergelassenen Gesellschaft nur deren Steuerrecht anzuwenden. Bestünde für die Gesellschaften die Möglichkeit, für die Berücksichtigung ihrer Verluste in einem anderen Mitgliedstaat zu optieren, würde dies die ausgewogene Aufteilung der Besteuerungsbefugnis zwischen den Mitgliedstaaten erheblich beeinträchtigen. So würde die Besteuerungsgrundlage im Mitgliedstaat der Niederlassung um die übertragenen Verluste erweitert und im anderen Mitgliedstaat entsprechend verringert.[1012] Weiterhin erkennt der EuGH an, dass die Mitgliedstaaten in der Lage sein müssen, die Gefahr einer doppelten Verlustberücksichtigung zu verhindern. Diese Gefahr bestünde dann, wenn die Verluste sowohl im Mitgliedstaat der Mutterge-

---

[1008] Vgl. WOLBER, C.: Fiskus drohen neue Steuerverluste, in: *http://www.welt.de/data/2004/ 11/17/361402. html?prx=1*, Abrufdatum: 17.11.2004.

[1009] Vgl. EuGH-Urteil vom 13.12.2005, C-446/03, in: DStR 2005, S. 2170, Tz. 29; vgl. auch bereits EuGH-Urteil vom 14.02.1995, C-279/93, in: HFR 1995, S. 282, Tz. 21.

[1010] Vgl. EuGH-Urteil vom 13.12.2005, C-446/03, in: DStR 2005, S. 2170, Tz. 32 f.

[1011] Vgl. EuGH-Urteil vom 13.12.2005, C-446/03, in: DStR 2005, S. 2171, Tz. 51.

[1012] Vgl. EuGH-Urteil vom 13.12.2005, C-446/03, in: DStR 2005, S. 2171, Tz. 46.

sellschaft, als auch zu einem späteren Zeitpunkt mittels Verlustvortrag im Mitgliedstaat der Tochtergesellschaft Berücksichtigung finden würden.[1013] Schließlich bedenkt der EuGH die Gefahr der Steuerflucht, da es bei Bestehen der Möglichkeit zur Verlustübertragung denkbar wäre, Verlustübertragungen innerhalb des Konzerns in Richtung der Gesellschaften zu leiten, die den höchsten Steuersätzen unterliegen und bei denen die Verluste daher am wertvollsten wären.[1014] Diese drei Gründe überzeugen den EuGH in ihrer Gesamtschau, dass die britische Regelung ein berechtigtes und mit dem EG-Vertrag zu vereinbarendes Ziel verfolgt und zwingenden Gründen des Allgemeininteresses entspricht.

Ungeachtet dessen räumt der EuGH jedoch ein, dass die Regelung zum britischen Konzernabzug gegen den Grundsatz der Verhältnismäßigkeit verstößt, da sie über das hinausgeht, was erforderlich wäre, um die verfolgten Ziele zu erreichen. So hätten sowohl das Unternehmen *„Marks & Spencer plc. "*, als auch die Europäische Kommission vorgetragen, dass zwei weniger belastende Maßnahmen als ein allgemeiner Ausschluss der Verlustverrechnung in Frage kämen. Zum einen handele es sich um die Möglichkeit, eine Verlustverrechnung bei der Muttergesellschaft zu gestatten, wenn die ausländische Tochtergesellschaft in ihrem Sitzstaat sämtliche Möglichkeiten der Verlustberücksichtigung ausgeschöpft hat. Zum anderen käme die Methode der Verlustberücksichtigung mit Nachversteuerung in Betracht. Hierbei würde der Abzug der Verluste bei der Muttergesellschaft davon abhängig gemacht, dass bei ihr spätere Gewinne der Tochtergesellschaft in Höhe der zuvor verrechneten Verluste wieder hinzugerechnet werden.[1015] Daher vertritt der EuGH die Auffassung, dass die britische Regelung dann über das zum Erreichen der verfolgten Ziele erforderliche Maß hinausgeht, wenn die ausländische Tochtergesellschaft in ihrem Sitzstaat sämtliche zur Verfügung stehenden Möglichkeiten der Verlustberücksichtigung ausgeschöpft hat und die Muttergesellschaft dies gegenüber den für sie zuständigen Finanzbehörden nachweist. Als in Betracht kommende Möglichkeiten der Verlustberücksichtigung bei der Tochtergesellschaft nennt der EuGH zum einen die Verrechnung mit Gewinnen, die die Tochtergesellschaft in früheren Zeiträumen erzielte, sowie die Übertragung der Verluste auf einen Dritten. Andererseits sei auch die Möglichkeit der Berücksichtigung in künftigen Zeiträumen bei der Tochtergesellschaft selbst oder durch Übertragung der Tochtergesellschaft auf einen Dritten vorrangig zu nutzen.[1016]

[1013]   Vgl. EuGH-Urteil vom 13.12.2005, C-446/03, in: DStR 2005, S. 2171, Tz. 47 f.
[1014]   Vgl. EuGH-Urteil vom 13.12.2005, C-446/03, in: DStR 2005, S. 2171, Tz. 49.
[1015]   Vgl. EuGH-Urteil vom 13.12.2005, C-446/03, in: DStR 2005, S. 2171, Tz. 54.
[1016]   Vgl. EuGH-Urteil vom 13.12.2005, C-446/03, in: DStR 2005, S. 2171, Tz. 55.

4.2.4.3.2.3 Analyse des EuGH-Urteils

Der EuGH kommt im Fall *„Marks & Spencer"* zu einem insgesamt zurückhaltenden Urteil. Die bei der Tochtergesellschaft entstandenen Verluste sind ebenso wie deren Gewinne vorrangig in ihrem Sitzstaat zu erfassen. Ein genereller Ausschluss der Berücksichtigung von Verlusten ausländischer Tochtergesellschaften beschränkt demgegenüber die Niederlassungsfreiheit, wenn Verluste inländischer Tochtergesellschaften Berücksichtigung finden würden. Solange jedoch im Sitzstaat der Tochtergesellschaft eine Möglichkeit der Verlustnutzung besteht, ist der Sitzstaat der Muttergesellschaft nicht verpflichtet, diese Verluste steuermindernd anzuerkennen. Erst in dem Zeitpunkt, zu dem bei der Tochtergesellschaft nachweislich keinerlei Möglichkeit der Verlustberücksichtigung mehr besteht, hält der EuGH eine Verrechnung im Sitzstaat der Muttergesellschaft für geboten, wenn entsprechende Inlandsverluste Berücksichtigung finden würden. Daher stellt das Urteil in seiner Begründung grundsätzlich einen akzeptablen Mittelweg zwischen den Besteuerungsbefugnissen der Mitgliedstaaten einerseits, und dem Erfordernis der grenzüberschreitenden Verlustverrechnung aufgrund europarechtlicher Überlegungen andererseits dar.

An dem Urteil erstaunt jedoch der Ansatz, mit dem der EuGH die Verlustnutzung bei der Muttergesellschaft zulässt. So hält der EuGH eine Berücksichtigung der ausländischen Verluste bei der Muttergesellschaft erst in dem Zeitpunkt für geboten, in dem es definitiv unmöglich ist, diese Verluste auf Ebene der ausländischen Tochtergesellschaft zu nutzen. Dieser Ansatz ist überraschend, da hieraus ein klarer Liquiditätsnachteil für die Muttergesellschaft im Vergleich zu reinen Inlandssachverhalten resultiert. Demgegenüber hat der EuGH in seinem Urteil zur Rechtssache *„Metallgesellschaft / Höchst"* bereits einen Liquiditätsnachteil aufgrund einer vorzeitigen Zahlungspflicht einer Steuer als Beeinträchtigung der europarechtlich geschützten Grundfreiheiten gewertet.[1017] Vorliegend nimmt der EuGH die aus der zeitlich versetzten Verlustnutzung resultierenden Liquiditätsnachteile bei der Muttergesellschaft jedoch offenkundig in Kauf.[1018] Darüber hinaus begibt sich der EuGH im Urteil zum Fall *„Marks & Spencer"* insoweit auch in Widerspruch zu seiner in diesem Urteil getroffenen Feststellung, dass im britischen Konzernabzug eine Beschränkung der Niederlassungsfreiheit anzunehmen sei. So betont der EuGH zunächst ausdrücklich, dass der britische Konzernabzug eine Steuervergünstigung darstel-

---

[1017] Vgl. EuGH-Urteil vom 08.03.2001, C-397/98, C-410/98, in: IStR 2001, S. 216 f., Tz. 44.

[1018] Vgl. HERZIG, N. / WAGNER, T.: EuGH-Urteil „Marks & Spencer" – Begrenzter Zwang zur Öffnung nationaler Gruppenbesteuerungssysteme für grenzüberschreitende Sachverhalte, in: DStR 2006, S. 8.

le, die den Verlustausgleich beschleunigt und somit zu einem Liquiditätsvorteil des Konzerns führt.[1019] Aus dem vom EuGH nun gewählten Ansatz wird der zuvor explizit angeführte Liquiditätsvorteil jedoch gerade nicht auf grenzüberschreitende Konzernverhältnisse ausgeweitet.

Zur Vermeidung des resultierenden Zins- und Liquiditätsnachteils wäre es alternativ ebenso denkbar und m.E. klar vorzuziehen gewesen, im Sitzstaat der Muttergesellschaft zunächst eine Verrechnung der Verluste der Tochtergesellschaft zu gestatten. Würde die Tochtergesellschaft in späteren Veranlagungszeiträumen Gewinne erzielen, wäre bei der Muttergesellschaft insoweit eine Hinzurechnung der vorher verrechneten Verluste zu ihrem steuerpflichtigen Gewinn vorzunehmen. Diese weniger belastende Methode, mit der der beschriebene Liquiditätsnachteil zu vermeiden wäre, war bereits von der EU-Kommission in 1991 als Richtlinienvorschlag vorgesehen.[1020] Der EuGH hat diese Methode zwar als Alternative zu dem von ihm im Ergebnis gewählten Ansatz aufgeführt und war sich dieser Methode somit durchaus bewusst.[1021] Gleichwohl wird die Methode nicht weiter kommentiert und lediglich in einem knappen Satz auf eine vom Gemeinschaftsgesetzgeber zu erlassende Harmonisierungsregelung verwiesen.[1022] Dies ist bedauerlich, da die Methode der Verlustberücksichtigung mit Nachversteuerung gleichermaßen mit den vom EuGH angeführten Zielsetzungen vereinbar wäre. Denn anders als der vom EuGH nun gewählte Ansatz führt die Methode der Verlustberücksichtigung mit Nachversteuerung zwar zu einem sofortigen Abzug der ausländischen Verluste bei der Muttergesellschaft. Dieser Abzug ist jedoch nur temporärer Natur, da er in späteren Wirtschaftsjahren rückgängig gemacht wird, soweit die Tochtergesellschaft Gewinne erzielt. Durch diese Vorgehensweise ist damit insbesondere eine doppelte Verlustberücksichtigung ausgeschlossen. Ebenso lässt sich mit dieser Methode die vom EuGH erkannte Steuerfluchtgefahr verhindern, da der Verlustabzug auf Ebene der Muttergesellschaft entsprechend der Systematik dieser Methode nur dann endgültigen Charakter bekommt, wenn eine Verlustnutzung bei der Tochtergesellschaft in künftigen Perioden unterbleibt. Eine Begründung seitens des EuGH für den stattdessen gewählten Ansatz ist nicht ersichtlich. Denkbar wäre es allenfalls, dass der EuGH in die Besteuerungsrechte zwischen den Mitgliedstaaten

---

[1019] Vgl. EuGH-Urteil vom 13.12.2005, C-446/03, in: DStR 2005, S. 2170, Tz. 32.

[1020] Vgl. EU-Kommission: Vorschlag für eine Richtlinie des Rates über eine Regelung für Unternehmen zur Berücksichtigung der Verluste ihrer in anderen Mitgliedstaaten belegenen Betriebsstätten und Tochtergesellschaften vom 28.11.1990, KOM(1990) 595 endg., in: ABl. EG Nr. C 1991/53, S. 30.

[1021] Vgl. EuGH-Urteil vom 13.12.2005, C-446/03, in: DStR 2005, S. 2171, Tz. 54.

[1022] Vgl. ebenda, Tz. 58.

in möglichst geringem Ausmaß eingreifen wollte.[1023] Dessen ungeachtet ist m.E. jedoch festzustellen, dass die verfolgten Zielsetzungen durch den vom EuGH nun gewählten Ansatz - eine Verlustberücksichtigung bei Unmöglichkeit der Verlustnutzung im Ausland zu gestatten - in keinerlei Weise besser erfüllt werden.[1024]

Der vom EuGH gewählte Ansatz könnte sich in der Zukunft als volkswirtschaftlich problematisch herausstellen. So ist es denkbar, dass eine Konzernobergesellschaft auf die Sanierung einer verlustbringenden ausländischen Tochtergesellschaft verzichtet und sie stattdessen liquidiert, um auf diese Weise eine frühzeitige Verrechnung der ausländischen Verluste mit eigenen Gewinnen zu ermöglichen.[1025] Darüber hinaus käme der Verkauf einer verlustbringenden ausländischen Tochtergesellschaft an einen Dritten in Betracht, sofern hierbei nach dem jeweiligen ausländischen Steuerrecht deren Verlustvorträge untergehen, wie es analog auch in § 8 Abs. 4 KStG vorgesehen ist. Der EuGH räumt zwar ein, dass es den Mitgliedstaaten freisteht, Sachverhalte der Umgehung des nationalen Steuerrechts, sowie Sachverhalte der Steuerflucht mittels nationaler Maßnahmen auszuschließen.[1026] Indes dürfte es im Einzelfall schwer fallen, die Liquidation oder Veräußerung einer verlustbringenden Tochtergesellschaft als einen derartigen missbräuchlichen Sachverhalt zu werten, sofern sich die Transaktion durch betriebswirtschaftliche Überlegungen stützen lässt. Der Nachweis des Missbrauchs dürfte allenfalls dann zweifelsfrei gelingen, wenn die Tätigkeit der verlustbringenden ausländischen Tochtergesellschaft sodann in eine neue Gesellschaft übertragen wird.[1027] In der Umwandlung einer verlustbringenden ausländischen Tochterkapitalgesellschaft in eine Personengesellschaft könnte demgegenüber kein Missbrauch angenommen werden, wenngleich auch dies regelmäßig den Untergang der bestehenden Verlustvorträge nach sich ziehen dürfte.[1028]

[1023] Vgl. HEY, J.: Die EuGH-Entscheidung in der Rechtssache Marks & Spencer und die Zukunft der deutschen Organschaft, in: GmbHR 2006, S. 117.

[1024] Vgl. auch HERZIG, N. / WAGNER, T.: EuGH-Urteil „Marks & Spencer" – Begrenzter Zwang zur Öffnung nationaler Gruppenbesteuerungssysteme für grenzüberschreitende Sachverhalte, a.a.O., S. 8.

[1025] Vgl. KLEINERT, J. / NAGLER, J.: Anmerkung zum EuGH-Urteil vom 13.12.2005, in: DB 2005, S. 2791.

[1026] Vgl. EuGH-Urteil vom 13.12.2005, C-446/03, in: DStR 2005, S. 2171, Tz. 57.

[1027] Vgl. JAHN, R.: Verluste ausländischer Tochtergesellschaften sind nur in engen Grenzen verrechenbar, in: PIStB 2006, S. 5.

[1028] Vgl. KLEINERT, J. / NAGLER, J.: Anmerkung zum EuGH-Urteil vom 13.12.2005, a.a.O., S. 2791; THÖMMES, O.: Anmerkung zum EuGH-Urteil vom 13.12.2005 in der Rs. C-446/03, in: IWB, F. 11a, S. 940.

Weiterhin ist es nicht auszuschließen, dass der vom EuGH gewählte Ansatz auch auf gesamtwirtschaftlicher Ebene negative Auswirkungen haben könnte. So besteht nun für strukturschwache Mitgliedstaaten mit niedrigen Steuersätzen der Anreiz, einen zusätzlichen Standortvorteil zu schaffen, indem die bestehenden Verlustvortragsregelungen stark begrenzt oder womöglich vollständig aufgehoben werden. Dadurch würde entsprechend der Argumentation des EuGH im Sitzstaat der Muttergesellschaft eine zeitnahe Verlustnutzung ermöglicht.[1029]

4.2.4.3.2.4 Folgerungen des EuGH-Urteils für die Organschaftsregelung

Die Reaktion des deutschen Gesetzgebers auf das EuGH-Urteil „*Marks & Spencer*" im Hinblick auf die Organschaftsregelung in §§ 14 ff. KStG bleibt abzuwarten. So entfaltet sich die Rechtskraftwirkung des EuGH-Urteils zwar „inter partes" nur zwischen den Beteiligten an dem konkreten Rechtsstreit.[1030] Weiterhin sind der britische Konzernabzug und die deutsche Organschaftsregelung nicht unmittelbar vergleichbar, da der britische Konzernabzug ausschließlich eine Verlustverrechnung im Konzern bezweckt. Demgegenüber entsprechen sich die beiden Regelungen jedoch gerade hinsichtlich der vom EuGH beurteilten Frage der Berücksichtigung von Verlusten einer ausländischen Tochtergesellschaft bei der inländischen Muttergesellschaft.[1031] So sind im Rahmen der deutschen Organschaft Verluste einer gebietsfremden Tochtergesellschaft, wie auch im Falle des britischen Konzernabzugs, als Folge der geltenden Rechtslage nicht mit Gewinnen der inländischen Muttergesellschaft verrechenbar. Bei Ansässigkeit der Tochtergesellschaft im Inland wäre eine konzerninterne Verlustverrechnung demgegenüber zulässig, sofern die Voraussetzungen einer Organschaft erfüllt sind. Aus Sicht der Muttergesellschaft stellt dies analog zum britischen Konzernabzug eine Maßnahme dar, mit der grenzüberschreitende Mutter-Tochter-Beziehungen benachteiligt werden. Somit ist analog zum britischen Konzernabzug bei der deutschen Organschaft eine Schlechterstellung grenzüberschreitender Mutter-Tochter-Beziehungen anzunehmen. Daher ist davon auszugehen, dass die Rechtsgedanken des EuGH-Urteils im Fall „*Marks & Spencer*" zumindest grundsätzlich auf die deutsche Organschaft übertragbar sind.[1032]

[1029] Vgl. JAHN, R.: Verluste ausländischer Tochtergesellschaften sind nur in engen Grenzen verrechenbar, a.a.O., S. 6.

[1030] Vgl. BFH-Urteil vom 21.03.1996, XI R 36/95, in: BStBl. II 1996, S. 401.

[1031] Vgl. HERZIG, N. / WAGNER, T.: EuGH-Urteil „Marks & Spencer" – Begrenzter Zwang zur Öffnung nationaler Gruppenbesteuerungssysteme für grenzüberschreitende Sachverhalte, a.a.O., S. 9; HEY, J.: Die EuGH-Entscheidung in der Rechtssache Marks & Spencer und die Zukunft der deutschen Organschaft, a.a.O., S. 118.

[1032] Vgl. DÖRR, I.: Abschaffung oder Erweiterung der Organschaft?! Zu den möglichen Konsequenzen der Rechtssache „Marks & Spencer plc", in: IStR 2004, S. 265; BAL-

Auf der Basis des EuGH-Urteils im Fall „*Marks & Spencer*" wird der deutsche Gesetzgeber daher vor der Aufgabe stehen, die bestehende Regelung zur Organschaft in §§ 14 KStG europarechtskonform zu erweitern. Denkbar wäre es demgegenüber auch, die Europarechtskonformität dadurch herzustellen, dass die Begünstigung der Organschaftsregelung für Inländer abgeschafft wird. Dies basiert auf der grundsätzlichen Überlegung, dass der Abzug der Verluste ausländischer Tochtergesellschaften bei der Muttergesellschaft unter dem Gesichtspunkt der EG-vertraglich geschützten Niederlassungsfreiheit nur dann eingefordert werden kann, wenn für entsprechende Verluste inländischer Tochtergesellschaften ein Abzug möglich wäre.[1033] Ist dagegen auch die Erfassung der Verluste inländischer Tochtergesellschaften bei der Muttergesellschaft nicht möglich, läuft die Argumentation bezüglich der Schlechterstellung gebietsfremder Tochtergesellschaften ins Leere. Eine analoge verschärfende Vorgehensweise für reine Inlandsfälle wählte der Gesetzgeber bereits hinsichtlich der Regelung zur Gesellschafter-Fremdfinanzierung (§ 8a KStG) infolge der Entscheidung des EuGH zur Rechtssache „*Lankhorst-Hohorst*".[1034]

Eine Abschaffung der Organschaft i.S.d. § 14 KStG wird in der Literatur kritisch beurteilt. DÖRR vertritt den Standpunkt, dies wäre ein erheblicher Rückschritt im europäischen Unternehmenssteuerrecht und darüber hinaus wohl auch verfassungswidrig und europarechtlich unzulässig.[1035] Inwieweit der These der Verfassungs- und Europarechtswidrigkeit gefolgt werden kann, ist m.E. zwar zweifelhaft. Die mögliche Verfassungswidrigkeit führt DÖRR darauf zurück, dass die Organschaftsregelung der wirtschaftlichen Einheit des Konzerns Rechnung trägt. Aufgrund der Möglichkeit der Verrechnung von Verlusten im Organkreis würde insbesondere dem Grundsatz der Besteuerung nach der Leistungsfähigkeit und der Gleichmäßigkeit der Besteuerung gefolgt. Der Grundsatz der Rechtsformwahlfreiheit, so DÖRR, gebiete es daher, von steuerlichen Einflussfaktoren unbeeinflusst allein nach betriebswirtschaftlichen Erwägungen zu

---

MES, F. / BRÜCK, M. / RIBBROCK, M.: Der EuGH-Fall Marks & Spencer: Rückschlüsse für die deutsche Organschaftsbesteuerung, a.a.O., S. 968; HERZIG, N. / WAGNER, T.: EuGH-Urteil „Marks & Spencer" – Begrenzter Zwang zur Öffnung nationaler Gruppenbesteuerungssysteme für grenzüberschreitende Sachverhalte, a.a.O., S. 9; KLEINERT, J. / NAGLER, J.: Anmerkung zum EuGH-Urteil vom 13.12.2005, a.a.O., S. 2792; MÜLLER, W.: Europaweite Konzernbesteuerung – Auswirkungen auf das deutsche Recht, in: GmbHR 2005, S. 1551.

[1033] Vgl. EuGH-Urteil vom 13.12.2005, C-446/03, in: DStR 2005, S. 2170, Tz. 32 - 34.

[1034] Vgl. EuGH-Urteil vom 12.12.2002, C-324/00, in: DStR 2003, S. 25 - 27.

[1035] Vgl. DÖRR, I.: Abschaffung oder Erweiterung der Organschaft?! Zu den möglichen Konsequenzen der Rechtssache „Marks & Spencer plc", a.a.O., S. 272.

entscheiden, ob eine konzernunternehmerische oder eine einheitsunternehmerische Struktur aufgebaut wird.[1036]

Die Argumentation DÖRRs ist, bei wirtschaftlicher Betrachtung des Konzerns als Einheit, grundsätzlich zutreffend. Allerdings lässt sich m.E. aus einer Abschaffung der Organschaftsregelung keinesfalls auf eine Verfassungswidrigkeit schließen, da der Grundsatz der rechtsformneutralen Besteuerung nicht die gleiche Besteuerung aller Unternehmensformen gebietet. Eine rechtsformneutrale Besteuerung ist vielmehr dann gegeben, wenn „wirtschaftlich gleichförmige Sachverhalte mit gleicher Belastungswirkung besteuert und wirtschaftlich verschiedenartige Sachverhalte entsprechend den Unterschieden auch verschieden besteuert werden". Hieraus ergibt sich m.E., dass die unterschiedlichen zivilrechtlichen Strukturen von Einheitsunternehmung und Konzernunternehmung sehr wohl eine unterschiedliche Besteuerung rechtfertigen. Hierauf basiert im Fall der Konzernunternehmung das Trennungsprinzip, d.h. die Behandlung von Unternehmen und Gesellschafter als getrennte Steuersubjekte. Eine Verfassungswidrigkeit wäre daher in der Abschaffung der Organschaft m.E. nicht anzunehmen.

Ebenso ist m.E. die von DÖRR für den Fall einer Abschaffung proklamierte Europarechtswidrigkeit zweifelhaft. DÖRR stützt seine Argumentation auf die sodann resultierende Ungleichbehandlung, die sich bezüglich Verlusten einer ausländischen Tochtergesellschaft im Vergleich zu einer ausländischen Betriebsstätte ergeben würde, falls Verluste der ausländischen Betriebsstätte trotz DBA-Freistellung künftig in die deutsche Steuerbemessungsgrundlage einbezogen werden könnten.[1037] Dies würde das aus der Niederlassungsfreiheit des Art. 43 EG abgeleitete Neutralitätsgebot bezüglich der Wahl der Rechtsform verletzen.[1038] Zwar ist dem insoweit zuzustimmen, als auch der EuGH in seiner „Avoir Fiscal" - Entscheidung auf Art. 52 EGV verweist, wonach den Wirtschaftsteilnehmern ausdrücklich die Möglichkeit offen steht, die geeignete Rechtsform für die Ausübung ihrer Tätigkeit in einem anderen Mitgliedstaat frei zu wählen.[1039] Diese Wahl dürfe nicht durch diskriminierende Steuerbeschränkungen eingeschränkt werden. Dennoch kann dem Argument DÖRRs m.E. nicht zugestimmt werden. Soweit sachliche Unterschiede zwischen zwei Rechtsformen bestehen, liegt kein Verstoß gegen das aus der Niederlassungsfreiheit resul-

---

[1036]   Vgl. DÖRR, I.: Abschaffung oder Erweiterung der Organschaft?! Zu den möglichen Konsequenzen der Rechtssache „Marks & Spencer plc", a.a.O., S. 271.

[1037]   Siehe hierzu die Ausführungen in Kap. 3.2.4.2 auf S. 103 ff.

[1038]   Vgl. DÖRR, I.: Abschaffung oder Erweiterung der Organschaft?! Zu den möglichen Konsequenzen der Rechtssache „Marks & Spencer plc", a.a.O., S. 271.

[1039]   Vgl. EuGH-Urteil vom 28.01.1986, 270/83, in: DATEV LEXinform, Dok.-Nr. 0082892.

tierende Neutralitätsgebot vor, wenn diese Rechtsformen unterschiedlich besteuert werden. So kann im Hinblick auf die Möglichkeit der Verrechnung von Verlusten nicht außer Betracht bleiben, dass ein inländisches Stammhaus für die Schulden seiner ausländischen Betriebsstätte einstehen muss, während dies bei einer inländischen Muttergesellschaft hinsichtlich der Schulden ihrer ausländischen Tochtergesellschaft grundsätzlich nicht der Fall ist.[1040] Darüber hinaus betrifft das EuGH-Urteil zur Rechtssache „*Avoir Fiscal*" die steuerliche Behandlung der Sekundärniederlassung im Aufnahmestaat, nicht jedoch im Ursprungsstaat.[1041] Daher besteht aus europarechtlicher Sicht m.E. keine zwingende Berechtigung, im Falle der Verrechenbarkeit der Verluste einer ausländischen Betriebsstätte bei DBA-Freistellung eine Gleichbehandlung ausländischer Tochtergesellschaften einzufordern.

Allerdings ist m.E. zutreffend, dass eine Abschaffung der Organschaftsregelung im Standortwettbewerb für Deutschland einen erheblichen Rückschritt bedeuten würde, da dies den Standort Deutschland gegenüber anderen Staaten deutlich benachteiligen würde. Dies gilt nicht zuletzt deshalb, weil andere EU-Mitgliedstaaten gerade den umgekehrten Weg gehen. So sehen die Steuerrechtsordnungen von Dänemark Frankreich, Österreich und Italien bereits zum gegenwärtigen Zeitpunkt eine grenzüberschreitende Gruppenbesteuerung vor, die auch die Möglichkeit zur grenzüberschreitenden Verlustverrechnung beinhaltet.[1042] Eine derartige Gruppenbesteuerungsregelung wurde in Deutschland mit Verweis auf erhebliche fiskalische Risiken bislang abgelehnt[1043], wenngleich Deutschland als Holdingstandort im europäischen Binnenmarkt davon profitie-

---

[1040] Vgl. SCHÖN, W.: Besteuerung im Binnenmarkt – die Rechtsprechung des EuGH zu den direkten Steuern, in: IStR 2004, S. 300; SCHEUNEMANN, M.: Europaweite Verlustberücksichtigung im Konzern: Steine statt Brot durch die Schlussanträge des Generalanwalts Maduro vom 7.4.2005 im Fall Marks & Spencer?, in: IStR 2005, S. 305.

[1041] Vgl. HERZIG, N. / WAGNER, T.: EuGH-Urteil „Marks & Spencer" – Begrenzter Zwang zur Öffnung nationaler Gruppenbesteuerungssysteme für grenzüberschreitende Sachverhalte, a.a.O., S. 5.

[1042] Vgl. BDI / PRICEWATERHOUSECOOPERS (Hrsg.): Verlustberücksichtigung über Grenzen hinweg, in: *http://www.bdi-online.de/BDIONLINE_INEAASP/iFILE.dll/X800FEC 8B206E44CAA1DA81B4995B7B40/2F252102116711D5A9C0009027D62C80/PDF/ verlustberuecksichtigung%202006-01-11.PDF*, Stand: Januar 2006, S. 41 (Dänemark), S. 49 (Frankreich), S. 56 (Italien), S. 65 – 67 (Österreich).

[1043] Vgl. BMF: Frau Dr. Barbara Hendricks MdB, beim BDI-Steuerkongress zum Thema "Unternehmensbesteuerung in Deutschland und Europa Fiskalinteresse oder Wettbewerbsfähigkeit?", in: *http://www.bundesfinanzministerium.de/lang_de/nn_88/nsc_true/ DE/Aktuelles/Reden_20und_20Interviews/ 26810,templateId=renderPrint.html*, Stand: 28.09.2004.

ren würde. Daher wäre eine Modifizierung der Organschaftsregelung ihrer Abschaffung m.E. in jedem Fall vorzuziehen.[1044]

Dennoch stellt sich die Frage, ob die Berücksichtigung der Verluste ausländischer Tochtergesellschaften im Rahmen der deutschen Organschaft nach Maßgabe des EuGH-Urteils „*Marks & Spencer*" überhaupt geboten ist. So wurde die Anwendung des britischen Konzernabzugs auf die Verluste der ausländischen Tochtergesellschaften mit dem Verweis auf die fehlende Ansässigkeit dieser Tochtergesellschaften im Vereinigten Königreich verwehrt. Demgegenüber erfordert die Regelung zur Organschaft in § 14 Abs. 1 KStG zusätzlich zur finanziellen Eingliederung und dem doppelten Inlandsbezug der Tochtergesellschaft einen Ergebnisabführungsvertrag im Sinne des § 291 Abs. 1 AktG. Dies leitet sich aus der Überlegung ab, dass eine steuerliche Verlustübernahme nur ermöglicht werden soll, wenn die Verluste mit einer die Leistungsfähigkeit mindernden Haftungsübernahme der Muttergesellschaft einhergehen.[1045] Der Abschluss eines Ergebnisabführungsvertrags führt dazu, dass die Muttergesellschaft ihre Haftungsbeschränkung hinsichtlich der beherrschten Tochtergesellschaft verliert. Demnach wäre es bedenklich, haftungslose Verluste, die nicht zu einer tatsächlichen Vermögensminderung führen, zur Minderung der steuerlichen Bemessungsgrundlage zuzulassen.

Im grenzüberschreitenden Kontext wirft es jedoch Zweifel auf, die Berücksichtigung der Verluste ausländischer Tochtergesellschaften bei der inländischen Muttergesellschaft an das Bestehen eines Ergebnisabführungsvertrags zu knüpfen. So dürfte es nach herrschender Meinung aus gesellschaftsrechtlichen Gründen nicht möglich sein, mit einer ausländischen Tochtergesellschaft einen Ergebnisabführungsvertrag abzuschließen.[1046] Unter diesem Gesichtspunkt kann das Fehlen eines Ergebnisabführungsvertrags demnach keinen Rechtfertigungsgrund für die Versagung der Verlustübernahme darstellen. Darüber hinaus dürfte die Beschränkung eines Ergebnisabführungsvertrags auf reine Inlandsfälle spä-

---

[1044]   Vgl. HERZIG, N. / WAGNER, T.: EuGH-Urteil „Marks & Spencer" – Begrenzter Zwang zur Öffnung nationaler Gruppenbesteuerungssysteme für grenzüberschreitende Sachverhalte, a.a.O., S. 10.

[1045]   Vgl. FROTSCHER, G. in: FROTSCHER, G. / MAAS, E.: KStG - UmwStG, KStG § 14, Rdnr. 161.

[1046]   Vgl. BALMES, F. / BRÜCK, M. / RIBBROCK, M.: Der EuGH-Fall Marks & Spencer: Rückschlüsse für die deutsche Organschaftsbesteuerung, a.a.O., S. 969; SCHEUNEMANN, M.: Europaweite Verlustberücksichtigung im Konzern: Steine statt Brot durch die Schlussanträge des Generalanwalts Maduro vom 7.4.2005 im Fall Marks & Spencer?, a.a.O., S. 310; vgl. auch ALTMEPPEN, H. in: KROPFF, B. / SEMLER, J.: Münchener Kommentar zum Aktiengesetz, § 291, Rdnr. 15.

testens nach dem EuGH-Urteil in der Rechtssache „*SEVIC Systems AG*"[1047] zur Möglichkeit einer grenzüberschreitenden Verschmelzung europarechtlich fragwürdig sein.[1048] In diesem Zusammenhang ist auch zu berücksichtigen, dass der ausländische Staat nicht zur Anerkennung des deutschen Ergebnisabführungsvertrags gezwungen werden kann.[1049] Daher bestehen auch insoweit Bedenken an der europarechtlichen Zulässigkeit des Erfordernisses eines solchen Vertrags für die Anerkennung einer Organschaft. Es wäre jedoch auch gleichermaßen ohne weiteres vorstellbar, anstelle eines Ergebnisabführungsvertrags eine schuldrechtliche Vereinbarung der Verlustübernahme durch die inländische Muttergesellschaft, z.B. in Form einer Patronatserklärung, als Organschaftsvoraussetzung anzuerkennen.[1050] Auch in diesem Fall würden die Verluste der Tochtergesellschaft mit einer Haftungsminderung bei der Muttergesellschaft und damit mit einer Minderung ihrer Leistungsfähigkeit einhergehen. Hiervon abgesehen dürfte es für die Annahme einer Beschränkung der Niederlassungsfreiheit irrelevant sein, ob die Versagung der Verlustberücksichtigung bei der Muttergesellschaft mit dem fehlenden doppelten Inlandsbezug der Tochtergesellschaft, oder mit dem nicht vorhandenen, weil gesellschaftsrechtlich unzulässigen Ergebnisabführungsvertrag begründet wird.[1051] Demnach dürfte eine zumindest partielle Neuregelung der Vorschriften zur Organschaft in §§ 14 ff. KStG zur Herstellung der Europarechtskonformität m.E. unausweichlich sein.[1052]

Abzuwarten bleibt, welche Lösung der Gesetzgeber zur Modifizierung der Organschaftsregelung wählt. So wäre es plausibel, den vom EuGH gewählten An-

---

[1047] Der EuGH kommt in dieser Entscheidung das deutsche Umwandlungsgesetz betreffend zum Ergebnis, dass ein Verstoß gegen die Niederlassungsfreiheit der Art. 43 EGV und Art. 48 EGV vorliegt, wenn eine grenzüberschreitende Verschmelzung generell verweigert wird, während die Verschmelzung von zwei inlandsansässigen Gesellschaften bei Erfüllung der Voraussetzungen möglich ist; vgl. EuGH-Urteil vom 13.12.2005, C-411/03, in: DStR 2006, S. 49 f.

[1048] Vgl. KLEINERT, J. / NAGLER, J.: Anmerkung zum EuGH-Urteil vom 13.12.2005, a.a.O., S. 2792; HEY, J.: Die EuGH-Entscheidung in der Rechtssache Marks & Spencer und die Zukunft der deutschen Organschaft, a.a.O., S. 118.

[1049] Vgl. HERZIG, N. / WAGNER, T.: EuGH-Urteil „Marks & Spencer" – Begrenzter Zwang zur Öffnung nationaler Gruppenbesteuerungssysteme für grenzüberschreitende Sachverhalte, a.a.O., S. 9.

[1050] Vgl. RÖDL & PARTNER: EuGH-Urteil „Marks & Spencer" – Folgen für die Organschaft – Anmerkung zu EuGH Urteil C 446/03 v. 13.12.2005, S. 1.

[1051] Vgl. SCHEUNEMANN, M.: Europaweite Verlustberücksichtigung im Konzern: Steine statt Brot durch die Schlussanträge des Generalanwalts Maduro vom 7.4.2005 im Fall Marks & Spencer?, a.a.O., S. 310; HERZIG, N. / WAGNER, T.: EuGH-Urteil „Marks & Spencer" – Begrenzter Zwang zur Öffnung nationaler Gruppenbesteuerungssysteme für grenzüberschreitende Sachverhalte, a.a.O., S. 9.

[1052] Vgl. DÖRR, I.: Abschaffung oder Erweiterung der Organschaft?! Zu den möglichen Konsequenzen der Rechtssache „Marks & Spencer plc", a.a.O., S. 269.

satz des Verlustabzugs bei Unmöglichkeit der Verrechnung im Ausland zu übernehmen. Denn obgleich der EuGH über die Methode der sog. Verlustberücksichtigung mit Nachversteuerung keine abschließende Entscheidung getroffen hat, erscheint es m.E. aufgrund des vom EuGH stattdessen gewählten Ansatzes zweifelhaft, dass sich der Gesetzgeber zu der insoweit unbequemeren Nachversteuerungslösung entschließt. Dennoch wäre diese Methode m.E. gegenüber der vom EuGH gewählten Methode klar vorzuziehen, da hierdurch keine Zins- und Liquiditätsnachteile im Vergleich zum rein nationalen Sachverhalt entstehen. Langfristig ist es m.E. jedoch empfehlenswert, anstelle zahlreicher, sich im Detail unterscheidender unilateraler Ansätze eine Lösung der Problematik auf europäischer Ebene anzustreben.[1053] Nur mittels eines in allen Mitgliedstaaten umgesetzten, einheitlichen Konzepts kann eine Besteuerung nach der wirtschaftlichen Leistungsfähigkeit gewährleistet und gleichermaßen dem Gedanken des europäischen Binnenmarkts Rechnung getragen werden.

4.2.4.4 Entwicklung auf Ebene der Europäischen Kommission

4.2.4.4.1 EU-Verlustrichtlinie

Die Europäische Kommission hat die negativen Auswirkungen der Nichtberücksichtigung ausländischer Verluste im europäischen Binnenmarkt bereits im Jahr 1990 erkannt. Zu diesem Zeitpunkt hatte die Kommission mit der sog. EU-Verlustrichtlinie[1054] den Vorschlag zu einer grenzüberschreitenden Ergebniskonsolidierung unterbreitet, diesen Vorschlag unterdessen jedoch zugunsten eines umfassenderen Ansatzes zur Besteuerung grenzüberschreitender Konzerne zurückgezogen.[1055]

Das Ziel der EU-Verlustrichtlinie bestand im Abbau steuerlicher Hemmnisse, die bei der wirtschaftlichen Betätigung von Unternehmen in anderen Mitgliedstaaten auftreten. Die Richtlinie, die sich auf Verluste ausländischer Betriebsstätten und Tochtergesellschaften gleichermaßen bezog, sah eine Berücksichti-

---

[1053] So auch SCHEUNEMANN, M.: Europaweite Verlustberücksichtigung im Konzern: Steine statt Brot durch die Schlussanträge des Generalanwalts Maduro vom 7.4.2005 im Fall Marks & Spencer?, a.a.O., S. 311; MÜLLER, W.: Europaweite Konzernbesteuerung – Auswirkungen auf das deutsche Recht, a.a.O., S. 1553 f.

[1054] Vgl. EU-KOMMISSION: Vorschlag für eine Richtlinie des Rates über eine Regelung für Unternehmen zur Berücksichtigung der Verluste ihrer in anderen Mitgliedstaaten belegenen Betriebsstätten und Tochtergesellschaften vom 28.11.1990, KOM(1990) 595 endg., in: ABl. EG Nr. C 1991/53, S. 30.

[1055] Vgl. EU-KOMMISSION: Überholte Vorschläge, die von der Kommission zurückgezogen werden, 2004/C 5/02, in: ABl. EG Nr. C 2004/5 vom 09.01.2004, S. 20; WEHRHEIM, M. / MARQUARDT, A.: Die Vorschläge der Europäischen Kommission zur Unternehmensbesteuerung im Binnenmarkt – ein Überblick, in: IStR 2003, S. 17.

gung von Verlusten im Wege der Nachversteuerungsmethode vor. Demnach
sollte es einer Muttergesellschaft ermöglicht werden, Verluste ihrer in einem
anderen Mitgliedstaat ansässigen Tochtergesellschaft im vollen Umfang im
Rahmen ihrer eigenen Ergebnisermittlung zu berücksichtigen. Als Mindestbeteiligungsquote hierfür waren 75 % vorgesehen, jedoch sollten die Mitgliedstaaten
auch eine niedrigere Beteiligungsquote festlegen können. Eine Nachversteuerung des durch den Verlustabzug geminderten inländischen Gewinns der Muttergesellschaft sollte in späteren Wirtschaftsjahren eintreten, soweit die Tochtergesellschaft Gewinne erzielt. Darüber hinaus sollte es den Mitgliedstaaten
gestattet sein, die Nachversteuerung noch nicht ausgeglichener Verluste bei der
Muttergesellschaft in jedem Fall nach fünf Jahren vorzunehmen. Weitere Fälle
der Nachversteuerung unabhängig von einer Gewinnerzielung waren bei Veräußerung, Liquidation oder Umwandlung der Tochtergesellschaft, sowie bei Ab-
sinken der Beteiligungsquote unter den qualifizierenden Prozentsatz vorgesehen.[1056]

4.2.4.4.2 Konzept der konsolidierten Körperschaftsteuer-Bemessungsgrundlage

Der Vorschlag der EU-Verlustrichtlinie wurde von der Europäischen Kommission im Rahmen ihres Vorschlags für ein Konzept der konsolidierten Körperschaftsteuer-Bemessungsgrundlage, das ein weit umfassenderes Konzept der
Besteuerung der grenzüberschreitenden Geschäftstätigkeit darstellt, in 2002 zurückgezogen. Eine Umsetzung dieses Konzepts würde automatisch mit einer
Lösung der Problematik des grenzüberschreitenden Verlustausgleichs einhergehen.

Ausgangspunkt des Konzepts war eine Analyse der Unternehmensbesteuerung
in den Mitgliedstaaten.[1057] Die Kommission hat in dieser Studie verschiedene
kritische Bereiche ermittelt, in denen die grenzüberschreitende Betätigung von
Unternehmen im Binnenmarkt durch bestehende steuerliche Vorschriften der
Mitgliedstaaten direkt oder indirekt behindert oder gehemmt wird. So wird die
Thematik des grenzüberschreitenden Verlustausgleichs von der Kommission
explizit als zu lösender Problembereich identifiziert. Ebenso werden nach Ansicht der Kommission grenzüberschreitende Umstrukturierungen aufgrund von
erheblichen steuerlichen Belastungen erschwert. Die Zurechnung von Gewinnen

[1056] Vgl. SASS, G.: Zum EG-Richtlinienvorschlag vom 28.11.1990 über den Abzug von Verlusten ausländischer Betriebsstätten und Tochtergesellschaften, in: BB 1991, S. 1164.
[1057] Vgl. EU-KOMMISSION: Ein Binnenmarkt ohne steuerliche Hindernisse, KOM(2001) 582
endg., in: http://eur-lex.europa.eu/LexUriServ/site/de/com/2001/
com2001_0582de01.pdf, Stand: 23.10.2001, S. 3.

nach dem Fremdvergleichsprinzip in getrennten Buchführungen wird als problematisch angesehen, da hieraus zahlreiche Probleme hinsichtlich konzerninter-
ner Verrechnungspreise entstehen. Weiterhin seien Quellensteuern auf konzernintern gezahlte Dividenden, Zinsen und Lizenzgebühren nicht mit dem
europäischen Binnenmarkt vereinbar. Die Problematik der Quellensteuer auf
Dividendenzahlungen zwischen verbundenen Unternehmen sollte zwar mittels
der EU-Mutter-Tochterrichtlinie beseitigt werden, jedoch bemängelt die Kommission, dass der Geltungsbereich der Richtlinie zu eng sei, und die Richtlinie
darüber hinaus in den Mitgliedstaaten unterschiedlich angewandt werde.[1058]

Zur Lösung der aufgezeigten Problembereiche unterscheidet die Kommission
einerseits zwischen gezielten Lösungen, die auf bestimmte Hindernisse ausgerichtet sind, und andererseits zwischen umfassenden Lösungen, mit denen es
möglich sei, sämtlichen oder zumindest den meisten Hindernissen gleichzeitig
zu begegnen. Allerdings empfiehlt die Kommission ausdrücklich ein zweigleisi-
ges Vorgehen, was bedeutet, dass kurz- und mittelfristig die von ihr vorgeschla-
genen gezielten Maßnahmen umzusetzen seien, um die dringendsten Probleme
zu lösen. Langfristig sei jedoch eine umfassende, systematische Lösung anzustreben.

Im Rahmen der gezielten Lösungen knüpft die Kommission an bereits bestehende Regelungen an und unterbreitet hierzu Verbesserungsvorschläge.[1059] So will
die EU-Kommission die Mitgliedstaaten in Bezug auf die Frage des grenzüberschreitenden Verlustausgleichs zur Sicherstellung eines weiteren Vorankom-
mens konsultieren, da dieser Themenkomplex nach ihrer Auffassung eine der
wichtigsten Fragen für die Wirtschaft darstelle.[1060] Hinsichtlich der weiteren
aufgezeigten Problembereiche sieht die Kommission ebenfalls gezielte Lösungen vor. Im Hinblick auf den Problembereich der Verrechnungspreise sei drin-
gender Handlungsbedarf geboten. Demnach sollen die Mitgliedstaaten zur Einführung oder Ausweitung von Verrechnungspreiszusagen, sog. Advance Pricing
Agreements, ermutigt werden.[1061] Ein weiterer Problembereich, den die Kommission aufgreift, sind Lücken im bereits vorhandenen Netz der DBA in der EU,
sowie Schwierigkeiten, die bei Anwendungs- oder Auslegungsproblemen im
Zusammenhang mit den DBA auftreten.[1062] Weiterhin sollen der Anwendungs-

---

[1058]   Vgl. für den Absatz EU-KOMMISSION: Ein Binnenmarkt ohne steuerliche Hindernisse,
         a.a.O., S. 11 f.
[1059]   Vgl. EU-KOMMISSION: Ein Binnenmarkt ohne steuerliche Hindernisse, a.a.O., S. 13 f.
[1060]   Vgl. EU-KOMMISSION: Ein Binnenmarkt ohne steuerliche Hindernisse, a.a.O., S. 14 f.
[1061]   Vgl. EU-KOMMISSION: Ein Binnenmarkt ohne steuerliche Hindernisse, a.a.O., S. 15.
[1062]   Vgl. EU-KOMMISSION: Ein Binnenmarkt ohne steuerliche Hindernisse, a.a.O., S. 49.

bereich der EU-Mutter-Tochterrichtlinie und der EU-Fusionsrichtlinie erweitert werden.[1063]

Ungeachtet der gezielten Lösungen, die einzelne steuerliche Hindernisse beseitigen, bliebe die Konfrontation mit den verschiedenen Steuersystemen der Mitgliedstaaten als Hauptproblem der grenzüberschreitenden Unternehmenstätigkeit nach Ansicht der EU jedoch bestehen. Daher sei ein umfassender Lösungsansatz erforderlich. Durch die Schaffung einer konsolidierten Körperschaftsteuer-Bemessungsgrundlage für multinationale Unternehmen würde ein einheitlicher Rahmen für die Unternehmensbesteuerung der grenzüberschreitenden Wirtschaftätigkeit im Binnenmarkt entstehen. Dadurch würde die gesamte europaweite Tätigkeit einer multinationalen Gesellschaft in einer einzigen Steuerbemessungsgrundlage bei gleichzeitiger grenzüberschreitender Ergebniskonsolidierung zusammengefasst werden. Die Kommission hat hierzu vier unterschiedliche Ansätze analysiert. Alle Ansätze weisen die Gemeinsamkeit auf, dass eine Beseitigung der aufgezeigten steuerlichen Hindernisse durch eine einzige Steuerbemessungsgrundlage für die Tätigkeit multinationaler Gesellschaften im Binnenmarkt geschaffen werden soll. Unterschiede zwischen den Ansätzen bestehen indes hinsichtlich der Intensität, mit der in die Steuersouveränität der Mitgliedsstaaten eingegriffen wird.[1064]

Der Ansatz der „gegenseitigen Anerkennung" sieht vor, die Steuerbemessungsgrundlage nach den Vorschriften des Sitzstaates zu ermitteln, in dem die Muttergesellschaft ihre Hauptverwaltung hat. Somit würden für sämtliche einbezogenen Konzernunternehmen die steuerlichen Gewinnermittlungsvorschriften des Sitzstaates der Muttergesellschaft gelten. Dieses Konzept wirkt sich jedoch nur auf die Ermittlung der Bemessungsgrundlage aus – die sodann mittels geeigneter Schlüssel auf die beteiligten Mitgliedsstaaten aufzuteilen wäre. Die Erhebung und Verwaltung der Steuern, sowie die Höhe des Steuersatzes obliegt der Souveränität des jeweils betroffenen Mitgliedsstaats. Da die Gewinnermittlungsvorschriften des Sitzstaats der Muttergesellschaft Anwendung finden würden, wäre es zur Lösung der von der Kommission aufgezeigten Problembereiche jedoch erforderlich, dass das Steuersystem der Muttergesellschaft eine grenzüberschrei-

---

[1063]   Die EU-Mutter-Tochterrichtlinie soll dahingehend abgeändert werden, dass nicht nur direkte, sondern auch indirekte Beteiligungen abgedeckt werden, oder alternativ die Mindestbeteiligungsgrenze abgesenkt wird. Soweit die EU-Fusionsrichtlinie Anwendung findet, sei es denkbar, künftig Transfersteuern im Zusammenhang mit grenzüberschreitenden Umstrukturierungen zu berücksichtigen.

[1064]   Vgl. für die nachfolgenden Ausführungen detailliert EU-KOMMISSION: Ein Binnenmarkt ohne steuerliche Hindernisse, a.a.O., S. 49 f.

tende Konsolidierung vorsieht.[1065] Demgegenüber ist derzeit in einem Großteil der EU-Mitgliedstaaten in den jeweiligen Vorschriften zur Gruppenbesteuerung keine Ergebniskonsolidierung bezüglich Auslandsergebnissen zugelassen.[1066]

Beim Ansatz der „einheitlichen konsolidierten Bemessungsgrundlage" dagegen würde ein völlig neues, harmonisiertes EU-Regelungswerk geschaffen, mit der die Bemessungsgrundlage der Unternehmensgruppe zu ermitteln wäre, die in der EU grenzüberschreitend tätig ist. Die im europäischen Binnenmarkt erzielten konsolidierten Gewinne der Unternehmensgruppe wären somit nach einem einheitlichen, EU-harmonisierten Regelwerk zu ermitteln. Die harmonisierten Regelungen würden neben den einzelstaatlichen Regelungen gelten und wären damit für die in Betracht kommenden Unternehmen fakultativ anwendbar.

Eine dritte Alternative wäre das Modell der „Europäischen Körperschaftsteuer", dessen Anwendung bei den Unternehmen ebenfalls auf fakultativer Basis erfolgen könnte. Nach diesem Modell würde nicht nur eine einheitliche Körperschaftsteuerbemessungsgrundlage geschaffen, sondern auch ein einheitliches Körperschaftsteuergesetz in der EU eingeführt.[1067] Die Steuer könnte auf europäischer Ebene erhoben und verwaltet werden. Weiterhin wäre es denkbar, dass ein Teil der erhobenen Steuer direkt in den Haushalt der EU fließen könnte. Der verbleibende Betrag wäre den Mitgliedstaaten nach einem festzulegenden Schlüssel zuzuweisen.

Die vierte denkbare Alternative sieht vor, im Rahmen eines „traditionellen Ansatzes" die einzelstaatlichen Systeme sämtlicher Mitgliedstaaten betreffend die Ausgestaltung der Steuerbemessungsgrundlage zu harmonisieren. Damit wäre im Ergebnis ein einziges System in der EU anzuwenden. Die Schaffung einer harmonisierten Steuerbemessungsgrundlage wäre in diese Variante für alle Mitgliedstaaten obligatorisch. Als Konsequenz hiervon wären von diesem Ansatz nicht nur grenzüberschreitend tätige Konzerne und Einheitsunternehmen, sondern auch rein national ausgerichtete Kapitalgesellschaften betroffen.

Alle Ansätze weisen die Gemeinsamkeit auf, dass aufgrund der konsolidierten Steuerbemessungsgrundlage insbesondere die Problematik der grenzüberschreitenden Verrechung von Verlusten und Gewinnen im Konzern innerhalb der EU gelöst wäre. Jedoch weist die EU-Kommission darauf hin, dass alle Ansätze spezifische Vor- und Nachteile aufweisen und einer weiteren Untersuchung be-

---

[1065] Vgl. SPENGEL, C. / FREBEL, M.: Neue Initiativen der EU-Kommission für die Besteuerung grenzüberschreitend tätiger Unternehmen in Europa, in: StuB 2003, S. 788.

[1066] Vgl. OESTREICHER, A.: Konzernbesteuerung in Europa, in: StuW 2002, S. 352.

[1067] Vgl. OESTREICHER, A.: Konzernbesteuerung in Europa, a.a.O., S. 348.

dürfen. Auf die Empfehlung eines der Ansätze verzichtet die EU-Kommission daher in ihrem Positionspapier. Tatsächlich bestimmt sich die Frage, welche der vier Ansätze vorzuziehen ist, anhand der angestrebten Intensität der europäischen Harmonisierung im Bereich der direkten Steuern. Daher bleibt eine Umsetzung des Konzepts der konsolidierten Körperschaftsteuer-Bemessungsgrundlage abzuwarten. Konsequenz einer Umsetzung wäre je nach gewähltem Ansatz, dass die Mitgliedstaaten einen Teil ihrer Souveränität im Bereich der direkten Steuern aufgeben müssten, was viele Mitgliedstaaten indes noch immer grundsätzlich ablehnen.[1068]

[1068] Vgl. OESTREICHER, A.: Konzernbesteuerung in Europa, a.a.O., S. 352.

5 Resümee

Die vorliegende Untersuchung impliziert, dass die Gestaltungsvariante der Betriebsstätte im Vergleich zur ausländischen Tochtergesellschaft für die Verlagerung der Produktion aus steuerlicher Sicht tendenziell zu bevorzugen ist. So sind die Gewinne einer aktiv tätigen Betriebsstätte bei Bestehen eines DBA im Inland vollständig von der Körperschaft- und Gewerbesteuer des inländischen Stammhauses freigestellt. Die Gewinne werden somit ausschließlich der Besteuerung zum Steuerniveau des Domizilstaates der Betriebsstätte unterworfen, unabhängig davon, ob ein Transfer der Betriebsstättengewinne in das Inland erfolgt. Eine Einschränkung hiervon besteht allenfalls in Einzelfällen, sofern der Domizilstaat der Betriebsstätte den Gewinntransfer in das Stammhaus einer sog. „branch profit tax" unterwirft. Hiervon abgesehen entstehen im Rahmen des Gewinntransfers keine steuerlichen Folgen für das inländische Stammhaus.

In der Gestaltungsalternative einer aktiv tätigen ausländischen Tochtergesellschaft kann eine Besteuerung zum Steuerniveau des ausländischen Zielstaates demgegenüber nur dann erreicht werden, wenn die Tochtergesellschaft die erwirtschafteten Gewinne thesauriert. Werden Gewinnausschüttungen vorgenommen, ergeben sich jedoch zusätzliche steuerliche Folgen. So unterliegen die empfangenen Dividenden bei der inländischen Muttergesellschaft faktisch zu 5 % der Körperschaft- und Gewerbesteuer. Darüber hinaus wird der Domizilstaat der Tochtergesellschaft aufgrund der beschränkten Steuerpflicht der Muttergesellschaft Quellensteuer einbehalten, sofern die Tochtergesellschaft nicht im Anwendungsbereich der EU-Mutter-Tochterrichtlinie ansässig ist. Eine Abmilderung ist hierbei nur insoweit möglich, als die Höhe des Quellensteuereinbehalts abkommensrechtlich auf den für Schachteldividenden vorgesehenen Steuersatz begrenzt ist. Die in abkommensrechtlich zulässigere Höhe einbehaltene Quellensteuer stellt für die inländische Muttergesellschaft eine definitive Belastung dar und kann weder auf die eigene Körperschaftsteuer angerechnet, noch im Rahmen der Einkünfteermittlung abgezogen werden. Diese Gegenüberstellung zeigt im Ergebnis, dass die Alternative der ausländischen Betriebsstätte bei Existenz eines DBA mit dem Zielstaat aus Sicht der laufenden Besteuerung klar vorzuziehen ist, da die erzielten Gewinne in diesem Fall ausschließlich mit dem ausländischen Steuerniveau belastet sind.

Besteht mit dem Zielstaat kein DBA, sind die Gewinne einer ausländischen Betriebsstätte in voller Höhe in das Welteinkommen der inländischen Kapitalgesellschaft einzubeziehen. Aufgrund der Systematik der auf unilateraler Ebene angewandten Anrechnungsmethode erfolgt hierbei eine Angleichung der Steuerbelastung auf das inländische Niveau. Sofern ein Anrechnungsüberhang bezüglich der im Ausland erhobenen Steuer verbleibt, stellt dieser eine definitive

Belastung dar, so dass allenfalls die alternativ mögliche Abzugsmethode zu einem insoweit vorteilhafteren Ergebnis führen kann. Demgegenüber treten auch in der Gestaltungsalternative der ausländischen Tochtergesellschaft bei fehlendem DBA nachteilige Folgen ein, da Gewinnausschüttungen in diesem Fall ungemildert dem als Definitivbelastung wirkenden Quellensteuereinbehalt des Domizilstaates der Tochtergesellschaft unterliegen. Eine Reduktion des Quellensteuersatzes nach Maßgabe eines Schachtelprivilegs ist bei Fehlen eines DBA nicht denkbar. Darüber hinaus ist auch in dieser Konstellation die zusätzliche Belastung von Gewinnausschüttungen mit inländischer Körperschaft- und Gewerbesteuer in Höhe von 5 % der bezogenen Dividenden bei der Muttergesellschaft zu bedenken. Daher ist in der Situation eines fehlenden DBA mit dem Domizilstaat nur tendenziell eine steuerliche Vorteilhaftigkeit der Betriebsstätte anzunehmen. Eine exakte Aussage lässt sich hier indes ausschließlich im Wege eines Steuerbelastungsvergleichs treffen.

Die ausländische Betriebsstätte führt jedoch auch hinsichtlich des Verlagerungsvorgangs und der hieraus resultierenden inländischen steuerlichen Folgen zu Vorteilen gegenüber einer ausländischen Tochtergesellschaft. Die Überführung von Wirtschaftsgütern lässt sich im Falle der Errichtung einer Betriebsstätte im Verlagerungszeitpunkt grundsätzlich steuerneutral durchführen. Dies will die Finanzverwaltung bei Bestehen eines DBA mit Freistellungsmethode zwar ausschließlich im Wege der Billigkeit für einen auf zehn Jahre begrenzten Zeitraum gewähren. Es konnte jedoch gezeigt werden, dass diese Position keine Rechtsgrundlage aufweist und darüber hinaus aufgrund der Überlegungen zum EuGH-Urteil in der Rechtssache *„Hughes de Lasteyrie du Saillant"* aus europarechtlicher Sicht bedenklich ist. Insbesondere wurde ausgeführt, dass auch bei Bestehen eines DBA die Besteuerung der stillen Reserven im Inland, die bis zum Überführungszeitpunkt entstanden sind, nach Maßgabe der erforderlichen Gewinnabgrenzung zwischen Stammhaus und Betriebsstätte sichergestellt ist, so dass aus Sicht des nationalen Steuerrechts keine Notwendigkeit einer sofortigen Gewinnrealisierung im Überführungszeitpunkt besteht.

In der Gestaltungsalternative der ausländischen Tochtergesellschaft tritt demgegenüber sowohl bei Veräußerung, als auch im Wege der offenen bzw. verdeckten Einlage von Wirtschaftsgütern auf der Ebene der inländischen Muttergesellschaft generell eine Aufdeckung der stillen Reserven ein, da die inländische Muttergesellschaft und die ausländische Tochtergesellschaft nach Maßgabe des für Körperschaften geltenden Trennungsprinzips zwei separate Steuersubjekte darstellen. Ein Aufschub der Besteuerung ist daher nicht möglich.

Einer Betriebsstätte ist nach Auffassung der Finanzverwaltung ein dem Grundsatz des Fremdvergleichs entsprechendes Dotationskapital zuzuweisen. Hierzu legt die Finanzverwaltung einen äußeren Fremdvergleich anhand unabhängiger Unternehmen mit vergleichbaren Marktchancen und –risiken zugrunde. Hilfsweise wird ein innerer Fremdvergleich im Wege der Schätzung zugelassen. Diese Position lässt jedoch außer Betracht, dass die Bilanzposition Eigenkapital eine Residualgröße darstellt und sich als Differenz zwischen Vermögensgegenständen und Schulden ermittelt. Soweit die Zuordnung der positiven und negativen Wirtschaftsgüter zur Betriebsstätte anhand der von ihr ausgeübten Funktionen fremdvergleichskonformen Bedingungen entspricht, besteht für eine isolierte Korrektur des Dotationskapitals demnach keine Veranlassung.

Im Hinblick auf die Kapitalausstattung einer ausländischen Kapitalgesellschaft sind die Restriktionen aus Unterkapitalisierungsregeln des ausländischen Steuerrechts zu beachten. Die nationale Regelung des § 8a KStG hat zwar für die ausländische Kapitalgesellschaft keine Auswirkung. Gleichwohl ergibt sich hieraus bei der inländischen Muttergesellschaft bei Erfüllung der normierten Voraussetzungen eine Umqualifizierung der Vergütungen für Fremdkapital in eine verdeckte Gewinnausschüttung. Dies resultiert aus dem eindeutigen Wortlaut des § 8a KStG und ist darüber hinaus aus europarechtlicher Sicht geboten, um eine Diskriminierung der grenzüberschreitenden innerkonzernlichen Darlehensgewährung gegenüber dem rein nationalen Sachverhalt zu vermeiden. Die von der Finanzverwaltung vorgesehene Umqualifizierung der Vergütungen bei der Muttergesellschaft in Höhe der im Ausland bei der Tochtergesellschaft erfolgten Umqualifizierung ist zwar systematisch vertretbar, jedoch vom gegenwärtigen Wortlaut des § 8a KStG nicht gedeckt, da eine derartige Verknüpfung im Gesetz derzeit nicht enthalten ist.

Ein weiterer zentraler Problembereich, der im Rahmen der Verlagerung der Produktion zu würdigen ist, stellt die Berücksichtigung von ausländischen Anlaufverlusten im Inland dar. Hinsichtlich dieser Thematik zeigt sich deutlich, dass der Bereich der direkten Steuern in zunehmendem Maße von europarechtlichen Überlegungen geprägt ist. Dies gilt sowohl hinsichtlich einer ausländischen Betriebsstätte, als auch im Falle der Errichtung einer ausländischen Tochtergesellschaft. So ist die Erfassung von Verlusten einer ausländischen Betriebsstätte im Inland gegenwärtig ausschließlich möglich, sofern mit dem ausländischen Staat kein DBA besteht. In diesem Fall können die Verluste aufgrund des Welteinkommensprinzips nach allgemeinen Grundsätzen im Rahmen der Einkommensermittlung mit inländischen Gewinnen verrechnet werden. Einschränkungen aus der Regelung des § 2a EStG sind aufgrund der aktiven Tätigkeit der ausländischen Betriebsstätte insoweit nicht zu erwarten.

Besteht mit dem Zielstaat dagegen ein DBA, wird die Verrechnung ausländischer Betriebsstättenverluste mit Gewinnen des inländischen Stammhauses bislang vom BFH aufgrund der Systematik der Freistellungsmethode nach Maßgabe der sog. „Symmetriethese" abgelehnt. Demnach seien Gewinne und Verluste im Steuerrecht die zwei Seiten derselben Medaille. Eine Verlustberücksichtigung komme daher nicht in Betracht, weil abkommensrechtlich keine Berechtigung zur Besteuerung der Gewinne bestehe. Da aus dieser Auffassung eine Benachteiligung des ausländischen Sachverhalts im Vergleich zum reinen inländischen Sachverhalt resultiert, ist ein Verstoß gegen das europäische Gemeinschaftsrecht insoweit nicht auszuschließen. Die europarechtliche Wertung dieser Problematik bleibt jedoch zunächst offen, da der EuGH hierzu eine Stellungnahme im Fall „Ritter-Coulais" klar vermieden hat. Es muss indes davon ausgegangen werden, dass in Kürze eine erneute Vorlage dieser Problematik an den EuGH erfolgt, da die gemeinschaftsrechtlichen Bedenken insoweit fortbestehen und zuletzt das FG Berlin eindeutig die Gemeinschaftswidrigkeit der sog. „Symmetriethese" betont hat. In diesem Zusammenhang ist auch der jüngst vorgelegten Argumentation von Generalanwalt M. POIARES MADURO in den Schlussanträgen zum EuGH-Vorabentscheidungsersuchen in der Rechtssache „REWE Zentralfinanz" Beachtung zu schenken.[1069] Der Generalanwalt greift hier explizit die von der Bundesrepublik Deutschland vertretene „Symmetriethese" auf und lehnt diese Auffassung klar ab. Dies wird mit der EuGH-Rechtsprechung zum Fall „Bosal Holding" begründet, wonach die Ausübung einer grenzüberschreitenden Tätigkeit nicht benachteiligt werden dürfe, auch wenn hieraus eine Verringerung der Steuereinnahmen resultiert. Weiterhin grenzt der Generalanwalt seine Argumentation zu dem insoweit restriktiven EuGH-Urteil „Marks & Spencer" ab und stellt klar, dass die Haltung des EuGH hierzu ausschließlich auf das Missbrauchs- und Betrugsrisiko bezogen sei. So sei es aufgrund einer fehlenden Harmonisierung der Steuervorschriften denkbar, Verluste auf Gesellschaften zu übertragen, die in den Mitgliedstaaten mit den höchsten Steuersätzen niedergelassen sind.[1070] Diese Argumentation zeigt m.E. jedoch deutlich, dass die insoweit restriktive Haltung des EuGH bei Verlusten einer ausländischen Betriebsstätte gerade nicht zum Tragen kommen kann, da in dieser Konstellation ausschließlich die Verlustberücksichtigung beim Stammhaus in Frage steht. Daher ist zu hoffen, dass dem EuGH in naher Zukunft die Gelegenheit gegeben wird, explizit zu der Symmetriethese Stellung zu nehmen.

Anlaufverluste einer ausländischen Tochtergesellschaft können entsprechend der BFH-Rechtsprechung bei der Muttergesellschaft in der Regel nicht im Wege einer Teilwertabschreibung auf die bilanzierten Anteile berücksichtigt werden.

[1069] Vgl. Schlussanträge des Generalanwalts M. POIARES MADURO vom 31.05.2006, Rechtssache C-347/04, a.a.O., Tz. 27 f.

[1070] Vgl. ebenda, Tz. 32.

Darüber hinaus würde eine Teilwertabschreibung aufgrund der Regelung des § 8b KStG keine Ergebnisauswirkung entfalten, wenngleich dies keine systematisch zwingende Folge aus der Freistellung von Gewinnausschüttungen und Veräußerungsgewinnen von Anteilen an Kapitalgesellschaften ist. Auch eine unmittelbare Ergebniskonsolidierung zwischen Mutter- und Tochtergesellschaft kommt im grenzüberschreitenden Kontext nicht in Betracht, wogegen dies im rein nationalen Kontext bei Bestehen eines Organschaftsverhältnisses zulässig wäre. So bietet die körperschaftsteuerliche Organschaft die Möglichkeit, Verluste einer inländischen Tochtergesellschaft mit Gewinnen der Muttergesellschaft zu verrechnen. Aufgrund der gesetzlichen Anforderungen an die Ansässigkeit der Organgesellschaft und das Bestehen eines Ergebnisabführungsvertrags ist es indes nicht zulässig, eine ausländische Tochtergesellschaft in eine Organschaft einzubeziehen. Insoweit ist daher eine europarechtlich bedenkliche Benachteiligung grenzüberschreitender Sachverhalte anzunehmen. Diese europarechtlichen Bedenken werden durch die EuGH-Rechtsprechung zum britischen Sachverhalt „*Marks & Spencer*" bestätigt, wenngleich dessen Urteil restriktiver ausfällt, als erwartet. So lässt der EuGH klar erkennen, dass die Berücksichtigung von Verlusten einer Tochtergesellschaft grundsätzlich in ihrem Ansässigkeitsstaat zu erfolgen hat. Ist die Verlustverrechnung auf Ebene der gebietsfremden Tochtergesellschaft jedoch definitiv unmöglich, hält der EuGH einen Verlustabzug bei der Muttergesellschaft für geboten, sofern entsprechende Inlandsverluste abziehbar wären. Bedauerlich ist in diesem Zusammenhang jedoch die Vorgehensweise des EuGH, da eine periodenverschobene Verlustberücksichtigung bei der Muttergesellschaft für europarechtliche Zwecke als ausreichend betrachtet wird. Aufgrund der hieraus resultierenden Liquiditätsnachteile für die inländische Muttergesellschaft begibt sich der EuGH daher in einen klaren Widerspruch zu seiner bisherigen Rechtsprechung. Insofern wäre eine sofortige Berücksichtigung von Verlusten der ausländischen Tochtergesellschaft bei der Muttergesellschaft in Verbindung mit einer späteren Nachversteuerung klar vorzuziehen gewesen. Indes bleibt offen, ob der Gesetzgeber das EuGH-Urteil „*Marks & Spencer*" zum Anlass nehmen wird, die bestehende Organschaftsregelung europarechtskonform auszugestalten, oder ob es hierzu eines weiteren EuGH-Urteils bedarf, das sich speziell auf die deutsche Organschaft bezieht.

Unter Bezugnahme auf den angestrebten europäischen Binnenmarkt wäre indes eine gemeinsame Lösung der Problematik der grenzüberschreitenden Verlustverrechnung auf europäischer Ebene grundsätzlich zu erwägen. Insoweit bietet das von der Europäischen Kommission ausgearbeitete Konzept einer einheitlichen körperschaftsteuerlichen Bemessungsgrundlage einen interessanten Ansatz, um diese Problematik, wie auch andere steuerliche Problemfelder grenzüberschreitender Konzerne, zu lösen.

Anhang

Beispielhafte Darstellung der Überführung von Wirtschaftsgütern zwischen Stammhaus und Betriebsstätte bei DBA-Freistellung[1071]

Fall 1: Überführung von Wirtschaftsgütern des Anlagevermögens

Die U-AG überführt am 01.01.06 eine Maschine in ihre neu gegründete Betriebsstätte in Frankreich. Die Maschine wurde am 01.01.02 angeschafft. Die Maschine besitzt am 31.12.05 einen Buchwert i.H.v. 2.000 €, der Fremdvergleichspreis beträgt 6.000 €. Es ist von einer Restnutzungsdauer von 4 Jahren auszugehen.

Die Maschine ist in der Buchführung der U-AG unverändert auszuweisen und abzuschreiben. Es liegt weder ein Fall von § 6 Abs. 5 S. 1 EStG, noch eine Entnahme vor. Im Zeitpunkt der Überführung werden daher keine stillen Reserven aufgedeckt. Zum Zweck der Gewinnabgrenzung sind jedoch der Fremdvergleichspreis und die bis zum Überführungszeitpunkt entstandenen stillen Reserven in einer Nebenrechnung festzuhalten:

Buchführung der U-AG in 06:

	Maschine		
AB 06	2.000	(1)	500

	Abschreibung	
(1)	500	

In der Buchführung der U-AG erfolgt die Behandlung der Maschine somit wie in den vorigen Wirtschaftsjahren. Die Maschine wird unverändert abgeschrieben (1). Zum Zweck der Einkünfteabgrenzung ist die AfA bei Anwendung der direkten Methode auf Stammhaus und Betriebsstätte ab dem Wirtschaftsjahr 06 zu verteilen. Dies erfolgt mittels folgender Nebenrechnungen:

[1071] In Anlehnung an KRAMER, J.: Verbringung von Wirtschaftsgütern zwischen Betriebsstätten im Internationalen Steuerrecht, a.a.O., S. 451 – 454.

Nebenrechnung Stammhaus in 06:

Maschine			
AB 06	2.000	(2)	2.000

Verrechnungskonto		
(2)	6.000	

Merkposten			
(3)	1.000	(2)	4.000

Ertrag		
	(3)	1.000

In einer Nebenrechnung für das Stammhaus wird die Maschine über ein Verrechnungskonto ausgebucht und die stillen Reserven (4.000 €) durch einen passiven Merkposten neutralisiert (2). Dieser ist zeitanteilig entsprechend der verbleibenden Nutzungsdauer aufzulösen (3), im Jahre 06 also i.H.v. 1.000 €.

Nebenrechnung Betriebsstätte in 06:

Maschine			
(4)	6.000	(5)	1.500

Verrechnungskonto		
	(4)	6.000

Abschreibung		
(5)	1.500	

In der Nebenrechnung der Betriebsstätte wird die Maschine zum Fremdvergleichspreis eingebucht (4) und über die verbleibende Nutzungsdauer abgeschrieben (5).

Die Abschreibung i.H.v. 500 € wird durch die Auflösung des Merkpostens somit korrekt auf Stammhaus und Betriebsstätte verteilt: die Abschreibung nach dem Fremdvergleichspreis beträgt 1.500 €, dem steht die ertragswirksame Auflösung des Merkpostens in 06 i.H.v. 1.000 € gegenüber.

Dieses Ergebnis macht deutlich, dass die von der Finanzverwaltung geforderte zwingende Auflösung des Merkpostens im zehnten Jahr nach der Überführung zu keinem systemkonformen Ergebnis führt, da eine korrekte Einkünfteabgrenzung dann nicht mehr gewährleistet wäre.

Fortführung von Fall 1:
Die Maschine wird am 01.01.07 für 7.500 € veräußert.

Buchführung der U-AG in 07:

Maschine			
AB 07	1.500	(6)	1.500

Bank			
(6)	7.500		

Ertrag			
		(6)	6.000

In der Buchführung der U-AG, in der die Maschine einen Buchwert i.H.v. 1.500 € aufweist, ergibt sich ein Veräußerungsgewinn (6) i.H.v. 6.000 €. Dieser ist korrekt auf Stammhaus und Betriebsstätte zu verteilen.

Nebenrechnung Stammhaus in 07:

Merkposten			
(7)	3.000	AB 07	3.000

Ertrag			
		(7)	3.000

In der Nebenrechnung des Stammhauses ist der verbleibende Merkposten erfolgswirksam aufzulösen (7).

Nebenrechnung Betriebsstätte in 06:

Maschine			
AB 07	4.500	(8)	4.500

Bank	
(8)	7.500

Ertrag	
	(8) 3.000

In der Nebenrechnung der Betriebsstätte werden die stillen Reserven entsprechend dem ausgewiesenen Buchwert aufgedeckt (8).

Der in der Buchführung der U-AG erfasste Veräußerungsgewinn i.H.v. 6.000 € verteilt sich somit zu 3.000 € auf das Stammhaus und zu 3.000 € auf die Betriebsstätte.

Im Ergebnis werden die im Überführungszeitpunkt vorhandenen stillen Reserven i.H.v. 4.000 € im Inland versteuert (Auflösung des Merkpostens in 06 i.H.v. 1.000 € zzgl. auf das Stammhaus entfallender Veräußerungsgewinn i.H.v. 3.000 €.

Fall 2: Überführung von Wirtschaftsgütern des Umlaufvermögens

Die U-AG überführt am 01.07.04 selbsterstellte fertige Erzeugnisse in ihre ausländische Betriebsstätte. Die Herstellungskosten gem. § 255 Abs. 2, 3 HGB in 04 betrugen 1.000 €, der Fremdvergleichspreis im Zeitpunkt der Überführung beträgt 1.400 €. Die Betriebsstätte veräußert die fertigen Erzeugnisse im Jahre 05 zu 1.700 €.

Buchführung der U-AG in 04:

Fertige Erzeugnisse	
(1)	1.000

Bestandsveränderung	
	(1) 1.000

In der Buchführung der U-AG werden die fertigen Erzeugnisse zu Herstellungskosten aktiviert (1). Die Überführung in die ausländische Betriebsstätte zieht in der Buchführung keine steuerlichen Konsequenzen nach sich.

Nebenrechnung Stammhaus in 04:

Fertige Erzeugnisse		
1.000	(2)	1.000

Verrechnungskonto	
(2)	1.400

Merkposten		
	(2)	400

Die fertigen Erzeugnisse werden in einer Nebenrechnung über ein Verrechnungskonto ausgebucht. Die aufgedeckten stillen Reserven werden mittels eines Merkpostens neutralisiert (2).

Nebenrechnung Betriebsstätte in 04:

Fertige Erzeugnisse	
(3)	1.400

Verrechnungskonto		
	(3)	1.400

In der Nebenrechnung der Betriebsstätte sind die fertigen Erzeugnisse zum Fremdvergleichspreis auszuweisen (3)

In 05 sind folgende Buchungen erforderlich:

Buchführung der U-AG in 05:

Fertige Erzeugnisse		
AB 05	1.000	(4)	1.000

Bank	
(4)	1.700

Ertrag		
	(4)	700

In der Buchführung der U-AG ergibt sich ein Ertrag i.H.v. 700 € (4).

Nebenrechnung Stammhaus in 05:

	Merkposten	
(5)	400	AB 05	400

	Ertrag	
	(5)	400

Durch die Auflösung des Merkpostens entfallen 400 € als Ertrag auf das Stammhaus.

Nebenrechnung Betriebsstätte in 05:

	Fertige Erzeugnisse	
AB 05	1.400	(6)	1.400

	Bank	
(6)	1.700	

	Ertrag	
	(6)	300

In der Betriebsstätte ergibt sich damit ein Ertrag i.H.v. 300 € (6).

Literaturverzeichnis

BALMES, Frank / BRÜCK, Michael J. J. / RIBBROCK, Martin: Der EuGH-Fall Marks & Spencer: Rückschlüsse für die deutsche Organschaftsbesteuerung, in: BB 2005, S. 966 – 970.

BARANOWSKI, Karl-Heinz: Anmerkung zum BFH-Urteil vom 21.07.1999, in: IWB F. 3a, Gr. 1, S. 913 – 914.

BARANOWSKI, Karl-Heinz: Besteuerung von Auslandsbeziehungen, 2. Aufl., Herne / Berlin 1996.

BAREIS, Peter: Probleme mit der Hälfte, in: BB 2003, S. 2315 – 2323.

BAUMHOFF, Hubertus: Verwaltungserlass zu Funktionsverlagerungen über die Grenze. Anregungen an den Erlassgeber, in: PILTZ, Detlev Jürgen / SCHAUMBURG, Harald (Hrsg.): Internationale Einkünfteabgrenzung, Köln 2003, S. 73 – 113.

BAUMHOFF, Hubertus / BODENMÜLLER, Ralph: Verrechnungspreispolitik bei der Verlagerung betrieblicher Funktionen ins Ausland, in: GROTHERR, Siegfried (Hrsg.): Handbuch der internationalen Steuerplanung, 2. Aufl., Herne / Berlin 2003, S. 345 – 384.

BAUMHOFF, Hubertus / DITZ, Xaver / GREINERT, Markus: Die Dokumentation internationaler Verrechnungspreise nach den „Verwaltungsgrundsätze-Verfahren", in: DStR 2005, S. 1549 – 1556.

BECKER, Helmut: Bemessungsmethoden für Verrechnungspreise, in: RAUPACH, Arndt (Hrsg.): Verrechnungspreissysteme multinationaler Unternehmen in betriebswirtschaftlicher, gesellschafts- und steuerrechtlicher Sicht, Herne / Berlin 1999, S. 107 – 126.

BECKER, Helmut: Die Besteuerung von Betriebsstätten, in: DB 1989, S. 10 – 16.

BECKER, Helmut: Die Gewinnermittlung bei Betriebsstätten, in: BURMESTER, Gabriele / ENDRES, Dieter (Hrsg.): Außensteuerrecht, Doppelbesteuerungsabkommen und EU-Recht im Spannungsverhältnis. Festschrift für Helmut Debatin zum 70. Geburtstag, München 1997, S. 25 – 33.

BECKER, Helmut / HÖPPNER, Horst-Dieter / GROTHERR, Siegfried / KROPPEN, Heinz-Klaus: DBA-Kommentar, Losebl., Herne / Berlin 1997, Stand: Oktober 2005.

BENECKE, Andreas / SCHNITGER, Arne: Anwendung des § 8a KStG – Ein Diskussionsbeitrag, in: IStR 2004, S. 44 – 48.

BETSCH, Oskar / GROH, Alexander / LOHMANN, Lutz: Corporate Finance, 2. Aufl., München 2000.

BLÜMICH, Walter: EStG – KStG – GewStG. Einkommensteuergesetz, Körperschaftsteuergesetz, Gewerbesteuergesetz, Kommentar, Losebl., hrsg. von EBLING, Klaus, München 2006, Stand: März 2006.

BLUMERS, Wolfgang / KINZL, Ulrich-Peter: Änderungen der Fusionsrichtlinie: Warten auf den EuGH. Oder: Wie Sekundärrecht gegen Primärrecht verstößt, in: BB 2005, S. 971 – 975.

BOGENSCHÜTZ, Eugen: Steuerliche Probleme bei europäischen Unternehmenszusammenschlüssen – Erfahrungsbericht aus deutscher Sicht, in: IStR 2000, S. 609 – 617.

BOOTEN, Volker / SCHNITGER, Arne / ROMETZKI, Simon: Finanzierung ausländischer Tochterkapitalgesellschaften durch ausländische nahe stehende Personen - Tz. 27 des BMF-Schreibens zu § 8a KStG n.F., in: DStR 2005, S. 907 – 910.

BORSTELL, Thomas.: Verrechnungspreispolitik bei konzerninternen Lieferungsbeziehungen, in: GROTHERR, Siegfried (Hrsg.): Handbuch der internationalen Steuerplanung, 2. Aufl., Herne / Berlin 2003, S. 323 – 343.

BORSTELL, Thomas / BRÜNINGHAUS, Dirk / DWORACZEK, Michael: Zweifel an der Rechtmäßigkeit von Verrechnungspreiskorrekturen nach § 1 AStG – Ausblick nach dem BFH-Beschluss vom 21.6.2001, in: IStR 2001, S. 757 – 760.

BREZING, Klaus / KRABBE, Helmut / LEMPENAU, Gerhard / MÖSSNER, Jörg / RUNGE, Berndt: Außensteuerrecht, Kommentar, Herne / Berlin 1991.

BUCIEK, Klaus: § 6 Abs. 5 EStG im außensteuerlichen Kontext, in: DStZ 2000, S. 636 – 639.

BUCIEK, Klaus: Grenzüberschreitender Betriebsvermögenstransfer, in: PILTZ, Detlev Jürgen / SCHAUMBURG, Harald (Hrsg.): Internationale Betriebsstättenbesteuerung, S. 43 – 64.

BULLINGER, Patrick: Änderung der Mutter-Tochter-Richtlinie ab 2005: Erweiterung des Anwendungsbereiches und verbleibende Probleme, in: IStR 2004, S. 406 – 412.

CALLIESS, Christian / RUFFERT, Matthias: EUV / EGV. Kommentar des Vertrages über die Europäische Union und des Vertrages zur Gründung der Europäischen Gemeinschaft, Neuwied / Kriftel 1999.

CATTELAENS, Heiner: Steuerentlastungsgesetz 1999/2000/2002: Neuregelung der Übertragung von Wirtschaftsgütern, in: DB 1999, S. 1083 – 1084.

CORDEWENER, Axel: DBA-Freistellung von Auslandsverlusten und EG-Grundfreiheiten: Klärung aufgeschoben, aber (hoffentlich) nicht aufgehoben! Anmerkung zu FG Baden-Württemberg, Gerichtsbescheid vom 30.06.2004 (1 K 312/03, Rev. I R 84/04), DStRE 2004, 958, in: DStR 2004, S. 1634 – 1638.

DAUTZENBERG, Norbert: EG-rechtswidrige Behandlung von negativen ausländischen Einkünften nach den EuGH-Entscheidungen Vestergaard und AMID, in: FR 2001, S. 809 – 815.

DEBATIN, Helmut: Das Betriebsstättenprinzip der deutschen Doppelbesteuerungsabkommen, in: DB 1989, S. 1692 – 1697 und S. 1739 – 1744.

DEBATIN, Helmut: Die sogenannte Steuerentstrickung und ihre Folgen, in: BB 1990, S. 826 – 829.

DEBATIN, Helmut / WASSERMEYER, Franz: Doppelbesteuerung. Kommentar zu allen deutschen Doppelbesteuerungsabkommen, Losebl., München 2006, Stand: Mai 2006.

DITZ, Xaver: Gewinnabgrenzung zwischen Stammhaus und Betriebsstätte – Neue Entwicklungen auf Ebene der OECD unter besonderer Berücksichtigung des E-Commerce, in: IStR 2002, S. 210 – 216.

DÖRR, Ingmar: Abschaffung oder Erweiterung der Organschaft?! Zu den möglichen Konsequenzen der Rechtssache „Marks & Spencer plc", in: IStR 2004, S. 265 – 272.

DÖTSCH, Ewald / JOST, Werner F. / PUNG, Alexandra / WITT, Georg : Die Körperschaftsteuer. Kommentar zum Körperschaftsteuergesetz, zum Umwandlungssteuergesetz und zu den einkommensteuerrechtlichen Vorschriften der Anteilseignerbesteuerung, Losebl., Stuttgart 2005, Stand: April 2006.

DÖTSCH, Ewald / PATT, Joachim / PUNG, Alexandra / JOST, Werner: Umwandlungssteuerrecht, 5. Aufl., Stuttgart 2003.

DÖTSCH, Ewald / PUNG, Alexandra: Die Neuerungen bei der Körperschaftsteuer und bei der Gewerbesteuer durch das Steuergesetzgebungspaket vom Dezember 2003. Teil 1: Die Änderungen insbes. des § 8a KStG, in: DB 2004, S. 91 – 100.

DSTI E.V.: Steuerberaterhandbuch 2006, Bonn / Berlin 2006.

EGGERS, Winfried: Die neuen OECD-Guidelines zu den internationalen Verrechnungspreisen. Entstehungsgeschichte und Hintergründe, in: DStR 1996, S. 393 – 399.

EIGELSHOVEN, Axel: Gemeinschaftsrechtliche Bedenken des BFH gegen § 1 AStG. Anm. zu BFH vom 21.6.2001 (I B 141/00), in: IWB F. 3, Deutschland, Gr. 1, S. 1761 – 1764.

ELLROTT, Helmut / FÖRSCHLE, Gerhart / HOYOS, Martin / WINKELJOHANN, Norbert: Beck'scher Bilanzkommentar. Handels- und Steuerbilanz - §§ 238 bis 339, 342 bis 342e HGB mit EGHGB und IAS/IFRS-Abweichungen, 6. Aufl., München 2006.

ENDRES, Dieter: Reiches Ausland – Armes Inland: Steuerliche Effekte bei einer Funktionsverlagerung ins Ausland, in: RIW 2003, S. 729 – 734.

ENDRES, Dieter / OESTREICHER, Andreas: Grenzüberschreitende Ergebnisabgrenzung: Verrechnungspreise, Konzernumlagen, Betriebsstättengewinnermittlung – Bestandsaufnahme und Neuentwicklungen, in: IStR 2003, Beihefter zu Heft 15/2003, S. 1 – 16.

ERLE, Bernd / SAUTER, Thomas: KStG. Heidelberger Kommentar zum Körperschaftsteuergesetz – Die Besteuerung der Kapitalgesellschaft und ihrer Anteilseigner, Heidelberg 2003.

ERNST & YOUNG (Hrsg.): KStG. Körperschaftsteuergesetz Kommentar, Losebl., Bonn / Berlin 2006, Stand: Juni 2006.

FISCHER, Lutz / KLEINEIDAM, Hans-Jochen / WARNEKE, Perygrin: Internationale Betriebswirtschaftliche Steuerlehre, 5. Aufl., Berlin 2005.

FLICK, Hans / WASSERMEYER, Franz / BAUMHOFF, Hubertus: Außensteuerrecht, Kommentar, Losebl., Köln 1973 / 2006, Stand: Juni 2006.

FORST, Paul / FRINGS, Thomas: Auslandsinvestitionen des Mittelstandes (Teil 2). Begründung einer ausländischen Betriebsstätte, in: EStB 2003, S. 152 – 156.

FROTSCHER, Gerrit: Die Ausgabenabzugsbeschränkung nach § 3c EStG und ihre Auswirkung auf Finanzierungsentscheidungen, in: DStR 2001, S. 2045 – 2054.

FROTSCHER, Gerrit: EStG. Kommentar zum Einkommensteuergesetz, Losebl., Freiburg 1998, Stand: Januar 2006.

FROTSCHER, Gerrit: Internationales Steuerrecht, 2. Aufl., München 2005.

FROTSCHER, Gerrit: Zu den Wirkungen des § 8a KStG n.f. Zugleich Replik zu Wassermeyer, DStR 2004, 749, in: DStR 2004, S. 754 – 757.

FROTSCHER, Gerrit / MAAS, Ernst: KStG – UmwStG. Körperschaftsteuergesetz, Umwandlungssteuergesetz, Kommentar, Losebl., Freiburg 2006, Stand: Mai 2006.

GEIGER, Uli: Die Ertragsbesteuerung der Konzernunternehmung in Großbritannien im Rahmen der Einzelveranlagung, in: IWB, F. 5, Großbritannien, Gr. 2, S. 397 – 400.

GLANEGGER, Peter / GÜROFF, Georg / SELDER, Johannes: GewStG. Gewerbesteuergesetz, Kommentar, 6. Aufl., München 2006.

GÖTTSCHE, Max / STANGL, Ingo: Der Betriebsstättenerlass des BMF vom 24.12.1999 – Anmerkungen und Zweifelsfragen, in: DStR 2000, S. 498 - 508.

GOLÜCKE, Martin / FRANZ, Matthias: Der Entwurf eines neuen BMF-Schreibens zur Gesellschafter-Fremdfinanzierung (§ 8a KStG) – eine erste Übersicht, in: GmbHR 2004, S. 708 – 714.

GOSCH, Dietmar: KStG. Körperschaftsteuergesetz, Kommentar, München 2005.

GOSCH, Dietmar: Wettbewerbsverbot, Geschäftschancenlehre und verdeckte Gewinnausschüttung: Checkliste und Prüfungsschema, in: DStR 1997, S. 442 – 444.

GROTHERR, Siegfried: Anwendungsgrundsätze und Zweifelsfragen der neuen Freigrenze in Höhe von 250.000 Euro bei der Gesellschafter-Fremdfinanzierung (§ 8a KStG), in: BB 2004, S. 411 – 420.

GROTHERR, Siegfried: Beteiligungs- oder Gesellschafterfremdfinanzierung einer ausländischen Tochtergesellschaft unter steuerlichen Vorteilhaftigkeits-überlegungen, in: IWB F. 3, Deutschland, Gr. 2, S. 1209 – 1252.

GROTHERR, Siegfried: International relevante Änderungen durch das Gesetz zur Umsetzung der Protokollerklärung zum Steuervergünstigungsabbaugesetz („Korb II-Gesetz"), in: IWB F. 3, Gr. 1, S. 2017 – 2056.

GRUBE, Frank / BEHRENDT, Lars: Nutzung steuerlicher Verluste einer ausländischen gewerblichen Betriebsstätte im Inland, in: SteuerStud 2003, S. 593 – 600.

HAHN, Hartmut: Europarechtswidrigkeit des neuen § 8a KStG?, in: GmbHR 2004, S. 277 – 279.

HAHN, Hartmut: Grenzüberschreitende Berücksichtigung von Betriebsstätten-verlusten. Bemerkungen zu einer neu entfachten Diskussion, in: IStR 2002, S. 681 - 687.

HAIß, Uta: Steuerliche Abgrenzungsfragen bei der Begründung einer Betriebs-stätte im Ausland, in: GROTHERR, Siegfried (Hrsg.): Handbuch der internationalen Steuerplanung, 2. Aufl., Herne / Berlin 2003, S. 31 – 47.

HARITZ, Detlef / BENKERT, Manfred: Umwandlungssteuergesetz, Kommentar, 2. Aufl., München 2000.

HAUBER, Bruno / PASCH, Helmut: Die Unternehmenssteuerreform. Informationen, Analysen und Gestaltungsempfehlungen zum Steuersenkungsgesetz (StSenkG), 2. Aufl., Berlin 2000.

HERRMANN, Carl / HEUER, Gerhard / RAUPACH, Arndt: Einkommensteuer- und Körperschaftsteuergesetz, Kommentar, Losebl. Köln 1950 / 2005, Stand: April 2006.

HERZIG, Norbert: Aktuelle Entwicklungen bei § 8b KStG und § 3c EStG, in: DB 2003, S. 1459 – 1468.

HERZIG, Norbert: Gesellschafter-Fremdfinanzierung – Analyse und Perspektiven, in: WPg-Sonderheft 2003, S. S-191 – S-205.

HERZIG, Norbert: Gestaltung der Konzernsteuerquote – eine neue Herausforderung für die Steuerberatung?, in: WPg-Sonderheft 2003, S. S-80 – S-92.

HERZIG, Norbert / WAGNER, Thomas: EuGH-Urteil „Marks & Spencer" – Begrenzter Zwang zur Öffnung nationaler Gruppenbesteuerungssysteme für grenzüberschreitende Sachverhalte, in: DStR 2006, S. 1 – 12.

HEY, Johanna: Die EuGH-Entscheidung in der Rechtssache Marks & Spencer und die Zukunft der deutschen Organschaft. Haben die Mitgliedstaaten den EuGH domestiziert?, in: GmbHR 2006, S. 113 - 123.

HOFFMANN, Wolf-Dieter: Der Transfer von Einzel-Wirtschaftsgütern gemäß § 6 Abs. 5 EStG nach Verabschiedung des UntStFG, in: GmbHR 2002, S. 125 – 134.

JACOBS, Otto H.: Internationale Unternehmensbesteuerung. Deutsche Investitionen im Ausland. Ausländische Investitionen im Inland, 5. Aufl., München 2002.

JAHN, Ralf: Verluste ausländischer Tochtergesellschaften sind nur in engen Grenzen verrechenbar, in: PIStB 2006, S. 4 – 6.

JAHN, Ralf: Verlustverrechnung aus ausländischen Betriebsstätten im Visier des EU-Rechts, in: PIStB 2005, S. 53 – 54.

KAMINSKI, Bert: Ertragsteuerliche Konsequenzen bei der Überführung von Wirtschaftsgütern in eine ausländische Betriebsstätte, in: DStR 1996, S. 1794 – 1797.

KAMINSKI, Bert: Überführung von Wirtschaftsgütern in eine ausländische DBA-Betriebsstätte als Entnahme i.S. des § 4 Abs. 4a EStG?, in: IStR 2001, S. 129 – 131.

KAMINSKI, Bert / STRUNK, Günther: Die Verwaltungsgrundsätze-Verfahren vom 12. April 2005, in: StBp 2005, S. 213 – 219 und S. 245 – 255.

KEMPKA, Bettina: Systemkonforme steuerliche Behandlung stiller Reserven bei der grenzüberschreitenden Überführung von Wirtschaftsgütern zwischen Stammhaus und Betriebsstätte, in: StuW 1995, S. 242 – 253.

KERSSENBROCK, Otto-Ferdinand Graf / TIEDEMANN, Stefan.: BB-Kommentar zum Urteil des FG Hamburg vom 29. April 2004 – VI 53/02, in: BB 2004, S. 1948 – 1949.

KESSLER, Wolfgang: Die Gesellschafter-Fremdfinanzierung im Spannungsfeld zum Recht der Doppelbesteuerungsabkommen und Europarecht, in: DB 2003, S. 2507 – 2514.

KESSLER, Wolfgang / KRÖNER, Michael / KÖHLER, Stefan: Konzernsteuerrecht. Organisation – Recht – Steuern, München 2004.

KESSLER, Wolfgang / OBSER, Ralph: Überblick zur Gesellschafter-Fremdfinanzierung in den Mitgliedstaaten der Europäischen Union, in: IStR 2004, S. 187 – 191.

KESSLER, Wolfgang / SCHMITT, Claudio / JANSON, Gunnar: Berücksichtigungsverbot abkommensrechtlich „befreiter" Betriebsstättenverluste? Analyse der BFH-Rechtsprechung unter Berücksichtigung von Verfassungs- und Europarecht nach AMID, in: IStR 2001, S. 729 – 737.

KESSLER, Wolfgang / SCHMITT, Claudio / JANSON, Gunnar: Nochmals: Berücksichtigungsverbot abkommensrechtlich „befreiter" Betriebsstättenverluste? Klarstellung zu KESSLER/SCHMITT/JANSON, IStR 2001, 729 ff. unter Berücksichtigung des Beitrags von HAHN, IStR, 2002, 681 ff., in: IStR 2003, S. 307 – 309.

KESSLER, Wolfgang / SPENGEL, Christoph: Checkliste potenziell EG-rechtswidriger Normen des deutschen direkten Steuerrechts – Update 2006, in: DB 2006, Beilage Nr. 1 zu Heft Nr. 1/2006, S. 1 – 12.

KIRCHHOF, Paul: EStG KompaktKommentar. Einkommensteuergesetz, 6. Aufl., Heidelberg 2006.

KIRCHHOF, Paul / SÖHN, Hartmut / MELLINGHOFF, Rudolf: EStG. Einkommensteuergesetz Kommentar, Losebl., Heidelberg 2006, Stand: Mai 2006.

KLEIN, Franz: AO. Abgabenordnung einschließlich Steuerstrafrecht. Kommentar, 8. Aufl., München 2003.

KLEINERT, Jens / NAGLER, Jürgen: Anmerkung zum EuGH-Urteil vom 13.12.2005, in: DB 2005, S. 2791 – 2793.

KLEINHEISTERKAMP, Thomas: Französische Wegzugssteuer EG-rechtswidrig: Folgen für die deutsche Besteuerungspraxis, in: PIStB 2004, S. 82 – 90.

KLUGE, Volker: Das internationale Steuerrecht. Gemeinschaftsrecht – Außensteuerrecht – Abkommensrecht, 4. Aufl., München 2000.

KLUGE, Volker: Die Anerkennung ausländischer Gesellschaften im deutschen Steuerrecht, in: DStR 1976, S. 365 – 369.

KÖHLER, Stefan: Aktuelles Beratungs-Know-How Internationales Steuerrecht, in: DStR 2005, S. 227 – 232.

KÖHLER, Stefan / EICKER, Klaus: Aktuelles Beratungs-Know-How Internationales Steuerrecht - § 8a KStG n.f.: Eckpunkte der grenzüberschreitenden Relevanz, in: DStR 2004, S. 672 – 676.

KÖPLIN, Manfred / SEDEMUND, Jan: Quod erat expectandum! – Einige Überlegungen zum Beschluss des BFH vom 21.6.2001, I B 141/00, in: IStR 2002, S. 120 – 123.

KÖRNER, Andreas: Europarecht und Wegzugsbesteuerung – das EuGH-Urteil „de Lasteyrie du Saillant", in: IStR 2004, S. 424 – 432.

KORN, Klaus / CARLÉ, Dieter / STAHL, Rudolf / STRAHL, Martin: EStG. Einkommensteuergesetz, Kommentar, Losebl., Bonn / Berlin 2000, Stand: März 2006.

KRAMER, Jörg-Dietrich: Verbringung von Wirtschaftsgütern zwischen Betriebsstätten im Internationalen Steuerrecht, in: IStR 2000, S. 449 – 457.

KRAWITZ, Norbert / BÜTTGEN, Dagmar / HICK, Christian: Zwischenholdinggesellschaften inländisch beherrschter internationaler Konzerne unter dem Einfluss der Reformen des Unternehmenssteuerrechts, in: WPg 2002, S. 85 – 103.

KRAWITZ, Norbert / HICK, Christian: Wahl zwischen ausländischer Betriebsstätte oder Kapitalgesellschaft: Einfluss der Reformen des Unternehmenssteuerrechts, in: RIW 2001, S. 743 – 756.

KROPFF, Bruno / SEMLER, Johannes: Münchener Kommentar zum Aktiengesetz, 2. Aufl., München 2000.

KROPPEN, Heinz-Klaus: Handbuch Internationale Verrechnungspreise, Losebl., Köln 2005, Stand: September 2005.

KROPPEN, Heinz-Klaus / SCHREIBER, Klaus: International relevante Aspekte des Steuerentlastungsgesetzes 1999/2000/2002, in: IWB F. 3, Deutschland, Gr. 3, S. 1227 – 1248.

KUCKHOFF, Harald / SCHREIBER, Rolf: Grenzüberschreitende Funktionsverlagerung aus Sicht der Betriebsprüfung, in: IStR 1999, S. 321 – 330 und S. 353 – 362.

KUCKHOFF, Harald / SCHREIBER, Rolf: Verrechnungspreise in der Betriebsprüfung. Der Fremdvergleich bei Lieferungen und Leistungen, München 1997.

KUMPF, Wolfgang: Besteuerung inländischer Betriebstätten von Steuerausländern, Köln 1982.

KUMPF, Wolfgang: Betriebsstättenfragen nach Steuersenkungsgesetz und Betriebsstättenerlass, in: FR 2001, S. 449 – 460.

KUMPF, Wolfgang / ROTH, Andreas: Grundsätze der Ergebniszuordnung nach den neuen Betriebsstätten-Verwaltungsgrundsätzen, in: DB 2000, S. 741 - 747.

LAULE, Gerhard: Auswirkungen der EuGH-Rechtsprechung auf deutsche Steuervorschriften. IFSt-Schrift Nr. 407, Bonn 2003.

LAULE, Gerhard / PATHE, Ilmo: Die Rechtsprechung des EuGH zum Steuerrecht, in: PIStB 2004, Sonderdruck Aktuelle EuGH-Rechtsprechung „kompakt", S. 10- 55.

LAUSTERER, Martin: Die Beschränkung des Verlustausgleichs über die Grenze und das Gemeinschaftsrecht, in: FR 2004, S. 1109 – 1112.

LITTMANN, Eberhard / BITZ, Horst / PUST, Hartmut: Das Einkommensteuerrecht. Kommentar zum Einkommensteuerrecht, Losebl., 15. Aufl., Stuttgart 2006, Stand: Mai 2006.

LÖWENSTEIN, Ulrich / LOOKS, Christian: Betriebsstättenbesteuerung. Inboundinvestitionen / Outboundinvestitionen / Steuergestaltungen / Branchenbesonderheiten, München 2003.

LÜDICKE, Jürgen: Erneut: Keine 5 % nicht abzugsfähige Betriebsausgaben bei innergemeinschaftlicher Anwendung des Schachtelprivilegs, in: IStR 2004, S. 751.

LÜDICKE, Jürgen: Neue Entwicklungen der Besteuerung von Personengesellschaften im internationalen Steuerrecht, in: StbJb 1997/1998, herausgegeben im Auftrag des Fachinstituts der Steuerberater von HERZIG, Norbert / GÜNKEL, Manfred / NIEMANN, Ursula, Köln 1997/1998, S. 449 – 492.

MANKE, Klaus: Korreferat und Stellungnahme zum Referat Dr. RAUPACH, in: JbFSt 1977/1978, herausgegeben vom Institut für Steuerrecht der Rechtsanwaltschaft e.V., Herne / Berlin 1977/1978, S. 444 – 459.

MÖSSNER, Jörg Manfred / BAUMHOFF, Hubertus / PILTZ, Detlev Jürgen / GREIF, Martin / STADIE, Holger / HENKEL, Udo W. / STRUNK, Günther / MENCK, Thomas: Steuerrecht international tätiger Unternehmen. Handbuch der Besteuerung von Auslandsaktivitäten inländischer Unternehmer und von Inlandsaktivitäten ausländischer Unternehmer, 3. Aufl., Köln 2005.

MÜLLER, Wolfgang: Europaweite Konzernbesteuerung – Auswirkungen auf das deutsche Recht, in: GmbHR 2005, S. 1550 – 1554.

MUTSCHER, Axel: Die Kapitalstruktur von Betriebsstätten im Internationalen Steuerrecht. Methoden zur Bestimmung der Kapitalausstattung im Rahmen der internationalen Einkunftsabgrenzung unter Berücksichtigung der Regelungen in der Bundesrepublik Deutschland und in den USA, Bielefeld / Hamburg 1997.

OESTREICHER, Andreas: Konzernbesteuerung in Europa. Zum Vorschlag einer konsolidierten körperschaftsteuerlichen Bemessungsgrundlage für die grenzüberschreitende Unternehmenstätigkeit in der EU, in: StuW 2002, S. 342 – 356.

PAHLKE, Armin / KOENIG, Ulrich: Abgabenordnung, Kommentar, München 2004.

PFAAR, Michael: Keine Besteuerung bei Überführung von Wirtschaftsgütern in ausländische Betriebsstätten, in: IStR 2000, S. 42 – 46.

PFLÜGER, Hansjörg: Hinzurechnungsbesteuerung nach § 1 AStG ist europarechtlich bedenklich, in: PIStB 2001, S. 260.

PILTZ, Detlev Jürgen: Die Personengesellschaften im internationalen Steuerrecht der Bundesrepublik Deutschland, Heidelberg 1981.

PRÄTZLER, Octavia: Ausgewählte Zweifelsfragen zum neuen § 8a KStG bei konzerntypischen Holdingstrukturen sowie zu dessen Anwendung auf in Deutschland nicht der Besteuerung unterliegende Kapitalgesellschaften, in: DB 2004, S. 621 – 625.

PRINZ, Ulrich: Ausgewählte Einzelfragen zu § 8a KStG mit internationalem Bezug, in: FR 2004, S. 1249 – 1256.

PRINZ, Ulrich / LEY, Thomas: Geplante Gesetzesänderungen zur Gesellschafterfremdfinanzierung nach § 8a KStG – Erste Analyse und Gestaltungsüberlegungen, in: FR 2003, S. 933 – 940.

PRINZ, Ulrich / SIMON, Stefan: Kuriositäten und Ungereimtheiten des UntStFG: Ungewollte Abschaffung des gewerbesteuerlichen Schachtelprivilegs für Kapitalgesellschaften?, in: DStR 2002, S. 149 – 152.

PYSZKA, Tillmann / SCHMEDT, Marco: Gestaltungsüberlegungen zum grenzüberschreitenden Ausgleich von Betriebsstättenverlusten bei DBA mit Aktivitätsklausel, in: IStR 2002, S. 342 – 346.

RAUPACH, Arndt: Außensteuerrechtliche Wirkungen der Steuerreformgesetze, in: JbFSt 1977/1978, herausgegeben vom Institut für Steuerrecht der Rechtsanwaltschaft e.V., Herne / Berlin 1977/1978, S. 424 – 443.

RAUPACH, Arndt: „Steuermanagement" zwischen „Globalisierung" und „Regionalisierung", in: JbFSt 1997/1998, herausgegeben vom Deutschen Anwaltsinstitut e.V., Herne / Berlin 1997/1998, S. 325 – 463.

REITH, Thomas: Internationales Steuerrecht. Handbuch zum Doppelbesteuerungs- und Außensteuerrecht und zu Gestaltungen grenzüberschreitender Investitionen, München 2004.

REITH, Thomas: Steuerliche Behandlung von verlorenen Aufwendungen bei Investitionstätigkeiten deutscher Unternehmen in DBA-Ländern, in: IStR 2001, S. 671 – 676.

RIBBROCK, Martin / SEDEMUND, Jan: BB-Kommentar zum EuGH-Urteil vom 21.02.2006 in der Rs. C-152/03, in: BB 2006, S. 528 – 529.

RÖDDER, Thomas / RITZER, Claus: § 8a KStG n.F. im Outbound-Fall, in: DB 2004, S. 891 – 894.

RÖDDER, Thomas / SCHUMACHER, Andreas: Das BMF-Schreiben zu § 8a KStG, in: DStR 2004, S. 1449 – 1460.

RÖDDER, Thomas / SCHUMACHER, Andreas: Rechtsfolgen des § 8a KStG n.F..
Zugleich Replik zu Wassermeyer, DStR 2004, 749, in: DStR 2004,
S. 758 – 765.

RÖDDER, Thomas / SCHUMACHER, Andreas: Unternehmenssteuerreform 2001 –
Eine erste Analyse des Regierungsentwurfs aus Beratersicht, in:
DStR 2000, S. 353 – 368.

ROSE, Gerd: Grundzüge des internationalen Steuerrechts, 5. Aufl., Wiesbaden
2000.

ROSENBACH, Georg: Planungsmaßnahmen zur steuerlichen Verlustnutzung im
Konzern, in: GROTHERR, Siegfried (Hrsg.): Handbuch der internationalen
Steuerplanung, 2. Aufl., Herne / Berlin 2003, S. 293 – 322.

RUNGE, Berndt: Der neue Betriebsstättenerlass. Geregelte und nicht geregelte
Fälle, in: PILTZ, Detlev Jürgen / SCHAUMBURG, Harald (Hrsg.): Internationale Betriebsstättenbesteuerung, S. 131 – 146.

RUST, Alexander: Diskriminierungsverbote verbieten Diskriminierungen! Anmerkung zum Urteil des FG Hamburg vom 2.9.2003 (IStR 2004, 385), in:
IStR 2004, S. 391 – 396.

SALZMANN, Stephan: Anmerkung zum BFH-Urteil vom 25.01.2006, in:
IStR 2006, S. 318 – 319.

SASS, Gert: Die geänderte steuerliche EU-Fusionsrichtlinie vom 17.2.2005, in:
DB 2005, S. 1238 – 1240.

SASS, Gert: Zum EG-Richtlinienvorschlag vom 28.11.1990 über den Abzug von
Verlusten ausländischer Betriebsstätten und Tochtergesellschaften, in:
BB 1991, S. 1161 – 1165.

SCHAUMBURG, Harald (Ltg.): Grundsatzfragen der Betriebsstättenbesteuerung –
Podiumsdiskussion, in PILTZ, Detlev Jürgen / SCHAUMBURG, Harald
(Hrsg.): Internationale Betriebsstättenbesteuerung, Köln 2001.

SCHAUMBURG, Harald: Internationales Steuerrecht. Außensteuerrecht – Doppel-
besteuerungsrecht, 2. Aufl., Köln 1998.

SCHAUMBURG, Harald / RÖDDER, Thomas (Hrsg.): Unternehmenssteuerreform
2001. Gesetze, Materialien, Erläuterungen, München 2000.

SCHEFFLER, Wolfram: Besteuerung der grenzüberschreitenden Unternehmenstätigkeit, 2. Aufl., München 2002.

SCHEFFLER, Wolfram: Besteuerung von Unternehmen II. Steuerbilanz und Vermögensaufstellung, 2. Aufl., Heidelberg 2002.

SCHEIPERS, Thomas: Betriebsausgabenabzug bei Schachteldividenden - Änderung des § 8b Abs. 7 KStG durch das Steuerbereinigungsgesetz 1999, in: DStR 2000, S. 89 – 94.

SCHENKE, Ralf: Die Position der Finanzverwaltung zur Gesellschafter-Fremdfinanzierung im Outbound-Fall – Europarechtliche Achillesferse des § 8a KStG?, in: IStR 2005, S. 188 – 192.

SCHEUNEMANN, Marc: Europaweite Verlustberücksichtigung im Konzern: Steine statt Brot durch die Schlussanträge des Generalanwalts Maduro vom 7.4.2005 im Fall Marks & Spencer?, in: IStR 2005, S. 303 – 311.

SCHILD, Claus / EHLERMANN, Christian: Besteuerungsprobleme bei Beteiligungen an ausländischen Personengesellschaften, in: GROTHERR, Siegfried (Hrsg.): Handbuch der internationalen Steuerplanung, 2. Aufl., Herne / Berlin 2003, S. 1389 – 1408.

SCHINDLER, Clemens Philipp: Generalthema II: Die Änderungen der Fusionsbesteuerungsrichtlinie, in: IStR 2005, S. 551 – 557.

SCHMIDT, Ludwig: EStG. Einkommensteuergesetz, Kommentar, 25. Aufl., München 2006.

SCHMITT, Joachim / HÖRTNAGL, Robert / STRATZ, Rolf-Christian: UmwG – UmwStG. Umwandlungsgesetz, Umwandlungssteuergesetz, Kommentar, 4. Aufl., München 2006.

SCHÖN, Wolfgang: Besteuerung im Binnenmarkt – die Rechtsprechung des EuGH zu den direkten Steuern, in: IStR 2004, S. 289 – 300.

SCHOSS, Niels-Peter: Betriebsstätte oder Tochtergesellschaft im Ausland, in: GROTHERR, Siegfried (Hrsg.): Handbuch der internationalen Steuerplanung, 2. Aufl., Herne / Berlin 2003, S. 49 – 72.

SCHRÖDER, Siegfried: Auslandsbetriebstätten in steuerlicher Sicht, in: StBp 1971, S. 228 – 241.

SIEKER, Klaus: Betriebsstättengewinn und Fremdvergleichsgrundsatz, in: DB 1996, S. 110 – 113.

SERG, Oliver: Die Behandlung von Geschäftschancen bei grenzüberschreitenden Funktionsverlagerungen, in: DStR 2006, S. 1916 – 1920.

SPENGEL, Christoph / FREBEL, Maibrit: Neue Initiativen der EU-Kommission für die Besteuerung grenzüberschreitend tätiger Unternehmen in Europa, in: StuB 2003, S. 786 – 792.

SPENGEL, Christoph / SCHADEN, Michael: Besteuerung von Erfolgen aus der Veräußerung von Anteilen an Kapitalgesellschaften durch Kapitalgesellschaften – Eine ökonomische und verfassungsrechtliche Analyse, in: DStR 2003, S. 2192 – 2201.

STORCK, Alfred / SELENT, Alexander: Die Besteuerung inländischer Beteiligungen an ausländischen Mitunternehmerschaften im Ertragsteuerrecht, in: RIW 1980, S. 332 – 341.

STRECK, Michael: KStG. Körperschaftsteuergesetz mit Nebengesetzen, Kommentar, 6. Aufl. 2003 inkl. Nachtrag März 2004.

STRUNK, Günther / KAMINSKI, Bert: Anmerkungen zum Betriebsstättenerlass, in: IStR 2000, S. 33 – 42.

STRUNK, Günther / KAMINSKI, Bert: Aufgabe des Grundsatzes der funktionalen Zuordnung von Wirtschaftsgütern bei Betriebsstätten? Irrungen und Wirrungen bei Internetgeschäften, in: IStR 2001, S. 161 – 164.

STRUNK, Günther / KAMINSKI, Bert / KÖHLER, Stefan: AStG – DBA. Außensteuergesetz, Doppelbesteuerungsabkommen, Kommentar, Losebl., Bonn / Berlin 2006, Stand: Mai 2006.

TÄSKE, Jochen: Grenzüberschreitende Einbringungen von Betriebsstätten in Kapitalgesellschaften, in: HERZIG, Norbert (Hrsg.): Steuerorientierte Umstrukturierung von Unternehmen, Stuttgart 1997, S. 233 – 250.

THIEL, Jochen: Die verdeckte Gewinnausschüttung im Spannungsfeld zwischen Zivil- und Steuerrecht, in: DStR 1993, S. 1801 – 1808.

THÖMMES, Otmar: Anmerkung zum EuGH-Urteil vom 13.12.2005 in der Rs. C-446/03, in: IWB F. 11a, S. 938 – 940.

THÖMMES, Otmar: Anmerkung zum EuGH-Urteil vom 21.02.2006 in der Rs. C-152/03, in: IWB F. 11a, S. 972 – 974.

THÖMMES, Otmar: EG-rechtliche Aspekte einer Auslandsinvestition, in: IWB F. 11, Gr. 2, S. 547 – 554.

TIPKE, Klaus / KRUSE, Heinrich Wilhelm / SEER, Roman / BRANDIS, Peter / DRÜEN, Klaus-Dieter / LOOSE, Matthias: AO – FGO. Kommentar zur Abgabenordnung und Finanzgerichtsordnung (ohne Steuerstrafrecht), Losebl., 16. Aufl., Köln 1961 / 2005, Stand: November 2005.

TIPKE, Klaus / LANG, Joachim: Steuerrecht, 18. Aufl., Köln 2005.

UTESCHER, Tanja / BLAUFUS, Kay: Unternehmenssteuerreform 2001: Begrenzung des Betriebsausgabenabzugs bei Beteiligungserträgen, in: DStR 2000, S. 1581 – 1586.

VÖGELE, Alexander / BORSTELL, Thomas / ENGLER, Gerhard: Handbuch der Verrechnungspreise, 2. Auflage, München 2004.

VOGEL, Klaus: Das oberste österreichische Steuergericht erklärt Verluste bei DBA-Freistellung für abzugsfähig, in: IStR 2002, S. 91 – 93.

VOGEL, Klaus / LEHNER, Moris: DBA. Doppelbesteuerungsabkommen der Bundesrepublik Deutschland auf dem Gebiet der Steuern vom Einkommen und Vermögen. Kommentar auf der Grundlage der Musterabkommen, 4. Aufl., München 2003.

WASSERMEYER, Franz: § 8a KStG n.F. und die gescheiterte Rückkehr zur Fiktionstheorie – keine Auswirkung auf Gesellschafterebene, in: DStR 2004, S. 749 – 754.

WASSERMEYER, Franz: Anmerkung zum Urteil des ÖVwGH vom 25.09.2001, in: IStR 2001, S. 755 – 756.

WASSERMEYER, Franz: Der Wirrwarr mit den Aktivitätsklauseln im Abkommensrecht, in: IStR 2000, S. 65 – 70.

WASSERMEYER, Franz: Der Zeitbezug bei der Anwendung von DBA, in: IStR 1997, S. 395 – 396.

WASSERMEYER, Franz: Einkünftekorrekturnormen im Steuersystem, in: IStR 2001, S. 633 – 638.

WASSERMEYER, Franz: Normen zur Einkünftekorrektur. International-steuerrechtliche Rechtsgrundlagen und europarechtliche Komponente, in: PILTZ, Detlev Jürgen / SCHAUMBURG, Harald (Hrsg.): Internationale Einkünfteabgrenzung, Köln 2003, S. 1 – 17.

WASSERMEYER, Franz / ANDRESEN, Ulf / DITZ, Xaver: Betriebsstätten-Handbuch. Gewinnermittlung und Besteuerung in- und ausländischer Betriebsstätten, Köln 2006.

WASSERMEYER, Franz / BAUMHOFF, Hubertus: Verrechnungspreise international verbundener Unternehmen, Köln 2001.

WEHNERT, Oliver / BRÜNINGHAUS, Dirk / MARX, Stephan / ANDRESEN, Ulf / HÜLSTER, Thomas / BECK, Stephan / BODENMÜLLER, Ralph / WOLFF, Cornelia: Dokumentation von Verrechnungspreislisten: Ausgewählte Aspekte der Verwaltungsgrundsätze-Verfahren, in: IStR 2005, S. 714 – 720 und S. 749 – 756.

WEHRHEIM, Michael / MARQUARDT, Anja: Die Vorschläge der Europäischen Kommission zur Unternehmensbesteuerung im Binnenmarkt – Ein Überblick, in: IStR 2003, S. 14 – 19.

WENDT, Michael: Übertragung von Wirtschaftsgütern zwischen Mitunternehmerschaft und Mitunternehmer. § 6 Abs. 5 EStG idF des UntStFG als zweiter Versuch zur „Wiedereinführung des Mitunternehmer-Erlasses", in: FR 2002, S. 53 – 66.

WIDMANN, Siegfried / MAYER, Dieter: Umwandlungsrecht. Umwandlungsgesetz - Umwandlungssteuergesetz, Kommentar, Losebl., Bonn / Berlin 2006, Stand: März 2006.

WÖHE, Günter: Betriebswirtschaftliche Steuerlehre, Band II, 2. Halbband. Der Einfluss der Besteuerung auf Unternehmenszusammenschlüsse und Standortwahl im nationalen und internationalen Bereich, 4. Aufl., München 1997.

WURSTER, Hans-Jürgen: Die Anerkennung ausländischer Körperschaften im deutschen Ertragsteuerrecht, in: FR 1980, S. 588 – 591.

ZSCHIEGNER, Hans: Besteuerung einer US Limited Liability Company und ihrer Gesellschafter, in: IWB F. 8, USA, Gr. 2, S. 895 – 901.

Urteilsregister

1.) Entscheidungen des Bundesverfassungsgerichts:

Datum	AZ	Fundort
27.03.1998	2 BvR 220/92	IStR 1998, S. 344
27.03.1998	2 BvR 2058/92	IStR 1998, S. 376
17.04.1998	2 BvR 374/91	IStR 1998, S. 406

2.) Entscheidungen des Reichsfinanzhofs:

Datum	Beschluss / Urteil	AZ	Fundort
12.02.1930	U	VI A 899/27	RStBl. 1930, S. 444 - 445
26.06.1935	U	VI A 414/35	RStBl. 1935, S. 1358 - 1359
21.10.1936	U	VI A 473/35	RStBl. 1937, S. 424 - 425

3.) Entscheidungen des Bundesfinanzhofs:

Datum	Beschluss / Urteil	AZ	Fundort
25.01.1951	U	I D 4/50 S	BStBl. III 1951, S. 68 - 72
02.02.1960	U	I 194/59	BB 1960, S. 731
27.07.1965	U	I 110/63 S	BStBl. III 1966, S. 24 - 28
17.07.1968	U	I 121/64	BStBl. II 1968 S. 695 - 697
16.07.1969	U	I 266/65	BStBl. II 1970, S. 175 - 177
23.09.1969	U	I R 71/67	BStBl. II 1970, S. 87 - 89
11.03.1970	B	I B 50/68, I B 3/69	BStBl. II 1970, S. 569 - 572
16.09.1970	U	I R 196/67	BStBl. II 1971, S. 175 - 176
21.01.1972	U	III R 57/71	BStBl. II 1972, S. 374 - 376
23.03.1972	U	I R 128/70	BStBl. II 1972, S. 948 - 949
30.05.1972	U	VIII R 111/69	BStBl. II 1972, S. 760 - 762
14.02.1973	U	I R 89/71	BStBl. II 1973, S. 580

28.03.1973	U	I R 59/71	BStBl. II 1973, S. 531 - 532
30.01.1974	U	I R 87/72	BStBl. II 1974, S. 327 - 328
25.02.1976	U	I R 150/73	BStBl. II 1976, S. 454 - 455
31.10.1978	U	VIII R 124/74	BStBl. II 1979, S. 108 - 109
12.03.1980	U	I R 186/76	BStBl. II 1980, S. 531 - 533
06.11.1980	U	IV R 182/77	BStBl. II 1981, S. 220 - 223
19.03.1981	U	IV R 49/77	BStBl. II 1981, S. 538 - 542
17.03.1982	U	I R 189/79	BStBl. II 1982, S. 624 - 625
29.07.1982	U	IV R 49/78	BStBl. II 1982, S. 650 - 652
20.10.1982	U	I R 104/79	BStBl. II 1983, S. 402 - 404
12.01.1983	U	I R 90/79	BStBl. II 1983, S. 382 - 384
28.04.1983	U	IV R 122/79	BStBl. II 1983, S. 566 - 570
24.05.1984	U	I R 166/78	BStBl. II 1984, S. 747 - 751
06.11.1985	U	I R 56/82	BStBl. II 1986, S. 73 - 76
05.06.1986	U	IV R 268/82	BStBl. II 1986, S. 659 - 661
25.06.1986	U	II R 213/83	BStBl. II 1986, S. 785 - 787
20.08.1986	U	I R 150/82	BStBl. II 1987, S. 455 - 459
28.08.1986	U	V R 20/79	BStBl. II 1987, S. 162 - 164
26.11.1986	U	I R 256/83	BFH/NV 1988, S. 82 - 83
01.04.1987	U	II R 186/80	BStBl. II 1987, S. 550 - 551
26.10.1987	B	GrS 2/86	BStBl. II 1988, S. 348 - 357
03.02.1988	U	I R 134/84	BStBl. II 1988, S. 588 - 590
20.07.1988	U	I R 49/84	BStBl. II 1989, S. 140 - 143
27.07.1988	U	I R 104/84	BStBl. II 1989, S. 274 - 276
23.11.1988	U	II R 209/82	BStBl. II 1989, S. 82 - 84
24.01.1989	U	VIII R 74/84	BStBl. II 1989, S. 419 - 421
26.07.1989	U	I R 49/85	BFH/NV 1990, S. 442 - 444
21.09.1989	U	IV R 115/88	BStBl. II 1990, S. 86 - 88
11.10.1989	U	I R 77/88	BStBl. II 1990, S. 166 - 167
16.05.1990	U	I R 113/87	BStBl. II 1990, S. 983 - 985
30.05.1990	U	I R 97/88	BStBl. II 1990, S. 875 - 878
17.10.1990	U	I R 182/87	BStBl. II 1991, S. 136 - 140
12.12.1990	U	I R 176/87	BFH/NV 1991, S. 820 - 821
27.02.1991	U	I R 15/89	BStBl. II 1991, S. 444 - 448
26.03.1991	U	IX R 162/85	BStBl. II 1991, S. 704 - 712
05.09.1991	U	IV R 40/90	BStBl. II 1992, S. 192 - 195
26.02.1992	U	I R 85/91	BStBl. II 1992, S. 937 - 940
23.06.1992	U	IX R 182/87	BStBl. II 1992, S. 972 - 975
29.07.1992	U	II R 39/89	BStBl. II 1993, S. 63 - 67

02.12.1992	U	I R 54/91	BStBl. II 1992, S. 311 - 314
03.02.1993	U	I R 80/91, I R 81/91	BStBl. II 1993, S. 462 - 467
18.02.1993	U	IV R 40/92	BStBl. II 1994, S. 224 - 226
13.05.1993	U	IV R 69/92	BFH/NV 1994, S. 100 - 102
19.05.1993	U	I R 80/92	BStBl. II 1993, S. 655 - 656.
16.03.1994	U	I R 42/93	BStBl. II 1994, S. 799 - 802
02.11.1994	B	I B 84/94	BFH/NV 1995, S. 790 - 791
15.03.1995	U	I R 98/94	BStBl. II 1995, S. 580 - 582
17.05.1995	U	I R 147/93	BStBl. II 1996, S. 204 - 206
30.08.1995	U	I R 77/94	BStBl. II 1996, S. 122 - 126
30.08.1995	U	I R 112/94	BStBl. II 1996, S. 563 - 566
06.12.1995	U	I R 88/94	BStBl. II 1996, S. 383 -385
13.02.1996	U	VIII R 39/92	BStBl. II 1996, S. 409 - 413
21.03.1996	U	XI R 36/95	BStBl. II 1996, S. 399 - 402
29.05.1996	U	I R 167/94	HFR 1996, S. 640 - 642
29.05.1996	U	I R 21/95	BStBl. II 1997, S. 63 - 68
11.06.1996	U	I R 8/96	BStBl. II 1997, S. 117 - 118
30.10.1996	U	II R 12/92	BStBl. II 1997, S. 12 - 15
13.11.1996	U	I R 149/94	HFR 1997, S. 326 - 327
30.12.1996	B	I B 61/96	BStBl. II 1997, S. 466 - 468
27.08.1997	U	I R 127/95	BStBl. II 1998, S. 58 - 59
17.12.1997	B	I B 96/97	BStBl. II 1998, S. 321 - 325
19.05.1998	U	I R 54/97	BStBl. II 1999, S. 277 - 278
17.05.2000	U	I R 31/99	BStBl. II 2001, S. 685 - 687
07.08.2000	B	GrS 2/99	BStBl. II 2000, S. 632 - 638
29.11.2000	U	I R 85/99	BStBl. II 2002, S. 720 - 722
21.06.2001	B	I B 141/00	HFR 2001, S. 949 - 950
17.10.2001	U	I R 103/00	BFH/NV 2002, S. 134 - 140
20.03.2002	U	II R 84/99	BFH/NV 2002, S. 1017 - 1019
13.11.2002	B	I R 13/02	BStBl. II 2003, S. 795 - 798
25.01.2006	U	I R 104/04	BFH/NV 2006, S. 1022 - 1024

4.) Entscheidungen der Finanzgerichte:

Datum	FG / AZ	Anmerkung	Fundort
11.05.1992	Baden-Württemberg 3 K 309/91	Rechtskräftig	EFG 1992, S. 653 - 654
27.08.1996	Brandenburg 3 K 1488/95 I	Rechtskräftig	EFG 1997, S. 299 - 301
24.04.1997	München 7 V 1181/97	NZB unbegründet durch BFH-Beschluss vom 10.11.1998, I B 80/97, in: BFH/NV 1999, S. 665 – 666.	EFG 1997, S. 1482 - 1484
20.03.2002	Köln 10 K 5152/97	Rechtskräftig	EFG 2002, S. 765 - 767
29.04.2004	Hamburg VI 53/02	Revision eingelegt, AZ beim BFH: I R 78/04	IStR 2004, S. 611 - 613
30.06.2004	Baden-Württemberg 1 K 312/03	Revision eingelegt, AZ beim BFH: I R 84/04	EFG 2004, S. 1694 - 1695
15.07.2004	Köln 13 K 1908/00	EuGH-Vorlage- beschluss, AZ beim EuGH: C-347/04	EFG 2004, S. 1609 - 1614
14.10.2004	Niedersachsen 6 V 655/04	Rechtskräftig	EFG 2005, S. 286 - 287
11.04.2005	Berlin 8 K 8101/00	Revision eingelegt, AZ beim BFH: I R 45/05	IStR 2005, S. 571 - 576
05.07.2005	Münster 15 K 1114/99 F	EuGH-Vorlage- beschluss, AZ beim EuGH: C-298/05	EFG 2005, S. 1512 - 1520

5.) Entscheidungen des Europäischen Gerichtshofs:

Datum	AZ	Fundort
28.01.1986	270/83	DATEV LEXinform, Dok.-Nr. 0082892
28.01.1992	C-204/90	HFR 1993, S. 735 – 737
28.01.1992	C-300/90	DATEV LEXinform, Dok.-Nr. 0120963

14.02.1995	C-279/93	HFR 1995, S. 282 - 284
17.10.1996	C-283/94, C-291/94, C-292/94	HFR 1997, S. 36 - 39
28.10.1999	C-55/98	DStRE 2000, S. 114 - 116
14.12.2000	C-141/99	IStR 2001, S. 86 - 88
08.03.2001	C-397/98, C-410/98	IStR 2001, S. 215 - 222
21.11.2002	C-436/00	HFR 2003, S. 307 - 310
12.12.2002	C-324/00	DStR 2003, S. 25 - 27
13.05.2003	C-463/00	BKR 2003, S. 467 - 474
18.09.2003	C-168/01	IStR 2003, S. 666 - 669
30.09.2003	C-224/01	DStRE 2003, S. 1471 - 1477
11.03.2004	C-9/02	IStR 2004, S. 236 - 240
13.12.2005	C-446/03	DStR 2005, S. 2168 - 2172
13.12.2005	C-411/03	DStR 2006, S. 49 - 50
21.02.2006	C-152/03	IWB F. 11a, S. 967 - 972

6.) Entscheidungen sonstiger Gerichte:

Gericht	Datum	AZ	Fundort
ÖVwGH	25.09.2001	99/14/0217 E	IStR 2001, S. 754 - 755

Verzeichnis der Gesetzesmaterialien, DBA und EU-Richtlinien

1.) Gesetzesmaterialien

Datum	Bezeichnung und Quelle
25.07.1988	Steuerreformgesetz, in: BGBl. I 1988, S. 1093 - 1184.
22.06.1998	Gesetz zur Neuregelung des Kaufmanns- und Firmenrechts und zur Änderung anderer handels- und gesellschaftsrechtlicher Vorschriften (Handelsrechtsreformgesetz - HRefG), in: BGBl. I 1998, S. 1474 - 1484.
24.03.1999	Steuerentlastungsgesetz 1999/2000/2002, in: BGBl. I 1999, S. 402 - 496.
13.11.2003	Verordnung zu Art, Inhalt und Umfang von Aufzeichnungen im Sinne des § 90 Abs. 3 der Abgabenordnung (Gewinnabgrenzungsaufzeichnungsverordnung – GAufzV), in: BGBl. I 2003, S. 2296 - 2299.
22.12.2003	Gesetz zur Umsetzung der Protokollerklärung der Bundesregierung zur Vermittlungsempfehlung zum Steuervergünstigungsabbaugesetz vom 22.12.2003, in: BGBl. I 2003, 2840 - 2845.

2.) Doppelbesteuerungsabkommen

DBA FINNLAND:

Abkommen zwischen der Bundesrepublik Deutschland und der Republik Finnland zur Vermeidung der Doppelbesteuerung auf dem Gebiet der Steuern vom Einkommen und vom Vermögen sowie einiger anderer Steuern, vom 05.07.1979, in: BStBl. I 1982, S. 202 - 211.

DBA SCHWEIZ:

Abkommen zwischen der Bundesrepublik Deutschland und der Schweizerischen Eidgenossenschaft zur Vermeidung der Doppelbesteuerung auf dem Gebiete der Steuern vom Einkommen und vom Vermögen, vom 11.08.1971, in: BStBl. I 1972, S. 519 - 530, zuletzt geändert durch Revisionsprotokoll vom 12.03.2002, in: BStBl. I 2003, S. 166 - 170.

DBA USA:
Abkommen zwischen der Bundesrepublik Deutschland und den Vereinigten Staaten von Amerika zur Vermeidung der Doppelbesteuerung und zur Verhinderung der Steuerverkürzung auf dem Gebiet der Steuern vom Einkommen und vom Vermögen und einiger anderer Steuern vom 29.08.1989, in: BStBl. I 1991, S. 95 - 115.

3.) EU-Richtlinien

EU-FUSIONSRICHTLINIE:
Richtlinie 90/434/EWG des Rates vom 23.07.1990 über das gemeinsame Steuersystem für Fusionen, Spaltungen, die Einbringung von Unternehmensteilen und den Austausch von Anteilen, die Gesellschaften verschiedener Mitgliedstaaten betreffen, in: ABl. EG Nr. L 1990/225, S. 1 – 5, zuletzt geändert durch die Richtlinie 2005/19/EG des Rates vom 17.02.2005, in: ABl. EU Nr. L 2005/58, S. 19 - 27.

EU-KAPITALVERKEHRSRICHTLINIE:
Richtlinie 88/361/EWG des Rates vom 24.06.1988 zur Durchführung von Artikel 67 des Vertrages, in: ABl. EG Nr. L 1988/178, S. 5 - 18.

EU-MUTTER-TOCHTERRICHTLINIE:
Richtlinie 90/435/EWG des Rates vom 23.07.1990 über das gemeinsame Steuersystem der Mutter- und Tochtergesellschaften verschiedener Mitgliedstaaten, in: ABl. EG 1990 Nr. L 1990/225, S. 6 - 9, zuletzt geändert durch die Richtlinie 2003/123/EG des Rates vom 22.12.2003, in: ABl. EU Nr. L 2004/7, S. 41 - 44.

EU-SCHIEDSÜBEREINKOMMEN:
Übereinkommen über die Beseitigung der Doppelbesteuerung im Falle von Gewinnberichtigungen zwischen verbundenen Unternehmen (90/436/EWG) vom 23.07.1990, in: ABl. EG Nr. L 1990/225, S. 10 - 24.

EU-ZINS- / LIZENZGEBÜHRENRICHTLINIE:
Richtlinie 2003/49/EG des Rates vom 03.06.2003 über eine gemeinsame Steuerregelung für Zahlungen von Zinsen und Lizenzgebühren zwischen verbundenen Unternehmen verschiedener Mitgliedstaaten, in: ABl. EU Nr. L 2003/157, S. 49 - 54.

Verzeichnis der Bundestags-Drucksachen

Wahlperiode / Nummer	Datum	Titel
6/2883	02.12.1971	Entwurf eines Gesetzes zur Wahrung der steuerlichen Gleichmäßigkeit bei Auslandsbeziehungen und zur Verbesserung der steuerlichen Wettbewerbslage bei Auslandsinvestitionen.
9/2074	04.11.1982	Entwurf eines Gesetzes zur Wiederbelebung der Wirtschaft und Beschäftigung und zur Entlastung des Bundeshaushalts (Haushaltsbegleitgesetz 1983).
14/23	09.11.1998	Gesetzentwurf der Fraktionen SPD und BÜNDNIS 90/DIE GRÜNEN. Entwurf eines Steuerentlastungsgesetzes 1999/2000/2002.
14/442	02.03.1999	Dritte Beschlußempfehlung des Finanzausschusses (7. Ausschuß) zu dem Gesetzentwurf der Fraktionen SPD und BÜNDNIS 90/DIE GRÜNEN – Drucksache 14/23 – Entwurf eines Steuerentlastungsgesetzes 1999/2000/2002.
14/443	03.03.1999	Dritter Bericht des Finanzausschusses (7. Ausschuß) zu dem Gesetzentwurf der Fraktionen SPD und BÜNDNIS 90/DIE GRÜNEN – Drucksache 14/23 – Entwurf eines Steuerentlastungsgesetzes 1999/2000/2002.
15/119	02.12.2002	Gesetzentwurf der Fraktionen SPD und BÜNDNIS 90/DIE GRÜNEN. Entwurf eines Gesetzes zum Abbau von Steuervergünstigungen und Ausnahmeregelungen (Steuervergünstigungsabbaugesetz – StVergAbG).
15/1518	08.09.2003	Gesetzentwurf der Bundesregierung. Entwurf eines Gesetzes zur Umsetzung der Protokollerklärung der Bundesregierung zur Vermittlungsempfehlung zum Steuervergünstigungsabbaugesetz.

Verzeichnis der Verwaltungsanweisungen

Datum	AZ	Fundort
23.02.1983	IV C 5 – S 1341 – 4/83	BStBl. I 1983, S. 218 - 233; geändert durch BMF-Schreiben vom 30.12.1999, IV B 4 – S 1341 – 14/99, in: BStBl. I 1999, S. 1122 - 1126.
10.04.1984	IV C 6 – S 2293 – 11/84	BStBl. I 1984, S. 252 - 253.
12.02.1990	IV B 2 – S 2135 – 4/90 / IV C 5 – S 1300 – 21/90	BStBl. I 1990, S. 72 - 73.
15.12.1994	IV B 7 – S 2742a – 63/94	BStBl. I 1994, S. 25 - 39, berichtigt S. 176.
25.03.1998	IV B 7 – S 1978 – 21/98 / IV B 2 – S 1909 – 33/98	BStBl. I 1998, S. 268 - 344.
25.09.1998	S 1301 – 18 – St 22-34	IStR 1999, S. 81 - 82.
24.12.1999	IV B 4 – S 1300 – 111/999	BStBl. I 1999, S. 1076 - 1120; geändert durch BMF-Schreiben vom 20.11.2000, IV B 4 – S 1300 – 222/00, in: BStBl. I 2000, S. 1509.
25.02.2000	IV C 2 – S 2171b – 14/00	BStBl. I 2000, S. 372 - 375.
28.05.2002	IV A 2 – S 2742 – 32/02	BStBl. I 2002, S. 603 - 609.
17.10.2002	IV B 4 – S 1341 – 14/02	BStBl. I 2002, S. 1025 - 1026.
28.04.2003	IV A 2 – S 2750a – 7/03	BStBl. I 2003, S. 292 - 299.
19.03.2004	IV B 4 – S 1301 USA – 22/04	BStBl. I 2004, S. 411 - 415.
14.05.2004	IV B 4 – S 1340 – 11/04	BStBl. I 2004, Sondernummer 1, S. 3 - 67.
15.07.2004	IV A 2 – S 2742a – 20/04	BStBl. I 2004, S. 593 - 603.
12.04.2005	IV B 4 – S 1341 – 1/05	BStBl. I 2005, S. 570 - 599.

Verzeichnis sonstiger Quellen

BDI / PRICEWATERHOUSECOOPERS (Hrsg.): Verlustberücksichtigung über Grenzen hinweg. Vergleichende Gegenüberstellung der Verlustverrechnungsmöglichkeiten in 33 Ländern, in: *http://www.bdi-online.de/BDIONLINE_INEAASP/iFILE.dll/X800FEC8B2 06E44CAA1DA81B4995B7B40/2F2521021167711D5A9C0009027D62C80 /PDF/verlustberuecksichtigung%202006-01-11.PDF* , Stand: Januar 2006.

BMF: Frau Dr. Barbara Hendricks MdB, beim BDI-Steuerkongress zum Thema "Unternehmensbesteuerung in Deutschland und Europa Fiskalinteresse oder Wettbewerbsfähigkeit?", in: *http://www.bundesfinanzministerium.de/lang_de/nn_88/nsc_true/DE/ Aktuelles/Reden_20und_20Interviews/26810,templateId=renderPrint.html*, Stand: 28.09.2004.

BMF: Kapitalverflechtung Deutschlands mit dem Ausland, in: *http://www.bundesfinanzministerium.de/lang_de/DE/Service/Downloads/ Abt__I/Monatsbericht/14272__0,templateId=raw,property= publicationFile.pdf*, Stand: September 2002.

DIHK: Alarmierend viele Firmen planen Produktionsverlagerung ins Ausland, in: *http://www.dihk.de/index.html?/inhalt/themen/standortpolitik/ meldung1/meldung0061.html*, Stand: 26.05.2003.

DIHK: Produktionsverlagerung als Element der Globalisierungsstrategie von Unternehmen. Ergebnisse einer Unternehmensbefragung, in: *http://www.dihk.de/inhalt/download/produktionsverlagerung.pdf*, Stand: Mai 2003.

ERNST & YOUNG: Automobilstandort Deutschland in Gefahr? Automobilbranche auf dem Weg nach Osteuropa und China, in: *http://www.ey.com/global/download.nsf/Germany/Studie_Automobilstand ort_Deutschland_in_Gefahr/$file/Automotive.pdf*, Stand: 13.09.2004.

ERNST & YOUNG: Kennzeichen D: Standort-Analyse 2005, in: *http://www.ey.com/global/download.nsf/Germany/Studie_StandortAnalyse _2005/$file/Studie_StandortAnalyse_2005.pdf*, Abrufdatum: 29.06.2005.

ERNST & YOUNG (HRSG.): Worldwide Corporate Tax Guide 2005, in: *http://www.ey.com/global/download.nsf/Ireland/Worldwide-corporate_ tax_guide_05/$file/WW_Corporate_Tax_guide_2005_.pdf.zip*, Stand: 30.05.2006.

EU-KOMMISSION: Ein Binnenmarkt ohne steuerliche Hindernisse. Strategie zur Schaffung einer konsolidierten Körperschaftsteuer-Bemessungsgrundlage für die grenzüberschreitende Unternehmenstätigkeit in der EU, KOM(2001) 582 endg., in: *http://eur-lex.europa.eu/LexUriServ/site/de/com/2001/com2001_ 0582de01.pdf*, Stand: 23.10.2001.

EU-KOMMISSION: Überholte Vorschläge, die von der Kommission zurückgezogen werden, 2004/C 5/02, in: ABl. EG Nr. C 2004/5, S. 2 - 33.

EU-KOMMISSION: Vorschlag für eine Richtlinie des Rates über eine Regelung für Unternehmen zur Berücksichtigung der Verluste ihrer in anderen Mitgliedstaaten belegenen Betriebsstätten und Tochtergesellschaften vom 28.11.1990, KOM(1990) 595 endg., in: ABl. EG Nr. C 1991/53, S. 30.

EU-KOMMISSION: Vorschlag für eine Richtlinie des Rates zur Änderung der Richtlinie 90/435/EWG über das gemeinsame Steuersystem der Mutter- und Tochtergesellschaften verschiedener Mitgliedstaaten, KOM(2003) 462 endg., vom 29.07.2003, in: *http://europa.eu.int/eur-lex/lex/LexUriServ/site/de/com/2003/com2003_ 0462de01.pdf*, Stand: 29.07.2003.

OECD: Discussion Draft on the Attribution of Profits to Permanent Establishments. Part I (General Considerations), in: *http://www.oecd.org/dataoecd/22/51/33637685.pdf*, Stand: 02.08.2004.

OECD: Musterabkommen zur Vermeidung der Doppelbesteuerung auf dem Gebiet der Steuern vom Einkommen und Vermögen (OECD-MA), Stand: 15. Juli 2005, abgedruckt in: DEBATIN, Helmut / WASSERMEYER, Franz: Doppelbesteuerung. Kommentar zu allen deutschen Doppelbesteuerungsabkommen, Losebl., München 2006, Stand: Januar 2006.

OECD: Musterkommentar der OECD zum Musterabkommen 2005, abgedruckt in: DEBATIN, Helmut / WASSERMEYER, Franz: Doppelbesteuerung. Kommentar zu allen deutschen Doppelbesteuerungsabkommen, Losebl., München 2006, Stand: Januar 2006.

OECD: Verrechnungsgrundsätze für Multinationale Unternehmen und Steuerverwaltungen, abgedruckt in: VÖGELE, Alexander / BORSTELL, Thomas / ENGLER, Gerhard: Handbuch der Verrechnungspreise, 2. Auflage, München 2004, S. 2001 – 2116.

RÖDL & PARTNER: EuGH-Urteil „Marks & Spencer" – Folgen für die Organschaft – Anmerkung zu EuGH Urteil C 446/03 v. 13.12.2005, in: DATEV LEXinform, Dok.-Nr.: 0407070.

SCHLUSSANTRÄGE DES GENERALANWALTS M. POIARES MADURO vom 31.05.2006, Rechtssache C-347/04, in: DATEV LEXinform, Dok.-Nr. 5210096.

WANSLEBEN, Martin: Good-bye Germany, in:
http://www.ihk-frankfurt.de/presse/ihk-wirtschaftsforum/2003/0306/good_bye_germany/index.html, Stand: Juni 2003.

WOLBER, Cornelia: Fiskus drohen neue Steuerverluste, in:
http://www.welt.de/data/2004/11/17/361402.html?prx=1, Abrufdatum: 17.11.2004.

Peter Lang · Internationaler Verlag der Wissenschaften

Katharina Brähler

Controlled Foreign Companies-Rules

Eine steuersystematische Analyse im Rahmen eines Ländervergleichs unter Berücksichtigung der Vereinbarkeit mit den Doppelbesteuerungsabkommen und dem Europäischen Gemeinschaftsrecht

Frankfurt am Main, Berlin, Bern, Bruxelles, New York, Oxford, Wien, 2007.
XXII, 312 S.
Europäische Hochschulschriften: Reihe 5, Volks- und Betriebswirtschaft.
Bd. 3232
ISBN 978-3-631-55326-8 · br. € 59.70*

Die Controlled Foreign Companies-Rules (CFC-Rules) als besondere gesetzliche Abwehrmaßnahme gegen „Steuerflucht" sind einhellig scharfer Kritik ausgesetzt. Dies ist insofern verwunderlich, als die OECD und die EU die Implementierung von CFC-Rules geradezu propagieren und aller Kritik zum Trotz immer mehr Staaten CFC-Rules einführen. Die Arbeit versucht den Grund dieses Widerspruchs zu erarbeiten. Hierbei werden die CFC-Rules im Rahmen eines Ländervergleichs vor allem auf die Angemessenheit ihres Abwehrausmaßes und die Stringenz ihrer Besteuerungskonzeptionen hin untersucht sowie ihre Vereinbarkeit mit den Doppelbesteuerungsabkommen und dem Europäischen Gemeinschaftsrecht geprüft. Auf Basis der Ergebnisse der Analyse werden Lösungsvorschläge entwickelt, die zu einer angemessenen, stringenten sowie DBA- und gemeinschaftsrechtskonformen CFC-Besteuerungskonzeption führen.

Aus dem Inhalt: Steuerflucht durch die Errichtung der Controlled Foreign Companies (CFC) · CFC-Rules als besondere gesetzliche Abwehrmaßnahme gegen Steuerflucht · Vergleich der CFC-Rules ausgewählter EU-Staaten und den USA · Vereinbarkeit der CFC-Rules mit den Doppelbesteuerungsabkommen · Vereinbarkeit der CFC-Rules mit dem Europäischen Gemeinschaftsrecht

Frankfurt am Main · Berlin · Bern · Bruxelles · New York · Oxford · Wien
Auslieferung: Verlag Peter Lang AG
Moosstr. 1, CH-2542 Pieterlen
Telefax 00 41 (0) 32 / 376 17 27

*inklusive der in Deutschland gültigen Mehrwertsteuer
Preisänderungen vorbehalten

Homepage http://www.peterlang.de